後漢書（二）

〔南朝宋〕范曄 撰
〔唐〕李賢等 注

荆楚文庫編纂出版委員會
崇文書局

# 後漢書卷十五

## 李王鄧來列傳第五

李通字次元,〔一〕南陽宛人也。世以貨殖著姓。父守,身長九尺,容貌絕異,為人嚴毅,居家如官廷。〔1〕初事劉歆,好星歷讖記,為王莽宗卿師。〔2〕通亦為五威將軍從事,出補巫丞,有能名。〔3〕莽末,百姓愁怨,通素聞守說讖云"劉氏復興,李氏為輔",私常懷之。且居家富逸,為閭里雄,以此不樂為吏,乃自免歸。

【注】
〔1〕《續漢書》曰:"守居家,與子孫尤謹,閨門之內如官廷也。"
〔2〕平帝五年,王莽攝政,郡國置宗師以主宗室,蓋特尊之,故曰宗卿師也。
〔3〕王莽置五威將軍。從事謂驅使小官也。《前書》,秦御史監郡,蕭何從事辨之。巫,縣,屬南郡,故城在今夔州巫山縣北也。

及下江、新市兵起,南陽騷動,〔1〕通從弟軼,亦素好事,乃共計議曰:"今四方擾亂,新室且亡,漢當更興。南陽宗室,獨劉伯升兄弟汎愛容眾,可與謀大事。"通笑曰:"吾意也。"會光武避(事)[吏]在宛,〔二〕通聞之,即遣軼往迎光武。〔2〕光武初以通士君子相慕也,故往答之。及相見,共語移日,握手極歡。通因具言讖文事,光武初殊不意,未敢當之。時守在長安，光武乃微觀通曰："即如此，當如宗卿師何？"通曰："已自有度矣。"〔3〕因復備言其計。光武既深知通意，乃遂相約結，定謀議，期以材官都試騎士日，〔4〕欲劫前隊大夫及屬正，〔5〕因以號令大眾。乃使光武與軼歸舂陵，舉兵以相應。遣從兄子季之長安，以事報守。

【注】

〔1〕騷亦動也。

〔2〕《續漢書》曰："先是李通同母弟申徒臣〔三〕能為醫，難使，伯升殺之。上恐其怨，不欲與軼相見。軼數請，上乃強見之。軼深達通意，上乃許往，意不安，買半鋋佩刀懷之。至通舍，通甚悅，握上手，得半鋋刀，謂上曰：'一何武也！'上曰：'蒼卒時以備不虞耳。'"〔四〕

〔3〕度，計度也，音大各反。

〔4〕漢法以立秋日都試騎士，謂課殿最也。翟義誅王莽，以九月都試日勒車騎材官士是也。

〔5〕前隊大夫謂南陽太守甄阜也。屬正謂梁丘賜也。

季於道病死，守密知之，欲亡歸。素與邑人黃顯相善，時顯為中郎將，聞之，謂守曰："今關門禁嚴，君狀貌非凡，將以此安之？不如詣闕自歸。事既未然，脫可免禍。"守從其計，即上書歸死，章未及報，留闕下。會事發覺，通得亡走，莽聞之，乃繫守於獄。而黃顯為請曰："守聞子無狀，〔1〕不敢逃亡，守義自信，歸命宮闕。臣顯願質守俱束，曉說其子。如遂悖逆，令守北向刎首，以謝大恩。"〔2〕莽然其言。會前隊復上通起兵之狀，莽怒，欲殺守，顯爭之，遂并被誅，及守家在長安者盡殺之。南陽亦誅通兄弟、門宗六十四人，皆焚屍宛市。

【注】

〔1〕無狀謂禍大不可名言其狀也。

〔2〕刎,割也。

時漢兵亦已大合。通與光武、李軼相遇棘陽,遂共破前隊,殺甄阜、梁丘賜。
更始立,以通為柱國大將軍、輔漢侯。從至長安,更拜為大將軍,封西平王;軼為舞陰王;通從弟松為丞相。更始使通持節還鎮荊州,通因娶光武女弟伯姬,是為寧平公主。〔1〕光武即位,徵通為衞尉。〔五〕建武二年,封固始侯,拜大司農。帝每征討四方,常令通居守京師,鎮撫百姓,修宮室,起學官。五年春,代王梁為前將軍。六年夏,領破姦將軍侯進、捕虜將軍王霸等十營擊漢中賊。〔2〕公孫述遣兵赴救,通等與戰於西城,破之,〔3〕還屯田順陽。〔4〕

【注】
〔1〕寧平,縣,屬淮陽國也。
〔2〕賊謂延岑也。
〔3〕西城,縣,屬漢中郡也。
〔4〕順陽,縣名,屬南(郡)〔六〕[陽],哀帝改為博山,故城在今鄧州穰縣西。

時天下略定,通思欲避榮寵,以病上書乞身。〔七〕詔下公卿群臣議。大司徒侯霸等曰:"王莽篡漢,傾亂天下。通懷伊、呂、蕭、曹之謀,建造大策,扶助神靈,輔成聖德。破家為國,忘身奉主,有扶危存亡之義。功德最高,海內所聞。通以天下平定,謙讓辭位。夫安不忘危,宜令通居職療疾。欲就諸侯,不可聽。"於是詔通勉致醫藥,以時視事。其夏,引拜為大司空。
通布衣唱義,助成大業,重以寧平公主故,特見親重。然性謙恭,常欲避權埶。素有消疾,〔1〕自為宰相,謝病不視事,連年乞骸骨,帝每優寵之。令以公位歸第養疾,通復固辭。積二歲,乃聽上大司空印綬,以特進奉朝請。有司奏請封諸皇子，帝感通首創大謀，即日封通少子雄為召陵侯。每幸南陽，常遣使者以太牢祠通父冢。十八年卒，諡曰恭侯。帝及皇后親臨弔，送葬。

【注】
〔1〕消，消中之疾也。《周禮·天官》職曰："春有痟首疾。"鄭玄注云："痟，酸削也。"

子音嗣。音卒，子定嗣。定卒，子黃嗣。黃卒，子壽嗣。[1]

【注】
〔1〕《東觀記》"黃"字作"箕"也。

李軼後為朱鮪所殺。更始之敗，李松戰死，唯通能以功名終。永平中，顯宗幸宛，詔諸李隨安衆宗室會見，[1] 並受賞賜，恩寵篤焉。

【注】
〔1〕安衆，縣，屬南陽郡，故城在鄧州東。謝承《書》曰："安衆侯劉（崇）[寵]，[八]長沙定王五代孫，南陽宗室也。與宗人討莽有功，隨光武河北破王郎。朝廷高其忠壯，策文嗟歎，以屬宗室。安衆諸劉皆其後。"

論曰：子曰"富與貴是人之所欲，不以其道得之，不處也"。[1]李通豈知夫所欲而未識以道者乎！夫天道性命，聖人難言之，況乃億測微隱，猖狂無妄之福，[2][九]汙滅親宗，以觖一切之功哉！[3]昔蒙穀負書，不徇楚難；[4]即墨用齊，義雪燕恥。[5]彼之趣舍所立，其殆與通異乎？

【注】
〔1〕《論語》之文。

〔2〕微隱謂讖文也。《莊子》曰："猖狂妄行。"《易·無妄卦》曰："無妄之往，何之矣。"鄭玄注云："妄之言望，人所望宜正。行必有所望，行而無所望，是失其正，何可往也。"即《史記》朱英曰"代有無望之福，又有無(妄)〔望〕之禍"〔一〇〕是也。

〔3〕停水曰汙，言族滅而汙池之也。觖，望也，音丘瑞反。一切，謂權時也。

〔4〕《戰國策》曰，吳、楚戰於栢舉，吳師入郢。蒙穀奔入宮，負離次之典，浮江逃於雲夢之中。後昭王反郢，五官失法，百姓昏亂；蒙穀獻典，五官得法，百姓大化。校蒙穀之功，與存國相若，封之執圭。蒙穀怒曰："穀非人臣也，社稷之臣也。苟社稷血食，余豈患無君乎！"遂弃於歷山也。

〔5〕《史記》曰，燕昭王伐齊，湣王敗，出亡。燕人入臨菑，盡取齊寶，燒其宮室宗廟，下齊七十餘城，其不下者，唯獨莒、即墨。後齊田單以即墨擊破燕軍，悉復所亡城。故曰雪也。


　　王常字顏卿，潁川舞陽人也。〔1〕王莽末，為弟報仇，亡命江夏。〔2〕久之，與王鳳、王匡等起兵雲杜綠林中，聚衆數萬人，以常為偏裨，攻傍縣。後與成丹、張卬別入南郡藍口，號下江兵。〔3〕王莽遣嚴尤、陳茂擊破之。常與丹、卬收散卒入蔓蓀，〔4〕劫略鍾、龍閒，〔5〕衆復振。引軍與荊州牧戰於上唐，大破之，〔6〕遂北至宜秋。〔7〕

【注】
〔1〕《東觀記》曰："其先鄢人，常父博，成、哀閒轉客潁川舞陽，因家焉。"
〔2〕命者，名也。言背其名籍而逃亡也。
〔3〕《續漢志》曰南郡編縣有藍口聚。
〔4〕蔓音力于反。
〔5〕盛弘之《荊州記》曰永陽縣北有石龍山，在今安州應山縣東北。又隨

州隨縣東北有三鍾山也。

〔6〕上唐，鄉名，故城在今隨州棗陽縣東北也。

〔7〕《續漢志》曰南（郡）[陽]〔一〕有宜秋聚也。

是時，漢兵與新市、平林衆俱敗於小長安，各欲解去。伯升聞下江軍在宜秋，即與光武及李通俱造常壁，曰："願見下江一賢將，議大事。"成丹、張卬共推遣常。伯升見常，說以合從之利。[1]常大悟，曰："王莽篡弑，殘虐天下，百姓思漢，故豪傑並起。今劉氏復興，即真主也。誠思出身為用，輔成大功。"伯升曰："如事成，豈敢獨饗之哉！"遂與常深相結而去。常還，具為丹、卬言之。丹、卬負其衆，皆曰："大丈夫既起，當各自為主，何故受人制乎？"常心獨歸漢，乃稍曉說其將帥曰："往者成、哀衰微無嗣，故王莽得承間篡位。既有天下，而政令苛酷，積失百姓之心。民之謳吟思漢，非一日也，故使吾屬因此得起。夫民所怨者，天所去也；民所思者，天所與也。舉大事必當下順民心，上合天意，功乃可成。若負強恃勇，觸情恣欲，雖得天下，必復失之。以秦、項之執，尚至夷覆，況今布衣相聚草澤？以此行之，滅亡之道也。今南陽諸劉舉宗起兵，觀其來議事者，皆有深計大慮，王公之才，與之并合，必成大功，此[天]所以祐吾屬也。"〔一二〕下江諸將〔一三〕雖屈強少識，然素敬常，乃皆謝曰："無王將軍，吾屬幾陷於不義。願敬受教。"即引兵與漢軍及新市、平林合。於是諸部齊心同力，銳氣益壯，遂俱進，破殺甄阜、梁丘賜。

【注】

〔1〕以利合曰從也。

及諸將議立宗室，唯常與南陽士大夫同意欲立伯升，而朱鮪、張卬等不聽。及更始立，以常為廷尉、大將軍，封知命侯。別徇汝南、沛郡，還入昆陽，與光武共擊破王尋、王邑。更始西都長安，以常行南陽太守事，令專命誅賞，[1]封為鄧王，食八縣，賜姓劉氏。常性恭儉，遵法度，南方稱之。

【注】
〔1〕《東觀記》曰："誅不從命，封拜有功。"

更始敗，建武二年夏，常將妻子詣洛陽，肉袒自歸。光武見常甚歡，勞之曰："王廷尉良苦。[1]每念往時，共更艱戹，何日忘之。[2]莫往莫來，豈違平生之言乎？"[3]常頓首謝曰："臣蒙大命，得以鞭策託身陛下。[4]始遇宜秋，後會昆陽，幸賴靈武，輒成斷金。[5]更始不量愚臣，任以南州。[6]赤眉之難，喪心失望，[7]以為天下復失綱紀。聞陛下即位河北，心開目明，今得見闕庭，死無遺恨。"帝笑曰："吾與廷尉戲耳。吾見廷尉，不憂南方矣。"[8]乃召公卿將軍以下大會，具為群臣言："常以匹夫興義兵，明于知天命，故更始封為知命侯。與吾相遇兵中，尤相厚善。"特加賞賜，拜為左曹，[9]封山桑侯。[10]

【注】
〔1〕良，甚也，言苦軍事也。
〔2〕更，經也。艱戹謂帝敗小長安，造常壁，與常共破甄阜及王尋等也。
〔3〕平生言謂常云"劉氏真主也，誠思出身為用，輔成大功"。常乃久事更始，不早歸朝，帝微以責之，故下文云"吾與廷尉戲耳"。《詩·衛風》曰："莫往莫來，悠悠我思。"
〔4〕策，馬檛也。言執策以從之。
〔5〕伯升與常深相結，故曰斷金。《易·繫辭》曰："二人同心，其利斷金。"
〔6〕謂以廷尉行南陽太守。
〔7〕謂赤眉入長安，破更始。
〔8〕謂南陽也。

〔9〕《前書》曰,左、右曹,平尚書事。
〔10〕山桑,縣,屬沛郡,今亳州縣。

後帝於大會中指常謂群臣曰:"此家率下江諸將〔一三〕輔翼漢室,心如金石,真忠臣也。"是日遷常為漢忠將軍,遣南擊鄧奉、董訢,令諸將皆屬焉。又詔常北擊河閒、漁陽,平諸屯聚。五年秋,攻拔湖陵,又與帝會任城,因從破蘇茂、龐萌。進攻下邳,常部當城門戰,一日數合,賊反走入城,常追迫之,城上射矢雨下,帝從百餘騎自城南高處望,常戰力甚,馳遣中黃門詔使引還,賊遂降。又別率騎都尉王霸共平沛郡賊。〔1〕六年春,徵還洛陽,令夫人迎常於舞陽,歸家上冢。西屯長安,拒隗囂。七年,使使者持璽書即拜常為橫野大將軍,位次與諸將絕席。〔2〕常別擊破隗囂將高峻於朝那。〔3〕囂遣將過烏氏,〔一四〕常要擊破之。轉降保塞羌諸營壁,皆平之。九年,擊內黃賊,破降之。後北屯故安,〔4〕拒盧芳。十二年,薨于屯所,諡曰節侯。

【注】
〔1〕《東觀記》曰,沛郡賊,苗虛也。
〔2〕絕席謂尊顯之也。《漢官儀》曰:"御史大夫、尚書令、司隸校尉,皆專席,號三獨坐。"
〔3〕朝那,縣,屬安定郡也。〔一五〕
〔4〕故安,縣,屬涿郡,故城在今易州易縣南也。

子廣嗣。三十年,徙封石城侯。〔1〕永平十四年,坐與楚事相連,國除。

【注】
〔1〕石城故城在今復州沔陽縣東南也。

鄧晨字偉卿，南陽新野人也。世吏二千石。父宏，豫章都尉。晨初娶光武姊元。王莽末，光武嘗與兄伯升及晨俱之宛，與穰人蔡少公等讌語。少公頗學圖讖，言劉秀當為天子。或曰："是國師公劉秀乎？"光武戲曰："何用知非僕邪？"坐者皆大笑，晨心獨喜。〔2〕及光武與家屬避吏新野，舍晨廬，甚相親愛。晨因謂光武曰："王莽悖暴，盛夏斬人，此天亡之時也。〔3〕往時會宛，獨當應邪？"〔一六〕光武笑不荅。

【注】

〔1〕《東觀記》曰："晨曾祖父隆，揚州刺史；祖父勳，交阯刺史。"

〔2〕《東觀記》曰："晨與上共載出，逢使者不下車，使者怒，頗加恥辱。上稱江夏卒史，晨更名侯家丞。使者以其詐，將至亭，欲罪之，新野宰潘叔為請，得免。"

〔3〕王莽地皇元年，下書曰："方出軍行師，有趨讙犯〔法〕者，斬無須時。"〔一七〕於是春夏斬人都市，百姓震懼也。

及漢兵起，晨將賓客會棘陽。漢兵敗小長安，諸將多亡家屬，光武單馬遁走，遇女弟伯姬，與共騎而奔。前行復見元，趣令上馬。元以手麾曰："行矣，不能相救，無為兩沒也。"會追兵至，元及三女皆遇害。漢兵退保棘陽，而新野宰乃汙晨宅，焚其冢墓。宗族皆恚怒，曰："家自富足，何故隨婦家人入湯鑊中？"晨終無恨色。

更始立，以晨為偏將軍。與光武略地潁川，俱夜出昆陽城，擊破王尋、王邑。又別徇陽翟以東，至京、密，皆下之。〔1〕更始北都洛陽，以晨為常山太守。會王郎反，光武自薊走信都，晨亦閒行會於鉅鹿下，自請從擊邯鄲。光武曰："偉卿以一身從我，不如以一郡為我北道主人。"乃遣晨歸郡。光武追銅馬、高胡群賊於冀州，晨發積射士千人，〔2〕又遣委輸給軍不絕。光武即位，封晨房子侯。〔3〕帝又感悼姊沒於亂兵，追封諡元為新野節義長公主，立廟於縣西。封晨長子汎為吳房侯，〔4〕以奉公主之祀。

【注】

〔1〕京、密,二縣名,屬河南郡。京故城在今鄭州滎陽東,鄭之京邑也。密故城在滎陽東南也。

〔2〕積與迹同,古字通用,謂尋迹而射之。

〔3〕房子,今趙州縣也。

〔4〕吳房,今豫州縣也。

建武三年,徵晨還京師,數讌見,說故舊平生為歡。晨從容謂帝曰:"僕竟(辯)〔辦〕之。"〔一八〕〔1〕帝大笑。從幸章陵,拜光祿大夫,使持節監執金吾賈復等擊平邵陵、新息賊。〔2〕四年,從幸壽春,留鎮九江。

【注】

〔1〕光武前語晨云:"何用知非僕乎?"故晨有此言也。

〔2〕新息,今豫州縣也。

晨好樂郡職,由是復拜為中山太守,吏民稱之,常為冀州高第。〔1〕十三年,更封南䜌侯。〔2〕入奉朝請,復為汝南太守。十八年,行幸章陵,徵晨行廷尉事。從至新野,置酒酣讌,賞賜數百(十)〔千〕萬,〔一九〕復遣歸郡。晨興鴻郤陂數千頃田,〔3〕汝土以殷,魚稻之饒,流衍它郡。〔4〕明年,定封西華侯,復徵奉朝請。二十五年卒,詔遣中謁者備公主官屬禮儀,〔5〕招迎新野主魂,與晨合葬於北芒。乘輿與中宮親臨喪送葬。謚曰惠侯。

【注】

〔1〕中山屬冀州,於冀州所部郡課常為弟一也。

〔2〕䜌音力全反。

〔3〕鴻郤,陂名,在今豫州汝陽縣東。成帝時,關東水陂溢為害,翟方進

為丞相，奏罷之。

〔4〕衍，饒也。

〔5〕《漢官儀》曰"長公主官屬，傅一人，員吏五人，騶僕射五人，私府長、食官長、永巷令、家令各一人"也。

小子棠嗣，後徙封武當。棠卒，子固嗣。固卒，子國嗣。國卒，子福嗣，永建元年卒，無子，國除。

來歙字君叔，〔1〕南陽新野人也。六世祖漢，有才力，武帝世，以光祿大夫副樓船將軍楊僕，擊破南越、朝鮮。父仲，〔2〕哀帝時為諫大夫，娶光武祖姑，生歙。〔二〇〕光武甚親敬之，數共往來長安。

【注】
〔1〕歙音許及反。
〔2〕《東觀記》"仲"作"沖"。

漢兵起，王莽以歙劉氏外屬，乃收繫之，賓客共篡奪，得免。更始即位，以歙為吏，從入關。數言事不用，以病去。歙女弟為漢中王劉嘉妻，嘉遣人迎歙，因南之漢中。更始敗，歙勸嘉歸光武，遂與嘉俱東詣洛陽。

帝見歙，大歡，即解衣以衣之，〔1〕拜為太中大夫。是時方以隴、蜀為憂，獨謂歙曰："今西州未附，〔2〕子陽稱帝，道里阻遠，諸將方務關東，思西州方略，未知所任，其謀若何？"歙因自請曰："臣嘗與隗囂相遇長安。其人始起，以漢為名。今陛下聖德隆興，臣願得奉威命，開以丹青之信，〔3〕囂必束手自歸，則述自亡之埶，不足圖也。"帝然之。建武三年，歙始使隗囂。五年，復持節送馬援，因奉璽書於囂。既還，復往說囂，囂遂遣子恂隨歙入質，拜歙為中郎將。時山東略定，帝謀西收囂兵，與俱伐蜀，復使歙喻旨。囂將王元說囂，多設疑故，久沉豫不決。[4]歙素剛毅，遂發憤質責囂曰：[5]"國家以君知臧否，曉廢興，故以手書暢意。足下推忠誠，遣伯春委質，[6]是臣主之交信也。今反欲用佞惑之言，為族滅之計，叛主負子，違背忠信乎？吉凶之決，在於今日。"欲前刺囂，囂起入，部勒兵，將殺歙，歙徐杖節就車而去。囂愈怒，王元勸囂殺歙，使牛邯將兵圍守之。囂將王遵諫曰："愚聞為國者慎器與名，[7]為家者畏怨重禍。俱慎名器，則下服其命；輕用怨禍，則家受其殃。今將軍遣子質漢，內懷它志，名器逆矣；外人有議欲謀漢使，輕怨禍矣。古者列國兵交，使在其間，[8]所以重兵貴和而不任戰也，何況承王命籍重質而犯之哉？君叔雖單車遠使，而陛下之外兄也。[一][9]害之無損於漢，而隨以族滅。[二]昔宋執楚使，遂有析骸易子之禍。[10]小國猶不可辱，況於萬乘之主，重以伯春之命哉！"歙為人有信義，言行不違，及往來游說，皆可案覆，西州士大夫皆信重之，多為其言，故得免而東歸。

【注】

〔1〕《東觀記》曰"解所被襜襦以衣歙"也。

〔2〕西州謂隗囂也。

〔3〕楊子《法言》曰"聖人之言，明若丹青"也。

〔4〕沉豫，不定之意也。《說文》曰"沉沉，行皃"也。音淫。《東觀記》曰"狐疑不決"也。

〔5〕質，正也。

〔6〕囂子恂，字伯春。

〔7〕器，車服也。名，爵號也。言名與器不可妄授也。

〔8〕《左傳》曰："晉欒書伐鄭，鄭人使伯蠲行成，晉人殺之，非禮也。兵交使在其間，可也。"

〔9〕光武之姑子，故曰外兄也。

〔10〕《左傳》曰，楚使申舟聘齊，不假道於宋。華元曰："楚不假道，鄙

我也。"乃殺之。楚子聞之,遂圍宋。宋人懼,使華元夜入楚師,告子反曰"寡君使元以病告,弊邑易子而食,析骸以爨"也。

八年春,歙與征虜將軍祭遵襲略陽,遵道病還,分遣精兵隨歙,合二千餘人,伐山開道,從番須、回中〔1〕徑至略陽,〔2〕斬囂守將金梁,因保其城。囂大驚曰:"何其神也!"〔3〕乃悉兵數萬人圍略陽,斬山築堤,激水灌城。歙與將士固死堅守,矢盡,乃發屋斷木以為兵。囂盡銳攻之,自春至秋,其士卒疲弊。帝乃大發關東兵,自將上隴,囂眾潰走,圍解。於是置酒高會,勞賜歙,班坐絕席,在諸將之右,賜歙妻縑千匹。詔使留屯長安,悉監護諸將。

【注】
〔1〕番須、回中,並地名也。番音盤。武帝元封四年幸雍,通回中道。《前書音義》曰回中在汧。〔二三〕汧今隴州汧源縣也。
〔2〕徑,直也。
〔3〕《東觀記》曰:"上聞得略陽,甚悅。左右怪上數破大敵,今得小城,何足以喜?然上以略陽囂所依阻,心腹已壞,則制其支體〔易〕也。"〔二四〕

歙因上書曰:"公孫述以隴西、天水為藩蔽,故得延命假息。今二郡平蕩,則述智計窮矣。宜益選兵馬,儲積資糧。昔趙之將帥多賈人,高帝懸之以重賞。〔1〕今西州新破,兵人疲饉,若招以財穀,則其眾可集。臣知國家所給非一,用度不足,然有不得已也。"帝然之。於是大轉糧運,〔2〕詔歙率征西大將軍馮異、建威大將軍耿弇、虎牙大將軍蓋延、揚武將軍馬成、武威將軍劉尚入天水,擊破公孫述將田弇、趙匡。明年,攻拔落門,〔3〕隗囂支黨周宗、趙恢及天水屬縣皆降。

【注】
〔1〕高帝十年,陳豨反於趙、代,其將多賈人,帝多以金購,豨將皆降。

〔2〕《東觀記》曰:"詔於汧積穀六萬斛,驢四百頭負馱。"
〔3〕聚名也。解見《光武紀》。

　　初王莽世,羌虜多背叛,而隗囂招懷其酋豪,遂得為用。及囂亡後,五谿、先零諸種數為寇掠,皆營塹自守,州郡不能討。歆乃大修攻具,率蓋延、劉尚及太中大夫馬援等進擊羌於金城,大破之,斬首虜數千人,獲牛羊萬餘頭,穀數十萬斛。又擊破襄武賊傅栗卿等。[1]隴西雖平,而人飢,流者相望。[2]歆乃傾倉廩,轉運諸縣,以賑贍之,於是隴右遂安,而涼州流通焉。

【注】
〔1〕襄武,縣,屬隴西郡也。
〔2〕流謂流離以就食也。

　　十一年,歆與蓋延、馬成進攻公孫述將王元、環安於河池、下(辯)[辨],[二五]陷之,乘勝遂進。蜀人大懼,使刺客刺歆,未殊,馳召蓋延。延見歆,因伏悲哀,不能仰視。歆叱延曰:"虎牙何敢然!今使者中刺客,無以報國,故呼巨卿,欲相屬以軍事,而反效兒女子涕泣乎!刃雖在身,不能勒兵斬公邪!"延收淚強起,受所誡。歆自書表曰:"臣夜人定後,為何人所賊傷,[1]中臣要害。臣不敢自惜,誠恨奉職不稱,以為朝廷羞。夫理國以得賢為本,太中大夫段襄,骨鯁可任,[2]願陛下裁察。又臣兄弟不肖,[3]終恐被罪,陛下哀憐,數賜教督。"投筆抽刃而絕。

【注】
〔1〕何人謂不知何人也。
〔2〕骨鯁,喻正直也。《說文》曰:"鯁,魚骨也。"食骨留咽中為鯁。
〔3〕肖,似也。不似猶不賢也。[二六]

帝聞大驚，省書（覽）[擥]涕，〔二七〕乃賜策曰："中郎將來歙，攻戰連年，平定羌、隴，憂國忘家，忠孝彰著。遭命遇害，嗚呼哀哉！"使太中大夫贈歙中郎將、征羌侯印綬，諡曰節侯，謁者護喪事。喪還洛陽，乘輿縞素臨弔送葬。以歙有平羌、隴之功，故改汝南之當鄉縣為征羌國焉。〔二八〕〔1〕

【注】
〔1〕征羌故城在今豫州郾城縣東南也。

子襃嗣。十三年，帝嘉歙忠節，復封歙弟由為宜西侯。〔1〕襃子稜，尚顯宗女武安公主。稜早歿，襃卒，以稜子歷為嗣。

【注】
〔1〕《東觀記》曰"宜西鄉侯"。

論曰：世稱來君叔天下信士。夫專使乎二國之閒，豈厭詐謀哉？而能獨以信稱者，良其誠心在乎使兩義俱安，而己不私其功也。

歷字伯珍，少襲爵，以公主子，永元中，為侍中，監羽林右騎。〔1〕永初三年，遷射聲校尉。永寧元年，代馮石為執金吾。延光元年，尊歷母為長公主。二年，遷歷太僕。

【注】
〔1〕羽林騎，武帝置。宣帝令中郎將騎都尉監羽林，見《前書》。

明年，中常侍樊豐與大將軍耿寶、侍中周廣、謝惲等共譖陷太尉楊震，震遂自殺。歷謂侍御史虞詡曰："耿寶託元舅之親，〔1〕榮寵過厚，不念報國恩，而傾側姦臣，誣奏楊公，傷害忠良，其天禍亦將至矣。"遂絕周廣、謝惲，不與交通。時皇太子驚病不安，避幸安帝乳母野王君王聖舍。太子乳母王男、廚監邴吉等以為聖舍新繕修，犯土禁，不可久御。聖及其女永與大長秋江京及中常侍樊豐、王男、邴吉等互相是非，聖、永遂誣譖男、吉，皆幽囚死，家屬徙比景。太子思男等，數為歎息。京、豐懼有後害，妄造虛無，構讒太子及東宮官屬。帝怒，召公卿以下會議廢立。耿寶等承旨，皆以為太子當廢。歷與太常桓焉、廷尉張晧議曰："經説，年未滿十五，過惡不在其身。且男、吉之謀，皇太子容有不知，宜選忠良保傅，輔以禮義。廢置事重，此誠聖恩所宜宿留。"[2]帝不從，是日遂廢太子為濟陰王。時監太子家小黄門籍建、中傅高梵等[3]皆以無罪徙朔方。歷乃要結光禄勳祋諷，[4]宗正劉瑋，將作大匠薛晧，侍中閭丘弘、[二九]陳光、趙代、施延，太中大夫朱倀、[5]第五頡、[6]中散大夫曹成，諫議大夫李尤，符節令張敬，[7]持書侍御史龔調，[8]羽林右監孔顯，[9]城門司馬徐崇，衛尉守丞樂闈、[10]長樂、未央廄令鄭安世等十餘人，[11]俱詣鴻都門證太子無過。龔調據法律明之，以為男、吉犯罪，皇太子不當坐。帝與左右患之，乃使中常侍奉詔脅群臣曰："父子一體，天性自然。以義割恩，為天下也。歷、諷等不識大典，而與群小共為譁譁，外見忠直而内希後福，飾邪違義，豈事君之禮？朝廷廣開言事之路，故且一切假貸；若懷迷不反，當顯明刑書。"諫者莫不失色。薛晧先頓首曰："固宜如明詔。"歷怫然，[12]廷詰晧曰："屬通諫何言，而今復背之？[13]大臣乘朝車，處國事，固得輾轉若此乎！"[14][三〇]乃各稍自引起，歷獨守闕，連日不肯去。帝大怒，乃免歷兄弟官，削國租，黜公主不得會見。歷遂杜門不與親戚通，時人為之震慄。

【注】
〔1〕寶女弟為清河王慶姬，即安帝嫡母也，故寶於帝為元舅焉。
〔2〕宿留猶停留也。宿留音秀溜。

〔3〕梵音扶汎反。
〔4〕殁音丁外反。
〔5〕伥音丑羊反。
〔6〕頡音下結反。
〔7〕《續漢（書）〔志〕》曰："符節令，秩〔六〕百石。"〔三一〕
〔8〕《續漢志》曰"持書侍御史，秩六百石"也。
〔9〕《漢官儀》"羽林左、右監，屬光祿"也。
〔10〕守丞，兼守之丞也。
〔11〕《續漢志》曰"未央廄令一人，長樂廄令一人，主乘輿馬"也。
〔12〕《字林》曰："怫，鬱也。"怫音扶勿反。
〔13〕屬，近也。通猶共也。近言共諫，何乃相背也。
〔14〕《周禮》曰："卿乘夏縵，大夫乘墨車。"輾轉，不定也。《詩》曰："展轉反側。"

及帝崩，閻太后起歷為將作大匠。順帝即位，朝廷咸稱社稷臣，於是遷為衛尉。殁諷、劉瑋、閭丘弘等先卒，皆拜其子為郎；朱伥、[1]施延、陳光、趙代等並為公卿，任職；徵王男、邴吉家屬還京師，厚加賞賜；籍建、高梵等悉蒙顯擢。永建元年，拜歷車騎將軍，弟祉為步兵校尉，超為黃門侍郎。三年，母長公主薨，歷稱病歸第；服闋，復為大鴻臚。陽嘉二年，卒官。

【注】
〔1〕伥音丑良反。

子定嗣。定尚安帝妹平氏長公主，順帝時，為虎賁中郎將。定卒，子虎嗣，桓帝時，為屯騎校尉。弟豔，字季德，少好學下士，開館養徒，少歷顯位，靈帝時，再遷司空。

贊曰：李、鄧豪贍，舍家從讖。少公雖孚，[1]宗卿未驗。[2]王常知命，功惟帝念。[3]款款君叔，斯言無玷。[4]方獻三捷，永墜一劍。[5]

【注】

〔1〕鄧晨代以吏二千石為豪，李通家富為贍也。

〔2〕孚，信也。言蔡少公論讖，其事雖信，而李守被誅，是未驗也。

〔3〕王常，更始中為知命侯，後歸朝，上錄其功，封為列侯，故曰帝念。

〔4〕玷，缺也。

〔5〕《小雅·采薇》詩曰："豈敢定居，一月三捷。"

【校勘記】

〔一〕李通字次元　《集解》引汪文臺說，謂《初學記》十一、《北堂書鈔》五十二引華嶠《書》"次元"作"文元"。今按：安國桂坡館刊本《初學記》及孔廣陶校注本《北堂書鈔》並作"次元"。

〔二〕會光武避（事）〔吏〕在宛　《集解》引陳景雲說，謂它處皆作"避吏"，此"事"疑因相似而誤。今據改。按："事"字古文作"叓"，與"吏"形相近也。

〔三〕同母弟申徒臣　《集解》引惠棟說，謂"申徒臣"《東觀記》作"公孫臣"，袁宏《紀》作"申屠臣"。今按：聚珍本《東觀記·光武紀》作"公孫臣"，《李通傳》作"申屠臣"。

〔四〕蒼卒時以備不虞耳　汲本、殿本"蒼"作"倉"。按：蒼倉通用。又按：影印紹興本此卷仍有闕佚，取它本補配，故多譌字。以下遇極明顯之譌字，皆逕予改正，不作校記。

〔五〕徵通為衛尉　按：袁《紀》"衛尉"作"光祿勳"。《書鈔》五十三引《續漢書》同。

〔六〕屬南（郡）〔陽〕　據《集解》引洪亮吉說改。

〔七〕以病上書乞身　按：《集解》引洪亮吉說，謂此蒙上"六年夏"之文，下云"其夏，引拜為大司空"，考通為司空在建武七年五月，則此應云"明年夏,引拜為大司空",否則"以病上書乞身"上亦應加"明年"二字。省此二字,增一"其"字,遂覺敍事不清。

〔八〕安衆侯劉(崇)〔寵〕 《集解》引顧炎武説,謂"崇"當從《漢表》作"寵"。又引陳景雲説,謂崇死於莽未篡漢之先,建武二年,從父弟寵紹封,此傳寫誤也。今據改。按:《集解》又引惠棟説,謂安衆侯紹封者有劉宣子高,見《卓茂傳》。《校補》謂"宣"與"寵"自係一人名,因形近而誤。

〔九〕猖狂無妄之福 按:汲本"福"作"禍"。

〔一○〕又有無(妄)〔望〕之禍 據汲本、殿本改,與《史記·平原君傳》合。

〔一一〕南(郡)〔陽〕有宜秋聚也 《集解》引惠棟説,謂《續志》平氏縣有宜秋聚,屬南陽,非南郡也。今據改。

〔一二〕此〔天〕所以祐吾屬也 《校補》引錢大昭説,謂"此"字下《通鑑》有"天"字。按:上屢言"天",此處合有"天"字,今據補。

〔一三〕此家率下江諸將 《集解》謂袁宏《紀》"此家"作"此人"。按:《通鑑》胡注"此家猶言此人也"。

〔一四〕囂遣將過烏氏 按:《集解》引惠棟説,謂氏音支,《續志》作"枝"或作"支"。

〔一五〕按:此注原繫"烏氏"下,據汲本、殿本移正。

〔一六〕往時會宛獨當應邪 按:張燴謂"會宛"下當有"語"字,袁《紀》作"宛下言儻能應也"。

〔一七〕有趍謹犯〔法〕者斬無須時 據《刊誤》補,與《前書·莽傳》合。按:殿本"趍"作"趨",與《前書·莽傳》同。

〔一八〕僕竟(辯)〔辦〕之 按:《集解》引沈欽韓説,謂此"僕"字即光武自稱之"僕","辯"當作"辦"。今據改。

〔一九〕賞賜數百(十)〔千〕萬 據汲本、殿本改。

〔二○〕娶光武祖姑生歙 按:殿本《考證》萬承蒼謂下文王遵曰"君叔陛下之外兄也",此"祖姑"字必有誤。又沈家本謂按後文"而陛下之外兄也",注"光武之姑子,故曰外兄",然則仲娶者非光武祖姑,恐"祖"字譌也。

〔二一〕而陛下之外兄也　按:《御覽》四五二引"陛下"作"漢帝"。

〔二二〕害之無損於漢而隨以族滅　按:《御覽》四五二引作"害之無損於彼,滅之有害於吾"。

〔二三〕前書音義曰回中在汧　按:《集解》引惠棟説,謂番須、回中皆在安定郡,注引《前書音義》謂"回中在汧",非。

〔二四〕則制其支體〔易〕也　據《校補》引錢大昭説補。

〔二五〕下(辯)〔辨〕　據《集解》引惠棟説改。按:《通鑑》作"辨"。

〔二六〕按:此注原在"被罪"下,依汲本移正。

〔二七〕省書(覽)〔擥〕涕《校補》謂"覽"當作"擥",屈子《懷沙》"思美人兮擥涕而竚眙"。今據改。按:《通鑑》引作"攬",攬即擥字。

〔二八〕故改汝南之當鄉縣為征羌國焉　按:《前志》汝南無當鄉縣。《集解》引錢大昕説,謂"縣"字疑衍。又引洪頤煊説,謂《地理》《郡國》兩志於征羌不言"故當鄉"。《范滂傳》"汝南征羌人",李注"謝承《書》云汝南細陽人"。疑當鄉縣東京初年割細陽所置,故承以滂為細陽人。

〔二九〕侍中閭丘弘　按:《集解》引惠棟説,謂袁《紀》作"中郎將閭丘宏"。

〔三〇〕固得輾轉若此乎　按:汲本、殿本"得"作"復"。

〔三一〕續漢(書)〔志〕曰符節令秩〔六〕百石　"書"當作"志"。又《集解》引沈欽韓説,謂"百石"上應有"六"字,今據補,與《續志》合。

# 後漢書卷十六

## 鄧寇列傳第六 鄧禹子訓　孫騭　寇恂曾孫榮

　　鄧禹字仲華，南陽新野人也。年十三，能誦詩，受業長安。時光武亦游學京師，禹年雖幼，而見光武知非常人，遂相親附。數年歸家。
　　及漢兵起，更始立，豪桀多薦舉禹，禹不肯從。及聞光武安集河北，即杖策北渡，追及於鄴。光武見之甚歡，謂曰："我得專封拜，生遠來，寧欲仕乎？"禹曰："不願也。"光武曰："即如是，何欲為？"禹曰："但願明公威德加於四海，禹得效其尺寸，垂功名於竹帛耳。"光武笑，因留宿閒語。[1]禹進說曰："更始雖都關西，今山東未安，赤眉、青犢之屬，動以萬數，三輔假號，往往群聚。更始既未有所挫，而不自聽斷，諸將皆庸人屈起，[2]志在財幣，爭用威力，朝夕自快而已，非有忠良明智，深慮遠圖，欲尊主安民者也。四方分崩離析，[3]形埶可見。明公雖建藩輔之功，猶恐無所成立。於今之計，莫如延攬英雄，務悅民心，立高祖之業，救萬民之命。以公而慮天下，不足定也。"光武大悅，因令左右號禹曰鄧將軍。常宿止於中，與定計議。

【注】
〔1〕閒，私也。
〔2〕屈音求勿反。
〔3〕《論語》曰："邦分崩離析。"

及王郎起兵，光武自薊至信都，使禹發奔命，得數千人，令自將之，別攻拔樂陽。[1]從至廣阿，[2]光武舍城樓上，披輿地圖，指示禹曰："天下郡國如是，今始乃得其一。子前言以吾慮天下不足定，何也？"禹曰："方今海內殽亂，人思明君，猶赤子之慕慈母。古之興者，在德薄厚，不以大小。"[3]光武悅。時任使諸將，多訪於禹，禹每有所舉者，皆當其才，光武以為知人。使別將騎，與蓋延等擊銅馬於清陽。延等先至，戰不利，還保城，為賊所圍。禹遂進與戰，破之，生獲其大將。從光武追賊至（滿）[蒲]陽，[一]連大克獲，北州略定。

【注】
[1] 樂陽，縣名，屬常山郡。
[2]《東觀記》曰："上率禹等擊王郎橫野將軍劉奉，大破之。上過禹營，禹進炙魚，上餐啗，勞勉吏士，威嚴甚厲。眾皆竊言'劉公真天人也'。"
[3]《史記》蘇秦說趙王曰："堯無三夫之分，舜無咫尺之地，禹無百人之聚，湯、武之士不過三千，立為天子，誠得其道也。"

及赤眉西入關，更始使定國上公王匡、襄邑王成丹、抗威將軍劉均及諸將，分據河東、弘農以拒之。赤眉眾大集，王匡等莫能當。光武籌赤眉必破長安，欲乘釁并關中，而方自事山東，未知所寄，以禹沈深有大度，故授以西討之略。乃拜為前將軍持節，中分麾下精兵二萬人，遣西入關，令自選偏裨以下可與俱者。於是以韓歆為軍師，李文、李春、程慮為祭酒，[1]馮愔為積弩將軍，樊崇為驍騎將軍，宗歆為車騎將軍，鄧尋為建威將軍，[二]耿訢為赤眉將軍，左于為軍師將軍，引而西。

【注】
[1]"慮"字或為"憲"字。

建武元年正月，禹自箕關將入河東，[1]河東都尉守關不開，禹攻十日,破之,獲輜重千餘乘。進圍安邑,數月未能下。更始大將軍樊參將數萬人,度大陽欲攻禹,[2]禹遣諸將逆擊於解南,大破之,斬參首。[3]於是王匡、成丹、劉均等合軍十餘萬,復共擊禹,禹軍不利,樊崇戰死。會日暮,戰罷,軍師韓歆及諸將見兵勢已摧,皆勸禹夜去,禹不聽。明日癸亥,匡等以六甲窮日不出,禹因得更理兵勒衆。明旦,匡悉軍出攻禹,禹令軍中無得妄動;既至營下,因傳發諸將鼓而並進,大破之。匡等皆棄軍亡走,禹率輕騎急追,獲劉均及河東太守楊寶、持節中郎將弭彊,皆斬之,收得節六,印綬五百,兵器不可勝數,遂定河東。承制拜李文為河東太守,悉更置屬縣令長以鎮撫之。是月,光武即位於鄗,使使者持節拜禹為大司徒。策曰:"制詔前將軍禹:深執忠孝,與朕謀謨帷幄,決勝千里。[4]孔子曰:'自吾有回,門人日親。'[5]斬將破軍,平定山西,功効尤著。百姓不親,五品不訓,汝作司徒,敬敷五教,五教在寬。[6]今遣奉車都尉授印綬,封為酇侯,[7]食邑萬户。敬之哉!"禹時年二十四。

【注】

〔1〕箕關在今王屋縣東。

〔2〕大陽,縣,屬河東郡。《前書音義》曰:"大河之陽。"《春秋》:"秦伯伐晉,自茅津濟。"杜預云:"河東大陽縣也。"

〔3〕解,縣,屬河東郡,故城在今蒲州桑泉縣東南也。

〔4〕高祖曰:"運策帷幄之中,決勝千里之外,吾不如子房。"

〔5〕《史記》曰,顏回年二十九,髮白,早死,孔子哭之慟,曰"自吾有回,門人益親"也。

〔6〕五品,五常也:父義,母慈,兄友,弟恭,子孝。言五常之教務在寬也。

〔7〕酇,縣,(今)屬南陽郡,故城在[今]襄州穀城縣東北。[三]

遂渡汾陰河,入夏陽。更始中郎將左輔都尉公乘歙,[1]引其衆十萬，與左馮翊兵共拒禹於衙，〔2〕禹復破走之，而赤眉遂入長安。是時三輔連覆敗，赤眉所過殘賊，百姓不知所歸。聞禹乘勝獨剋而師行有紀，〔3〕皆望風相攜負以迎軍，降者日以千數，衆號百萬。禹所止輒停車住節，〔4〕以勞來之，父老童稺，垂髮戴白，〔5〕滿其車下，莫不感悅，於是名震關西。帝嘉之，數賜書襃美。

【注】

〔1〕左輔即左馮翊也。三輔皆有都尉。

〔2〕衙，縣名，屬左馮翊，解見《安紀》。

〔3〕紀，綱紀也。言有條貫而不殘暴。

〔4〕住或作柱。

〔5〕垂髮，童幼也。戴白，父老也。

諸將豪傑皆勸禹徑攻長安。禹曰："不然。今吾衆雖多，能戰者少，前無可仰之積，〔1〕後無轉饋之資。赤眉新拔長安，財富充實，〔四〕鋒銳未可當也。夫盜賊羣居，無終日之計，財穀雖多，變故萬端，寧能堅守者也？上郡、北地、安定三郡，土廣人稀，饒穀多畜，吾且休兵北道，就粮養士，以觀其弊，乃可圖也。"於是引軍北至栒邑。〔2〕禹所到，擊破赤眉別將諸營保，郡邑皆開門歸附。西河太守宗育遣子奉檄降，禹遣詣京師。〔3〕

【注】

〔1〕仰猶恃也，音魚向反。

〔2〕栒邑，縣，屬右扶風，故城在今豳州三水縣東北。栒音荀。

〔3〕京師謂洛陽也。《公羊傳》曰："天子所居曰京師。"

帝以關中未定，而禹久不進兵，下勑曰："司徒，堯也；亡賊，桀也。長安吏人，遑遑無所依歸。宜以時進討，鎮慰西京，繫百姓之心。"禹猶執前意,乃分遣將軍別攻上郡諸縣,更徵兵引穀,歸至大要。〔1〕遣馮愔、宗歆守栒邑。二人爭權相攻,愔遂殺歆,因反擊禹,禹遣使以聞(帝)。〔五〕帝問使人:"愔所親愛為誰?"對曰:"護軍黃防。"帝度愔、防不能久和,勢必相忤,因報禹曰:"縛馮愔者,必黃防也。"乃遣尚書宗廣持節降之。〔六〕後月餘,防果執愔,將其衆歸罪。更始諸將王匡、胡殷(成丹)等皆詣廣降,〔七〕與共東歸。至安邑,道欲亡,廣悉斬之。愔至洛陽,赦不誅。

【注】
〔1〕大要,縣名,屬北地郡。

　　二年春,遣使者更封禹為梁侯,食四縣。時赤眉西走扶風,禹乃南至長安,軍昆明池,大饗士卒。率諸將齋戒,擇吉日,修禮謁祠高廟,收十一帝神主,〔八〕遣使奉詣洛陽,因循行園陵,為置吏士奉守焉。
　　禹引兵與延岑戰於藍田,不克,復就穀雲陽。漢中王劉嘉詣禹降。嘉相李寶倨慢無禮,禹斬之。寶弟收寶部曲擊禹,殺將軍耿訢。自馮愔反後,禹威稍損,又乏食,歸附者離散。而赤眉復還入長安,禹與戰,敗走,至高陵,軍士飢餓(者),皆食棗菜。〔九〕帝乃徵禹還,敕曰:"赤眉無穀,自當來東,吾折捶笞之,非諸將憂也。無得復妄進兵。"禹慚於受任而功不遂,數以飢卒徼戰,輒不利。三年春,與車騎將軍鄧弘擊赤眉,遂為所敗,衆皆死散。事在《馮異傳》。獨與二十四騎還詣宜陽,謝上大司徒、梁侯印綬。有詔歸侯印綬。數月,拜右將軍。
　　延岑自敗於東陽,遂與秦豐合。四年春,復寇順陽閒。遣禹護復漢將軍鄧曄、輔漢將軍于匡,擊破岑於鄧;追至武當,復破之。岑奔漢中,餘黨悉降。
　　十三年,天下平定,諸功臣皆增戶邑,定封禹為高密侯,食高密、昌安、夷安、淳于四縣。〔1〕帝以禹功高,封弟寬為明親侯。其後左右將軍官罷,〔2〕以特進奉朝請。禹內文明,篤行淳備,事母至孝。天下既定,常欲遠名埶。有子十三人，各使守一蓺。修整閨門，教養子孫，皆可以為後世法。資用國邑，不修産利。帝益重之。中元元年，復行司徒事。從東巡狩，封岱宗。

【注】
〔1〕高密，國名，今密州縣也。昌安、夷安並屬高密國。昌安故城在今密州安丘縣外城也。夷安故城在今密州高密縣外城也。淳于，縣名，屬北海郡，故城在今密州安丘縣東北也。
〔2〕《續漢志》曰"前後左右將軍皆主征伐，事訖皆罷"也。

顯宗即位，以禹先帝元功，拜為太傅，進見東向，甚見尊寵。[1]居歲餘，寢疾。帝數自臨問，以子男二人為郎。永平元年，年五十七薨，謚曰元侯。

【注】
〔1〕臣當北面，尊如賓，故令東向。

帝分禹封為三國：長子震為高密侯，襲為昌安侯，珍為夷安侯。
禹少子鴻，好籌策。永平中，以為小侯。引入與議邊事，帝以為能，拜將兵長史，率五營士屯鴈門。肅宗時，為度遼將軍。永元中，與大將軍竇憲俱出擊匈奴，有功，徵行車騎將軍。出塞追畔胡逢侯，坐逗留，下獄死。
高密侯震卒，子乾嗣。乾尚顯宗女沁水公主。永元十四年，陰皇后巫蠱事發，乾從兄奉以后舅被誅，乾從坐，國除。元興元年，和帝復封乾本國，拜侍中。乾卒，子成嗣。成卒，子褒嗣。褒尚安帝妹舞陰長公主，桓帝時為少府。褒卒，長子某嗣。少子昌襲母爵為舞陰侯，拜黃門侍郎。
昌安侯襲嗣子藩，〔一〇〕亦尚顯宗女平皋長公主，[1]和帝時為侍中。

【注】
〔1〕平皋，縣名，屬河內郡，故城在今懷州武德縣西。

夷安侯珍子康，少有操行。兄良襲封，無後，永初六年，紹封康為夷安侯。時諸紹封者皆食故國半租，康以皇太后戚屬，獨三分食二，以侍祠侯為越騎校尉。[1]康以太后久臨朝政，宗門盛滿，數上書長樂宮諫爭，宜崇公室，自損私權，言甚切至。太后不從。康心懷畏懼，永寧元年，遂謝病不朝。太后使內侍者問之。時宮人出入，多能有所毀譽，其中耆宿皆稱中大人。所使者乃康家先婢，亦自通中大人。康聞，詬之[2]曰："汝我家出，亦敢爾邪！"婢怨恚，還說康詐疾而言不遜。太后大怒，遂免康官，遣歸國，絕屬籍。及從兄騭誅，[3]安帝徵康為侍中。順帝立，為太僕，有方正稱，名重朝廷。以病免，加位特進。陽嘉三年卒，謚曰義侯。

【注】
〔1〕《漢官儀》曰："諸侯功德優盛，朝廷所敬者，位特進，在三公下；其次朝侯，在九卿下；其次侍祠侯；其次下土小國侯，以肺腑親公主子孫，奉墳墓於京師，亦隨時朝見，是為限諸侯也。"〔一〕康，太后從兄，以親侍祀得紹封也。
〔2〕詬，罵也，音許邁反。
〔3〕騭音質。

論曰：夫變通之世，君臣相擇，[1]斯最作事謀始之幾也。[2]鄧公贏糧徒步，觸紛亂而赴光武，[3]可謂識所從會矣。於是中分麾下之軍，以臨山西之隙，至使關河響動，懷赴如歸。功雖不遂，而道亦弘矣！及其威損栒邑，兵散宜陽，褫龍章於終朝，[4]就侯服以卒歲，榮悴交而下無二色，進退用而上無猜情，使君臣之美，後世莫闚其間，不亦君子之致為乎！

【注】

〔1〕《家語》孔子曰:"君擇臣而任之,臣亦擇君而事之。"

〔2〕幾者,事之微也。《易·訟卦》曰"君子以作事謀始"也。

〔3〕《方言》曰:"嬴,檐。"

〔4〕襫音直紙反,又敕紙反。龍章,袞龍之服也。謂禹為赤眉所敗,上司徒印綬也。《易·訟卦》曰:"或錫之鞶帶,終朝三襫之。"

訓字平叔,禹第六子也。少有大志,不好文學,禹常非之。顯宗即位,初以為郎中。訓樂施下士,士大夫多歸之。〔1〕

【注】

〔1〕《東觀記》曰:"訓謙恕下士,無貴賤見之如舊,朋友子往來門内,視之如子,有過加鞭扑之教。太醫皮巡從獵上林還,暮宿殿門下,寒疝病發。時訓直事,聞巡聲,起往問之,巡曰:'冀得火以熨背。'訓身至太官門為求火,不得,乃以口噓其背,復呼同廬郎共更噓,至朝遂愈也。"

永平中,理虖沱、石臼河,從都慮至羊腸倉,〔1〕〔一二〕欲令通漕。〔2〕太原吏人苦役,連年無成,轉運所經三百八十九隘,〔3〕前後没溺死者不可勝筭。建初三年,拜訓謁者,使監領其事。訓考量隱括,〔4〕知大功難立,具以上言。肅宗從之,遂罷其役,更用驢輦,歲省費億萬計,全活徒士數千人。

【注】

〔1〕酈元《水經注》云,汾陽故城,積粟所在,謂之羊腸倉,在晉陽西北,石隥縈委,若羊腸焉,故以為名。今嵐州界羊腸阪是也。石臼河解見(明)《[章]紀》。〔一三〕

〔2〕水運曰漕。

〔3〕隘音乙賣反。
〔4〕隱審量括之也。《孫卿子》曰:"拘木必待隱括蒸揉然後直"也。拘音鈎,謂曲者也。

會上谷太守任興欲誅赤沙烏桓,[烏桓]怨恨謀反,〔一四〕詔訓將黎陽營兵屯狐奴,以防其變。〔1〕訓撫接邊民,為幽部所歸。六年,遷護烏桓校尉,黎陽故人多攜將老幼,樂隨訓徙邊。〔2〕鮮卑聞其威恩,皆不敢南近塞下。〔3〕八年,舞陰公主子梁扈有罪,訓坐私與扈通書,徵免歸閭里。〔4〕

【注】
〔1〕《漢官儀》曰:"中興以幽、冀、并州兵克定天下,故於黎陽立營,以謁者監之。"狐奴,縣,屬漁陽郡也。
〔2〕《東觀記》曰:"訓故吏最貧羸者舉國,念訓常所服藥北州少乏,又知訓好青泥封書,從黎陽步推鹿車於洛陽市藥,還過趙國易陽,並載青泥一(樸)[璞],〔一五〕至上谷遺訓。其得人心如是。"
〔3〕《東觀記》曰:"吏士常大病瘧,轉易至數十人,〔一六〕訓身為煮湯藥,咸得平愈。其無妻者,為適配偶。"
〔4〕《東觀記》曰:"燕人思慕,為之作歌也。"

元和三年,盧水胡反畔,以訓為謁者,乘傳到武威,拜張掖太守。
章和二年,護羌校尉張紆誘誅燒當種羌迷吾等,〔一七〕由是諸羌大怒,謀欲報怨,朝廷憂之。公卿舉訓代紆為校尉。諸羌激忿,遂相與解仇結婚,交質盟詛,〔1〕眾四萬餘人,期冰合度河攻訓。先是小月氏胡分居塞內,勝兵者二三千騎,皆勇健富彊,每與羌戰,常以少制多。雖首施兩端,〔2〕漢亦時收其用。時迷吾子迷唐,別與武威種羌合兵萬騎,來至塞下,未敢攻訓,先欲脅月氏胡。訓擁衛稽故,令不得戰。〔3〕議者咸以羌胡相攻,縣官之利,以夷伐夷,不宜禁護。訓曰:"不然。今張紆失信,衆羌大動,經常屯兵,不下二萬,轉運之費,空竭府帑,[4]涼州吏人,命縣絲髮。原諸胡所以難得意者,皆恩信不厚耳。今因其迫急,以德懷之,庶能有用。"遂令開城及所居園門,悉驅群胡妻子內之,嚴兵守衛。羌掠無所得,[5]又不敢逼諸胡,因即解去。由是湟中諸胡[6]皆言"漢家常欲鬭我曹,今鄧使君待我以恩信,開門內我妻子,乃得父母"。咸歡喜叩頭曰:"唯使君所命。"訓遂撫養其中少年勇者數百人,以為義從。

【注】

〔1〕鄭玄注《周禮》云:"大事曰盟,小事曰詛。"
〔2〕首施猶首鼠也。
〔3〕稽故謂稽留事故也。《東觀記》"稽故"字作"諸故"也。
〔4〕《說文》曰:"帑,金帛所藏。"音它莽反。
〔5〕掠,劫奪也。
〔6〕湟中,月氏胡所居,今鄯州湟水縣也。

羌胡俗恥病死,每病臨困,輒以刃自刺。訓聞有困疾者,輒拘持縛束,不與兵刃,使醫藥療之,愈者非一,小大莫不感悅。於是賞賂諸羌種,使相招誘。迷唐伯父號吾[一八]乃將其母及種人八百戶,自塞外來降。訓因發湟中秦、胡、羌兵四千人,出塞掩擊迷唐於寫谷,[1]斬首虜六百餘人,得馬牛羊萬餘頭。迷唐乃去大、小榆,[2]居頗巖谷,衆悉破散。其春,復欲歸故地就田業,訓乃發湟中六千人,令長史任尚將之,縫革為船,置於箄上以度河,[3]掩擊迷唐廬落大豪,多所斬獲。復追逐奔北,會尚等夜為羌所攻,於是義從羌胡并力破之,斬首前後一千八百餘級,獲生口二千人,馬牛羊三萬餘頭,一種殆盡。[4]迷唐遂收其餘部,遠徙廬落,西行千餘里,諸附落小種皆背畔之。燒當豪帥東號稽顙歸死,[5]餘皆款塞納質。於是綏接歸附,威信大行。遂罷屯兵,各令歸郡。唯置弛刑徒二千餘人,分以屯田,為貧人耕種,修理城郭塢壁而已。

【注】

〔1〕《東觀記》（曰）〔一九〕"寫"作"鴈"。

〔2〕兩谷名也，見《西羌傳》。

〔3〕箄，木筏也，音步佳反。

〔4〕一種謂迷唐也。

〔5〕東號，羌名。

永元二年，大將軍竇憲將兵鎮武威，憲以訓曉羌胡方略，上求俱行。訓初厚於馬氏，不為諸竇所親，及憲誅，故不離其禍。[1]

【注】

〔1〕離，遭也。

訓雖寬中容眾，而於閨門甚嚴，兄弟莫不敬憚，諸子進見，未嘗賜席接以溫色。四年冬，病卒官，時年五十三。吏人羌胡愛惜，旦夕臨者日數千人。戎俗父母死，恥悲泣，皆騎馬歌呼。至聞訓卒，莫不吼號，或以刀自割，又刺殺其犬馬牛羊，曰"鄧使君已死，我曹亦俱死耳"。前烏桓吏士皆奔走道路，至空城郭。[1]吏執不聽，以狀白校尉徐傿。傿歎息曰："此義也。"[2]乃釋之。遂家家為訓立祠，每有疾病，輒此請禱求福。〔二〇〕

【注】

〔1〕訓前任烏桓校尉時吏士也。

〔2〕傿音於建反。

元興元年，和帝以訓皇后之父，使謁者持節至訓墓，賜策追封，諡曰平壽敬侯。[1]中宮自臨，百官大會。

【注】
〔1〕平壽，縣，屬北海郡，故城在今青州北海縣。

訓五子：騭，京，悝，弘，閶。〔1〕〔二一〕

【注】
〔1〕悝音口回反。

騭字昭伯，〔1〕少辟大將軍竇憲府。及女弟為貴人，騭兄弟皆除郎中。及貴人立，是為和熹皇后。騭三遷虎賁中郎將，京、悝、弘、閶皆黃門侍郎。京卒於官。延平元年，拜騭車騎將軍、儀同三司。[儀同三司]始自騭也。〔二二〕悝虎賁中郎將，弘、閶皆侍中。

【注】
〔1〕《東觀記》"騭"作"陟"。

殤帝崩，太后與騭等定策立安帝，悝遷城門校尉，弘虎賁中郎將。自和帝崩後，騭兄弟常居禁中。騭謙遜不欲久在內，連求還第，歲餘，太后乃許之。

永初元年，封騭上蔡侯，悝葉侯，弘西平侯，〔1〕閶西華侯，〔2〕食邑各萬戶。騭以定策功，增邑三千戶。騭等辭讓不獲，遂逃避使者，閒關詣闕，〔3〕上疏自陳曰："臣兄弟汙濊，無分可採，〔4〕過以外戚，〔5〕遭值明時，託日月之末光，被雲雨之渥澤，〔6〕並統列位，光昭當世。不能宣贊風美，補助清化，誠慙誠懼，無以處心。陛下躬天然之姿，體仁聖之德，遭國不造，仍離大憂，〔7〕開日月之明，運獨斷之慮，援立皇統，奉承大宗。聖策定於神心，休烈垂於不朽，本非臣等所能萬一，而猥推嘉美，並享大封，〔8〕伏聞詔書，驚惶慙怖。追觀前世傾覆之誡，〔9〕退自惟念，不寒而慄。[10]臣等雖無逮及遠見之慮，猶有庶幾戒懼之情。常母子兄弟，內相勑厲，冀以端愨畏慎，一心奉戴，上全天恩，下完性命。刻骨定分，有死無二。終不敢橫受爵土，以增罪累。惶窘征營，昧死陳乞。"太后不聽。騭頻上疏，至於五六，乃許之。

【注】
〔1〕西平，縣，屬汝南郡，故城在今豫州郾城縣南。
〔2〕西華，縣，屬汝南郡也。
〔3〕閒關猶崎嶇也。
〔4〕言無分寸可收採也。
〔5〕過，誤也。
〔6〕《易》曰："夫聖人者，與天地合其德，日月齊其明。"又云"雲行雨施，天下平"也。
〔7〕造，成也。仍，頻也。大憂，和帝、殤帝崩。
〔8〕狠，曲也。
〔9〕前代外戚上官安、霍禹之屬，皆被誅戮也。
〔10〕惟，思也。不寒而慄，言恐懼也。《前書》曰"義縱為定襄太守，郡中不寒而慄"也。

其夏，涼部畔羌搖蕩西州，朝廷憂之。於是詔騭將左右羽林、北軍五校士及諸部兵擊之，車駕幸平樂觀餞送。騭西屯漢陽，使征西校尉任尚、從事中郎司馬鈞與羌戰，大敗。時以轉輸疲弊，百姓苦役。冬，徵騭班師。[1][二三]朝廷以太后故，遣五官中郎將迎拜騭為大將軍。軍到河南，使大鴻臚親迎，中常侍齎牛酒郊勞，王、主以下候望於道。既至，大會群臣，賜束帛乘馬，[2]寵靈顯赫，光震都鄙。

【注】
〔1〕班，還也。

〔2〕駟馬曰乘。

時遭元二之災,〔1〕人士荒飢,〔二四〕死者相望,盜賊群起,四夷侵畔。騭等崇節儉,罷力役,推進天下賢士何熙、祋諷、〔2〕羊浸、李郃、陶敦等列於朝廷,辟楊震、朱寵、陳禪置之幕府,故天下復安。

【注】
〔1〕臣賢案:元二即元元也,〔二五〕古書字當再讀者,即於上字之下為小"二"字,言此字當兩度言之。後人不曉,遂讀為元二,或同之陽九,或附之百六,良由不悟,致斯乖舛。今岐州《石鼓銘》,凡重言者皆為"二"字,明驗也。
〔2〕祋,姓也,音丁外反,又音丁活反。

四年,母新野君寢病,騭兄弟並上書求還侍養。太后以閶最少,孝行尤著,特聽之,賜安車駟馬。及新野君薨,騭等復乞身行服,章連上,太后許之。騭等既還里第,並居冢次。閶至孝骨立,有聞當時。及服闋,詔喻騭還輔朝政,更授前封。騭等叩頭固讓,乃止,於是並奉朝請,位次在三公下,特進、侯上。〔1〕其有大議,乃詣朝堂,與公卿參謀。

【注】
〔1〕在特進及列侯之上。

元初二年,弘卒。太后服齊衰,帝緦麻,〔二六〕並宿幸其第。弘少治《歐陽尚書》,授帝禁中,〔1〕諸儒多歸附之。初疾病,遺言悉以常服,不得用錦衣玉匣。有司奏贈弘驃騎將軍,位特進,封西平侯。太后追思弘意,不加贈位衣服,但賜錢千萬,布萬匹,騭等復辭不受。詔大鴻臚持節,即弘殯封子廣德為西平侯。將葬,有司復奏發五營輕車騎士,禮儀如霍光故事，〔2〕太后皆不聽，但白蓋雙騎，門生輓送。〔3〕後以帝師之重，分西平之都鄉封廣德弟甫德為都鄉侯。四年，又封京子黃門侍郎珍為陽安侯，〔二七〕邑三千五百户。

【注】
〔1〕歐陽生字和伯，千乘人，事伏生，武帝時人。
〔2〕霍光薨，宣帝遣太中大夫、侍御史持節護喪事，中二千石修莫府冢，上賜玉衣、梓宮、便房、黃腸題湊、轀輬車、黃屋左纛，輕車材官五校士以送葬也。
〔3〕白蓋車也。

五年，悝、閶相繼並卒，皆遺言薄葬，不受爵贈，太后並從之。乃封悝子廣宗為葉侯，閶子忠為西華侯。

自祖父禹教訓子孫，皆遵法度，深戒竇氏，〔1〕檢勅宗族，闔門靜居。〔2〕騭子侍中鳳，嘗與尚書郎張龕書，屬郎中馬融宜在臺閣。又中郎將任尚嘗遺鳳馬，後尚坐斷盜軍糧，檻車徵詣廷尉，〔3〕鳳懼事泄，先自首於騭。騭畏太后，遂髡妻及鳳以謝，天下稱之。

【注】
〔1〕章帝竇皇后，竇勳女，祖穆及叔父俱尚主。穆交通輕薄，屬託郡縣，干亂政化，後並坐怨望謀不軌被誅，故鄧氏深引為誡也。
〔2〕闔，閉也。
〔3〕檻車謂以板四周為檻，無所見。

建光元年，太后崩，未及大斂，帝復申前命，封騭為上蔡侯，位特進。帝少號聰敏，及長多不德，而乳母王聖見太后久不歸政，慮有廢置，常與中黃門李閏候伺左右。及太后崩，宮人先有受罰者，懷怨恚，因誣告悝、弘、閶先從尚書鄧訪〔二八〕取廢帝故事，謀立平原王得。[1][二九]帝聞，追怒，令有司奏悝等大逆無道，遂廢西平侯廣德、葉侯廣宗、[三〇]西華侯忠、陽安侯珍、都鄉侯甫德皆為庶人。騭以不與謀，但免特進，遣就國。宗族皆免官歸故郡，沒入騭等貲財田宅，徙鄧訪及家屬於遠郡。郡縣逼迫，廣宗及忠皆自殺。又徙封騭為羅侯，[2]騭與子鳳並不食而死。騭從弟河南尹豹、度遼將軍舞陽侯遵、將作大匠暢皆自殺，唯廣德兄弟以母閻后戚屬得留京師。

【注】
〔1〕和帝長子平原王勝無嗣，鄧太后立樂安王寵子得為平原王。
〔2〕羅，縣，屬長沙（國）〔郡〕。[三一]

大司農朱寵痛騭無罪遇禍，乃肉袒輿櫬，[1]上疏追訟騭曰：「伏惟和熹皇后聖善之德，為漢文母。[2]兄弟忠孝，同心憂國，宗廟有主，王室是賴。[3]功成身退，讓國遜位，歷世外戚，無與為比。當享積善履謙之祐，[4]而橫為宮人單辭所陷。利口傾險，反亂國家，罪無申證，[5]獄不訊鞫，[6]遂令騭等罹此酷濫。一門七人，並不以命，[7]屍骸流離，怨魂不反，逆天感人，率土喪氣。宜收還冢次，寵樹遺孤，奉承血祀，以謝亡靈。」[8]寵知其言切，自致廷尉，詔免官歸田里。眾庶多為騭稱枉，帝意頗悟，乃譴讓州郡，[9]還葬洛陽北芒舊塋，公卿皆會喪，莫不悲傷之。詔遣使者祠以中牢，諸從昆弟皆歸京師。及順帝即位，追感太后恩訓，愍騭無辜，乃詔宗正復故大將軍鄧騭宗親內外，朝見皆如故事。除騭兄弟子及門從十二人悉為郎中，擢朱寵為太尉，錄尚書事。

【注】
〔1〕櫬，親身棺也。
〔2〕《詩·凱風》曰：「母氏聖善。」文母，文王之母大任也。言太后有聖智之善，比於文母也。
〔3〕殤帝崩，太后與騭定立安帝，故曰是賴。

〔4〕《易》曰："積善之家，必有餘慶。"又曰："鬼神害盈而福謙。"
〔5〕申，明白也。
〔6〕訊，問也。鞠，窮也。
〔7〕七人謂騭從弟豹、遵、暢，騭子鳳，鳳從弟廣宗、忠也。
〔8〕血祀謂祭廟殺牲取血以告神也。
〔9〕以逼迫廣宗等故也。

寵字仲威，京兆人，初辟騭府，稍遷潁川太守，治理有聲。及拜太尉，封安鄉侯，甚加優禮。

廣德早卒。甫德更召徵為開封令。學傳父業。喪母，遂不仕。

閶妻耿氏有節操，痛鄧氏誅廢，子忠早卒，乃養河南尹豹子嗣為閶後。耿氏教之書學，遂以通博稱。永壽中，與伏無忌、延篤著書東觀，官至屯騎校尉。

禹曾孫香（子）〔之〕女為桓帝后，〔三二〕帝又紹封度遼將軍遵子萬世為南鄉侯，拜河南尹。及后廢，萬世下獄死，其餘宗親皆復歸故郡。

鄧氏自中興後，累世寵貴，凡侯者二十九人，公二人，大將軍以下十三人，中二千石十四人，列校二十二人，州牧、郡守四十八人，其餘侍中、將、大夫、郎、謁者不可勝數，東京莫與為比。

論曰：漢世外戚，自東、西京十有餘族，[1]非徒豪橫盈極，自取災故，必於貽釁後主，以至顛敗者，其數有可言焉。[2]何則？恩非己結，而權已先之；[3]情疏禮重，而枉性圖之；[4]來寵方授，地既害之；[5]隙開執謝，讒亦勝之。[6]悲哉！騭、悝兄弟，委遠時柄，忠勞王室，而終莫之免，斯樂生所以泣而辭燕也！[7]

【注】
〔1〕高帝呂后、昭帝上官后、宣帝霍后、成帝趙后、平帝王后、章帝竇后、和帝鄧后、安帝閻后、桓帝竇后、順帝梁后、靈帝何后等家，或以貴盛驕

奢，或以攝位權重，皆以盈極被誅也。

〔２〕後主謂嗣君也。言外戚握權者，當先帝時或容免禍，必貽罪釁於嗣君，以至傾覆。數猶理也，其致敗之理可得言焉。

〔３〕言外戚之家，承隆寵於先帝，不結恩於後主，故權勢先在其身也。

〔４〕圖，謀也。其人既居權要，禮數不可不重，故後主枉其本性與之圖謀政事，非心所好也。

〔５〕後來寵者，方欲授之要職，而先代權臣見居其地，必須除舊方得授新，是地既害之也。

〔６〕君臣有隙，上下離心，則權寵之人形勢漸謝，於是讒人構會，尋亦勝也。

〔７〕樂毅忠於燕昭王，其子惠王立而疑樂毅，樂毅懼而奔趙。趙王謂樂毅曰："燕力竭於齊，其主信讒，國人不附，其可圖乎？"毅伏而垂涕曰："臣事昭王，猶事大王也。臣若獲戾於它國，沒身不忍謀趙徒隸，況其後嗣乎！"事見《古史考》。〔三三〕

寇恂字子翼，上谷昌平人也，世為著姓。恂初為郡功曹，太守耿況甚重之。

王莽敗，更始立，使使者徇郡國，曰"先降者復爵位"。恂從耿況迎使者於界上，況上印綬，使者納之，一宿無還意。恂勒兵入見使者，就請之。使者不與，曰："天王使者，功曹欲脅之邪？"恂曰："非敢脅使君，〔１〕竊傷計之不詳也。今天下初定，國信未宣，使君建節銜命，以臨四方，郡國莫不延頸傾耳，望風歸命。今始至上谷而先墮大信，〔２〕沮向化之心，生離畔之隙，將復何以號令它郡乎？且耿府君在上谷，久為吏人所親，今易之，得賢則造次未安，不賢則秖更生亂。為使君計，莫若復之以安百姓。"使者不應，恂叱左右以使者命召況。況至，恂進取印綬帶況。使者不得已，乃承制詔之，況受而歸。

【注】

〔1〕君者，尊之稱也。

〔2〕墮，毀也。

及王郎起，遣將徇上谷，急況發兵。恂與門下掾閔業共説況曰："邯鄲拔起，難可信向。[1]昔王莽時，所難獨有劉伯升耳。今聞大司馬劉公，伯升母弟，尊賢下士，士多歸之，可攀附也。"況曰："邯鄲方盛，力不能獨拒，如何？"恂對曰："今上谷完實，控弦萬騎，舉大郡之資，可以詳擇去就。恂請東約漁陽，齊心合衆，邯鄲不足圖也。"況然之，乃遣恂到漁陽，結謀彭寵。恂還，至昌平，襲擊邯鄲使者，殺之，奪其軍，遂與況子弇等俱南及光武於廣阿。拜恂為偏將軍，號承義侯，從破群賊。數與鄧禹謀議，禹奇之，因奉牛酒共交歡。

【注】

〔1〕拔，卒也。

光武南定河內，而更始大司馬朱鮪等盛兵據洛陽。又并州未安，光武難其守，[1]問於鄧禹曰："諸將誰可使守河內者？"禹曰："昔高祖任蕭何於關中，無復西顧之憂，所以得專精山東，終成大業。今河內帶河為固，戶口殷實，北通上黨，南迫洛陽。寇恂文武備足，有牧人御衆之才，非此子莫可使也。"乃拜恂河內太守，行大將軍事。光武謂恂曰："河內完富，吾將因是而起。昔高祖留蕭何鎮關中，吾今委公以河內，堅守轉運，給足軍糧，率厲士馬，防遏它兵，勿令北度而已。"光武於是復北征燕、代。恂移書屬縣，講兵肄射，[2]伐淇園之竹，為矢百餘萬，[3]養馬二千匹，收租四百萬斛，轉以給軍。

【注】

〔1〕非其人不可，故難之。

〔2〕肄,習也。

〔3〕《前書音義》曰"淇園,衛之苑,多竹篠"也。

朱鮪聞光武北而河內孤,使討難將軍蘇茂、副將賈彊將兵三萬餘人,度鞏河攻溫。[1]檄書至,恂即勒軍馳出,並移告屬縣,發兵會於溫下。軍吏皆諫曰:"今洛陽兵度河,前後不絕,宜待衆軍畢集,乃可出也。"恂曰:"溫,郡之藩蔽,失溫則郡不可守。"遂馳赴之。旦日合戰,而偏將軍馮異遣救及諸縣兵適至,士馬四集,幡旗蔽野。恂乃令士卒乘城鼓譟,大呼言曰:"劉公兵到!"蘇茂軍聞之,陳動,恂因奔擊,大破之,追至洛陽,遂斬賈彊。茂兵自投河死者數千,生獲萬餘人。恂與馮異過河而還。自是洛陽震恐,城門晝閉。時光武傳聞朱鮪破河內,有頃恂檄至,大喜曰:"吾知寇子翼可任也!"諸將軍賀,[三四]因上尊號,於是即位。

【注】

〔1〕鞏、溫並今洛州縣也。臨黃河,故曰鞏河也。

時軍食急乏,恂以輦車驪駕轉輸,前後不絕,[1]尚書升斗以稟百官。帝數策書勞問恂,同門生茂陵董崇說恂曰:"上新即位,四方未定,而君侯以此時據大郡,內得人心,外破蘇茂,威震鄰敵,功名發聞,此讒人側目怨禍之時也。[三五]昔蕭何守關中,悟鮑生之言而高祖悅。[2]今君所將,皆宗族昆弟也,無乃當以前人為鏡戒。"恂然其言,稱疾不視事。帝將攻洛陽,先至河內,恂求從軍。帝曰:"河內未可離也。"數固請,不聽,乃遣兄子寇張、姊子谷崇將突騎願為軍鋒。帝善之,皆以為偏將軍。

【注】

〔1〕《前書音義》曰:"驪駕,併駕也。輦車,人挽行也。"

〔2〕漢王與項羽相距京、索,蕭何留守關中,上數使使勞苦何。鮑生謂何曰:"今君王暴衣露蓋,數勞苦君者,有疑君心。為君計者,遣君子孫昆弟能勝兵者悉詣軍。"何從其計,高祖大悦。

建武二年,恂坐繫考上書者免。是時潁川人嚴終、趙敦聚衆萬餘,與密人賈期連兵為寇。恂免數月,復拜潁川太守,與破姦將軍侯進俱擊之。數月,斬期首,郡中悉平定。封恂雍奴侯,邑萬户。

執金吾賈復在汝南,部將殺人於潁川,[1]恂捕得繫獄。時尚草創,軍營犯法,率多相容,恂乃戮之於市。復以為恥,歎。還過潁川,謂左右曰:"吾與寇恂並列將帥,而今為其所陷,大丈夫豈有懷侵怨而不決之者乎?今見恂,必手劍之!"恂知其謀,不欲與相見。谷崇曰:"崇,將也,得帶劍侍側。卒有變,足以相當。"恂曰:"不然。昔藺相如不畏秦王而屈於廉頗者,為國也。[2]區區之趙,尚有此義,吾安可以忘之乎?"乃勑屬縣盛供具,儲酒醪,[3]執金吾軍入界,一人皆兼二人之饌。[4]恂乃出迎於道,稱疾而還。賈復勒兵欲追之,而吏士皆醉,遂過去。恂遣谷崇以狀聞,帝乃徵恂。恂至引見,時復先在坐,欲起相避。帝曰:"天下未定,兩虎安得私鬪?今日朕分之。"[5]於是並坐極歡,遂共車同出,結友而去。

【注】

〔1〕部將謂軍部之下小將也。

〔2〕《史記》曰,秦王與趙王飲於澠池,秦王請趙王鼓瑟,秦御史書曰"某年某月趙王為秦王鼓瑟"。藺相如前請秦王擊缶,秦王怒,不許。相如曰:"五步之内,相如請得以頸血濺大王矣!"秦王不懌,為擊缶。相如顧趙御史書曰"某年某月秦王為趙王擊缶"。秦群臣曰:"請以趙十五城為秦王壽。"相如曰:"請以秦咸陽為趙王壽。"竟酒不能相加。既罷歸國,趙拜相如為上卿,位在廉頗之上。頗曰:"我有攻城野戰之功,相如徒以口舌為勞,而位居我上,我見必厚辱之。"相如出,望見廉頗,輒引車避之。舍人諫。相如曰:"夫以秦

王,相如能廷叱之,何畏廉將軍哉!吾念強秦不敢加兵於趙者,蓋以吾兩人也。今兩虎鬬,必不俱全,吾所以先公家之急而後私讎也。"

〔3〕《説文》曰:"醪,兼汁滓酒。"

〔4〕饌,具[食]也。〔三六〕

〔5〕分猶解也。

恂歸潁川。〔1〕三年,遣使者即拜為汝南太守,〔2〕又使驃騎將軍杜茂將兵助恂討盜賊。盜賊清靜,郡中無事。恂素好學,乃修鄉校,教生徒,聘能為《左氏春秋》者,親受學焉。七年,代朱浮為執金吾。明年,從車駕擊隗囂,而潁川盜賊群起,帝乃引軍還,謂恂曰:"潁川迫近京師,當以時定。惟念獨卿能平之耳,從九卿復出,以憂國可(知)也。"〔三七〕恂對曰:"潁川剽輕,聞陛下遠踰阻險,有事隴、蜀,故狂狡乘閒相詿誤耳。〔3〕如聞乘輿南向,賊必惶怖歸死。臣願執銳前驅。"即日車駕南征,恂從至潁川,盜賊悉降,而竟不拜郡。百姓遮道曰:"願從陛下復借寇君一年。"〔4〕乃留恂長社,鎮撫吏人,受納餘降。

【注】

〔1〕《東觀記》曰:"郡中政理,盜賊不入。"

〔2〕即,就也。

〔3〕狡,猾也。《説文》曰:"詿亦誤也。"音挂。

〔4〕恂前為潁川太守,故曰復借也。

初,隗囂將安定高峻,擁兵萬人,據高平第一,〔1〕帝使待詔馬援招降峻,由是河西道開。中郎將來歙承制拜峻通路將軍,封關內侯,後屬大司馬吳漢,〔三八〕共圍囂於冀。及漢軍退,峻亡歸故營,復助囂拒隴坻。及囂死,峻據高平,畏誅堅守。建威大將軍耿弇率太中大夫竇士、武威太守梁統等圍之,一歲不拔。十年,帝入關,將自征之,恂時從駕,諫曰:"長安道里居中,〔2〕應接近便,安定、隴西必懷震懼,此從容一處可以制四方也。今士馬疲倦，方履險阻，非萬乘之固，前年潁川，可為至戒。"帝不從。進軍及汧，[3]峻猶不下，帝議遣使降之，乃謂恂曰："卿前止吾此舉，今為吾行也。若峻不即降，引耿弇等五營擊之。"恂奉璽書至第一，峻遣軍師皇甫文出謁，辭禮不屈。恂怒，將誅文。諸將諫曰："高峻精兵萬人，率多彊弩，西遮隴道，連年不下。今欲降之而反戮其使，無乃不可乎？"恂不應，遂斬之。遣其副歸告峻曰："軍師無禮，已戮之矣。欲降，急降；不欲，固守。"峻惶恐，即日開城門降。諸將皆賀，因曰："敢問殺其使而降其城，何也？"恂曰："皇甫文，峻之腹心，其所取計者也。今來，辭意不屈，必無降心。全之則文得其計，殺之則峻亡其膽，是以降耳。"諸將皆曰："非所及也。"遂傳峻還洛陽。

【注】
〔1〕高平，縣，屬安定郡。《續漢志》曰高平有第一城也。
〔2〕從洛陽至高平，長安為中。
〔3〕汧，縣，屬扶風，故城在今隴州汧源縣南也。

恂經明行修，名重朝廷，所得秩奉，厚施朋友、故人及從吏士。常曰："吾因士大夫以致此，其可獨享之乎！"時人歸其長者，[三九]以為有宰相器。

十二年卒，諡曰威侯。子損嗣。[四〇]恂同產弟及兄子、姊子以軍功封列侯者凡八人，終其身，不傳於後。

初所與謀閺鄉者，恂數為帝言其忠，賜爵關內侯，官至遼西太守。

十三年，復封損庶兄壽為洨侯。[1]後徙封損扶柳侯。[2]損卒，子釐嗣，徙封商鄉侯。釐卒，子襲嗣。

【注】
〔1〕洨，縣，屬沛郡。洨音故交反。

〔2〕扶柳,縣,屬信都郡,故城在今冀州信都縣西也。

恂女孫為大將軍鄧騭夫人,由是寇氏得志於永初閒。〔1〕

【注】
〔1〕安帝永初元年,鄧太后臨朝,故得志也。

恂曾孫榮。

論曰:傳稱"喜怒以類者鮮矣"。〔1〕夫喜而不比,怒而思難者,其唯君子乎!子曰:"伯夷、叔齊,不念舊惡,怨是用希。"於寇公而見之矣。〔2〕

【注】
〔1〕《左傳》曰,晉范武子會將老,召其子文子曰:"吾聞之,喜怒以類者鮮矣,而易者實多也。"
〔2〕《論語》孔子之言。

榮少知名,桓帝時為侍中。性矜絜自貴,於人少所與,〔1〕以此見害於權寵。而從兄子尚帝妹益陽長公主,帝又聘其從孫女於後宮,左右益惡之。延熹中,遂陷以罪辟,與宗族免歸故郡。吏承望風旨,持之浸急,榮恐不免,奔闕自訟。未至,刺史張敬追劾榮以擅去邊,有詔捕之。榮逃竄數年,會赦令,不得除,積窮困,乃自亡命中上書曰:〔2〕

【注】
〔1〕與,黨與也。
〔2〕自,從也。

臣聞天地之於萬物也好生，帝王之於萬人也慈愛。陛下統天理物，為萬國覆，作人父母，先慈愛，後威武，先寬容，後刑辟，自生齒以上，咸蒙德澤。[1]而臣兄弟獨以無辜為專權之臣所見批抵，[2]〔四一〕青蠅之人所共搆會。[3]以臣婚姻王室，謂臣將撫其背，奪其位，退其身，受其埶。於是遂作飛章以被於臣，欲使墜萬仞之阬，踐必死之地，令陛下忽慈母之仁，發投杼之怒。[4]尚書背繩墨，[5]案空劾，不復質确其過，寘於嚴棘之下，[6]便奏正臣罪。司隸校尉馮羨佞邪承旨，廢於王命，〔四二〕驅逐臣等，不得旋踵。臣奔走還郡，沒齒無怨。臣誠恐卒為豺狼橫見噬食，故冒死欲詣闕，披肝膽，布腹心。

【注】

〔1〕《大戴禮》曰"男子八月生齒，女子七月生齒"也。

〔2〕《說文》曰："抵，側擊也。"批音片兮反。抵音之氏反。

〔3〕青蠅，《詩·小雅》曰："營營青蠅，止于樊，豈悌君子，無信讒言。"青蠅能污白使黑，污黑使白，喻佞人變亂善惡。

〔4〕《史記》曰，昔曾參之處費，魯人（又）有與曾參同姓名，〔四三〕殺人。人告其母曰"曾參殺人"，其母織自若也。又一人告之曰"曾參殺人"，其母尚織自若也。又一人告之［曰"曾參殺人"］，其母乃投杼下機，〔四四〕踰牆而走。夫以曾參之賢，其母猶生疑於三告。

〔5〕繩墨謂法律也。

〔6〕質，正也。确，實也。《說文》云，确音胡角反，此苦角反。嚴棘謂獄也，《易·坎》上六曰"繫用徽纆，寘于叢棘"也。

　　刺史張敬好為諂諛，張設機網，復令陛下興靁電之怒。司隸校尉應奉、河南尹何豹、洛陽令袁騰並驅爭先，若赴仇敵，罰及死沒，髡剔墳墓，但未掘壙出尸，剖棺露胔耳。[1]昔文王葬枯骨，[2]公劉敦行葦，[3]世稱其仁。今殘酷容媚之吏，無折中處平之心，不顧無辜之害，而興虛誣之誹，欲使嚴朝必加濫罰。是以不敢觸突天威，而自竄山林，以俟陛下發神聖之聽，啓獨覩之明，拒讒慝之謗，絶邪巧之言，救可濟之人，援没溺之命。不意滯怒不為春夏息，〔4〕淹恚不為順時怠，遂馳使郵驛，布告遠近，嚴文剋剥，痛於霜雪，張羅海内，設置萬里，逐臣者窮人迹，追臣者極車軌，雖楚購伍員，〔5〕漢求季布，無以過也。〔6〕

【注】

〔1〕骴謂骨之尚有肉者也。《月令》曰："掩骼埋骴。"音才賜反，又在(侈)〔移〕反。〔四五〕

〔2〕解見《順紀》也。

〔3〕《大雅·行葦》之詩曰："敦彼行葦，牛羊勿踐履。"言公劉之時，仁及草木，敦然道傍之葦，牧牛羊者無使踐履折傷之，況於人乎？故榮以自喻焉。

〔4〕春夏長養萬物，故不宜怒矣。

〔5〕《史記》曰，楚人伍奢為平王太子建太傅，費無忌譖殺奢。奢子員字子胥，奔吴，楚購之，得伍員者賜粟五萬石，爵執圭。

〔6〕季布為項羽將，數窘漢王。項羽滅，高祖購求布千金，敢舍匿，罪三族。

臣遇罰以來，三赦再贖，無驗之罪，足以蠲除。〔1〕而陛下疾臣愈深，有司咎臣甫力，〔2〕止則見掃滅，行則為亡虜，苟生則為窮人，極死則為冤鬼，〔四六〕天廣而無以自覆，地厚而無以自載，蹈陸土而有沈淪之憂，遠巖牆而有鎮壓之患。精誠足以感於陛下，而哲王未肯悟。如臣犯元惡大憝，〔3〕足以陳於原野，備刀鋸，〔4〕陛下當班布臣之所坐，以解衆論之疑。臣思入國門，坐於肺石之上，使三槐九棘平臣之罪。〔5〕而閽闥九重，〔6〕陷穽步設，〔7〕舉趾觸罘罝，〔8〕動行絓羅網，無緣至萬乘之前，永無見信之期矣。

【注】

〔1〕無驗謂無罪狀可案驗也。

〔2〕甫,始也。力,甚也。

〔3〕憝,惡也。主言元惡之人,大為人之所惡也。

〔4〕鋸,刖刑也。《國語》曰,刑有五,大者陳諸原野矣。

〔5〕《周禮·秋官》云:"左九棘,孤卿大夫位焉;右九棘,公侯伯子男位焉;面三槐,三公位焉。左嘉石,平罷人;右肺石,達窮人。"

〔6〕閶闔,天門也。

〔7〕窔,阮窔也。

〔8〕《說文》曰:"罘,兔網也。"罝亦兔網也,音浮嗟。

　　國君不可讎匹夫,讎之則一國盡懼。[1]臣奔走以來,三離寒暑,[2]陰陽易位,當煖反寒,春常淒風,[3]夏降霜雹,[4]又連年大風,折拔樹木。風為號令,[5]春夏布德,[6]議獄緩死之時。[7]願陛下思帝堯五教在寬之德,企成湯避遠讒夫之誠,[8]以寧風旱,以弭災兵。臣聞勇者不逃死,智者不重困,[9]固不為明朝惜垂盡之命,願赴湘、沅之波,從屈原之悲,[10]沈江湖之流,弔子胥之哀。[11]臣功臣苗緒,生長王國,懼獨含恨以葬江魚之腹,無以自別於世,[12]不勝狐死首丘之情,營魂識路之懷。[13]犯冒王怒,觸突帝禁,伏於兩觀,陳訴毒痛,[14]然後登金鑊,入沸湯,糜爛於熾爨之下,九死而未悔。[15]

【注】

〔1〕《左傳》曰,晉侯之豎頭須曰"國君而讎匹夫,懼者甚眾"也。

〔2〕離,歷。

〔3〕淒風,寒風也。《左傳》曰:"春無淒風。"

〔4〕《月令》:"仲夏行冬令,則雹凍傷穀。"

〔5〕《前書》翼奉曰:"凡風者,天之號令,所以譴告人也。"

〔6〕《月令》,春,天子布德行惠,發倉廩,振窮乏;夏,行封,慶賜,無不欣悦也。

〔7〕《易·中孚·象》曰"君子以議獄緩死"也。

〔8〕劉向《説苑》曰:"湯大旱七年,使人持鼎祀山川,祝曰:'政不節邪?包苴行邪?讒夫昌邪?宫室營邪?女謁盛邪?使人疾邪?何不雨之極也!'"

〔9〕重猶惜也。

〔10〕《史記》曰,屈原事楚懷王,王受讒,流屈原於江南。屈原憂愁悲思,遂投湘、沅而死。

〔11〕《史記》曰,伍子胥為吴行人,被宰嚭所譖,吴王賜屬鏤之劒以死。王取其尸,盛以鴟夷,浮之於江中矣。

〔12〕屈原曰"寧赴湘流,葬江魚之腹"也。

〔13〕《禮·檀弓》曰:"古人有言,狐死正首丘,仁也。"《楚詞》曰:"願徑逝而未得,魂識路之煢煢。"《老子》曰"載營魄",猶營魂也。

〔14〕兩觀,闕也。孔子攝司寇,誅少正卯於兩觀之下。

〔15〕《楚詞》曰"雖九死猶未悔"也。

悲夫,久生亦復何聊!蓋忠臣殺身以解君怒,孝子殞命以寧親怨,故大舜不避塗廩浚井之難,〔1〕申生不辭姬氏讒邪之謗。〔2〕臣敢忘斯議,〔四七〕不自斃以解明朝之忿哉!乞以身塞重責。願陛下勾兄弟死命,〔3〕使臣一門頗有遺類,以崇陛下寬饒之惠。先死陳情,臨章涕泣,泣血(連)〔漣〕如。〔4〕〔四八〕

【注】

〔1〕廩,倉也。浚,深也。《史記》曰,舜父瞽叟常欲殺舜,使舜塗廩,從下焚廩,舜乃以兩笠自扞而下。後又使穿井,舜為匿空旁出。舜既入深,父乃與象共下土實之,舜從旁空出去。

〔2〕申生,晉獻公太子。獻公用驪姬之讒而殺申生,事見《左氏傳》也。

〔3〕匄,乞也,音蓋。

〔4〕《易》曰:"乘馬班如,泣(涕連)〔血漣〕如。"〔四九〕言居不獲安,行無所適,窮困闉戹,無所委仰者。

帝省章愈怒,遂誅榮。寇氏由是衰廢。

贊曰:元侯淵謨,乃作司徒。明啓帝略,肇定秦都。勳成智隱,靜其如愚。〔1〕子翼守温,蕭公是埒。〔2〕係兵轉食,以集鴻烈。誅文屈賈,有剛有折。〔3〕

【注】

〔1〕《論語》孔子曰"吾與回言終日,不違如愚"也。

〔2〕埒,等也。

〔3〕誅皇甫文,屈於賈復。

【校勘記】

〔一〕從光武追賊至(滿)〔蒲〕陽 據《集解》引沈欽韓説改。按:蒲陽,山名。

〔二〕鄧尋為建威將軍 按:袁《紀》作"建武將軍"。

〔三〕鄧縣(今)屬南陽郡故城在〔今〕襄州穀城縣東北 據《校補》改。

〔四〕財富充實 《通鑑》"富"作"穀"。按:下云"財穀雖多",作"穀"是。

〔五〕禹遣使以聞(帝) 據《刊誤》刪。

〔六〕乃遣尚書宗廣 按:《集解》引惠棟説,謂袁宏《紀》作"宋廣"。

〔七〕更始諸將王匡胡殷(成丹)等皆詣廣降 按:沈家本《後漢書瑣言》謂按《聖公傳》,更始復疑王匡、陳牧、成丹與張卬等同謀,乃並召入,牧、丹先至,即斬之。是爾時已無成丹,"成丹"二字衍。今據刪。

〔八〕收十一帝神主 按:《集解》引汪文臺説,謂《御覽》五百三十一引《謝承書》,云"因收十二帝神主"。

〔九〕軍士飢餓（者）皆食棗菜　據《刊誤》刪。

〔一〇〕昌安侯龔嗣子藩　按：后紀"藩"作"蕃"。

〔一一〕是為隈諸侯也　按：《刊誤》謂"隈"當依《獨斷》作"假"。《集解》引周壽昌説，謂《百官志》注引胡廣《漢制度》作"猥"。隈、假、猥通用古今字，作"猥"以較合。《廣雅》"猥，衆也"。

〔一二〕從都慮至羊腸倉　按：《集解》引惠棟説，謂《水經注》"慮"作"盧"。

〔一三〕石臼河解見（明）〔章〕紀　據《校補》引張熷説改。

〔一四〕會上谷太守任興欲誅赤沙烏桓〔烏桓〕怨恨謀反　按：《集解》引沈欽韓説，謂《烏桓傳》言烏桓死者神靈歸赤山，《祭肜傳》作"赤山烏桓"，此"赤沙"疑"赤山"之誤。王先謙謂如沈説，"烏桓"下似當重"烏桓"二字。沈家本亦謂當重"烏桓"二字。今據補。

〔一五〕並載青泥一（樸）〔璞〕　據《集解》引惠棟説改。按：聚珍版《東觀記》作"樸"，亦誤。

〔一六〕轉易至數十人　按：《東觀記》作"數千人"。

〔一七〕章和二年護羌校尉張紆誘誅燒當種羌迷吾等　按："二年"疑"元年"之誤。沈家本謂按《西羌傳》，事在章和元年，《章帝紀》亦在元年書護羌校尉劉盱，劉盱蓋即張紆之譌。

〔一八〕迷唐伯父號吾　按《西羌傳》，迷唐為迷吾之子，號吾為迷吾之弟，則號吾乃迷唐之叔父也。

〔一九〕東觀記（曰）　按："曰"字衍，今刪。

〔二〇〕輒此請禱求福　按：王先謙謂"此"字疑衍，或"此"上奪"於"字。今按：《御覽》二七八引無"此"字。

〔二一〕訓五子騭悝京惲弘閶　按：袁《紀》"閶"作"閆"。

〔二二〕拜騭車騎將軍儀同三司〔儀同三司〕始自騭也王先謙謂《東觀記》複出"儀同三司"四字為是。今據補。

〔二三〕冬徵騭班師　按："冬"上當脱"二年"二字。《集解》引惠棟説，謂洪适云帝紀班師在二年十一月，傳有脱字。又引沈欽韓説，謂黃伯思《東觀餘論》云近歲關右人發地得古甕，中有東漢時竹簡永初二年討羌符，與范《書》紀二年班師合，明"冬"上脱文。

〔二四〕人士荒飢　按：《集解》引惠棟説，謂"士"當作"民"。

〔二五〕元二即元元也　按：《集解》引杭世駿説及惠棟《補注》，皆謂"元二"謂建初元年二年，注非。

〔二六〕帝絲麻　按：馬敍倫《讀兩漢書記》謂"絲"字疑當作"緦"。

〔二七〕又封京子黃門侍郎珍為陽安侯　按：《集解》引沈欽韓説，謂京子於夷安侯珍為從祖，不應同名。袁宏《紀》云封京子寶為陽安侯。

〔二八〕尚書鄧訪　按：《集解》引惠棟説，謂袁宏《紀》"訪"作"防"。

〔二九〕謀立平原王得　殿本《考證》萬承蒼云"得"當作"翼"，《安帝紀》及《章八王傳》可據。得又無子，以翼為嗣，安帝緣此貶翼為都鄉侯，注失考正。今按：據《章八王傳》，得薨在元初六年，而鄧弘先卒於元初二年，悝、閶卒於元初五年，今誣告弘等，必弘未卒前事，時為平原王者得也。安帝貶翼，追怨其父而遷怒其子耳，安得以此為據，萬説未允。

〔三〇〕遂廢西平侯廣德葉侯廣宗　原作"西平侯廣宗葉侯廣德"，誤，逕據汲本、殿本改正。按：影印紹興本此卷仍有闕佚，取它本補配，故多譌脱，舉此一例，餘皆不作校記。

〔三一〕屬長沙（國）〔郡〕　據《校補》引張熷説改。

〔三二〕禹曾孫香（子）〔之〕女為桓帝后　據《校補》引張熷説改。

〔三三〕事見古史考　汲本無此五字，殿本作"事見史記"。按：《校補》謂閩本亦有此五字，殿本依監本轉刊，作"事見史記"，兩説互岐，殆皆非原注所有。

〔三四〕諸將軍賀　《集解》引何焯説，謂"軍"疑當作"畢"。今按：《史記·淮陰侯列傳》"諸將效首虜畢賀"，《漢書》作"皆賀"，諸將畢賀者，諸將皆賀也，何説是。

〔三五〕此讒人側目怨禍之時也　按：《集解》王先謙謂《東觀記》"時"作"府"，當是。

〔三六〕饌具〔食〕也　據《説文》補。

〔三七〕從九卿復出以憂國可（知）也　《校補》謂"知"字衍。《通鑑》引傳文無"知"字，袁《紀》作"從九卿復為二千石以憂國可也"，亦無"知"字。今據刪。

〔三八〕後屬大司馬吳漢共圍囂於冀　按：沈家本謂是時圍隗囂於西城，非冀也。"冀"字誤。

〔三九〕時人歸其長者　按："歸"疑"稱"字之譌。

〔四〇〕子損嗣　按：《集解》引惠棟說，謂《水經注》"損"作"楫"。

〔四一〕所見批抵　按：汲本、殿本"抵"作"抵"。注同。

〔四二〕廢於王命　《集解》引沈欽韓說，謂"於"當為"干"。王先謙謂沈說是，蓋"干"訛為"于，因改為"於"也。

〔四三〕魯人（又）有與曾參同姓名　據殿本刪。

〔四四〕又一人告之〔曰曾參殺人〕其母乃投杼下機　據汲本、殿本補。

〔四五〕又在（侈）〔移〕反　據汲本改。

〔四六〕極死則為冤鬼　按：《集解》引惠棟說，謂袁《紀》"極死"作"殛死"。

〔四七〕臣敢忘斯議　《刊誤》謂"議"當作"義"。按：議義通，非必誤字。

〔四八〕泣血（連）〔漣〕如　據汲本、殿本改。

〔四九〕泣（涕連）〔血漣〕如　據《易·屯卦》改。

# 後漢書卷十七

## 馮岑賈列傳第七

馮異字公孫，潁川父城人也。[1]好讀書，通《左氏春秋》、《孫子兵法》。[2]

【注】

[1]父城，縣名，故城在今許州葉縣東北。汝州郟城縣亦有父城。[一]
[2]孫子名武，善用兵，吳王闔廬之將也，作《兵法》十三篇。見《史記》。

漢兵起，異以郡掾監五縣，與父城長苗萌共城守，為王莽拒漢。光武略地潁川，攻父城不下，屯兵巾車鄉。[1]異間出行屬縣，[2]為漢兵所執。時異從兄孝及同郡丁綝、[3]呂晏，並從光武，因共薦異，得召見。異曰："異一夫之用，不足為彊弱。有老母在城中，願歸據五城，以効功報德。"光武曰"善"。異歸，謂苗萌曰："今諸將皆壯士屈起，多暴橫，獨有劉將軍所到不虜掠。觀其言語舉止，非庸人也，可以歸身。"苗萌曰："死生同命，敬從子計。"光武南還宛，更始諸將攻父城者前後十餘輩，異堅守不下；及光武為司隸校尉，道經父城，異等即開門奉牛酒迎。光武署異為主簿，苗萌為從事。異因薦邑子銚期、[4]叔壽、段建、[二]左隆等，[5]光武皆以為掾史，從至洛陽。

【注】

〔1〕巾車，鄉名也，在父城界。
〔2〕閒出猶微行。行音下孟反。
〔3〕《東觀記》曰："綝字幼春，定陵人也。伉健有武略。"綝音丑心反。
〔4〕音姚。
〔5〕《東觀記》及《續漢書》，"段"並作"殷"字。

更始數欲遣光武徇河北，諸將皆以為不可。是時左丞相曹竟子詡為尚書，[1]父子用事，異勸光武厚結納之。及度河北，詡有力焉。

【注】

〔1〕竟字子期，山陽人也，後死於赤眉之難。見《前書》。[三]詡音虛羽反。

自伯升之敗，光武不敢顯其悲戚，每獨居，輒不御酒肉，枕席有涕泣處。異獨叩頭寬譬哀情。光武止之曰："卿勿妄言。"異復因閒進說曰："天下同苦王氏，思漢久矣。今更始諸將從橫暴虐，[1]所至虜掠，百姓失望，無所依戴。今公專命方面，施行恩德。夫有桀紂之亂，乃見湯武之功；人久飢渴，易為充飽。[2]宜急分遣官屬，徇行郡縣，[四]理冤結，布惠澤。"光武納之。至邯鄲，遣異與銚期乘傳撫循屬縣，錄囚徒，存鰥寡，亡命自詣者除其罪，陰條二千石長吏同心及不附者上之。

【注】

〔1〕從音子用反。橫音胡孟反。
〔2〕猶言凋殘之後，易流德澤。

及王郎起，光武自薊東南馳，晨夜草舍，[1]至饒陽無蔞亭。[2][五]時天寒烈，衆皆飢疲，異上豆粥。明旦，光武謂諸將曰："昨得公孫豆粥,飢寒俱解。"及至南宮,[3]遇大風雨,光武引車入道傍空舍,異抱薪,鄧禹爇火,[4]光武對竈燎衣。[5]異復進麥飯菟肩。因復度滹沱河至信都,[6]使異別收河閒兵。還,拜偏將軍。從破王郎,封應侯。[7]

【注】

〔1〕舍,止息也。

〔2〕無蔞,亭名,在今饒陽縣東北。蔞音力于反。

〔3〕南宮,縣名,屬信都國,今冀州縣也。

〔4〕爇音而悅反。

〔5〕燎,炙也。

〔6〕《光武紀》云,度滹沱河,至下博城西,見白衣老父,曰"信都去此八十里耳",是自北而南。此傳先言至南宮,後言度滹沱河,南宮在滹沱河南百有餘里,又似自南而北。紀傳兩文全相乖背,迹其地理,紀是傳非。諸家之書並然,亦未詳其故。

〔7〕應,國名,周武王子所封也。杜預注《春秋》曰:"應國在襄城成父縣西南。"〔六〕

異為人謙退不伐,行與諸將相逢,輒引車避道。[1]進止皆有表識,[2]軍中號為整齊。每所止舍,諸將並坐論功,異常獨屏樹下,軍中號曰"大樹將軍"。及破邯鄲,乃更部分諸將,各有配隸。[3]軍士皆言願屬大樹將軍,光武以此多之。[4]別擊破鐵脛於北平,[5]又降匈奴于林闟頓王,[6]〔七〕因從平河北。

【注】

〔1〕《東觀記》、《續漢書》云"異勑吏士,非交戰受敵,常行諸營之後,相逢引車避之,由是無爭道變鬥者"也。

〔2〕言其進退有常處也。

〔3〕隸,屬也。袁山松《書》曰:"先時諸將同營,吏卒多犯法。"

〔4〕多,重也。

〔5〕北平,縣名,屬中山國,故城在今易州永樂縣也。

〔6〕匈奴王號。《山陽公載記》(曰)〔八〕"頓"字作"碓"。《前書音義》闟音蹋,頓音碓。

時更始遣舞陰王李軼、廩丘王田立、大司馬朱鮪、白虎公陳僑〔1〕將兵號三十萬,與河南太守武勃共守洛陽。光武將北徇燕、趙,以魏郡、河內獨不逢兵,而城邑完,倉廩實,乃拜寇恂為河內太守,異為孟津將軍,〔2〕統二郡軍河上,與恂合勢,以拒朱鮪等。

【注】
〔1〕《東觀記》"僑"字作"矯"。
〔2〕孟,地名,古今以為津。

異乃遺李軼書曰:"愚聞明鏡所以照形,往事所以知今。〔1〕昔微子去殷而入周,項伯畔楚而歸漢,〔2〕周勃迎代王而黜少帝,霍光尊孝宣而廢昌邑。〔3〕彼皆畏天知命,覩存亡之符,見廢興之事,故能成功於一時,垂業於萬世也。苟令長安尚可扶助,延期歲月,疏不閒親,遠不踰近,季文豈能居一隅哉?〔4〕今長安壞亂,赤眉臨郊,王侯搆難,大臣乖離,綱紀已絕,〔5〕四方分崩,異姓並起,是故蕭王跋涉霜雪,經營河北。方今英俊雲集,百姓風靡,雖邠岐慕周,不足以喻。〔6〕季文誠能覺悟成敗,亟定大計,論功古人,〔7〕轉禍為福,在此時矣。如猛將長驅,嚴兵圍城,雖有悔恨,亦無及已。"初,軼與光武首結謀約,加相親愛,及更始立,反共陷伯升。雖知長安已危,欲降又不自安。乃報異書曰:"軼本與蕭王首謀造漢,結死生之約,同榮枯之計。今軼守洛陽,將軍鎮孟津,俱據機軸,〔8〕千載一會,思成斷金。〔9〕唯深達蕭王,願進愚策,以佐國安人。"軼自通書之後,不復與異爭鋒,故異因此得北攻天井關,拔上黨兩城,〔10〕又南下河南成皋已東十三縣,及諸屯聚,皆平之,降者十餘萬。武勃將萬餘人攻諸畔者，異引軍度河，與勃戰於士鄉下，[11]大破斬勃，[九]獲首五千餘級，軼又閉門不救。異見其信效，具以奏聞。光武故宣露軼書，[12]令朱鮪知之。鮪怒，遂使人刺殺軼。由是城中乖離，多有降者。鮪乃遣討難將軍蘇茂將數萬人攻溫，鮪自將數萬人攻平陰以綴異。[13]異遣校尉護軍（將軍）將兵，[一〇]與寇恂合擊茂，破之。異因度河擊鮪，鮪走；異追至洛陽，環城一帀而歸。

## 【注】

〔1〕《孔子家語》曰，孔子觀周明堂四門之墉，有堯、舜、桀、紂之象，謂從者曰："明鏡所以察形，古事所以知今。"

〔2〕《史記》曰，微子名啓，紂之庶兄。周武王伐紂，微子乃持祭器，肉袒面縛，造于軍門。武王乃釋其縛，復其位。項伯名纏，項籍之季父，素善張良，高祖因良與伯結婚。項籍謀害漢王，伯以身翊蔽之。籍誅，乃歸漢。

〔3〕少帝，孝惠後宮之子，名弘。惠帝崩，周勃以弘非惠帝之子，乃黜之，迎立代王。昭帝崩，無嗣，霍光乃迎立武帝孫昌邑王賀。賀無道，光廢之而立宣帝。

〔4〕長安謂更始。季文，李軼字。言軼與更始疏遠，獨居一隅，理難支久，欲其早圖去就。

〔5〕時更始大臣張卬、申屠建、隗囂等以赤眉入關，謀劫更始歸南陽，是大臣乖離也。

〔6〕《史記》曰，古公亶父脩后稷之業，積德行義，國人皆戴之。戎翟攻之，不忍戰其人，乃與其私屬去邠，止於岐下。邠人舉國扶老攜弱，盡復歸古公於岐山之下。

〔7〕亟，急也。古人即謂微子、項伯等。

〔8〕機，弩牙也；軸，車軸也：皆在物之要，故取諭焉。

〔9〕《易》曰："二人同心，其（義）〔利〕斷金。"〔一一〕

〔10〕天井關在太行山（下）〔上〕，〔一二〕解見《章紀》。

〔11〕《續漢書》曰，士鄉，亭名，屬河南郡。

〔12〕《東觀記》曰："上報異曰：'軼多詐不信，人不能得其要領，今移其書。'"

〔13〕平陰，縣名，屬河南郡。綴謂連綴也。

移檄上狀，諸將皆入賀，并勸光武即帝位。光武乃召異詣鄗，問四方動靜。異曰："三王反畔，更始敗亡，〔1〕天下無主，宗廟之憂，在於大王。宜從衆議，上為社稷，下為百姓。"光武曰："我昨夜夢乘赤龍上天，覺悟，心中動悸。"異因下席再拜賀曰："此天命發於精神。〔2〕心中動悸，大王重慎之性也。"異遂與諸將定議上尊號。

【注】

〔1〕三王謂張卬為淮陽王，〔一三〕廖湛為穰王，胡殷為隨王。更始欲殺卬等，遂勒兵掠東西市，人戰於宮中，更始大敗。

〔2〕《周易·乾卦》九五曰："飛龍在天，大人造也。"《莊子》曰："其夢也神交。"故言天命發於精神。

建武二年春，定封異陽夏侯。〔1〕引擊陽翟賊嚴終、〔一四〕趙根，破之。詔異歸家上冢，使太中大夫齎牛酒，〔2〕令二百里內太守、都尉已下及宗族會焉。

【注】

〔1〕夏音賈。

〔2〕《續漢志》曰："太中大夫秩千石，掌顧問論議，屬光禄。"

時赤眉、延岑暴亂三輔，郡縣大姓各擁兵衆，大司徒鄧禹不能定，乃遣異代禹討之。車駕送至河南，賜以乘輿七尺具劍，〔1〕勑異曰："三輔遭王莽、更始之亂，重以赤眉、延岑之酷，元元塗炭，無所依訴。今之征伐，非必略地屠城，要在平定安集之耳。諸將非不健鬭，然好虜掠。卿本能御吏士，念自修勑，無為郡縣所苦。"異頓首受命，引而西，所至皆布威信。弘農群盜稱將軍者十餘輩，皆率衆降異。[2]

【注】
〔1〕具謂以寶玉裝飾之。《東觀記》作"玉具劍"。
〔2〕《東觀記》曰："黽池霍郎、陝王長、湖濁惠、華陰陽沈[一五]等稱將軍者皆降。"

異與赤眉遇於華陰，相拒六十餘日，戰數十合，降其將劉始、王宣等[1]五千餘人。三年春，遣使者即拜異為征西大將軍。會鄧禹率車騎將軍鄧弘等引歸，與異相遇，禹、弘要異共攻赤眉。異曰："異與賊相拒且數十日，雖屢獲雄將，餘衆尚多，可稍以恩信傾誘，難卒用兵破也。上今使諸將屯黽池要其東，而異擊其西，一舉取之，此萬成計也。"禹、弘不從。弘遂大戰移日，赤眉陽敗，棄輜重走。車皆載土，以豆覆其上，兵士飢，爭取之。赤眉引還擊弘，弘軍潰亂。異與禹合兵救之，赤眉小卻。異以士卒飢倦，可且休，禹不聽，復戰，大為所敗，死傷者三千餘人。禹得脫歸宜陽。異棄馬步走上回谿阪，[2]與麾下數人歸營。復堅壁，收其散卒，招集諸營保數萬人，與賊約期會戰。使壯士變服與赤眉同，伏於道側。旦日，赤眉使萬人攻異前部，異裁出兵以救之。[3]賊見埶弱，遂悉衆攻異，異乃縱兵大戰。日昃，賊氣衰，伏兵卒起，衣服相亂，赤眉不復識別，衆遂驚潰。追擊，大破於崤底，降男女八萬人。餘衆尚十餘萬，東走宜陽降。璽書勞異曰：[一六]"赤眉破平，士吏勞苦，始雖垂翅回谿，終能奮翼黽池，[4]可謂失之東隅，收之桑榆。[5]方論功賞，以荅大勳。"

【注】
〔1〕《東觀記》"宣"作"重"。
〔2〕回谿，今俗所謂回阬，在今洛州永寧縣東北。其谿長四里，闊二丈，

深二丈五尺也。

〔3〕裁小出兵,所以示弱也。

〔4〕以鳥為喻。

〔5〕《淮南子》曰:"至於衡陽,是謂隅中。"又《前書》谷子雲曰:"太白出西方六十日,法當參天;今已過期,尚在桑榆間。"桑榆謂晚也。

時赤眉雖降,衆寇猶盛:延岑據藍田,王歆據下邽,〔1〕芳丹據新豐,〔2〕蔣震據霸陵,〔3〕張邯據長安,公孫守據長陵,楊周據谷口,〔4〕吕鮪據陳倉,角閎據汧,駱(蓋)延據盩厔,〔一七〕任良據鄠,〔一八〕汝章據槐里,〔一九〕各稱將軍,擁兵多者萬餘,少者數千人,轉相攻擊。異且戰且行,屯軍上林苑中。延岑既破赤眉,自稱武安王,拜置牧守,欲據關中,引張邯、任良共攻異。異擊破之,斬首千餘級,諸營保守附岑者皆來降歸異。岑走攻析,〔5〕異遣復漢將軍鄧曄、輔漢將軍于匡要擊岑,大破之,降其將蘇臣等八千餘人。岑遂自武關走南陽。時百姓飢餓,人相食,黃金一斤易豆五升。道路斷隔,委輸不至,軍士悉以果實為糧。詔拜南陽趙匡為右扶風,將兵助異,并送縑穀,軍中皆稱萬歲。異兵食漸盛,乃稍誅擊豪傑不從令者,褒賞降附有功勞者,悉遣其渠帥詣京師,散其衆歸本業。威行關中。唯吕鮪、張邯、蔣震遣使降蜀,其餘悉平。

【注】

〔1〕秦武公伐邽戎致之也。隴西有上邽,故此有下也。

〔2〕《續漢書》"芳"作"茅"。

〔3〕霸陵,文帝陵,因以為縣名,故秦(芒)〔芷〕陽縣。〔二○〕

〔4〕谷口,縣名,屬左馮翊,故城在今醴泉縣東北。

〔5〕析,縣名,楚之白羽邑也,即今鄧州內鄉縣。

明年,公孫述遣將程焉,將數萬人就吕鮪〔二一〕出屯陳倉。異與趙匡迎擊,大破之,焉退走漢川。異追戰於箕谷,復破之,還擊破吕鮪,營保降者甚衆。其後蜀復數遣將閒出,異輒摧挫之。[1]懷來百姓,申理枉結,出入三歲,上林成都。[2]

【注】
〔1〕賈逵注《國語》曰:"折其鋒曰挫。"
〔2〕成都,言歸附之多也。《史記》曰:"一年成邑,三年成都。"

異自以久在外,不自安,上書思慕闕廷,[二二]願親帷幄,帝不許。後人有章言異專制關中,斬長安令,威權至重,百姓歸心,號為"咸陽王"。帝使以章示異。[1]異惶懼,上書謝曰:"臣本諸生,遭遇受命之會,充備行伍,過蒙恩私,位大將,爵通侯,[2]受任方面,以立微功,[3]皆自國家謀慮,愚臣無所能及。臣伏自思惟:以詔勑戰攻,每輒如意;時以私心斷決,未嘗不有悔。國家獨見之明,久而益遠,乃知'性與天道,不可得而聞也'。[4]當兵革始起,擾攘之時,豪傑競逐,[5]迷惑千數。臣以遭遇,託身聖明,在傾危澆殽之中,尚不敢過差,而況天下平定,上尊下卑,而臣爵位所蒙,巍巍不測乎?誠冀以謹勑,遂自終始。見所示臣章,戰慄怖懼。伏念明主知臣愚性,固敢因緣自陳。"詔報曰:"將軍之於國家,義為君臣,恩猶父子。何嫌何疑,而有懼意?"

【注】
〔1〕《東觀記》曰:"使者宋嵩西上,因以章示異。"
〔2〕通侯即徹侯,避武帝諱改焉。
〔3〕謂西方一面專以委之。
〔4〕《論語》子貢曰:"夫子之文章,可得而聞也。夫子之言性與天道,不可得而聞。"
〔5〕逐,爭也。

六年春，異朝京師。引見，帝謂公卿曰："是我起兵時主簿也。為吾披荊棘，定關中。"〔1〕既罷，使中黃門賜以珍寶、衣服、錢帛。詔曰："倉卒無蔞亭豆粥，虖沱河麥飯，厚意久不報。"異稽首謝曰："臣聞管仲謂桓公曰：'願君無忘射鉤，臣無忘檻車。'齊國賴之。〔2〕臣今亦願國家無忘河北之難，小臣不敢忘巾車之恩。"〔3〕後數引讌見，定議圖蜀，留十餘日，令異妻子隨異還西。

【注】
〔1〕荊棘，榛梗之謂，以喻紛亂。
〔2〕《史記》曰，管仲將兵遮莒道，射桓公中鉤。後魯桎梏管仲而送於齊，齊以為相。説苑曰："管仲桎梏檻車中，非無媿也，自裁也。"《新序》曰，齊桓公與管仲飲，酒酣，管仲上壽曰："願君無忘出奔於莒也，臣亦無忘束縛於魯也。"此云射鉤、檻車，義亦通。
〔3〕謂光武獲異於巾車而赦之。

夏，遣諸將上隴，為隗囂所敗，乃詔異軍栒邑。未及至，隗囂乘勝使其將王元、行巡將二萬餘人下隴，因分遣巡取栒邑。異即馳兵，欲先據之。諸將皆曰："虜兵盛而新乘勝，不可與爭。宜止軍便地，徐思方略。"異曰："虜兵臨境，忸（伏）[怵]小利，〔1〕〔二三〕遂欲深入。若得栒邑，三輔動搖，是吾憂也。夫'攻者不足，守者有餘'。〔2〕今先據城，以逸待勞，非所以爭也。"潛往閉城，偃旗鼓。行巡不知，馳赴之。異乘其不意，卒擊鼓建旗而出。巡軍驚亂奔走，追擊數十里，大破之。祭遵亦破王元於汧。於是北地諸豪長耿定等，悉畔隗囂降。異上書言狀，不敢自伐。〔3〕諸將或欲分其功，帝患之。乃下璽書曰："制詔大司馬，虎牙、建威、漢（中）[忠]、〔二四〕捕虜、武威將軍：虜兵猥下，三輔驚恐。〔4〕栒邑危亡，在於旦夕。北地營保，按兵觀望。今偏城獲全，虜兵挫折，使耿定之屬，復念君臣之義。征西功若丘山，猶自以為不足。孟之反奔而殿，亦何異哉？〔5〕今遣太中大夫賜征西吏士死傷者醫藥、棺斂,大司馬已下親弔死問疾,以崇謙讓。"於是使異進軍義渠,并領北地太守事。[6]

【注】
〔1〕忸忕猶慣習也,謂慣習前事而復為之。《爾雅》曰:"忸,復也。"郭景純曰:"謂慣忕復為之也。"忸音尼丑反。忕音逝。
〔2〕《孫子兵法》之文。
〔3〕孔安國注《尚書》曰:"自矜曰伐。"
〔4〕大司馬,吳漢也。虎牙,蓋延也。建威,耿弇也。漢忠,王常也。捕虜,馬武也。武威,劉尚也。《廣雅》曰:"猥,眾也。"
〔5〕孟之反,魯大夫。魯與齊戰,魯師敗,之反殿,是其功也。將入魯門,乃策其馬曰:"吾非敢後,馬不進。"是謙而不自伐也。
〔6〕義渠,縣名,屬北地郡。

青山胡率萬餘人降異。[1]異又擊盧芳將賈覽、匈奴薁鞬日逐王,破之。[2]上郡、安定皆降,異復領安定太守事。九年春,祭遵卒,詔異守征虜將軍,并將其營。及隗囂死,其將王元、周宗等復立囂子純,猶總兵據冀,公孫述遣將趙匡等救之,帝復令異行天水太守事。攻匡等且一年,皆斬之。[3]諸將共攻冀,不能拔,欲且還休兵,異固持不動,常為眾軍鋒。

【注】
〔1〕青山在北地參[二五](巒)[絲]界,青山中水所出也。《續漢書》曰:"安定屬國人,本屬國降胡也。居參(巒)[絲]青山中,其豪帥號肥頭小卿。"[二六]
〔2〕薁音於六反。
〔3〕《東觀記》曰:"時賜馮異璽書曰:'聞吏士精銳,水火不避,購賞之賜,必不令將軍負丹青,失斷金。'"

明年夏，與諸將攻落門，未拔，[1]病發，薨于軍，諡曰節侯。

【注】
[1]落門，聚名，在冀縣，有落門山。

長子彰嗣。[二七]明年，帝思異功，復封彰弟訢為析鄉侯。[二八]十三年，更封彰東緡侯，食三縣。[1]永平中，徙封平鄉侯。[2]彰卒，子普嗣，有罪，國除。[3]

【注】
[1]《東觀記》曰，東緡，縣名，屬山陽郡。《左傳》曰"齊侯伐宋，圍緡"，即此地也。在今兗州金鄉縣。
[2]《東觀記》曰："永平五年，封平鄉侯，食鬱林潭中。"
[3]《東觀記》曰："坐鬬殺游徼，會赦，國除。"

永初六年，安帝下詔曰："夫仁不遺親，義不忘勞，興滅繼絶，善善及子孫，古之典也。[1]昔我光武受命中興，恢弘聖緒，橫被四表，昭假上下，[2]光耀萬世，祉祚流衍，垂於罔極。予末小子，夙夜永思，追惟勳烈，披圖案籍，建武元功二十八將，佐命虎臣，讖記有徵。蓋蕭、曹紹封，傳繼於今；[3]況此未遠，而或至乏祀，朕甚愍之。其條二十八將無嗣絶世，若犯罪奪國，其子孫應當統後者，分別署狀上。將及景風，章敍舊德，顯茲遺功焉。"[4]於是紹封普子晨為平鄉侯。明年，二十八將絶國者，皆紹封焉。

【注】
[1]《論語》曰："興滅國，繼絶世。"《公羊傳》曰："善善及子孫，惡惡止其身。"
[2]昭，明也。假，至也。上下，天地。假音格。

〔3〕和帝永元三年，詔紹封蕭、曹之後，以彰厥功也。
〔4〕《春秋考異郵》曰："夏至四十五日景風至。"宋均注曰"景風至則封有功"也。

岑彭字君然，南陽棘陽人也。[1]王莽時，守本縣長。漢兵起，攻拔棘陽，彭將家屬奔前隊大夫甄阜。阜怒彭不能固守，拘彭母妻，令效功自補。彭將賓客戰鬭甚力。及甄阜死，彭被創，亡歸宛，與前隊貳嚴說共城守。[2]漢兵攻之數月，城中糧盡，人相食，彭乃與說舉城降。

【注】
〔1〕棘音紀力反。
〔2〕前隊大夫貳，甄阜之副也。姓嚴，名說。《東觀記》云："與貳師嚴尤共城守。"[二九]計嚴尤為大司馬，又非貳師，[三〇]與此不同。

諸將欲誅之，大司徒伯升曰："彭，郡之大吏，執心堅守，是其節也。今舉大事，當表義士，不如封之，以勸其後。"更始乃封彭為歸德侯，[1]令屬伯升。及伯升遇害，彭復為大司馬朱鮪校尉，從鮪擊王莽楊州牧李聖，殺之，定淮陽城。鮪薦彭為淮陽都尉。更始遣立威王張卬[三一]與將軍繇偉鎮淮陽。[2]偉反，擊走卬。彭引兵攻偉，破之。遷潁川太守。

【注】
〔1〕歸德，縣名，屬北地郡。
〔2〕《風俗通》曰："東越王繇，句踐之後，其後以繇為姓。"《東觀記》（曰）[三二]"繇"作"淫"。

會春陵劉茂起兵，略下潁川，彭不得之官，乃與麾下數百人從河內太守邑人韓歆。會光武徇河內，歆議欲城守，彭止不聽。既而光武至懷，歆迫急迎降。光武知其謀，大怒，收歆置鼓下，將斬之。〔1〕召見彭，彭因進說曰："今赤眉入關，更始危殆，權臣放縱，矯稱詔制，道路阻塞，四方蜂起，群雄競逐，百姓無所歸命。竊聞大王平河北，開王業，此誠皇天祐漢，士人之福也。彭幸蒙司徒公所見全濟，未有報德，旋被禍難，永恨於心。今復遭遇，願出身自效。"光武深接納之。彭因言韓歆南陽大人，〔2〕可以為用。乃貰歆，〔3〕以為鄧禹軍師。

【注】

〔1〕中［軍］將（軍）最尊，〔三三〕自執旗鼓。若置營，則立旗以為軍門，並設鼓，戮人必於其下。

〔2〕大人謂大家豪右。

〔3〕貰，寬也。

更始大將軍呂植將兵屯淇園，彭說降之，於是拜彭為刺姦大將軍，〔三四〕使督察衆營，〔1〕授以常所持節，從平河北。光武即位，拜彭廷尉，歸德侯如故，行大將軍事。〔2〕與大司馬吳漢，大司空王梁，建義大將軍朱祐，右將軍萬脩，執金吾賈復，驍騎將軍劉植，揚化將軍堅鐔，積射將軍侯進，偏將軍馮異、祭遵、王霸等，圍洛陽數月。朱鮪等堅守不肯下。帝以彭嘗為鮪校尉，令往說之。鮪在城上，彭在城下，相勞苦歡語如平生。彭因曰："彭往者得執鞭侍從，蒙薦舉拔擢，常思有以報恩。今赤眉已得長安，更始為三王所反，〔3〕皇帝受命，平定燕、趙，盡有幽、冀之地，百姓歸心，賢俊雲集，親率大兵，來攻洛陽。天下之事，逝其去矣。公雖嬰城固守，將何待乎？"〔4〕鮪曰："大司徒被害時，鮪與其謀，〔5〕又諫更始無遣蕭王北伐，誠自知罪深。"彭還，具言於帝。帝曰："夫建大事者，不忌小怨。鮪今若降，官爵可保，況誅罰乎？河水在此，吾不食言。"〔6〕彭復往告鮪，鮪從城上下索曰："必信，可乘此上。"彭趣索欲上。〔7〕鮪見其誠，即許降。後五日，鮪將輕騎詣彭。顧敕諸部將曰:"堅守待我。我若不還,諸君徑將大兵上轘轅,歸郾王。〔8〕"乃面縛,與彭俱詣河陽。〔9〕帝即解其縛,召見之,復令彭夜送鮪歸城。明旦,悉其衆出降,拜鮪為平狄將軍,封扶溝侯。鮪,淮陽人,後為少府,〔10〕傳封累代。

【注】

〔1〕《續漢書》曰:"時更始尚書令謝躬將六將軍屯鄴,兵橫暴,為百姓所苦。上先遣吳漢往收之,故拜彭為刺姦將軍。"

〔2〕《續漢書》曰:"彭鎮河內。馮異先攻洛陽,朱鮪大出軍,欲擊彭。時天霧,鮪以為彭已去,令其兵皆穫黍,彭乃進擊,大破之。"

〔3〕解見上文。

〔4〕嬰,繞也。謂以城自嬰繞而守之。

〔5〕與音預。

〔6〕指河以為信,言其明白也。

〔7〕趣,向也。

〔8〕《更始傳》尹尊為郾王。

〔9〕《東觀記》曰:"詣行在所河津亭。"

〔10〕《前書》曰:"少府,秦官,秩二千石。"《續漢書》曰:"少府,掌中服御諸物,衣服寶貨珍膳之屬。"

建武二年,使彭擊荊州,〔三五〕下雊、葉等十餘城。〔1〕是時南方尤亂。南郡人秦豐據黎丘,自稱楚黎王,略(十)有[十]二縣;〔2〕〔三六〕董訢起堵鄉;許邯起杏;〔3〕又更始諸將各擁兵據南陽諸城。帝遣吳漢伐之,漢軍所過多侵暴。時破虜將軍鄧奉謁歸新野,怒吳漢掠其鄉里,遂(返)[反],擊破漢軍,〔三七〕獲其輜重,屯據淯陽,與諸賊合從。秋,彭破杏,降許邯,遷征南大將軍。復遣朱祐、賈復及建威大將軍耿弇,漢(中)[忠]將軍王常,〔三八〕武威將軍郭守,越騎將軍劉宏,偏將軍劉嘉、耿植等,與彭并力討鄧奉。先擊堵鄉,而奉將萬餘人救董訢。訢、奉皆南陽精兵,彭等攻之,連月不剋。三年夏,帝自將南征,至葉,董訢別將將數千人遮道,車騎不可得前。彭奔擊,大破之。帝至堵陽,鄧奉夜逃歸淯陽,[4]董訢降。彭復與耿弇、賈復及積弩將軍傅俊、騎都尉臧宮等從追鄧奉於小長安。[5]帝率諸將親戰,大破之。奉迫急,乃降。帝憐奉舊功臣,且覺起吳漢,欲全宥之。彭與耿弇諫曰:"鄧奉背恩反逆,暴師經年,致賈復傷痍,朱祐見獲。陛下既至,不知悔善,而親在行陳,兵敗乃降。若不誅奉,無以懲惡。"於是斬之。奉者,西華侯鄧晨之兄子也。

【注】

〔1〕犨,縣名,屬南陽郡,故城在今汝州魯山縣東南。葉,今許州葉縣也。《續漢書》曰:"彭南擊荊州,至(城)[成]安、[三九]昆陽、犨、葉、舞陽、堵陽、平氏、棘陽、胡陽,處處皆破其屯聚。"

〔2〕《東觀記》曰:"豐,邔縣人,少學長安,受律令,歸為縣吏。更始元年起兵,攻得邔、宜城、(若)[鄀]、[四〇]編、臨沮、中廬、襄陽、鄧、新野、穰、湖陽、蔡陽,兵合萬人。"邔音求紀反。

〔3〕南陽復陽縣有杏聚。

〔4〕《續漢書》曰:"奉令候伏道旁,見車騎一日不絕,歸語奉,奉遂夜遁。"

〔5〕小長安解見《光武紀》。

車駕引還,令彭率傅俊、臧宮、劉宏等三萬餘人南擊秦豐,拔黃郵,[1]豐與其大將蔡宏拒彭等於鄧,數月不得進。帝怪以讓彭,彭懼,於是夜勒兵馬,申令軍中,使明旦西擊山都。[2]乃緩所獲虜,令得逃亡,歸以告豐,豐即悉其軍西邀彭。彭乃潛兵度沔水,擊其將張楊於阿頭山,大破之。[3]從川谷間伐木開道,直襲黎丘,擊破諸屯兵。豐聞大驚,馳歸救之。彭與諸將依東山為營,豐與蔡宏夜攻彭,彭豫為之備,出兵逆擊之,豐敗走,追斬蔡宏。更封彭為舞陰侯。

【注】
〔1〕黃郵,聚名也,在南陽新(都)〔野〕縣。〔四一〕
〔2〕山都,縣名,屬南陽郡,舊南陽之赤鄉,秦以為縣,故城在今襄州義清縣東北。
〔3〕沔水源出武都東狼谷中,即漢水之上源也。阿頭山在襄陽也。

秦豐相趙京舉宜城降,拜為成漢將軍,與彭共圍豐於黎丘。時田戎擁衆夷陵,〔1〕聞秦豐被圍,懼大兵方至,欲降。而妻兄辛臣諫戎曰:"今四方豪傑各據郡國,洛陽地如掌耳,〔2〕不如按甲以觀其變。"戎曰:"以秦王之疆,猶為征南所圍,豈況吾邪?降計決矣。"四年春,戎乃留辛臣守夷陵,自將兵沿江泝沔止黎丘,〔四二〕刻期日當降,而辛臣於後盜戎珍寶,從閒道先降於彭,而以書招戎。戎疑必賣己,遂不敢降,〔3〕而反與秦豐合。彭出兵攻戎,數月,大破之,其大將伍公詣彭降,戎亡歸夷陵。帝幸黎丘勞軍,封彭吏士有功者百餘人。彭攻秦豐三歲,斬首九萬餘級,豐餘兵裁千人,又城中食且盡。帝以豐轉弱,令朱祐代彭守之,使彭與傅俊南擊田戎,大破之,遂拔夷陵,追至秭歸。〔4〕戎與數十騎亡入蜀,盡獲其妻子士衆數萬人。

【注】
〔1〕《東觀記》曰:"田戎,西平人,與同郡人陳義客夷陵,為群盜。更始元年,義、戎將兵陷夷陵,陳義自稱黎丘大將軍,戎自稱埽地大將軍。"《襄陽耆舊記》曰:"戎號周成王,義稱臨江王。"
〔2〕《續漢書》曰:"辛臣為戎作地圖,圖彭寵、張步、董憲、公孫述等所得郡國,〔四三〕云洛陽所得如掌耳。"
〔3〕《東觀記》曰:"戎至期日,灼龜卜降,兆中拆,遂止不降。"
〔4〕秭歸,縣名,今歸州,解見《和紀》。

彭以將伐蜀漢,而夾川穀少,水險難漕運,留威虜將軍馮駿軍江州,〔1〕〔四四〕都尉田鴻軍夷陵,領軍李玄軍夷道,自引兵還屯津鄉,當荊州要會,〔2〕喻告諸蠻夷,降者奏封其君長。初,彭與交阯牧鄧讓厚善,與讓書陳國家威德,〔3〕又遣偏將軍屈充〔四五〕移檄江南,班行詔命。於是讓與江夏太守侯登、武陵太守王堂、〔四六〕長沙相韓福、桂陽太守張隆、零陵太守田翕、蒼梧太守杜穆、〔四七〕交阯太守錫光等,相率遣使貢獻,悉封為列侯。或遣子將兵助彭征伐。〔4〕於是江南之珍始流通焉。

【注】

〔1〕江州,縣名,今渝州巴縣也。《東觀記》曰:"長沙中尉馮駿將兵詣彭,璽書拜駿為威虜將軍。"

〔2〕津鄉,縣名,〔四八〕所謂江津也。《東觀記》曰:"津鄉當荊、楊之咽喉。"

〔3〕《東觀記》曰:"讓夫人,光烈皇后姊也。"

〔4〕《續漢書》曰:"張隆遣子睢將兵詣彭助征伐,上以睢為率義侯。"不總遣子,故言或。

六年冬,徵彭詣京師,數召讌見,厚加賞賜。復南還津鄉,有詔過家上冢,大長秋以朔望問太夫人起居。〔1〕

【注】

〔1〕大長秋,皇后屬官。漢法,列侯之母,方稱太夫人也。

八年,彭引兵從車駕破天水,與吳漢圍隗囂於西城。時公孫述將李育將兵救囂,守上邽,帝留蓋延、耿弇圍之,而車駕東歸。勅彭書曰:"兩城若下,便可將兵南擊蜀虜。人苦不知足,既平隴,復望蜀。每一發兵,頭鬚為白。"彭遂壅谷水灌西城,城未没丈餘,〔1〕囂將行巡、周宗將蜀救兵到,囂得出還冀。漢軍食盡,燒輜重,引兵下隴,延、弇亦相隨而退。囂出兵尾擊諸營,彭殿為後拒,〔2〕故諸將能全師東歸。彭還津鄉。

【注】

〔1〕《東觀記》曰："時以縑囊盛土為堤，灌西城，谷水從地中數丈涌出，故城不拔。"《續漢書》云"以縑盛土為堤"。

〔2〕尾謂尋其後而擊之。凡軍在前曰啟，在後曰殿。《東觀記》曰"彭東入弘農界，百姓持酒肉迎軍，曰'蒙將軍為後拒，全子弟得生還'"也。

九年，公孫述遣其將任滿、田戎、程汎，將數萬人乘枋箄下江關，〔1〕擊破馮駿及田鴻、李玄等。遂拔夷道、夷陵，據荊門、虎牙。〔2〕橫江水起浮橋、鬭樓，〔四九〕立欑柱絕水道，結營山上，以拒漢兵。彭數攻之，不利，於是裝直進樓船、冒突露橈數千艘。〔3〕

【注】

〔1〕枋箄，以木竹為之，浮於水上。《爾雅》曰："舫，泭也。"郭景純曰："水中籍筏也。"《華陽國志》曰，巴、楚相攻，故置江關，舊在赤甲城，後移在江南岸，對白帝城，故基在今夔州（魚）〔人〕復縣南。〔五〇〕"枋"即"舫"字，古通用耳。箄音步佳反。泭音匹俱反。

〔2〕解在《光武紀》。

〔3〕並船名。樓船，船上施樓。橈，小楫也。（爾雅）〔方言〕曰："楫謂之橈。"〔五一〕露橈謂露楫在外，人在船中。冒突，取其觸冒而唐突也。橈音饒。

十一年春，彭與吳漢及誅虜將軍劉隆、輔威將軍臧宮、驍騎將軍劉歆，發南陽、武陵、南郡兵，又發桂陽、零陵、長沙委輸棹卒，凡六萬餘人，〔1〕騎五千匹，皆會荊門。吳漢以三郡棹卒多費糧穀，欲罷之。彭以蜀兵盛，不可遣，上書言狀。帝報彭曰："大司馬習用步騎，不曉水戰，荊門之事，一由征南公為重而已。"彭乃令軍中募攻浮橋，先登者上賞。於是偏將軍魯奇應募而前。時天風狂急,〔五二〕(彭)奇船逆流而上,〔五三〕直衝浮橋,而欑柱鉤不得去,[2]奇等乘埶殊死戰,因飛炬焚之,風怒火盛,橋樓崩燒。彭復悉軍順風並進,所向無前。蜀兵大亂,溺死者數千人。斬任滿,生獲程汎,而田戎亡保江州。彭上劉隆為南郡太守,自率臧宮、劉歆長驅入江關,令軍中無得虜掠。所過,百姓皆奉牛酒迎勞。彭見諸耆老,為言大漢哀愍巴蜀久見虜役,故興師遠伐,以討有罪,為人除害。讓不受其牛酒。百姓皆大喜悅,爭開門降。詔彭守益州牧,所下郡,輒行太守事。[3]

【注】
[1] 棹卒,持棹行船也。《東觀記》作"濯"。《前書》鄧通以濯船為黃頭郎。濯音直教反。
[2]《續漢書》曰:"時天東風,其欑柱有反把,鉤奇船不得去。"
[3]《東觀記》曰:"彭若出界,即以太守號付後將軍,選官屬守州中長(史)[吏]。"〔五四〕

彭到江州,以田戎食多,難卒拔,留馮駿守之,自引兵乘利直指墊江,攻破平曲,[1]收其米數十萬石。公孫述使其將延岑、呂鮪、王元及其弟恢悉兵拒廣漢及資中,[2]又遣將侯丹率二萬餘人拒黃石。彭乃多張疑兵,使護軍楊翕與臧宮拒延岑等,自分兵浮江下還江州,泝都江而上,[3]襲擊侯丹,大破之。因晨夜倍道兼行二千餘里,徑拔武陽。[4]使精騎馳廣都,[5]去成都數十里,埶若風雨,所至皆奔散。初,述聞漢兵在平曲,故遣大兵逆之。及彭至武陽,繞出延岑軍後,蜀地震駭。述大驚,以杖擊地曰:"是何神也!"

【注】
[1] 墊江,縣名,屬巴郡,今忠州縣也。墊音徒協反。平曲,地闕。
[2] 資中,縣名,屬犍為郡,其地在今資州資陽縣。

〔3〕都江，成都江也。

〔4〕武陽，解見《光武紀》。

〔5〕廣都，縣名，屬蜀郡，故城在今益州成都縣東南。

　　彭所營地名彭亡，聞而惡之，欲徙，會日暮，蜀刺客詐為亡奴降，夜刺殺彭。

　　彭首破荊門，長驅武陽，持軍整齊，秋豪無犯。[1]邛縠王任貴聞彭威信，數千里遣使迎降。[2]會彭已薨，帝盡以任貴所獻賜彭妻子，謚曰壯侯。蜀人憐之，為立廟武陽，歲時祠焉。

【注】
〔1〕豪，毛也。秋毛喻細也。高祖曰："吾入關，秋豪無所取。"
〔2〕《前書音義》曰："任貴，越巂夷，殺太守枚根，自立為邛縠王。"

　　子遵嗣，徙封細陽侯。[1]十三年，帝思彭功，復封遵弟淮為穀陽侯。[2]遵永平中為屯騎校尉。遵卒，子伉嗣。[3]伉卒，子杞嗣，[4]元初三年，坐事失國。建光元年，安帝復封杞細陽侯，順帝時為光祿勳。

【注】
〔1〕細陽，縣名，屬汝南郡，故城在今潁川汝陰縣西。
〔2〕穀陽，縣名，屬沛郡。
〔3〕伉音口葬反。
〔4〕《東觀記》(曰)"杞"作"起"。[五五]元初中，坐事免。

　　杞卒，子熙嗣，尚安帝妹涅陽長公主。少為侍中、虎賁中郎將，朝廷多稱其能。遷魏郡太守，[1][五六]招聘隱逸，與參政事，無為而化。視事二年，輿人歌之曰："我有枳棘，岑君伐之。[2]我有蟊賊，岑君遏之。[3]狗吠不驚，足下生氂。[4]含哺鼓腹，焉知凶災？[5]我喜我生，獨

丁斯時。〔6〕美矣岑君,於戲休茲!"〔7〕〔五七〕

【注】

〔1〕魏郡,秦時置,故城在今相州安陽縣東北。
〔2〕枳棘多榛梗,以喻寇盜充斥也。
〔3〕蟊賊,食禾稼蟲名,以喻姦吏侵漁也。
〔4〕氂,長毛也。犬無追吠,故足下生氂。
〔5〕哺,食也。鼓,擊也。
〔6〕丁猶當也。
〔7〕於戲,歎美之詞。見《爾雅》。於音烏。戲音許宜反。

熙卒,子福嗣,為黃門侍郎。


賈復字君文,南陽冠軍人也。少好學,習《尚書》。事舞陰李生,李生奇之,謂門人曰:"賈君之容貌志氣如此,而勤於學,將相之器也。"王莽末,為縣掾,迎鹽河東,會遇盜賊,等比十餘人皆放散其鹽,復獨完以還縣,縣中稱其信。

時下江、新市兵起,復亦聚衆數百人於羽山,自號將軍。更始立,乃將其衆歸漢中王劉嘉,以為校尉。復見更始政亂,諸將放縱,乃説嘉曰:"臣聞圖堯舜之事而不能至者,湯武是也;〔1〕圖湯武之事而不能至者,桓文是也;〔2〕圖桓文〔之〕事而不能至者,〔五八〕六國是也;〔3〕定六國之規,欲安守之而不能至者,亡六國是也。今漢室中興,大王以親戚為藩輔,天下未定而安守所保,所保得無不可保乎?"嘉曰:"卿言大,非吾任也。大司馬劉公在河北,必能相施,〔五九〕第持我書往。"〔4〕復遂辭嘉,受書北度河,及光武於柏人,因鄧禹得召見。光武奇之,禹亦稱有將帥節,於是署復破虜將軍督盜賊。〔六〇〕復馬羸,〔5〕光武解左驂以賜之。〔6〕官屬以復後來而好陵折等輩,調補鄗尉,〔六一〕光武曰:"賈督有折

衝千里之威，方任以職，勿得擅除。"〔7〕

【注】

〔1〕堯禪舜，舜禪禹，湯乃放桀，武王誅紂，故言不能至者。

〔2〕齊桓公小白，晉文公重耳，春秋之時，周衰，二君霸有海內。

〔3〕六國謂韓、趙、魏、燕、齊、楚，分列中夏，〔六二〕各自跨據，又不逮桓文。

〔4〕施，用也。第，但也。

〔5〕羸，力佳反。

〔6〕驂者，服外之馬也。《東觀記》、《續漢書》"左"並作"右"。

〔7〕《東觀記》曰"時上置兩府官屬，復與段孝共坐。孝謂復曰：'卿將軍督，我大司馬督，不得共坐。'復曰：'俱劉公吏，有何尊卑？'官屬以復不遜，上調官屬補長吏，共白欲以復為鄗尉，上署報不許"也。

光武至信都，以復為偏將軍。及拔邯鄲，遷都護將軍。從擊青犢於射犬，大戰至日中，賊陳堅不卻。光武傳召復曰："吏士皆飢，可且朝飯。"復曰："先破之，然後食耳。"於是被羽先登，〔1〕所向皆靡，賊乃敗走。諸將咸服其勇。又北與五校戰於真定，大破之。復傷創甚。光武大驚曰："我所以不令賈復別將者，為其輕敵也。果然，失吾名將。聞其婦有孕，生女邪，我子娶之，生男邪，我女嫁之，不令其憂妻子也。"復病尋愈，追及光武於薊，相見甚懽，大饗士卒，令復居前，擊鄴賊，破之。

【注】

〔1〕被猶負也，析羽為旌旗，將軍所執。先登，先赴敵也。

光武即位，拜為執金吾，封冠軍侯。先度河攻朱鮪於洛陽，與白虎公陳僑戰，連破降之。建武二年，益封穰、朝陽二縣。更始郾王尹尊及諸大將在南方未降者尚多，帝召諸將議兵事，未有言，沈吟久之，乃以檄叩地曰："郾最彊，宛為次，誰當擊之？"復率然對曰："臣請擊郾。"帝笑曰："執金吾擊郾，吾復何憂！大司馬當擊宛。"遂遣復與騎都尉陰識、驍騎將軍劉植南度五社津擊郾，連破之。月餘，尹尊降，盡定其地。引東擊更始淮陽太守暴汜，汜降，屬縣悉定。其秋，南擊召陵、新息，平定之。[1]明年春，遷左將軍，別擊赤眉於新城、澠池間，連破之。[2]與帝會宜陽，降赤眉。

【注】

〔1〕新息，縣名，屬汝南郡，故城在今豫州新息縣西南也。
〔2〕新城，今伊闕縣。

　　復從征伐，未嘗喪敗，數與諸將潰圍解急，身被十二創。帝以復敢深入，希令遠征，而壯其勇節，常自從之，故復少方面之勳。[1]諸將每論功自伐，復未嘗有言。帝輒曰"賈君之功，我自知之"。

【注】

〔1〕《東觀記》曰："吳漢擊蜀未破，上書請復自助，上不遣。"

　　十三年，定封膠東侯，食郁秩、壯武、下密、即墨、梃（胡）、觀陽，凡六縣。[1]〔六三〕復知帝欲偃干戈，修文德，不欲功臣擁衆京師，乃與高密侯鄧禹並剽甲兵，敦儒學。[2]帝深然之，遂罷左右將軍。復以列侯就第，加位特進。[3]復為人剛毅方直，多大節。既還私第，闔門養威重。朱祐等薦復宜為宰相，帝方以吏事責三公，故功臣並不用。是時列侯唯高密、固始、膠東三侯與公卿參議國家大事，恩遇甚厚。[4]三十一年卒，〔六四〕謚曰剛侯。

【注】

〔1〕六縣皆屬膠東國。壯武故城在今萊州即墨縣西，下密在今青州北海縣東北，即墨在今萊州膠水縣東南，梃（胡）故城在今萊州昌陽縣西北，觀陽在昌陽縣東。梃一音廷。

〔2〕《廣雅》曰"剽，削也。"謂削除甲兵。《東觀記》曰："復闔門養威重，授《易經》，起大義。"

〔3〕《東觀記》曰："上以天下既定，思念欲完功臣爵土，不令以吏職為過，故皆以列侯就第也。"

〔4〕高密侯鄧禹，固始侯李通。

子忠嗣。忠卒，子敏嗣。建初元年，坐誣告母殺人，國除。肅宗更封復小子邯為膠東侯，邯弟宗為即墨侯，各一縣。邯卒，子育嗣。育卒，子長嗣。

宗字武孺，少有操行，多智略。初拜郎中，稍遷，建初中為朔方太守。舊內郡徙人在邊者，率多貧弱，為居人所僕役，不得為吏。宗擢用其任職者，與邊吏參選，轉相監司，以摘發其姦，或以功次補長吏，故各願盡死。匈奴畏之，不敢入塞。[1]徵為長水校尉。宗兼通儒術，每讌見，常使與少府丁鴻等論議於前。章和二年卒，朝廷愍惜焉。

【注】

〔1〕《東觀記》曰："匈奴常犯塞，得生口，問：'太守為誰？'曰：'賈武孺。'曰：'寧賈將軍子邪？'曰：'是。'皆放遣還，是後更不入塞。"

子參嗣。參卒，子建嗣。元初元年，尚和帝女臨潁長公主。主兼食潁陰、許，合三縣，數萬戶。時鄧太后臨朝，光寵最盛，以建為侍中，順帝時為光禄勳。

論曰：中興將帥立功名者衆矣，唯岑彭、馮異建方面之號，自函谷以西，方城以南，[1]兩將之功，實為大焉。若馮、賈之不伐，岑公之義信，[2]乃足以感三軍而懷敵人，故能剋成遠業，終全其慶也。昔高祖忌柏人之名，違之以全福；征南惡彭亡之地，留之以生災。[3]豈幾慮自有明惑，將期數使之然乎？

【注】

〔1〕方城，山名，一名黃城山，在今唐州方城縣東北也。

〔2〕信謂朱鮪知其誠而降。義謂荊人奉牛酒，讓不受。

〔3〕柏人，縣名也。高祖嘗欲宿於柏人。曰：“柏人者，迫於人也。”不宿而去。後竟有貫高之事。

贊曰：陽夏師克，實在和德。膠東鹽吏，征南宛賊。奇鋒震敵，遠圖謀國。

【校勘記】

〔一〕汝州郟城縣亦有父城　按：《集解》引沈欽韓說，謂汝州郟城縣之父城，乃《前志》沛郡之城父，非父城也。注誤。

〔二〕段建　按：原本“段”皆譌“叚”，逕改正，後不悉出。

〔三〕竟字子期山陽人也後死於赤眉之難見前書　按：沈家本謂按《前書》無曹竟事，《聖公傳》亦無左丞相，“前書”二字必有誤。

〔四〕徇行郡縣　按：汲本、殿本“徇”作“循”。

〔五〕至饒陽無蔞亭　按：聚珍版《東觀記》“無”作“蕪”。

〔六〕杜預注春秋曰應國在襄城成父縣西南　按：《校補》謂案今杜注作“在襄陽城父縣西南”，見《左》僖二十四年傳下。考《晉志》，襄城無成父縣，襄陽亦無城父縣，當作“襄城父城縣西南”。

〔七〕又降匈奴于林闟頓王　按：《集解》引錢大昕說，謂《說文》無“闟”字，當是“䐟”字之譌，《三國·魏志》作“䐟頓”。

〔八〕山陽公載記（曰）　據《集解》引惠棟說刪。

〔九〕大破斬勃　按：李慈銘謂"大破"下脱一"之"字。

〔一〇〕異遣校尉護軍（將軍）將兵　據《刊誤》删。

〔一一〕其（義）〔利〕斷金　據汲本、殿本改。

〔一二〕天井關在太行山（下）〔上〕　《校補》謂當依《章帝紀》注作"山上"，今據改。

〔一三〕謂張卬為淮陽王　按："卬"原譌"邜"，逕改正。

〔一四〕引擊陽翟賊　《刊誤》謂"引"下少一"軍"字。按：張森楷《校勘記》謂下文"引而西"，《賈復傳》"引東擊更始淮陽太守"，並無"軍"字，劉説泥。

〔一五〕華陰陽沈　"陽"原作"楊"，逕據汲本、殿本改。按：聚珍版《東觀記》亦作"陽"。

〔一六〕餘衆尚十餘萬東走宜陽降璽書勞異曰　《集解》引王補説，謂"降"下宜有"帝"字。按：下云"時赤眉雖降"，是"降"字當屬上為句，王説非。又按：《通鑑》删"餘衆尚十餘萬東走宜陽"十字，下接"帝降璽書曰"云云，是亦誤以"降"字屬下讀，並補一"帝"字矣。説詳黄山《校補》。

〔一七〕駱（蓋）延據螯屋　按：《集解》引惠棟説，謂《通鑑》無"蓋"字。張森楷《校勘記》謂蓋延是漢臣，未嘗據螯屋，據螯屋者駱延也。今據删。又按："螯"原作"蟄"，逕依汲本改正。

〔一八〕任良據鄢　按："鄢"原譌"鄂"，逕改正。

〔一九〕汝章據槐里　按："里"原譌"迴"，逕改正。

〔二〇〕故秦（芒）〔芷〕陽縣　據王先謙説改。

〔二一〕公孫述遣將程焉將數萬人就吕鮪　按：《集解》引惠棟説，謂依《公孫述傳》及《華陽國志》，"焉"當作"烏"。

〔二二〕上書思慕闕廷　按：李慈銘謂"上書"下當脱一"言"字。

〔二三〕扭（伏）〔怵〕小利　據《集解》本改。按：注作"怵"，從大，不誤。

〔二四〕漢（中）〔忠〕　《刊誤》謂案《王常傳》，"中"當作"忠"。今據改。注"中"亦逕改為"忠"。

〔二五〕青山在北地参(巒)〔巒〕界　據《刊誤》改，下同。

〔二六〕其豪帥號肥頭小卿　按：汲本、殿本"小"作"少"。

〔二七〕長子彰嗣　按：《集解》引沈欽韓説，謂《水經注》"彰"作"璋"。

〔二八〕復封彰弟訢為析鄉侯　按："析"原譌"祈"，逕據汲本、殿本改正。

〔二九〕與貳師嚴尤共城守　按：汲本、殿本脱"與"字。

〔三〇〕又非貳師　按："貳"原譌"二"，逕改正。

〔三一〕更始遣立威王張卬　按：沈家本謂按《聖公傳》卬封淮陽王，而此曰"立威"者，殆先封立威王，更封淮陽歟？

〔三二〕東觀記(曰)"曰"字當衍，今删。

〔三三〕中〔軍〕將(軍)最尊　據《刊誤》改。

〔三四〕於是拜彭為刺姦大將軍　《集解》引沈欽韓説，謂案文當為"大將軍刺姦"，時光武為大將軍，彭為其刺姦耳。今按：沈説是。亦如光武以破虜將軍行大司馬事，而署賈復為破虜將軍督盜賊掾也。

〔三五〕建武二年使彭擊荆州　按：《校補》引錢大昭説，謂《光武紀》遣彭擊荆州羣賊在建武元年十月。

〔三六〕略(十)有〔十〕二縣　《校補》謂"十有"二字當乙轉。今據改。

〔三七〕遂(返)〔反〕擊破漢軍　據《校補》改。

〔三八〕漢(中)〔忠〕將軍王常　《刊誤》謂"中"當作"忠"。今據改。

〔三九〕至(城)〔成〕安　據《校補》改。

〔四〇〕(若)〔郡〕　據《郡國志》改，各本皆未正。

〔四一〕在南陽新(都)〔野〕縣　據《集解》引惠棟説改。

〔四二〕沿江泝沔止黎丘　按：《校補》引錢大昭説，謂"止"當作"上"。

〔四三〕所得郡國　按：汲本"得"作"分"。

〔四四〕留威虜將軍馮駿軍江州　按：《集解》引沈欽韓説，謂疑駿此時未能越巴峽軍江州，"江州"或"江關"之誤，即捍關也。王先謙謂下文方言田戎亡保江州，此"江州"是誤文。

〔四五〕偏將軍屈充　按：《集解》引惠棟說，謂袁宏《紀》"屈充"作"房充"。

〔四六〕武陵太守王堂　按："堂"原譌"常"，逕據汲本、殿本改正。

〔四七〕蒼梧太守杜穆　按：《集解》引惠棟說，謂袁宏《紀》"杜穆"作"杜稷"。

〔四八〕津鄉縣名　按：《集解》引惠棟說，謂《續志》南郡江陵縣有津鄉。津鄉，鄉名，非縣名也。

〔四九〕橫江水起浮橋鬭樓　按：《校補》引錢大昭說，謂"鬭樓"《通鑑》作"關樓"。胡注，猶今城上敵樓也。

〔五〇〕在今夔州（魚）〔人〕復縣南　按："魚"當作"人"，詳《公孫述傳》校勘記。

〔五一〕（爾雅）〔方言〕曰概謂之櫏　《集解》引沈欽韓說，謂注"爾雅"誤，文見《方言》。今據改。

〔五二〕時天風狂急　《集解》引錢大昕說，謂"天"當為"大"字之譌。今按：《通鑑》作"時東風狂急"。

〔五三〕（彭）奇船逆流而上　《集解》引陳景雲說，謂時奇應募，以偏師獨進，彭見敵勢已摧，乃悉軍並進耳。彭不與奇同行，此文不合有"彭"字。今據刪。　按：《通鑑》"彭"作"魯"。又惠棟云，《蜀鑑》無"彭"字。

〔五四〕選官屬守州中長（史）〔吏〕　據《刊誤》改。

〔五五〕東觀記（曰）杞作起　"曰"字當衍，今刪。

〔五六〕遷魏郡太守　按：《集解》引沈欽韓說，謂《藝文類聚》引《東觀記》，《北堂書鈔》引《華嶠書》，俱作"東郡"。

〔五七〕於戲休茲　按：王先謙謂《類聚》十九、《御覽》四百六十五引"休"作"在"。

〔五八〕圖桓文〔之〕事而不能至者　據汲本、殿本補。

〔五九〕必能相施　按：汲本"必"作"不"。

〔六〇〕於是署復破虜將軍督盜賊　按：《集解》引沈欽韓說，謂光武以破虜將軍行大司馬事，故署復為督盜賊，亦如太守府有門下督盜賊。《通鑑》直云

"以復為破虜將軍",誤矣。又按:李慈銘謂此為光武破虜將軍之督盜賊掾也,"賊"字下疑脱一"掾"字。

〔六一〕調補鄗尉　按:《集解》引王補説,謂"調"上疑奪"請"字。

〔六二〕分列中夏　按:汲本、殿本"列"作"裂"。

〔六三〕食郁秩壯武下密即墨梃(胡)觀陽凡六縣　據《集解》引惠棟説删,注同。

〔六四〕三十一年卒　按:《集解》引惠棟説,謂袁宏《紀》云"三十年"。

# 後漢書卷十八

## 吳蓋陳臧列傳第八

　　吳漢字子顏，南陽宛人也。家貧，給事縣為亭長。王莽末，以賓客犯法，乃亡命至漁陽。[1]資用乏，以販馬自業，往來燕、薊間，所至皆交結豪傑。更始立，使使者韓鴻徇河北。[2]或謂鴻曰："吳子顏，奇士也，可與計事。"鴻召見漢，甚悅之，遂承制拜為安樂令。[3]

【注】
〔1〕命，名也。謂脫其名籍而逃亡。
〔2〕《續漢書》曰："(雒縣)〔南陽〕人韓鴻〔一〕為謁者，使持節降河北，拜除二千石。"
〔3〕安樂，縣名，屬漁陽郡，故城在今幽州潞縣西北。

　　會王郎起，北州擾惑。漢素聞光武長者，獨欲歸心。乃説太守彭寵曰："漁陽、上谷突騎，天下所聞也。君何不合二郡精銳，附劉公擊邯鄲，此一時之功也。"[1]寵以為然，而官屬皆欲附王郎，寵不能奪。漢乃辭出，止外亭，念所以譎衆，未知所出。[2]望見道中有一人似儒生者，漢使人召之，為具食，[3]問以所聞。生因言劉公所過，為郡縣所歸；邯鄲舉尊號者，實非劉氏。漢大喜，即詐為光武書，移檄漁陽，使生齎以詣寵，令具以所聞説之，漢復隨後入。寵甚然之。於是遣漢將兵與上谷諸將并軍而南，所至擊斬王郎將帥。[4]及光武於廣阿，拜漢為偏將軍。既拔邯鄲，[5]賜號建策侯。

【注】

〔1〕一時，言不可再遇也。

〔2〕譎，詐也。未知欲出何計以詐之。

〔3〕《續漢書》曰：“時道路多飢人，來求食者似（諸）[儒]生，[二]漢召[之]，[三]故先為具食。”

〔4〕《續漢書》曰：“攻薊，誅王郎大將趙閎等。”

〔5〕《續漢書》曰：“時上使漢等將突騎，揚兵戲馬，立騎馳環邯鄲城，[四]乃圍之。”

漢為人質厚少文，造次不能以辭自達。鄧禹及諸將多知之，數相薦舉，及得召見，[五]遂見親信，常居門下。

光武將發幽州兵，夜召鄧禹，問可使行者。禹曰：“閒數與吳漢言，其人勇鷙有智謀，[1]諸將鮮能及者。”即拜漢大將軍，持節北發十郡突騎。更始幽州牧苗曾聞之，陰勒兵，勅諸郡不肯應調。[2]漢乃將二十騎先馳至無終。[3]曾以漢無備，出迎於路，漢即撝兵騎，收曾斬之，而奪其軍。北州震駭，城邑莫不望風弭從。[4]遂悉發其兵，引而南，與光武會清陽。諸將望見漢還，士馬甚盛，皆曰：“是寧肯分兵與人邪？”及漢至莫府，上兵簿，[5]諸將人人多請之。光武曰：“屬者恐不與人，[6]今所請又何多也？”諸將皆慙。

【注】

〔1〕《廣雅》曰：“鷙，執也。”凡鳥之勇銳，獸之猛悍者，皆名鷙也。

〔2〕調，發也。

〔3〕無終，本山戎國也。無終山名，因為國號。漢為縣名，屬右北平，故城在今幽州漁陽縣也。

〔4〕弭猶服也。

〔5〕莫，大也。兵簿，軍士之名帳。

〔6〕屬猶近也。

　　初，更始遣尚書令謝躬率六將軍攻王郎，不能下。會光武至，共定邯鄲，而躬裨將虜掠不相承稟，光武深忌之。雖俱在邯鄲，遂分城而處，然每有以慰安之。躬勤於職事，光武常稱曰"謝尚書真吏也"，故不自疑。躬既而率其兵數萬，還屯於鄴。時光武南擊青犢，謂躬曰："我追賊於射犬，必破之。尤來在山陽者，勢必當驚走。若以君威力，擊此散虜，必成禽也。"躬曰："善。"及青犢破，而尤來果北走隆慮山，躬乃留大將軍劉慶、魏郡太守陳康守鄴，自率諸將軍擊之。窮寇死戰，其鋒不可當，躬遂大敗，死者數千人。光武因躬在外，乃使漢與岑彭襲其城。漢先令辯士說陳康曰："蓋聞上智不處危以徼倖，[1]中智能因危以為功，下愚安於危以自亡。危亡之至，在人所由，不可不察。今京師敗亂，四方雲擾，公所聞也。蕭王兵彊士附，河北歸命，公所見也。謝躬內背蕭王，外失衆心，公所知也。公今據孤危之城，待滅亡之禍，義無所立，節無所成。不若開門內軍，轉禍為福，免下愚之敗，收中智之功，此計之至者也。"康然之。於是康收劉慶及躬妻子，開門內漢等。及躬從隆慮歸鄴，不知康已反之，乃與數百騎輕入城。漢伏兵收之，手擊殺躬，其衆悉降。[2]躬字子張，南陽人。初，其妻知光武不平之，常戒躬曰："君與劉公積不相能，而信其虛談，不為之備，終受制矣。"躬不納，故及於難。

【注】

〔1〕徼猶求也。

〔2〕《續漢書》曰："時岑彭已在城中，將躬詣傳舍，馳白漢。[六]漢至，躬在彭前伏，漢曰：'何故與鬼語！'遂殺之。"

光武北擊群賊，[1]漢常將突騎五千為軍鋒，數先登陷陳。及河北平，漢與諸將奉圖書，上尊號。光武即位，拜為大司馬，更封舞陽侯。

【注】

〔1〕《續漢書》曰："從擊銅馬、重連、高胡，皆破之。"

建武二年春，漢率大司空王梁，建義大將軍朱祐，大將軍杜茂，執金吾賈復，揚化將軍堅鐔，偏將軍王霸，騎都尉劉隆、馬武、陰識，共擊檀鄉賊於鄴東漳水上，大破之，[1]降者十餘萬人。帝使使者璽書定封漢為廣平侯，食廣平、斥漳、曲周、廣年，凡四縣。[2]復率諸將擊鄴西山賊黎伯卿等，及河內脩武，悉破諸屯聚。車駕親幸撫勞。復遣漢進兵南陽，擊宛、涅陽、酈、穰、新野諸城，皆下之。引兵南，與秦豐戰黃郵水上，破之。[3]又與偏將軍馮異擊昌城五樓賊張文等，又攻銅馬、五幡於新安，皆破之。

【注】

〔1〕《水經》曰，漳水源出上黨長子縣西發鳩山，東北至昌亭，與虖沱河合。

〔2〕四縣皆屬廣平郡。廣平故城在今洺州永年縣西北，廣年在今永年縣東北，斥漳在今洺州洺水縣，[七]曲周故城在今洺州曲周縣西南。廣年，避隋煬帝諱，改為永年縣。[八]

〔3〕南陽新野縣有黃郵水、黃郵聚也。

明年春，率建威大將軍耿弇、虎牙大將軍蓋延，擊青犢於軹西，大破降之。又率驃騎大將軍杜茂、彊弩將軍陳俊等，圍蘇茂於廣樂。劉永將周建別招聚收集得十餘萬人，救廣樂。漢將輕騎迎與之戰，不利，墯馬傷膝，還營，建等遂連兵入城。諸將謂漢曰："大敵在前而公傷臥，眾心懼矣。"漢乃勃然裹創而起，椎牛饗士，令軍中曰："賊眾雖多，皆劫掠群盜，'勝不相讓，敗不相救'，[1]非有仗節死義者也。[九]今日封侯之秋，諸君勉之！"於是軍士激怒，人倍其氣。旦日，建、茂出兵圍漢。漢選四部精兵黃頭吳河等，[2]及烏桓突騎三千餘人，齊鼓而進。[3]建軍大潰，反還奔城。漢長驅追擊，爭門並入，大破之，茂、建突走。漢留杜茂、陳俊等守廣樂，自將兵助蓋延圍劉永於睢陽。永既死，二城皆降。

【注】
〔1〕此上兩句在《左傳》，鄭（大夫）公子突[一〇]之詞也。
〔2〕《前書》鄧通為黃頭郎。《音義》曰："土勝水，故刺船郎著黃帽，號黃頭也。"
〔3〕《續漢書》曰："漢躬被甲拔戟，令諸部將曰：'聞靁鼓聲，皆大呼俱（大）進，[一一]後至者斬。'遂鼓而進之。"

明年，又率陳俊及前將軍王梁，擊破五校賊於臨平，追至東郡箕山，大破之。北擊清河長直及平原五里賊，皆平之。[1]時鬲縣五姓共逐守長，據城而反。[2]諸將爭欲攻之，漢不聽，曰："使鬲反者，皆守長罪也。敢輕冒進兵者斬。"乃移檄告郡，使收守長，而使人謝城中。五姓大喜，即相率歸降。諸將乃服，曰："不戰而下城，非眾所及也。"

【注】
〔1〕《東觀記》及《續漢書》"長直"並作"長垣"。案：長垣，縣名，在河南，不得言北擊，而范《書》作長直，當是賊號，或因地以為名。
〔2〕鬲，縣，屬平原郡，故城在今德州西北。五姓，蓋當土彊宗豪右也。鬲音革。

冬，漢率建威大將軍耿弇、漢（中）[忠]將軍王常[一二]等，擊富平、獲索二賊於平原。[一三]明年春，賊率五萬餘人夜攻漢營，軍中驚亂，漢堅臥不動，有頃乃定。即夜發精兵出營突擊，大破其衆。因追討餘黨，遂至無鹽，[1]進擊勃海，皆平之。又從征董憲，圍朐城。明年春，拔朐，[2]斬憲。事(以)[已]見《劉永傳》。[一四]東方悉定，振旅還京師。

【注】
〔1〕無鹽，縣名，屬東平國，故城在今鄆州東。
〔2〕朐，縣名，解見《光武紀》。

會隗囂畔，夏，復遣漢西屯長安。八年，從車駕上隴，遂圍隗囂於西城。帝勑漢曰："諸郡甲卒但坐費糧食，[一五]若有逃亡，則沮敗衆心，宜悉罷之。"漢等貪并力攻囂，遂不能遣，糧食日少，吏士疲役，逃亡者多，及公孫述救至，漢遂退敗。

十一年春，率征南大將軍岑彭等伐公孫述。及彭破荊門，長驅入江關，漢留夷陵，裝露橈船，[1]將南陽兵及弛刑募士三萬人泝江而上。會岑彭為刺客所殺，漢并將其軍。十二年春，與公孫述將魏黨、公孫永戰於魚涪津，大破之，[2]遂圍武陽。述遣子壻史興將五千人救之。漢迎擊興，盡殄其衆，因入犍為界。諸縣皆城守。漢乃進軍攻廣都，拔之。遣輕騎燒成都市橋，[3]武陽以東諸小城皆降。

【注】
〔1〕橈，短楫也，音人遥反。
〔2〕《續漢書》曰："犍為郡南安縣有漁涪津，在縣北，臨大江。"《南中志》曰："漁涪津廣數百步。"
〔3〕橋名也，解見《公孫述傳》。

帝戒漢曰："成都十餘萬衆，不可輕也。但堅據廣都，待其來攻，勿與爭鋒。若不敢來，公轉營迫之，須其力疲，乃可擊也。"漢乘利，遂自將步騎二萬餘人進逼成都，去城十餘里，阻江北為營，作浮橋，使副將武威將軍劉尚〔1〕將萬餘人屯於江南，相去二十餘里。帝聞大驚，讓漢曰：〔一六〕"比敕公千條萬端，何意臨事勃亂！既輕敵深入，又與尚別營，事有緩急，不復相及。賊若出兵綴公，以大衆攻尚，尚破，公即敗矣。幸無它者，急引兵還廣都。"詔書未到，述果使其將謝豐、袁吉將衆十許萬，分為二十餘營，并出攻漢。使別將〔將〕萬餘人劫劉尚，〔一七〕令不得相救。漢與大戰一日，兵敗，走入壁，豐因圍之。漢乃召諸將厲之曰："吾共諸君踰越險阻，轉戰千里，所在斬獲，遂深入敵地，至其城下。而今與劉尚二處受圍，埶既不接，其禍難量。欲潛師就尚於江南，并兵禦之。若能同心一力，人自為戰，大功可立；如其不然，敗必無餘。成敗之機，在此一舉。"諸將皆曰"諾"。於是饗士秣馬，閉營三日不出，乃多樹幡旗，使煙火不絕，夜銜枚引兵與劉尚合軍。豐等不覺，明日，乃分兵拒江北，〔一八〕自將攻江南。漢悉兵迎戰，自旦至晡，遂大破之，斬謝豐、袁吉，獲甲首五千餘級。於是引還廣都，留劉尚拒述，具以狀上，而深自譴責。帝報曰："公還廣都，〔一九〕甚得其宜，述必不敢略尚而擊公也。〔2〕若先攻尚，公從廣都五十里悉步騎赴之，適當值其危困，破之必矣。"自是漢與述戰於廣都、成都之閒，八戰八剋，遂軍于其郭中。述自將數萬人出城大戰，漢使護軍高午、唐邯〔二〇〕將數萬銳卒擊之。述兵敗走，高午奔陳刺述，殺之。事已見《述傳》。旦日城降，斬述首傳送洛陽。明年正月，漢振旅浮江而下。至宛，詔令過家上冢，賜穀二萬斛。

【注】
〔1〕《東觀記》、《續漢書》"尚"字並作"禹"。
〔2〕略猶過也。

十五年，復率揚武將軍馬成、捕虜將軍馬武北擊匈奴，徙鴈門、代郡、上谷吏人六萬餘口，置居庸、常〔山〕關以東。〔二一〕

十八年，蜀郡守將史歆反於成都，自稱大司馬，攻太守張穆，穆踰城走廣都，歆遂移檄郡縣，而宕渠楊偉、朐䏰徐容等，[1]起兵各數千人以應之。帝以歆昔為岑彭護軍，曉習兵事，故遣漢率劉尚及太中大夫臧宮將萬餘人討之。漢入武都，乃發廣漢、巴、蜀三郡兵圍成都，百餘日城破，誅歆等。漢乃乘枋沿江下巴郡，楊偉、徐容等惶恐解散，漢誅其渠帥二百餘人，徙其黨與數百家於南郡、長沙而還。

【注】

〔1〕宕渠、朐䏰，二縣名，皆屬巴郡。朐音劬，䏰音忍。宕渠山名，因以名縣，故城在今渠州流江縣東北，俗名車騎城是也。《十三州志》朐音春，䏰音閏。其地下溼，多朐䏰蟲，因以名縣。故城在今夔州雲安縣西萬戶故城是也。

漢性彊力，每從征伐，帝未安，恆側足而立。諸將見戰陳不利，或多惶懼，失其常度。漢意氣自若，方整厲器械，激揚士吏。帝時遣人觀大司馬何為，還言方修戰攻之具，乃歎曰：“吳公差彊人意，隱若一敵國矣！”[1]每當出師，朝受詔，夕即引道，初無辦嚴之日。[2]故能常任職，以功名終。及在朝廷，斤斤謹質，形於體貌。[3]漢嘗出征，妻子在後買田業。漢還，讓之曰：“軍師在外，吏士不足，何多買田宅乎！”遂盡以分與昆弟外家。[4]

【注】

〔1〕隱，威重之貌。言其威重若敵國。《前書》周亞夫謂劇孟曰：“大將得之，若一敵國矣。”

〔2〕嚴即裝也，避明帝諱，故改之。

〔3〕《爾雅》曰：“明明、斤斤，察也。”李巡曰：“斤斤，精詳之察也。”孫炎曰：“重慎之察也。”斤音靳。

〔4〕《東觀記》曰“漢但修里宅，不起第。夫人先死，薄葬小墳，不作祠堂”也。

二十年，漢病篤。車駕親臨，問所欲言。對曰："臣愚無所知識，唯願陛下慎無赦而已。"及薨，有詔悼愍，賜諡曰忠侯。[1]發北軍五校、輕車、介士送葬，如大將軍霍光故事。[2]

【注】
　[1]《東觀記》曰："有司奏議以武為諡，詔特賜諡曰忠侯。"
　[2]漢置南北軍五校，解見《順帝紀》。輕車，兵車也。介士，甲士也。《霍光傳》云以北軍五校尉、輕車、介士載光尸以輼輬車，黃屋左纛，軍陳至茂陵。不以南軍者，重之也。

　　子哀侯成嗣，為奴所殺。二十八年，分漢封為三國：成子旦為濯陽侯，[1]以奉漢嗣；旦弟盱[2]為筑陽侯；成弟國為新蔡侯。[3]旦卒，無子，國除。建初八年，徙封盱為平春侯，[4]以奉漢後。盱卒，子勝嗣。初，漢兄尉為將軍，從征戰死，封尉子彤為安陽侯。[5]帝以漢功大，復封弟翕為褒親侯。吳氏侯者凡五國。

【注】
　[1]濯陽，縣名，屬汝南郡，在濯水之陽，因以為名，其地今豫州吳房縣也。音勑。
　[2]盱音火俱反。
　[3]筑陽，縣名，屬南陽郡，古穀國也，在筑水之陽，故城在今襄州穀城縣西。新蔡，縣名，屬汝南郡，蔡平侯自蔡徙此，故加"新"字，今豫州縣也。筑音逐。
　[4]平春，縣名，屬江夏郡。
　[5]安陽，縣名，屬汝南郡，古江國也，故城在今豫州新息縣西南。

　　初，漁陽都尉嚴宣，與漢俱會光武於廣阿，光武以為偏將軍，封建信侯。[1]

【注】
〔1〕建信，縣名，屬千乘國。

論曰：吳漢自建武世，常居上公之位，終始倚愛之親，[1][二二]諒由質簡而彊力也。子曰"剛毅木訥近仁"，[2]斯豈漢之方乎！[3]昔陳平智有餘以見疑，周勃資朴忠而見信。[4][二三]夫仁義不足以相懷，則智者以有餘為疑，而朴者以不足取信矣。[5]

【注】
〔1〕"差彊人意"，是倚之也；遂見親信，是愛之也。
〔2〕《論語》文。剛毅謂彊而能斷。木，樸慤貌。訥，忍於言也。四者皆仁之質，若加文，則成仁矣，故言近仁。
〔3〕方，比也。
〔4〕高祖謂吕后曰："陳平智有餘，然難獨任。"是見疑也。又曰："周勃重厚少文，安劉氏者必勃。"是見信也。
〔5〕懷，依也。言若仁義之心足相依信，則情無疑阻。若彼此之誠未協，仁義不足相依，則智者翻以有餘見疑，朴者以愚直取信。


蓋延字巨卿，漁陽要陽人也。[1]身長八尺，彎弓三百斤。邊俗尚勇力，而延以氣聞。歷郡列掾、州從事，所在職辦。[2]彭寵為太守，召延署營尉，行護軍。

【注】
〔1〕要陽，縣名，光武時省。
〔2〕古者三公下至郡縣皆有掾屬。《續漢志》曰："建武十八年，立刺史十二人，人主一州，皆有從事史、假佐，每郡皆置諸曹掾。"郡中列掾非一，延並為之，故言歷也。漁陽屬幽州。《東觀記》云延為幽州從事。

及王郎起，延與吳漢同謀歸光武。[1]延至廣阿，拜偏將軍，號建功侯，從平河北。光武即位，以延為虎牙將軍。

【注】
〔1〕《續漢書》曰："并與狐奴令王梁同勸寵。"

建武二年，更封安平侯。遣南擊敖倉，轉攻酸棗、封丘，皆拔。[1]其夏，督駙馬都尉馬武、騎都尉劉隆、護軍都尉馬成、偏將軍王霸等南伐劉永，先攻拔襄邑，[2]進取麻鄉，[3]遂圍永於睢陽。數月，盡收野麥，夜梯其城入。永驚懼，引兵走出東門，[4]延追擊，大破之。永棄軍走譙，延進攻，拔薛，斬其魯郡太守，[5]而彭城、扶陽、杼秋、蕭皆降。[6]又破永沛郡太守，斬之。[7]永將蘇茂、佼彊、周建等三萬餘人[8]救永，共攻延，延與戰於沛西，大破之。永軍亂，遁没溺死者太半。永棄城走湖陵，蘇茂奔廣樂。延遂定沛、楚、臨淮，修高祖廟，置嗇夫、祝宰、樂人。[9]

【注】
〔1〕酸棗、封丘，二縣名，屬陳留郡。酸棗故城在今滑州縣也。封丘故城在今汴州縣也。
〔2〕《續漢書》曰："時劉永別將許德據襄邑，延攻而拔之。"
〔3〕麻鄉，縣名，[二四]故城在今宋州碭山縣東北。
〔4〕《東觀記》云"走出魚門"，然則東門名魚門也。[二五]
〔5〕薛，縣名，屬魯國，故城在今徐州滕縣東南。《東觀記》曰"魯郡太守梁丘壽"[二六]也。
〔6〕扶陽，縣名，屬沛郡。[二七]杼秋，縣名，屬梁國，故城在今徐州蕭縣西北。杼音食汝反。
〔7〕《東觀記》曰："沛郡太守陳脩。"
〔8〕佼彊，姓名也，周大夫原伯佼之後也。[二八]

〔9〕楚即今彭城縣也。臨淮，郡名，今泗州下邳縣。高祖廟在今徐州沛縣東故泗水亭中，即高祖為亭長之所也。嗇夫，主知廟事。《東觀記》曰："時蓋延因齋戒祠高祖廟。"

三年，睢陽復反城迎劉永，[1]延復率諸將圍之百日，收其野穀。永乏食，突走，延追擊，盡得輜重。永為其將所殺，永弟防舉城降。

【注】
〔1〕反音翻。

四年春，延又擊蘇茂、周建於蘄，[1]進與董憲戰留下，皆破之。[2]因率平（敵）[狄]將軍龐萌[二九]攻西防，拔之。[3]復追敗周建、蘇茂於彭城，茂、建亡奔董憲，[董憲]將賁休舉蘭陵城降。[4][三〇]憲聞之，自郯圍休。時延及龐萌在楚，請往救之。帝勅曰："可直往撝郯，則蘭陵必自解。"[5]延等以賁休城危，遂先赴之。憲逆戰而陽敗，延等（遂）逐退，[三一]因拔圍入城。明日，憲大出兵合圍，延等懼，遽出突走，因往攻郯。帝讓之曰："聞欲先赴郯者，以其不意故耳。今既奔走，賊計已立，圍豈可解乎！"延等至郯，果不能克，而董憲遂拔蘭陵，殺賁休。延等往來要擊憲別將於彭城、郯、邳之閒，戰或日數合，頗有剋獲。帝以延輕敵深入，數以書誡之。[6]及龐萌反，攻殺楚郡太守，引軍襲敗延，延走，北度泗水，破舟檝，壞津梁，僅而得免。[7]帝自將而東，徵延與大司馬吳漢、漢忠將軍王常、前將軍王梁、捕虜將軍馬武、討虜將軍王霸等會任城，討龐萌於桃鄉，又並從征董憲於昌慮，皆破平之。六年春，遣屯長安。

【注】
〔1〕蘄，縣名，屬沛郡，有大澤鄉。蘄音機。
〔2〕留，縣名，屬楚國，故城在今徐州沛縣東南。

〔3〕西防,縣名,春秋時宋之西防城,故城在今宋州單父縣北。
〔4〕《前書》有賁赫,音肥。今有此姓,(賁)音奔。〔三二〕
〔5〕擣,擊也。《東觀記》作"擊"字。
〔6〕《東觀記》載延上疏辭曰:"臣幸得受干戈,誅逆虜,奉職未稱,久留天誅,常恐汙辱名號,不及等倫。天下平定已後,曾無尺寸可數,不得預竹帛之編。明詔深閔,儆戒備具,每事奉循詔命,必不敢為國之憂也。"
〔7〕《東觀記》、《續漢書》皆云萌攻延,延與戰,破之。詔書勞延曰:"龐萌一夜反畔,相去不遠,營壁不堅,殆令人齒欲相擊,而將軍有不可動之節,吾甚美之。"此傳言"僅而得免",與彼不同。

九年,隗囂死,延西擊街泉、略陽、清水諸屯聚,皆定。[1]

【注】
〔1〕街泉、略陽、清水三縣,皆屬天水郡。

十一年,與中郎將來歙攻河池,未剋,以病引還,拜為左馮翊,將軍如故。[1]十三年,增封定食萬戶。十五年,薨於位。

【注】
〔1〕《續漢書》曰:"視事四年,人敬其威信。"

子扶嗣。扶卒,子側嗣。永平十三年,坐與舅王平謀反,伏誅,國除。永初七年,鄧太后紹封延曾孫恢為盧亭侯。[1]恢卒,子遂嗣。

【注】
〔1〕《東觀記》作"廬亭"。〔三三〕

陳俊字子昭，南陽西鄂人也。[1]少為郡吏。更始立，以宗室劉嘉為太常將軍，俊為長史。光武徇河北，嘉遺書薦俊，光武以為安集掾。[2]

【注】
[1]江夏郡有鄂，故此加"西"也，故城在今鄧州向城縣南也。
[2]《東觀記》曰："俊初調補曲陽長，上曰：'欲與君為左右，小縣何足貪乎？'俊即拜，解印綬，上以為安集掾。"

從擊銅馬於清陽，進至(滿)[蒲]陽，[三四]拜彊弩將軍。[1]與五校戰於安次，俊下馬，手接短兵，所向必破，追奔二十餘里，斬其渠帥而還。光武望而歎曰："戰將盡如是，豈有憂哉！"五校引退入漁陽，所過虜掠。俊言於光武曰："宜令輕騎出賊前，使百姓各自堅壁，[三五]以絕其食，可不戰而殄也。"光武然之，遣俊將輕騎馳出賊前。視人保壁堅完者，勑令固守；放散在野者，因掠取之。賊至無所得，遂散敗。及軍還，光武謂俊曰："困此虜者，將軍策也。"及即位，封俊為列侯。

【注】
[1]華嶠《書》曰："拜為彊弩偏將軍，賜絳衣九百領，[三六]以衣中堅同心士。"

建武二年春，攻匡賊，下四縣，[1]更封新處侯。[2]引擊頓丘，[3]降三城。其秋，大司馬吳漢承制拜俊為彊弩大將軍，別擊金門、白馬賊於河內，皆破之。[4]四年，轉徇汝陽及項，又拔南武陽。[5]是時太山豪傑多擁眾與張步連兵，吳漢言於帝曰："非陳俊莫能定此郡。"於是拜俊太山太守，行大將軍事。張步聞之，遣其將擊俊，戰於嬴下，[6]俊大破之，追至濟南，收得印綬九十餘，[7]稍攻下諸縣，遂定太山。五年，與建威大將軍耿弇共破張步。事在《弇傳》。

【注】

〔1〕匡賊即匡城縣賊也。《東觀記》作"匡城賊"。匡城,古匡邑也,故城在今滑州匡城縣南。

〔2〕新處,縣名,屬中山國。

〔3〕頓丘,縣名,屬東郡,故城在今魏州頓丘縣北陰安城是也。

〔4〕金門、白馬並山名,在今洛州福昌縣西南,有金門白馬水。蓋賊起於二山,因以［為］名。〔三七〕

〔5〕南武陽,縣名,屬太山郡,故城在今沂州費縣西。

〔6〕(續漢書曰)嬴,縣名,〔三八〕屬太山郡。嬴音盈。

〔7〕步時擬私封爵人之印綬。

時琅邪未平,乃徙俊為琅邪太守,領將軍如故。齊地素聞俊名,入界,盜賊皆解散。俊將兵擊董憲於贛榆,〔1〕進破朐賊孫陽,平之。八年,張步畔,還琅邪,俊追討,斬之。帝美其功,詔俊得專征青、徐。〔2〕俊撫貧弱,表有義,檢制軍吏,不得與郡縣相干,百姓歌之。數上書自請,願奮擊隴、蜀。詔報曰:"東州新平,大將軍之功也。負海猾夏,盜賊之處,國家以為重憂,且勉鎮撫之。"

【注】

〔1〕贛榆,縣名,屬東海郡。贛音貢。

〔2〕華嶠《書》曰:"賜俊璽書曰:'將軍元勳大著,威震青、徐,兩州有警,得專征之。'"

十三年,增邑,定封祝阿侯。〔1〕明年,徵奉朝請。二十三年卒。

【注】

〔1〕祝阿,縣名,屬平原郡。

子浮嗣，徙封蘄春侯。〔1〕浮卒，子專諸嗣。專諸卒，子篤嗣。

【注】
〔1〕蘄春，今蘄州縣也。《東觀記》曰：“詔書以祝阿益濟南國，故徙浮封蘄春侯。”蘄音祈。

臧宮字君翁，潁川郟人也。〔1〕少為縣亭長、游徼，〔2〕後率賓客入下江兵中為校尉，因從光武征戰，諸將多稱其勇。光武察宮勤力少言，甚親納之。及至河北，以為偏將軍，從破群賊，數陷陳卻敵。

【注】
〔1〕郟，縣名，今汝州郟城縣也。
〔2〕《續漢書》曰“每十里一亭，亭有長，以禁盜賊。每鄉有游徼，掌循禁姦盜”也。

光武即位，以為侍中、騎都尉。建武二年，封成安侯。〔1〕明年，將突騎與征虜將軍祭遵擊更始將左防、韋顏〔2〕於（沮）〔涅〕陽、〔三九〕酈，悉降之。五年，將兵徇江夏，〔四〇〕擊代鄉、鐘武、〔四一〕竹里，皆下之。〔3〕帝使太中大夫〔4〕持節拜宮為輔威將軍。七年，更封期思侯。〔5〕擊梁郡、濟陰，皆平之。

【注】
〔1〕成安，縣名，屬潁川郡。
〔2〕華嶠《書》“韋”字作“韓”。
〔3〕鐘武，縣名，屬江夏郡，故城在今申州鍾山縣西南。
〔4〕華嶠《書》曰“使張明”也。
〔5〕期思，縣名，屬汝南郡，故城在今光州固始縣西北。

十一年,將兵至中盧,屯駱越。[1]是時公孫述將田戎、任滿與征南大將軍岑彭相拒於荊門,彭等戰數不利,越人謀畔從蜀。宮兵少,力不能制。會屬縣送委輸車數百乘至,宮夜使鋸斷城門限,令車聲回轉出入至旦。越人候伺者聞車聲不絕,而門限斷,相告以漢兵大至。其渠帥乃奉牛酒以勞軍營。宮陳兵大會,擊牛釃酒,饗賜慰納之,[2]越人由是遂安。

【注】
〔1〕中盧,縣名,屬南郡,故城在今襄州襄陽縣南。蓋駱越人徙於此,因以為名。
〔2〕釃音所宜反。《說文》曰:"下酒也。"《詩》注曰"以筐曰釃"也。

宮與岑彭等破荊門,別至垂鵲山,通道出秭歸,至江州。岑彭下巴郡,使宮將降卒五萬,從涪水上平曲。公孫述將延岑盛兵於(沅)〔沈〕水,[1]〔四二〕時宮眾多食少,轉輸不至,而降者皆欲散畔,郡邑復更保聚,觀望成敗。宮欲引還,恐為所反。[2]會帝遣謁者將兵詣岑彭,有馬七百匹,宮矯制取以自益,晨夜進兵,多張旗幟,登山鼓噪,右步左騎,挾船而引,呼聲動山谷。岑不意漢軍卒至,登山望之,大震恐。宮因從擊,大破之。斬首溺死者萬餘人,水為之濁流。延岑奔成都,其眾悉降,盡獲其兵馬珍寶。[3]自是乘勝追北,降者以十萬數。[4]

【注】
〔1〕(沅)〔沈〕水出廣漢,解見《光武紀》。
〔2〕反音翻。
〔3〕華嶠《書》曰:"上璽書勞宮,賜吏士絳縑六千匹。"
〔4〕人好陽而惡陰,北方幽陰之地,故軍敗者皆謂之北。《史記·樂書》曰:"北者,敗也。"而近代音北為背,失其指矣。

軍至平陽鄉，蜀將王元舉衆降。進拔緜竹，破涪城，斬公孫述弟恢，復攻拔繁、郫。[1]前後收得節五，印綬千八百。是時大司馬吳漢亦乘勝進營逼成都。宮連屠大城，兵馬旌旗甚盛，乃乘兵入小雒郭門，[四三]歷成都城下，[2]至吳漢營，飲酒高會。漢見之甚歡，謂宮曰："將軍向者經虜城下，震揚威靈，風行電照。然窮寇難量，還營願從它道矣。"宮不從，復路而歸，賊亦不敢近之。進軍咸門，[3]與吳漢並滅公孫述。

【注】

[1]繁，縣名，屬蜀郡。繁，江名，因以為縣名，故城在今益州新繁縣北。郫，縣名，屬蜀郡，故城在今益州郫縣北。郫音皮。

[2]張載注《蜀都賦》云："漢武帝元鼎三年，立成都郭十八門。"小雒郭門蓋其數焉。

[3]成都北面東頭門。

帝以蜀地新定，拜宮為廣漢太守。十三年，增邑，更封鄭侯。十五年，徵還京師，以列侯奉朝請，定封朗陵侯。[1]十八年，拜太中大夫。

【注】

[1]朗陵，縣名，屬汝南郡，故城在今豫州朗山縣西南。

十九年，妖巫維汜弟子單臣、傅鎮等，復妖言相聚，入原武城，[1]劫吏人，自稱將軍。於是遣宮將北軍及黎陽營數千人圍之。賊穀食多，數攻不下，士卒死傷。帝召公卿諸侯王問方略，皆曰"宜重其購賞"。時顯宗為東海王，獨對曰："妖巫相劫，執無久立，其中必有悔欲亡者。但外圍急，不得走耳。宜小挺緩，[2]令得逃亡，逃亡則一亭長足以禽矣。"帝然之，即勑宮徹圍緩賊，賊衆分散，遂斬臣、鎮等。宮還，遷城門校尉，復轉左中郎將。擊武谿賊，至江陵，降之。[3]

【注】

〔1〕"維"或作"縱"。

〔2〕挺,解也。

〔3〕武谿,水名,在今辰州盧谿縣。

宮以謹信質樸,故常見任用。後匈奴飢疫,自相分爭,帝以問宮,宮曰:"願得五千騎以立功。"帝笑曰:"常勝之家,難與慮敵,吾方自思之。"二十七年,宮乃與楊虛侯馬武〔四四〕上書曰:"匈奴貪利,無有禮信,窮則稽首,安則侵盜,緣邊被其毒痛,中國憂其抵突。〔1〕虜今人畜疫死,旱蝗赤地,〔2〕疲困之力,〔四五〕不當中國一郡。萬里死命,縣在陛下。福不再來,時或易失,〔3〕豈宜固守文德而墮武事乎?今命將臨塞,厚縣購賞,喻告高句驪、烏桓、鮮卑攻其左,發河西四郡、〔4〕天水、隴西羌胡擊其右。如此,北虜之滅,不過數年。臣恐陛下仁恩不忍,謀臣狐疑,令萬世刻石之功不立於聖世。"詔報曰:"《黃石公記》曰:'柔能制剛,弱能制彊'〔5〕柔者德也,剛者賊也,弱者仁之助也,彊者怨之歸也。故曰有德之君,以所樂樂人;無德之君,以所樂樂身。樂人者其樂長,樂身者不久而亡。舍近謀遠者,勞而無功;舍遠謀近者,逸而有終。逸政多忠臣,勞政多亂人。故曰務廣地者荒,務廣德者彊。有其有者安,貪人有者殘。殘滅之政,雖成必敗。今國無善政,災變不息,〔6〕百姓驚惶,人不自保,而復欲遠事邊外乎?孔子曰:'吾恐季孫之憂,不在顓臾。'〔7〕且北狄尚彊,而屯田警備傳聞之事,恆多失實。〔8〕誠能舉天下之半以滅大寇,豈非至願;苟非其時,不如息人。"自是諸將莫敢復言兵事者。

【注】

〔1〕抵,觸也。

〔2〕赤地,言在地之物皆盡。《說苑》曰:"晉平公時,赤地千里。"

〔3〕《左傳》曰:"大福不再。"蒯通曰:"時者難遇而易失也。"

〔4〕謂張掖、酒泉、武威、金城也。

〔5〕即張良於下邳圯所見老父出一編書者。

〔6〕《左傳》曰:"國無善政,則自取謫於日月之災。"

〔7〕顓臾,魯附庸之國。魯卿季氏貪其土地,欲伐而兼之。時孔子弟子冉有仕於季氏,孔子責之。冉有曰:"今夫顓臾固而近季氏之邑,今不取,恐為子孫之憂。"孔子曰:"吾恐季孫之憂,不在顓臾,而在蕭牆之内也。"

〔8〕《公羊傳》曰:"見者異辭,聞者異辭,傳聞者異辭。"

宮永平元年卒,謚曰愍侯。子信嗣。信卒,子震嗣。震卒,子松嗣。元初四年,與母別居,國除。〔四六〕永寧元年,鄧太后紹封松弟由為朗陵侯。

論曰:中興之業,誠艱難也。然敵無秦、項之彊,人資附漢之思,雖懷璽紆紱,〔1〕跨陵州縣,殊名詭號,千隊為群,尚未足以為比功上烈也。至於山西既定,威臨天下,〔2〕戎羯喪其精膽,群帥賈其餘壯,〔3〕斯誠雄心尚武之幾,先志翫兵之日。〔4〕臧宮、馬武之徒,撫鳴劍而抵掌,〔四七〕志馳於伊吾之北矣。〔5〕光武審《黃石》,存包桑,〔6〕閉玉門以謝西域之質,卑詞幣以禮匈奴之使,〔7〕其意防蓋已弘深。豈其顛沛平城之圍,忍傷黥王之陳乎?〔8〕

【注】

〔1〕璽,解見《光武紀》。《白虎通》曰:"天子朱紱,諸侯赤紱,上廣一尺,下廣二尺,法天一地二也,長三尺,法天地人也。"董巴《輿服志》曰:"古者上下皆有紱,所以殊貴賤也。自五霸遞興,以紱非兵服,於是去紱也。"

〔2〕謂誅隗囂、公孫述。

〔3〕羯本匈奴別部,分散居於上黨、武鄉、羯室,因號羯胡。此總謂戎夷耳,不指於羯也。《左傳》曰:"欲勇者,賈余餘勇。"

〔4〕幾,會也。翫,習也。先志者,乘勝之志也。

〔5〕屈原曰："撫長劍兮玉珥。"曹植《結交篇》曰："利劍鳴手中。"《説文》曰："抵，側擊也。"〔四八〕

〔6〕《周易·否卦》九五曰："其亡其亡，繫于包桑。"言聖人居天位，不可以安，常自危懼，乃是繫於包桑也。包，本也，繫於桑本，言其固也。

〔7〕《西域傳》曰，建武二十一年，西域十八國俱遣子弟入侍，天子以中國初定，皆還其侍子。《匈奴傳》曰，建武二十八年，匈奴遣使詣闕貢馬及裘，乞和親。帝報曰："單于國内虛耗，貢物裁以通禮，何必馬裘？今贈繒五百匹，斬馬劍一。"是卑辭幣禮也。

〔8〕平城，縣名，今雲州定襄縣。高祖七年，擊韓王信，至平城，被匈奴圍，七日乃解十二年，高祖親擊淮南王黥布，在陳為流矢所中。顛沛，狼狽也。顛音丁千反。

贊曰：吴公鷙彊，實為龍驤。〔1〕電埽群孽，風行巴、梁。虎牙猛力，功立睢陽。宫、俊休休，是亦鷹揚。〔2〕

【注】

〔1〕《戰國策》曰："廉頗為人，勇鷙而愛士。白起視瞻不轉者，執志彊也。"驤，舉也。若龍之舉，言其威盛。鄒陽曰："神龍驤首奮翼，則浮雲出流。"

〔2〕《詩》曰："良士休休。"又曰："惟師尚父，時惟鷹揚。"

【校勘記】

〔一〕（雒縣）〔南陽〕人韓鴻　據《集解》引洪頤煊説改。按：汲本、殿本"雒縣"作"雒陽"。

〔二〕來求食者似（諸）〔儒〕生　據汲本、殿本改。

〔三〕漢召〔之〕　據《刊誤》補。

〔四〕立騎馳環邯鄲城　按：汲本、殿本"立"作"士"。

〔五〕及得召見　按：汲本、殿本"及"作"乃"。

〔六〕馳白漢　按：汲本、殿本"馳"作"出"。

〔七〕斥漳在今洺州洺水縣　按：《集解》王先謙謂"洺水"當作"池水"。《校補》謂洺水，隋縣名，屬冀州武安郡，唐併入曲周，疑章懷作注時，此縣尚未併省也。

〔八〕廣年避隋煬帝諱改為永年縣　按："廣年"原譌"廣平"，逕據汲本、殿本改正。

〔九〕非有仗節死義者也　按："仗"原譌"伏"，逕改正。

〔一〇〕鄭（大夫）公子突　據《集解》引周壽昌說刪，與《左傳》合。

〔一一〕皆大呼俱（大）進　據《刊誤》刪。按：《集解》引惠棟說，謂《東觀記》所載與此同，無"大"字，《刊誤》是。

〔一二〕漢（中）〔忠〕將軍王常　《刊誤》謂"中"當作"忠"，今據改。

〔一三〕擊富平獲索二賊於平原　按：《校補》引錢大昭說，謂本紀列五年二月，蓋據破降二賊時言之。

〔一四〕斬憲事（以）〔已〕見劉永傳　據殿本改。按："以""已"通。

〔一五〕諸郡甲卒但坐費糧食　按：汲本、殿本"但"作"俱"。

〔一六〕帝聞大驚讓漢曰　按：《御覽》三〇九引，"驚"下有"使"字。

〔一七〕使別將〔將〕萬餘人劫劉尚　王先謙謂"將"字下少一"將"字，則句不圓通。《通鑑》"別將"下重"將"字。今據補。

〔一八〕乃分兵拒江北　按："江"原譌"水"，逕改正。

〔一九〕公還廣都　按："還"原譌"遠"，逕改正。

〔二〇〕漢使護軍高午唐邯　按：《校補》引錢大昭說，謂"護軍高午"《續天文志》作"護軍將軍"。

〔二一〕常〔山〕關以東　據《刊誤》補。

〔二二〕終始倚愛之親　按：李慈銘謂終始倚愛之親不成語，當以"之"字斷句，"親"字蓋涉注文"遂見親信"句而衍。

〔二三〕周勃資朴忠而見信　按：汲本、殿本"資"作"質"。

〔二四〕麻鄉縣名　按：《集解》引惠棟說，謂兩漢無"麻鄉縣"，或是鄉名。又引沈欽韓說，謂今徐州府碭山縣西北有麻城集。

〔二五〕然則東門名魚門也　按：《集解》引惠棟說，謂《續志》梁國睢陽有魚門。

〔二六〕梁丘壽　按："丘"原譌"國"，逕改正。

〔二七〕屬沛郡　按："沛"原譌"大"，逕改正。

〔二八〕周大夫原伯佼之後也　按：沈家本謂此注疑本《俗通·姓氏篇》，今《左傳》作"原伯絞"。

〔二九〕平（敵）〔狄〕將軍龐萌　據《集解》本改。按：《校補》謂"狄"各本皆作"敵"，據《萌傳》正。

〔三〇〕茂建亡奔董憲〔董憲〕將賁休舉蘭陵城降　李慈銘謂"董憲"下當疊"董憲"二字。今據補。

〔三一〕延等（遂）逐退　《刊誤》謂案文多一"遂"字，緣下有"逐"字誤之。今據刪。

〔三二〕今有此姓（賁）音奔　據《刊誤》刪。

〔三三〕東觀記作盧亭　按：汲本、殿本"廬"作"盧"，聚珍版《東觀記》亦作"盧"。

〔三四〕進至（滿）〔蒲〕陽　《集解》引惠棟說，謂《光武紀》作"蒲陽"，案《前志》中山曲逆縣有蒲陽山。今據改。參閱《鄧禹傳》校勘記。

〔三五〕使百姓各自堅壁　按：汲本、殿本"堅"下有"守"字。

〔三六〕賜絳衣九百領　按：王先謙謂今本《東觀記》作"三百領"。

〔三七〕蓋賊起於二山因以〔為〕名　據汲本、殿本補。按：汲本"山"作"水"。

〔三八〕（續漢書曰）嬴縣名　"續漢書曰"四字當衍，汲本無，今據刪。

〔三九〕（沮）〔涅〕陽　《集解》引沈欽韓說，謂"沮陽"當為"涅陽"，與酈皆屬南陽郡。今據改。

〔四〇〕五年將兵徇江夏　按：汲本、殿本"五年"譌"三年"。

〔四一〕鐘武　汲本、殿本"鐘"作"鍾"，注同。按："鍾""鐘"古通作。

〔四二〕公孫述將延岑盛兵於（沅）〔沈〕水　《集解》引錢大昕說，謂

《光武紀》建武十一年，臧宮與公孫述將延岑戰于沈水，注引《水經注》"沈水出廣漢縣，下入涪水"，本或作"沅水"及"沆水"者，並非。則此"沅"字乃"沈"字之譌。今據改。注同。

〔四三〕乃乘兵入小雒郭門　按：王先謙謂"乘兵"無義，詳文意當是"陳兵"，音近而訛也。

〔四四〕楊虛侯馬武　按："楊"原譌"揚"，逕改正。

〔四五〕疫困之力　按：《校補》引錢大昭說，謂"之"當作"乏"。

〔四六〕元初四年與母別居國除　按：李慈銘謂"與母別居"上當脫一"坐"字。

〔四七〕撫鳴劍而抵掌　按："抵"原譌"扺"，各本同，逕改正。

〔四八〕說文曰扺側擊也　"抵"原譌"扺"，逕改正。按：扺从手氏聲，與抵字音義皆殊。

# 後漢書卷十九

## 耿弇列傳第九 弟國　國子秉　秉弟夔　國弟子恭

　　耿弇字伯昭，〔一〕扶風茂陵人也。其先武帝時，以吏二千石自鉅鹿徙焉。〔1〕父況，字俠游，以明經為郎，與王莽從弟伋共學《老子》於安丘先生，〔2〕後為朔調連率。〔3〕弇少好學，〔4〕習父業。常見郡尉試騎士，建旗鼓，肄馳射，由是好將帥之事。〔5〕

【注】
〔1〕武帝時，徙吏二千石高貲富人及豪傑并兼之家於諸陵也。
〔2〕嵇康《聖賢高士傳》曰"安丘望之字仲都，京兆長陵人。少持《老子經》，恬淨不求進宦，〔二〕號曰安丘丈人。成帝聞，欲見之，望之辭不肯見，為巫醫於人閒"也。
〔3〕王莽改上谷郡曰朔調，守曰連率。
〔4〕袁山松《書》曰："弇少學《詩》、《禮》，明銳有權謀。"
〔5〕《漢官儀》曰："歲終郡試之時，講武勒兵，因以校獵，簡其材力也。"

　　及王莽敗，更始立，諸將略地者，前後多擅威權，輒改易守、令。況自以莽之所置，懷不自安。時弇年二十一，乃辭況奉奏詣更始，因齎貢獻，以求自固之宜。及至宋子，會王郎詐稱成帝子子輿，起兵邯鄲，弇從吏孫倉、衛包於道共謀曰：﹝三﹞"劉子輿成帝正統，捨此不歸，遠行安之？"弇按劒曰："子輿弊賊，卒為降虜耳。我至長安，與國家陳漁陽、上谷兵馬之用，還出太原、代郡，反覆數十日，歸發突騎以轔烏合之衆，﹝1﹞如摧枯折腐耳。觀公等不識去就，族滅不久也。"倉、包不從，遂亡降王郎。

【注】
〔1〕轔，轢也，音力刃反。

弇道聞光武在盧奴，乃馳北上謁，光武留署門下吏。﹝四﹞弇因說護軍朱祐，求歸發兵，以定邯鄲。光武笑曰："小兒曹乃有大意哉！"因數召見加恩慰。﹝1﹞弇因從光武北至薊。聞邯鄲兵方到，光武將欲南歸，召官屬計議。弇曰："今兵從南來，不可南行。漁陽太守彭寵，公之邑人；﹝2﹞上谷太守，即弇父也。發此兩郡，控弦萬騎，邯鄲不足慮也。"光武官屬腹心皆不肯，曰："死尚南首，柰何北行入囊中？"﹝3﹞光武指弇曰："是我北道主人也。"會薊中亂，﹝4﹞光武遂南馳，官屬各分散。弇走昌平就況，﹝5﹞因說況使寇恂東約彭寵，各發突騎二千匹，步兵千人。弇與景丹、寇恂及漁陽兵合軍而南，所過擊斬王郎大將、九卿、校尉以下四百餘級，得印綬百二十五，節二，斬首三萬級，定涿郡、中山、鉅鹿、清河、河間凡二十二縣，遂及光武於廣阿。是時光武方攻王郎，傳言二郡兵為邯鄲來，衆皆恐。既而悉詣營上謁。光武見弇等，說，曰："當與漁陽、上谷士大夫共此大功。"乃皆以為偏將軍，使還領其兵。加況大將軍、興義侯，得自置偏裨。弇等遂從拔邯鄲。

【注】
〔1〕《續漢書》曰"弇還檄與況，陳上功德，自嫌年少，恐不見信，宜自來。況得檄立發，至昌平見上"也。
〔2〕寵，南陽宛人也。

〔3〕漁陽、上谷北接塞垣,至彼路窮,如入囊也。

〔4〕《續漢書》曰"弇歸,主人食未已,薊中擾亂,上駕出南城門,頗遮絕輜重,城中相掠。弇既與上相失,以馬與城門亭長,乃得出"也。

〔5〕昌平,縣名,屬上谷郡,今幽州縣,故城在縣東也。

時更始徵代郡太守趙永,而況勸永不應召,令詣于光武。〔五〕光武遣永復郡。永北還,而代令張曄據城反畔,乃招迎匈奴、烏桓以為援助。光武以弇弟舒為復胡將軍,使擊曄,破之。永乃得復郡。時五校賊二十餘萬北寇上谷,況與舒連擊破之,賊皆退走。

更始見光武威聲日盛,君臣疑慮,乃遣使立光武為蕭王,令罷兵與諸將有功者還長安;遣苗曾為幽州牧,韋順為上谷太守,蔡充為漁陽太守,並北之部。時光武居邯鄲宮,晝臥溫明殿。〔1〕弇入造床下請閒,因說曰:"今更始失政,君臣淫亂,諸將擅命於畿內,貴戚縱橫於都內。〔2〕天子之命,不出城門,所在牧守,輒自遷易,百姓不知所從,士人莫敢自安。虜掠財物,劫掠婦女,懷金玉者,至不生歸。元元叩心,更思莽朝。又銅馬、赤眉之屬數十輩,輩數十百萬,聖公不能辦也。〔3〕其敗不久。公首事南陽,破百萬之軍;今定河北,(北)據天府之地。〔4〕〔六〕以義征伐,發號響應,天下可傳檄而定。天下至重,不可令它姓得之。聞使者從西方來,欲罷兵,不可從也。今吏士死亡者多,弇願歸幽州,益發精兵,以集(其)大計。"〔七〕光武大說,〔5〕乃拜弇為大將軍,與吳漢北發幽州十郡兵。弇到上谷,收韋順、蔡充斬之;漢亦誅苗曾。於是悉發幽州兵,引而南,從光武擊破銅馬、高湖、赤眉、青犢,又追尤來、大槍、五幡於元氏,弇常將精騎為軍鋒,輒破走之。光武乘勝戰(慎)〔順〕水上,〔八〕虜危急,殊死戰。時軍士疲弊,遂大敗奔還,壁范陽,數日乃振,〔6〕賊亦退去,從追至容城、小廣陽、安次,連戰破之。〔7〕光武還薊,復遣弇與吳漢、景丹、蓋延、朱祐、邳彤、耿純、劉植、岑彭、祭遵、堅鐔、王霸、陳俊、馬武十三將軍,〔九〕追賊至潞東,及平谷,〔8〕再戰,斬首萬三千餘級,遂窮追於右北平無終、土垠之閒,〔9〕至

（浚）〔俊〕靡而還。〔10〕〔一〇〕賊散入遼西、遼東，或為烏桓、貊人所鈔擊，略盡。

【注】

〔1〕漢趙王如意之殿也，故基在今洺州邯鄲縣內。

〔2〕《更始傳》曰："李軼、朱鮪擅命山東，王匡、張卬橫暴三輔。"

〔3〕辦猶成也，音蒲莧反。

〔4〕《前書》曰："關中所謂金城天府。"弇以河北富饒，故以喻焉。

〔5〕《續漢書》曰："光武初見弇言，起坐曰：'卿失言，我斬卿！'弇曰：'大王哀厚弇如父子，故披赤心為大王陳事。'上曰：'我戲卿耳。'"

〔6〕壁謂築壘壁也。

〔7〕容城，縣名，屬涿郡，故城在今易州（道）〔遒〕縣也。〔一一〕廣陽國有廣陽縣，故曰小廣陽，及安次，縣名，並在今幽州也。

〔8〕平谷，解見《光武紀》。

〔9〕無終、土垠並縣名，屬右北平郡。無終故城在今漁陽縣。土垠故城在今平州西南。垠音銀。

〔10〕（浚）〔俊〕靡，縣名，屬右北平，故城在今漁陽縣北。靡音麻。

光武即位，拜弇為建威大將軍。與驃騎大將軍景丹、彊弩將軍陳俊攻厭新賊於敖倉，皆破降之。建武二年，更封好畤侯，食好畤、美陽二縣。三年，延岑自武關出攻南陽，下數城。穰人杜弘率其眾以從岑。弇與岑等戰於穰，大破之，斬首三千餘級，生獲其將士五千餘人，得印綬三百。杜弘降，岑與數騎遁走東陽。

弇從幸舂陵，因見自請北收上谷兵未發者，定彭寵於漁陽，取張豐於涿郡，還收富平、獲索，東攻張步，以平齊地。帝壯其意，乃許之。四年，詔弇進攻漁陽。弇以父據上谷，本與彭寵同功，又兄弟無在京師者，自疑，不敢獨進，上書求詣洛陽。詔報曰："將軍出身舉宗為國，所向陷敵，功効尤著，何嫌何疑，而欲求徵？且與王常共屯涿郡，勉思方略。"況聞弇求徵,亦不自安,遣舒弟國入侍。帝善之,進封況為隃麋侯。[1]乃命弇與建義大將軍朱祐、漢忠將軍王常等擊望都、故安西山賊十餘營,皆破之。[2]時征虜將軍祭遵屯良鄉,[3]驍騎將軍劉喜屯陽鄉,[4]以拒彭寵。寵遣弟純將匈奴二千餘騎,寵自引兵數萬,分為兩道以擊遵、喜。胡騎經軍都,[5]舒襲破其衆,斬匈奴兩王,寵乃退走。況復與舒攻寵,[一二]取軍都。五年,寵死,天子嘉況功,使光祿大夫持節迎況,[6]賜甲第,奉朝請。封[舒為]牟平侯。遣弇與吳漢擊富平、獲索賊於平原,大破之,降者四萬餘人。

【注】

〔1〕隃麋,縣名,屬右扶風,故城在今隴州汧陽縣東南。隃音踰。

〔2〕望都,縣名,屬中山國。堯母慶都山在南,故以名焉。故城在今定州唐縣東北。故安,縣名,故城在今易州易縣東南。

〔3〕良鄉,縣名,屬涿郡。

〔4〕陽鄉,縣名,屬涿郡,故城在今幽州故安縣西北。

〔5〕軍都,縣,屬廣陽郡,有軍都山,在西北,今幽州昌平縣。

〔6〕袁山松《書》曰:"使光祿大夫樊宏詔況曰:'惟況功大,不宜監察從事。邊郡寒苦,不足久居。其詣行在所。'"

因詔弇進討張步。弇悉收集降卒,結部曲,置將吏,率騎都尉劉歆、太山太守陳俊引兵而東,從朝陽橋濟河以度。[1][一三]張步聞之,乃使其大將軍費邑軍歷下,[2]又分兵屯祝阿,別於太山鐘城列營數十以待弇。弇度河先擊祝阿,[3]自旦攻城,[日]未中而拔之,[一四]故開圍一角,令其衆得奔歸鐘城。鐘城人聞祝阿已潰,大恐懼,遂空壁亡去。費邑分遣弟敢守巨里。[4]弇進兵先脅巨里,使多伐樹木,揚言以填塞阬塹。數日,有降者言邑聞弇欲攻巨里,謀來救之。弇乃嚴令軍中趣修攻具,宣勑諸部,後三日當悉力攻巨里城。陰緩生口,令得亡歸。歸者以弇期告邑,邑至日果自將精兵三萬餘人來救之。弇喜,謂諸將曰:"吾所以修攻具者，欲誘致邑耳。今來，適其所求也。"即分三千人守巨里，自行精兵上岡阪，[5]乘高合戰，大破之，臨陳斬邑。既而收首級以示巨里城中，城中兇懼，[6]費敢悉衆亡歸張步。弇復收其積聚，縱兵擊諸未下者，平四十餘營，遂定濟南。

【注】
〔1〕朝陽，縣名，屬濟南郡，在朝水之陽。今朝城在濟水北，有漯河，在今齊州臨濟縣東。
〔2〕歷下城在今齊州歷城縣也。
〔3〕祝阿，今齊州縣也，故城在今山茌縣東北。
〔4〕巨里，聚名也，一名巨合城，在今齊州全節縣東南也。
〔5〕《爾雅》曰："山脊曰岡，坡者曰阪。"
〔6〕兇，恐懼聲，音呼勇反。

時張步都劇，使其弟藍將精兵二萬守西安，[1]諸郡太守合萬餘人守臨淄，相去四十里。弇進軍畫中，[2]居二城之間。弇視西安城小而堅，且藍兵又精，臨淄名雖大而實易攻，乃勑諸校會，[3]後五日攻西安。藍聞之，晨夜儆守。至期夜半，弇勑諸將皆蓐食，[4]會明至臨淄城。護軍荀梁等爭之，以為宜速攻西安。弇曰："不然。西安聞吾欲攻之，日夜為備；臨淄出不意而至，必驚擾，吾攻之一日必拔。拔臨淄即西安孤，張藍與步隔絕，必復亡去，所謂擊一而得二者也。若先攻西安，不卒下，頓兵堅城，死傷必多。縱能拔之，藍引軍還奔臨淄，并兵合勢，觀人虛實，吾深入敵地，後無轉輸，旬（月）〔日〕之閒，〔一五〕不戰而困。諸君之言，未見其宜。"遂攻臨淄，半日拔之，入據其城。張藍聞〔之大〕懼，〔一六〕遂將其衆亡歸劇。

【注】
〔1〕西安，縣名，屬齊郡，故城在今青州臨淄縣西北。

〔2〕畫中，邑名也。畫音胡麥反。故城在今西安城東南。有漯水，因名焉。

〔3〕會猶集也。

〔4〕《前書音義》曰：「未起而牀蓐中食也。」

弇乃令軍中無得妄掠劇下，須張步至乃取之，以激怒步。步聞大笑曰：「以尤來、大肜十餘萬衆，吾皆即其營而破之。今大耿兵少於彼，[1]又皆疲勞，何足懼乎！」〔一七〕乃與三弟藍、弘、壽及故大肜渠帥重異等兵[2]號二十萬，至臨淄大城東，將攻弇。[3]弇先出淄水上，與重異[一八]遇，突騎欲縱，弇恐挫其鋒，令步不敢進，故示弱以盛其氣，乃引歸小城，陳兵於内。[4]步氣盛，直攻弇營，與劉歆等合戰，弇升王宮壞臺望之，[5]視歆等鋒交，乃自引精兵以橫突步陳於東城下，大破之。飛矢中弇股，以佩刀截之，左右無知者。至暮罷。弇明旦復勒兵出。是時帝在魯，聞弇為步所攻，自往救之，未至。陳俊謂弇曰：「劇虜兵盛，可且閉營休士，以須上來。」弇曰：「乘輿且到，臣子當擊牛釃酒以待百官，反欲以賊虜遺君父邪？」乃出兵大戰，自旦及昏，復大破之，殺傷無數，城中溝塹皆滿。弇知步困將退，豫置左右翼為伏以待之。[6]人定時，步果引去，伏兵起縱擊，追至鉅昧水上，[7]八九十里僵尸相屬，收得輜重二千餘兩。步還劇，兄弟各分兵散去。

【注】

〔1〕弇，況之長子，故呼為大耿。

〔2〕重，姓；異，名。

〔3〕袁山松《書》曰「弇上書曰：『臣據臨淄，深塹高壘，張步從劇縣來攻，疲勞飢渴。欲進，誘而攻之；欲去，隨而擊之。臣依營而戰，精銳百倍，以逸待勞，以實擊虛，旬日之閒，步首可獲。』上是其計」也。

〔4〕伏琛《齊地記》曰：「小城内有漢景王祠。」

〔5〕臨淄本齊國所都，即齊王宮，中有壞臺也。《東觀記》作「環臺」。

〔6〕兩旁伏兵，如鳥之翼。
〔7〕鉅昧，水名，一名巨洋水，在今青州壽光縣西。

後數日，車駕至臨淄自勞軍，群臣大會。帝謂弇曰："昔韓信破歷下以開基，〔1〕今將軍攻祝阿以發迹，此皆齊之西界，功足相方。而韓信襲擊已降，〔2〕將軍獨拔勍敵，其功乃難於信也。又田橫亨酈生，及田橫降，高帝詔衛尉不聽為仇。〔3〕張步前亦殺伏隆，若步來歸命，吾當詔大司徒釋其怨，〔4〕又事尤相類也。將軍前在南陽建此大策，〔5〕常以為落落難合，〔6〕有志者事竟成也！"弇因復追步，步奔平壽，〔7〕乃肉袒負斧鑕於軍門。〔8〕弇傳步詣行在所，而勒兵入據其城。樹十二郡旗鼓，〔9〕令步兵各以郡人詣旗下，衆尚十餘萬，〔一九〕輜重七千餘兩，皆罷遣歸鄉里。弇復引兵至城陽，降五校餘黨，〔10〕齊地悉平。振旅還京師。

【注】
〔1〕《前書》曰，齊屯兵於歷下以備漢，信擊破之。
〔2〕《前書》曰，酈食其說齊王田廣，廣降之，乃與食其縱酒，罷守備。韓信聞齊已降，欲止，蒯通說信令擊之。食其音異基也。
〔3〕《前書》曰，齊既破，橫走居海島，高帝召之。橫曰："臣亨陛下之使酈食其，今聞其弟商為衛尉，臣恐懼，不敢奉詔。"高帝詔酈商曰："橫即至，敢動者族之。"
〔4〕大司徒伏湛，即隆之父。
〔5〕謂弇從帝幸舂陵時，請收上谷兵定彭寵，取張豐，平張步等。
〔6〕落落猶疏闊也。
〔7〕平壽，縣名，屬北海郡，故城在今青州北海縣。
〔8〕鑕，鍖也。示必死。鍖音竹林反。
〔9〕《東觀記》曰："弇凡平城陽、琅邪、高密、膠東、東萊、北海、齊、千乘、濟南、平原、泰山、臨淄等〔郡〕。"〔二〇〕
〔10〕祝阿餘黨也。

六年，西拒隗囂，屯兵於漆。[1]八年，從上隴。明年，與中郎將來歙分部徇安定、北地諸營保，皆下之。

【注】
〔1〕漆，縣名，屬右扶風，故城在今（幽）[豳]州新平縣也，〔二一〕漆水在西。

弇凡所平郡四十六，屠城三百，未（常）[嘗]挫折。〔二二〕
十二年，況疾病，乘輿數自臨幸。復以國弟廣、舉並為中郎將。弇兄弟六人皆垂青紫，省侍醫藥，當代以為榮。及況卒，謚烈侯，少子霸襲況爵。
十三年，增弇戶邑，上大將軍印綬，[1]罷，以列侯奉朝請。每有四方異議，輒召入問籌策。年五十六，永平元年卒，謚曰愍侯。

【注】
〔1〕上音時掌反。

子忠嗣。忠以騎都尉擊匈奴於天山，有功。忠卒，子馮嗣。馮卒，子良嗣，一名無禁。延光中，尚安帝妹濮陽長公主，位至侍中。良卒，子協嗣。
隃麋侯霸卒，子文金嗣。文金卒，子喜嗣。喜卒，子顯嗣，為羽林左監。顯卒，子援嗣。尚桓帝妹長社公主，為河（陽）[東]太守。〔二三〕後曹操誅耿氏，唯援孫弘存焉。[1]

【注】
〔1〕《決錄注》云"援字伯緒，官至河東太守"也。

牟平侯舒卒，子襲嗣。尚顯宗女隆慮公主。襲卒，子寶嗣。

寶女弟為清河孝王妃。及安帝立，尊孝王，母為孝德皇后，〔二四〕以妃為甘園大貴人。帝以寶元舅之重，使監羽林左（車）騎，〔二五〕位至大將軍。而附事內寵，與中常侍樊豐、帝乳母王聖等譖廢皇太子為濟陰王，及排陷太尉楊震，議者怨之。寶弟子承襲公主爵為林慮侯，[1]位至侍中。安帝崩，閻太后以寶等阿附嬖倖，共為不道，策免寶及承，皆貶爵為亭侯，遣就國。寶於道自殺，國除。[2]大貴人數為耿氏請，陽嘉三年，順帝遂（詔）〔紹〕封寶子〔二六〕箕牟平侯，為侍中。以恒為陽亭侯，承為羽林中郎將。其後貴人薨，大將軍梁冀從承求貴人珍玩，不能得，冀怒，風有司奏奪其封。承惶恐，遂亡匿於穰。數年，冀推迹得之，乃并族其家十餘人。

【注】
〔1〕林慮即上隆慮也，至此避殤帝諱改焉。
〔2〕《決錄注》曰："寶字君達。"

論曰：淮陰廷論項王，審料成埶，則知高祖之廟勝矣。[1]〔耿〕弇決策河北，〔二七〕定計南陽，亦見光武之業成矣。然弇自剋拔全齊，而無〔復〕尺寸功。〔二八〕夫豈不懷？[2]將時之度數，不足以相容乎？三世為將，道家所忌，[3]而耿氏累葉以功名自終。將其用兵欲以殺止殺乎？何其獨能隆也！

【注】
〔1〕淮陰侯韓信也。《史記》韓信說高祖曰："項王特匹夫之勇，婦人之仁也。名雖霸，實失天下心。今大王入關，秋豪無所取，秦人無不欲得大王王秦者。今大王舉而東，三秦可傳檄而定。"於是漢王舉兵定三秦。廟勝謂謀兵於廟而勝敵。
〔2〕懷，思也。言豈不思重立大功乎。
〔3〕《史記》曰，秦使王翦之孫王離擊趙。或曰："王離秦之名將，舉之必

矣。"客曰："不然。夫將三代必敗，以其殺伐多也，其後受其不祥。"

國字叔慮，[1]建武四年初入侍，光武拜為黃門侍郎，應對左右，帝以為能，遷射聲校尉。七年，射聲官罷，拜駙馬都尉。父況卒，國於次當嗣，上疏以先侯愛少子霸，固自陳讓，有詔許焉。後歷頓丘、陽翟、上蔡令，所在吏人稱之。徵為五官中郎將。

【注】
〔1〕《東觀記》"慮"作"憲"。

是時烏桓、鮮卑屢寇外境，國素有籌策，數言邊事，帝器之。及匈奴薁鞬日逐王比自立為呼韓邪單于，款塞稱藩，願扞禦北虜。事下公卿。議者皆以為天下初定，中國空虛，夷狄情偽難知，不可許。國獨曰："臣以為宜如孝宣故事受之，[1]令東扞鮮卑，北拒匈奴，率屬四夷，完復邊郡，使塞下無晏開之警，[2]萬世（有）安寧之策也。"〔二九〕帝從其議，遂立比為南單于。由是烏桓、鮮卑保塞自守，北虜遠遁，中國少事。二十七年，代馮勤為大司（馬）[農]。〔三〇〕又上言宜置度遼將軍，左右校尉，屯五原以防逃亡。永平元年卒官。顯宗追思國言，後遂置度遼將軍，左右校尉，如其議焉。

【注】
〔1〕宣帝甘露二年，呼韓邪單于款塞請朝。帝發所過郡二千騎迎之，寵以殊禮，位在諸侯王上，贊謁稱臣而不名。
〔2〕晏，晚也。有警急則開門晚也。

國二子：秉，夔。

秉字伯初，有偉體，署帶八圍。博通書記，能說《司馬兵法》，尤好將帥之略。以父任為郎，數上言兵事。常以中國虛費，邊陲不寧，其患專在匈奴。以戰去戰，盛王之道。顯宗既有志北伐，陰然其言。永平中，召詣省闥，問前後所上便宜方略，拜謁者僕射，遂見親幸。每公卿會議，常引秉上殿，訪以邊事，多簡帝心。

十五年，拜駙馬都尉。十六年，以騎都尉秦彭為副，與奉車都尉竇固等俱伐北匈奴。虜皆奔走，不戰而還。

十七年夏，詔秉與固合兵萬四千騎，復出白山擊車師。車師有後王、前王，前王即後王之子，其廷相去五百餘里。固以後王道遠，山谷深，士卒寒苦，欲攻前王。秉議先赴後王，以為并力根本，則前王自服。固計未決。秉奮身而起曰："請行前。"〔三一〕乃上馬，引兵北入，眾軍不得已，遂進。並縱兵抄掠，斬首數千級，收馬牛十餘萬頭。〔三二〕後王安得震怖，從數百騎出迎秉。而固司馬蘇安欲全功歸固，即馳謂安得曰："漢貴將獨有奉車都尉，天子姊壻，〔1〕爵為通侯，當先降之。"安得乃還，更令其諸將迎秉。秉大怒，被甲上馬，麾其精騎徑造固壁。言曰："車師王降，訖今不至，請往梟其首。"固大驚曰："且止，將敗事！"秉厲聲曰："受降如受敵。"遂馳赴之。安得惶恐，走出門，脫帽抱馬足降。〔2〕秉將以詣固。其前王亦歸命，遂定車師而還。

【注】

〔1〕固尚光武女涅陽公主，明帝姊也。
〔2〕《東觀記》曰"脫帽趨抱馬蹄"〔三三〕也。

明年秋，肅宗即位，拜秉征西將軍。遣案行涼州邊境，勞賜保塞羌胡，進屯酒泉，救戊己校尉。

建初元年，拜度遼將軍。視事七年，匈奴懷其恩信。徵為執金吾，甚見親重。帝每巡郡國及幸宮觀，秉常領禁兵宿衛左右。除三子為郎。章和二年，復拜征西將軍，副車騎將軍竇憲擊北匈奴，大破之。事并見

《憲傳》。封秉美陽侯,〔三四〕食邑三千户。

秉性勇壯而簡易於事,軍行常自被甲在前,休止不結營部,然遠斥候,明要誓,有警,軍陳立成,士卒皆樂為死。永元二年,代桓虞為光祿勳。明年夏卒,時年五十餘。賜以朱棺、玉衣,將作大匠穿冢,假鼓吹,五營騎士三百餘人送葬。謚曰桓侯。匈奴聞秉卒,舉國號哭,或至犁面流血。[1]

【注】
〔1〕犁即"剺"字,古通用也,剺,割也,音力私反。

長子沖嗣。及竇憲敗,以秉竇氏黨,國除。沖官至漢陽太守。

曾孫紀,少有美名,辟公府,曹操甚敬異之,稍遷少府。紀以操將篡漢,建安二十三年,與大醫令吉丕、[1]丞相司直韋(況)晃(曄)〔三五〕謀起兵誅操,不克,夷三族。于時衣冠盛門坐紀罹禍滅者衆矣。

【注】
〔1〕"丕"或作"平"。

夔字定公。少有氣決。永元初,為車騎將軍竇憲假司馬,北擊匈奴,轉(車)騎都尉。〔三六〕三年,憲復出河西,以夔為大將軍左校尉。〔三七〕將精騎八百,出居延塞,直奔北單于廷,於金微山斬閼氏、名王已下五千餘級,單于與數騎脫亡,盡獲其匈奴珍寶財畜,〔三八〕去塞五千餘里而還,自漢出師所未嘗至也。乃封夔粟邑侯。[1]會北單于弟左鹿蠡王於除鞬自立為單于,衆八部二萬餘人,來居蒲類海上,遣使款塞。以夔為中郎將,持節衛護之。及竇憲敗,夔亦免官奪爵土。

【注】
〔1〕粟邑,縣名,屬左馮翊,故城在今同州白水縣西北。

後復為長水校尉,拜五原太守,遷遼東太守。元興元年,貊人寇郡界,夔追擊,斬其渠帥。永初三年,南單于檀反畔,使夔率鮮卑及諸郡兵屯鴈門,與車騎將軍何熙共擊之。熙推夔為先鋒,而遣其司馬耿溥、劉祉將二千人與夔俱進。到屬國故城,單于遣奧鞬日逐王三千餘人遮漢兵。夔自擊其左,令鮮卑攻其右,虜遂敗走,追斬千餘級,殺其名王六人,獲穹廬車重千餘兩,馬畜生口甚衆。鮮卑馬多羸病,遂畔出塞。夔不能獨進,以不窮追,左轉雲中太守,後遷行度遼將軍事。

夔勇而有氣,數侵陵[使]匈奴中郎將鄭戩。〔1〕〔三九〕元初元年,坐徵下獄,以減死論,笞二百。建光中,復拜度遼將軍。時鮮卑攻殺雲中太守成嚴,圍烏桓校尉徐常於馬城。〔2〕夔與幽州刺史龐參救之,追虜出塞而還。後坐法免,卒於家。

【注】
〔1〕音翦。
〔2〕馬城,縣名,屬代郡,故城在今雲州定襄縣。秦始皇初築城,輒崩壞,其後有馬周章馳走,因隨馬迹起城,故以名焉。

恭字伯宗,國弟廣之子也。少孤。慷慨多大略,有將帥才。永平十七年冬,騎都尉劉張出擊車師,請恭為司馬,與奉車都尉竇固及從弟駙馬都尉秉破降之。始置西域都護、戊己校尉,乃以恭為戊己校尉,屯後王部金蒲城,〔1〕〔四〇〕謁者關寵為戊己校尉,屯前王柳中城,〔2〕屯各置數百人。恭至部,移檄烏孫,示漢威德,大昆彌已下皆歡喜,遣使獻名馬,及奉宣帝時所賜公主博具,〔3〕願遣子入侍。恭乃發使齎金帛迎其侍子。

【注】

〔1〕金蒲城,車師後王庭也,今庭州蒲昌縣城是也。

〔2〕柳中,今西州縣。

〔3〕武帝元封中,遣江都王建女細君為公主,嫁與烏孫昆莫,賜乘輿服御,官屬侍御數百人,贈送甚盛,蓋後宣帝賜以博具也。

明年三月,北單于遣左鹿蠡王二萬騎擊車師。恭遣司馬將兵三百人救之,道逢匈奴騎多,皆為所歿。匈奴遂破殺後王安得,而攻金蒲城。恭乘城搏戰,以毒藥傅矢。傳語匈奴曰:"漢家箭神,〔四一〕其中瘡者必有異。"因發彊弩射之。虜中矢者,視創皆沸,遂大驚。會天暴風雨,隨雨擊之,殺傷甚眾。匈奴震怖,相謂曰:"漢兵神,真可畏也!"遂解去。恭以疏勒城傍有澗水可固,五月,乃引兵據之。七月,匈奴復來攻恭,恭募先登數千人直馳之,胡騎散走,匈奴遂於城下擁絕澗水。恭於城中穿井十五丈不得水,吏士渴乏,笮馬糞汁而飲之。[1]恭仰歎曰:"聞昔貳師將軍拔佩刀刺山,飛泉涌出;[2]今漢德神明,豈有窮哉。"乃整衣服向井再拜,為吏士禱。有頃,水泉奔出,眾皆稱萬歲。乃令吏士揚水以示虜。[3]虜出不意,以為神明,遂引去。

【注】

〔1〕笮謂壓笮也。

〔2〕貳師,大宛中城名,昔武帝時使李廣利伐大宛,期至貳師城,因以為號也。

〔3〕《東觀記》曰:"恭親自挽籠,於是令士且勿飲,先和泥塗城,并揚示之。"

時焉耆、龜茲攻歿都護陳睦,〔四二〕北虜亦圍關寵於柳中。會顯宗崩,救兵不至,車師復畔,與匈奴共攻恭。恭厲士眾擊走之。後王夫人先世漢人,常私以虜情告恭,又給以糧餉。數月,食盡窮困,乃煮鎧弩,食其筋革。恭與士推誠同死生，故皆無二心，而稍稍死亡，餘數十人。單于知恭已困，欲必降之。復遣使招恭曰："若降者，當封為白屋王，妻以女子。"恭乃誘其使上城，手擊殺之，炙諸城上。虜官屬望見，號哭而去。單于大怒，更益兵圍恭，不能下。

初，關寵上書求救，時肅宗新即位，乃詔公卿會議。司空第五倫以為不宜救。司徒鮑昱議曰："今使人於危難之地，急而棄之，外則縱蠻夷之暴，内則傷死難之臣。誠令權時後無邊事可也，匈奴如復犯塞為寇，陛下將何以使將？又二部兵人裁各數十，[1]匈奴圍之，歷旬不下，是其寡弱盡力之效也。可令敦煌、酒泉太守各將精騎二千，多其幡幟，倍道兼行，以赴其急。匈奴疲極之兵，必不敢當，四十日間，足還入塞。"帝然之。乃遣征西將軍耿秉屯酒泉，行太守事；遣秦彭與謁者王蒙、皇甫援發張掖、酒泉、敦煌三郡及鄯善兵，合七千餘人，建初元年正月，會柳中擊車師，攻交河城，[2]斬首三千八百級，獲生口三千餘人，駝驢馬牛羊三萬七千頭。北虜驚走，車師復降。[3]

【注】

〔1〕二部謂關寵及恭也。

〔2〕《前書》曰："車師前王居交河城，河水分流繞城下，故號交河，去長安八千一百五十里。"故城在今西州交河縣也。

〔3〕《東觀記》曰，車師太子比持訾降。

會關寵已歿，蒙等聞之，便欲引兵還。先是恭遣軍吏范羌至敦煌迎兵士寒服，羌因隨王蒙軍俱出塞。羌固請迎恭，諸將不敢前，乃分兵二千人與羌，從山北迎恭，遇大雪丈餘，軍僅能至。城中夜聞兵馬聲，以為虜來，大驚。羌乃遙呼曰："我范羌也。漢遣軍迎校尉耳。"城中皆稱萬歲。開門，共相持涕泣。明日，遂相隨俱歸。虜兵追之，且戰且行。吏士素飢困，發疏勒時尚有二十六人，隨路死沒，三月至玉門，[1]唯餘十三人。衣屨穿決，形容枯槁。中郎將鄭眾為恭已下洗沐易衣冠。

上疏曰："耿恭以單兵固守孤城，當匈奴之衝，對數萬之衆，連月踰年，心力困盡。鑿山為井，煑弩為糧，出於萬死無一生之望。前後殺傷醜虜數千百計，卒全忠勇，不為大漢恥。恭之節義，古今未有。宜蒙顯爵，以厲將帥。"及恭至雒陽，鮑昱奏恭節過蘇武，宜蒙爵賞。於是拜為騎都尉，以恭司馬石修為雒陽市丞，張封為雍營司馬，軍吏范羌為共丞，〔2〕餘九人皆補羽林。恭母先卒，及還，追行喪制，有詔使五官中郎將〔3〕齎牛酒釋服。〔4〕

【注】
〔1〕玉門，關名，屬敦煌郡，在今沙州。臣賢案：酒泉郡又有玉門縣，據《東觀記》曰"至敦煌"，明即玉門關也。
〔2〕共，今衛州共城縣。
〔3〕據《東觀記》，馬嚴。
〔4〕奪情不令追服。

明年，遷長水校尉。其秋，金城、隴西羌反。恭上疏言方略，詔召入問狀。乃遣恭將五校士三千人，副車騎將軍馬防討西羌。恭屯枹罕，數與羌接戰。明年秋，燒當羌降，防還京師，恭留擊諸未服者，首虜千餘人，獲牛羊四萬餘頭，勒姐、〔1〕燒何羌等十三種數萬人，皆詣恭降。初，恭出隴西，上言"故安豐侯竇融昔在西州，甚得羌胡腹心。今大鴻臚固，即其子孫。前擊白山，功冠三軍。宜奉大使，鎮撫涼部。令車騎將軍防屯軍漢陽，以為威重"。由是大忤於防。〔2〕及防還，監營謁者李譚承旨奏恭不憂軍事，被詔怨望。坐徵下獄，免官歸本郡，卒於家。

【注】
〔1〕姐音紫，又子也反。
〔2〕忿恭薦竇固奪其權。

子溥，為京兆虎牙都尉。[1]元初二年，擊畔羌於丁奚城，軍敗，遂歿。詔拜溥子宏、曄並為郎。

【注】
〔1〕溥音普。《漢官儀》曰：“京兆虎牙都尉、扶風（郡）[都尉]比二千石。[四三]以涼州近羌，數犯三輔，將兵護園陵。”

曄字季遇。順帝初，為烏桓校尉。[1]時鮮卑寇緣邊，殺代郡太守。曄率烏桓及諸郡卒出塞討擊，大破之。鮮卑震怖，數萬人詣遼東降。自後頻出輒克獲，威振北方。遷度遼將軍。

【注】
〔1〕“遇”或為“過”。

耿氏自中興已後迄建安之末，大將軍二人，將軍九人，卿十三人，尚公主三人，列侯十九人，中郎將、護羌校尉及刺史、二千石數十百人，遂與漢興衰云。

論曰：余初讀《蘇武傳》，感其茹毛窮海，不為大漢羞。[1]後覽耿恭疏勒之事，喟然不覺涕之無從。嗟哉，義重於生，以至是乎！[2]昔曹子抗質於柯盟，[3]相如申威於河表，[4]蓋以決一旦之負，異乎百死之地也。以為二漢當疏高爵，宥十世。[5]而蘇君恩不及嗣，恭亦終填牢户。[四四]追誦龍蛇之章，以為歎息。[6]

【注】
〔1〕蘇武，武帝時使匈奴，匈奴乃幽囚武於大窖中，絕不飲食。天雨雪，武臥齧雪，與氈毛并咽之，數日不死，匈奴以為神。乃徙武北海上無人處，二十年乃還也。

〔2〕《孟子》曰：“生者我所欲，義者亦我所欲，二者不可俱，捨生而取義

也。"

〔3〕曹子，魯大夫曹劌也。一曰曹沫。《史記》曰，齊桓公與魯莊公會於柯而盟，曹沫執匕首劫齊桓公曰："齊彊魯弱，而大國侵魯亦已甚矣。今城壞墜境，君其圖之。"桓公乃盡還魯之侵地，而與之盟。

〔4〕相如，解見《寇恂傳》也。

〔5〕《左傳》曰，晉范宣子之殺叔向之弟羊舌虎而因叔向。於是祁奚聞之，見宣子曰"謀而鮮過，惠訓不倦者，叔向有焉。猶將十世宥之，以勸能者"也。

〔6〕《史記》曰，晉文公返國，賞從亡者。介之推不言祿，祿亦不及。縣書宮門曰"龍欲上天，五蛇為輔。龍已升天，四蛇各入其宇。一蛇獨怨，終不見處"也。

贊曰：好時經武，能畫能兵。往收燕卒，來集漢營。請閒趙殿，釃酒齊城。況、舒率從，亦既有成。國圖久策，分此凶狁。[1]秉治胡情，夔單虜迹。慊慊伯宗，枯泉飛液。

【注】

〔1〕謂耿國議立日逐王為南單于，由是鮮卑保塞自守，北虜遠遁也。

【校勘記】

〔一〕字伯昭　按：《集解》引惠棟說，謂《水經注》作"昭伯"。

〔二〕恬浄不求進宦　按："宦"原譌"官"，逕據汲本、殿本改正。

〔三〕弇從吏孫倉衛包於道共謀曰　按：《集解》引惠棟說，謂袁宏《紀》"衛包"作"衛苞"。又按："道"原譌"富"，逕改正。

〔四〕門下吏　按：《刊誤》謂"吏"當作"史"。

〔五〕令詣于光武　按：殿本《考證》謂"于"字似衍文。

〔六〕(北)據天府之地　據《刊誤》刪。

〔七〕以集(其)大計　據《刊誤》刪。

〔八〕戰（慎）〔順〕水上 《集解》引惠棟説，謂"慎"《光武紀》作"順"。今據改。

〔九〕十三將軍 《光武紀》作"十二將軍"。按：此十三將軍列舉姓名，當以傳為是。

〔一〇〕至（浚）〔俊〕靡而還 據《集解》引錢大昕説改，注同。按：《前志》、《續志》並作"俊靡"。

〔一一〕今易州（道）〔遒〕縣 《前志》、《續志》並作"遒縣"，"遒"亦作"逎"，此形近而譌，今改。

〔一二〕封〔舒為〕牟平侯 《集解》引王鳴盛説，謂"牟平"上脱"舒為"二字，《通鑑》因其誤。又錢大昕謂此封況子舒為牟平侯，況之封隃麋侯如故也，史有脱文耳。今據補。

〔一三〕從朝陽橋濟河以度 按：當時濟水行經朝陽，此謂耿弇從朝陽架橋渡濟河也。説詳《集解》。

〔一四〕〔日〕未中而拔之 《集解》引惠棟説，謂《通鑑》云"日未中"。今據補。

〔一五〕旬（月）〔日〕之間 王先謙謂《東觀記》作"旬日之間"，是也。今據改。

〔一六〕張藍聞〔之大〕懼 據汲本、殿本補。

〔一七〕何足懼乎 按：汲本作"足可摧乎"，殿本作"何足摧乎"。

〔一八〕故大肜渠帥重異 按：沈家本謂按《光武紀》注引《東觀記》作"樊重"。

〔一九〕衆尚十餘萬 按："尚"原譌"向"，逕改正。

〔二〇〕臨淄等〔郡〕 王先謙謂注"等"下脱"郡"字，《東觀記》有。今據補。按：沈欽韓謂臨淄非郡，是時甾川未并入北海，應為"菑川"。

〔二一〕故城在今（幽）〔幽〕州新平縣也 據殿本改。

〔二二〕未（常）〔嘗〕挫折 據汲本、殿本改。

〔二三〕為河（陽）〔東〕太守 據《校補》引錢大昭説改。按：張森楷《校勘記》亦謂兩漢無"河陽郡"，不得有太守，當從注作"河東"。

〔二四〕尊孝王母為孝德皇后　按：《集解》引錢大昕說，謂《安帝紀》建光元年，追尊皇考清河孝王曰孝德皇，皇妣左氏曰孝德皇后，此傳以孝德皇后為孝王之母，誤矣。《校補》謂應讀"尊孝王"為句，"母為孝德皇后"別為句。李慈銘謂案傳文，當是"尊孝王為孝德皇"，傳寫者誤衍"母"字及"后"字耳。

〔二五〕使監羽林左（車）騎　《刊誤》謂"車"字衍。今據刪。

〔二六〕（詔）〔紹〕封寶子　據《刊誤》改。

〔二七〕〔耿〕弇決策河北　《刊誤》謂"弇"上明少一"耿"字。今據補。按：《校補》引錢大昭說，謂閩本"弇"上有"耿"字。

〔二八〕而無〔復〕尺寸功　據汲本、殿本補。

〔二九〕萬世（有）安寧之策也　《刊誤》謂按文多"有"字，緣上言"無"，遂妄生此對文，非也。今據刪。

〔三〇〕代馮勤為大司（馬）〔農〕　《集解》引惠棟說，謂袁宏《紀》國官至大司農。又引何焯說，謂帝紀馮勤以十七年自大司農為司徒。王先謙謂《東觀記》亦作"大司農"。今據改。

〔三一〕秉奮身而起曰請行前　按：李慈銘謂此當讀"請行"為句，"前"為句，言秉既曰"請行"，遂走而前上馬也。或曰"前"亦秉之詞，言促其往前行也。

〔三二〕收馬牛十餘萬頭　按：《御覽》二八四引，"牛"下有"羊"字。

〔三三〕脫帽趨抱馬蹏　按："抱"原譌"鳴"，逕改正。

〔三四〕封秉美陽侯　按：《集解》引洪亮吉說，謂秉定封在和帝永元二年，與竇憲冠軍侯同封。此蒙上"章和二年"之文，未另著年月。

〔三五〕丞相司直韋（況）晃（曄）　《集解》引沈欽韓說，謂《獻帝紀》及《魏志》止云"韋晃"，"況""曄"二字衍。今據刪。

〔三六〕轉（車）騎都尉　《刊誤》謂按官無車騎都尉，明衍"車"字。殿本《考證》萬承蒼則謂是時竇憲為車騎將軍，故夔之官轉為車騎都尉，"車"字非衍。按：沈家本謂將軍官屬無都尉，恐當以劉說為是。又按：袁宏《紀》亦止云"騎都尉"。今刪"車"字。

〔三七〕以夔為大將軍左校尉　按：《校補》引錢大昭説，謂《南匈奴傳》作"右校尉"。

〔三八〕盡獲其匈奴珍寶財畜　按：殿本《考證》謂推尋文義，"其"字當是衍文。

〔三九〕數侵陵〔使〕匈奴中郎將鄭戩　李慈銘謂"匈奴"上脱一"使"字。今據補。

〔四〇〕屯後王部金蒲城　按：洪亮吉謂"金蒲"當作"金滿"，《新唐書·地理志》等皆譌作"金蒲"，近古城内掘得舊碑，正作"金滿"。又按：李慈銘謂"後王"下衍一"部"字。

〔四一〕漢家箭神　按：《集解》引惠棟説，謂《東觀記》"箭神"作"神箭"。

〔四二〕都護陳睦　按：《集解》引惠棟説，謂袁宏《紀》"陳睦"作"陳穆"。

〔四三〕扶風（郡）〔都尉〕比二千石　據《刊誤》改。

〔四四〕恭亦終填牢户　按：沈家本謂恭卒於家，似不得曰"填牢户"。

# 後漢書卷二十

## 銚期王霸祭遵列傳第十 <sub>祭遵從弟肜</sub>

銚期字次況，潁川郟人也。長八尺二寸，容貌絕異，矜嚴有威。父猛，為桂陽太守，卒，期服喪三年，鄉里稱之。光武略地潁川，聞期志義，召署賊曹掾，〔1〕從徇薊。〔一〕時王郎檄書到薊，薊中起兵應郎。光武趨駕出，百姓聚觀，諠呼滿道，遮路不得行，期騎馬奮戟，瞋目大呼左右曰"趨"，〔2〕眾皆披靡。〔3〕及至城門，門已閉，攻之得出。行至信都，以期為裨將，與傅寬、呂晏俱屬鄧禹。徇傍縣，又發房子兵。禹以期為能，獨拜偏將軍，授兵二千人，寬、晏各數百人。還言其狀，光武甚善之。使期別徇真定宋子，攻拔樂陽、槀、肥纍。〔4〕

【注】

〔1〕《漢官儀》曰："東西曹掾比四百石，餘掾比三百石。賊曹，主盜賊之事。"

〔2〕《周禮》："隸僕掌趨宮中之事。"鄭眾曰："止行清道也，若今警蹕。"《說文》"趨"與"躍"同。

〔3〕披，普彼反。〔二〕

〔4〕樂陽，縣名，屬常山郡。[槀]，今恒州槀城縣也，〔三〕故城在縣西。肥纍，故肥子國也，漢以為縣，故城在今槀城縣西南，並屬真定國。纍音力追反。

從擊王郎將兒宏、劉奉於鉅鹿下，[1]期先登陷陳，手殺五十餘人，被創中額，攝（幘）[幘]復戰，[2][四]遂大破之。王郎滅，拜期虎牙大將軍。乃因閒說光武曰："河北之地，界接邊塞，人習兵戰，號為精勇。今更始失政，大統危殆，海內無所歸往。明公據河山之固，擁精銳之衆，以順萬人思漢之心，則天下誰敢不從？"光武笑曰："卿欲遂前趣邪？"[3]時銅馬數十萬衆入清陽、博平，[4]期與諸將迎擊之，連戰不利，期乃更背水而戰，所殺傷甚多。會光武救至，遂大破之，追至館陶，皆降之。從擊青犢、赤眉於射犬，賊襲期輜重，期還擊之，手殺傷數十人，身被三創，而戰方力，[5]遂破走之。

【注】
[1]兒音五奚反。
[2]攝猶正也。
[3]唯天子得稱警趣。
[4]博平，縣名，屬東郡，在今博州縣也。
[5]力，苦戰也。

光武即位，封安成侯，[1]食邑五千户。時檀鄉、五樓賊入繁陽、內黃，[2]又魏郡大姓數反覆，而更始將卓京[3]謀欲相率反鄴城。帝以期為魏郡太守，行大將軍事。期發郡兵擊卓京，破之，斬首六百餘級。京亡入山，追斬其將校數十人，獲京妻子。進擊繁陽、內黃，復斬數百級，郡界清平。督盜賊李熊，鄴中之豪，而熊弟陸謀欲反城迎檀鄉。[4]或以告期，期不應，告者三四，期乃召問熊。熊叩頭首服，願與老母俱就死。期曰："為吏儻不若為賊樂者，可歸與老母往就陸也。"[5]使吏送出城。熊行求得陸，將詣鄴城西門。陸不勝愧感，自殺以謝期。期嗟歎，以禮葬之，而還熊故職。於是郡中服其威信。

【注】
〔1〕安成，縣名，屬汝南郡，故城在今豫州汝陽縣東南也。
〔2〕繁陽，縣名，故城在今相州內黃縣東北；內黃故城在西北。
〔3〕"京"或作"原"。
〔4〕反音翻。
〔5〕必以在城中為吏不如為賊之樂，即任將母往就弟。

建武五年，行幸魏郡，以期為太中大夫。從還洛陽，又拜衛尉。
期重於信義，自為將，有所降下，未嘗虜掠。及在朝廷，憂國愛主，其有不得於心，必犯顏諫諍。帝嘗輕與期門近出，〔1〕期頓首車前曰："臣聞古今之戒，變生不意，誠不願陛下微行數出。"帝為之回輿而還。十年卒，〔2〕帝親臨襚斂，贈以衛尉、安成侯印綬，謚曰忠侯。

【注】
〔1〕《前書》，武帝將出，必與北地良家子期於殿門，故曰"期門"。
〔2〕《東觀記》曰："期疾病，使使者存問，加賜醫藥甚厚。其母問期當封何子？期言'受國家恩深，常慙負，如死，不知當何以報國，何宜封子也'！上甚憐之。"

子丹嗣。復封丹弟統為建平侯。〔1〕〔五〕後徙封丹葛陵侯。〔2〕丹卒，子舒嗣。舒卒，子羽嗣。羽卒，子蔡嗣。

【注】
〔1〕建平，縣名，屬沛郡，故城在今亳州酇縣西北，一名馬頭城。
〔2〕葛陵，縣名，故城在汝南，故鮦陽縣也。

王霸字元伯，潁川潁陽人也。世好文法，〔1〕父為郡決曹掾，〔2〕霸亦少為獄吏。常慷慨不樂吏職，其父奇之，遣西學長安。漢兵起，光武過潁陽，霸率賓客上謁，曰："將軍興義兵，竊不自知量，貪慕威德，願充行伍。"光武曰："夢想賢士，共成功業，豈有二哉！"遂從擊破王尋、王邑於昆陽，還休鄉里。

【注】

〔1〕《東觀記》曰："祖父為詔獄丞。"
〔2〕《漢舊儀》："决曹，主罪法事。"

及光武為司隸校尉，道過潁陽，霸請其父，願從。父曰："吾老矣，不任軍旅，汝往，勉之！"霸從至洛陽。及光武為大司馬，以霸為功曹令史，從度河北。賓客從霸者數十人，稍稍引去。光武謂霸曰："潁川從我者皆逝，而子獨留。努力！疾風知勁草。"

及王郎起，光武在薊，郎移檄購光武。光武令霸至市中募人，將以擊郎。市人皆大笑，舉手邪揄之，〔1〕霸慚懅而還。〔2〕光武即南馳至下曲陽。傳聞王郎兵在後，從者皆恐。及至虖沱河，候吏還白河水流澌，〔3〕無船，不可濟。官屬大懼。光武令霸往視之。霸恐驚眾，欲且前，阻水，還即詭曰："冰堅可度。"官屬皆喜。光武笑曰："候吏果妄語也。"遂前。比至河，河冰亦合，乃令霸護度，〔4〕未畢數騎而冰解。光武謂霸曰："安吾衆得濟免者，卿之力也。"霸謝曰："此明公至德，神靈之祐，雖武王白魚之應，無以加此。"〔5〕光武謂官屬曰："王霸權以濟事，殆天瑞也。"以為軍正，爵關內侯。既至信都，發兵攻拔邯鄲。霸追斬王郎，得其璽綬。封王鄉侯。〔六〕

【注】

〔1〕《說文》曰："歈㰦，手相笑也。"〔七〕歈音弋支反。㰦音踰，或音由。此云"邪揄"，語輕重不同。
〔2〕懅亦慙也，音遽。

〔3〕澌音斯。
〔4〕監護度也。
〔5〕《今文尚書》曰："武王度盟津，白魚躍入王舟。"

從平河北，常與臧宮、傅俊共營，霸獨善撫士卒，死者脫衣以斂之，傷者躬親以養之。〔八〕光武即位，以霸曉兵愛士，可獨任，拜為偏將軍，并將臧宮、傅俊兵，而以宮、俊為騎都尉。建武二年，更封富波侯。〔1〕

【注】
〔1〕富波，縣名，屬汝南郡，在今豫州。

四年秋，帝幸譙，使霸與捕虜將軍馬武東討周建於垂惠。蘇茂將五校兵四千餘人救建，而先遣精騎遮擊馬武軍糧，武往救之。建從城中出兵夾擊武，武恃霸之援，戰不甚力，為茂、建所敗。武軍奔過霸營，大呼求救。霸曰："賊兵盛，出必兩敗，努力而已。"乃閉營堅壁。軍吏皆爭之。霸曰："茂兵精銳，其衆又多，吾吏士心恐，而捕虜與吾相恃，兩軍不一，此敗道也。今閉營固守，示不相援，賊必乘勝輕進；捕虜無救，其戰自倍。如此，茂衆疲勞，〔九〕吾承其弊，乃可剋也。"茂、建果悉出攻武。合戰良久，霸軍中壯士路潤等數十人斷髮請戰。霸知士心銳，乃開營後，出精騎襲其背。茂、建前後受敵，驚亂敗走，霸、武各歸營。賊復聚衆挑戰，霸堅臥不出，方饗士作倡樂。茂雨射營中，中霸前酒樽，霸安坐不動。軍吏皆曰："茂前日已破，今易擊也。"霸曰："不然。蘇茂客兵遠來，糧食不足，故數挑戰，以僥一切之勝。〔1〕今閉營休士，所謂不戰而屈人之兵，善之善者也。"茂、建既不得戰，乃引還營。其夜，建兄子誦反，閉城拒之，茂、建遁去，誦以城降。

【注】
〔1〕儌,要也。一切猶權時也。

五年春,帝使太中大夫持節拜霸為討虜將軍。六年,屯田新安。八年,屯[田]函谷關。〔一〇〕擊滎陽、中牟盜賊,皆平之。
九年,霸與吳漢及橫野大將軍王常、建義大將軍朱祐、破姦將軍侯進等五萬餘人,擊盧芳將賈覽、閔堪於高柳。匈奴遣騎助芳,漢軍遇雨,戰不利。吳漢還洛陽,令朱祐屯常山,王常屯涿郡,侯進屯漁陽。璽書拜霸上谷太守,領屯兵如故,捕擊胡虜,無拘郡界。〔1〕明年,霸復與吳漢等四將軍六萬人出高柳擊賈覽,詔霸與漁陽太守陳訢將兵為諸軍鋒。匈奴左南將軍將數千騎救覽,霸等連戰於平城下,破之,追出塞,斬首數百級。霸及諸將還入鴈門,與驃騎大將軍杜茂會攻盧芳將尹由於崞、繁畤,不剋。〔2〕

【注】
〔1〕拘猶限也。
〔2〕崞及繁畤皆縣名,屬鴈門郡,並今代州縣也,有崞山焉。崞音郭。

十三年,增邑戶,更封向侯。〔1〕是時,盧芳與匈奴、烏桓連兵,寇盜尤數,緣邊愁苦。詔霸將弛刑徒六千餘人,與杜茂治飛狐道,〔2〕堆石布土,築起亭障,自代至平城三百餘里。凡與匈奴、烏桓大小數十百戰,頗識邊事,數上書言宜與匈奴結和親,又陳委輸可從溫水漕,〔3〕以省陸轉輸之勞,事皆施行。後南單于、烏桓降服,北邊無事。霸在上谷二十餘歲。三十年,定封淮陵侯。〔4〕永平二年,以病免,後數月卒。

【注】
〔1〕向,縣名,屬沛郡。《左傳》曰:"莒人入向。"案:今密州莒縣南又有向城。

〔2〕飛狐道在今蔚州飛狐縣，北通媯州懷戎縣，即古之飛狐口也。

〔3〕《水經注》曰，温餘水出上谷居庸關東，〔一〕又東過軍都縣南，又東過薊縣北。益通以運漕也。

〔4〕淮陵，縣，屬臨淮郡。

子符嗣，徙封軑侯。〔1〕符卒，子度嗣。度尚顯宗女浚儀長公主，為黃門郎。度卒，子歆嗣。

【注】
〔1〕軑，縣，屬江夏郡。軑音大。


祭遵字弟孫，〔1〕潁川潁陽人也。少好經書。家富給，而遵恭儉，惡衣服。喪母，負土起墳。嘗為部吏所侵，結客殺之。初，縣中以其柔也，既而皆憚焉。

【注】
〔1〕祭音側界反。

及光武破王尋等，還過潁陽，遵以縣吏數進見，光武愛其容儀，署為門下史。從征河北，為軍市令。舍中兒犯法，遵格殺之。光武怒，命收遵。時主簿陳副諫曰："明公常欲衆軍整齊，今遵奉法不避，是教令所行也。"光武乃貰之，〔1〕以為刺姦將軍。謂諸將曰："當備祭遵！吾舍中兒犯法尚殺之，必不私諸卿也。"尋拜為偏將軍，從平河北，以功封列侯。

【注】
〔1〕貰猶赦也。

建武二年春，拜征虜將軍，定封潁陽侯。與驃騎大將軍景丹、建義大將軍朱祐、漢忠將軍王常、騎都尉王梁、臧宮等入箕關，[1][一二]南擊弘農、厭新、柏華蠻中賊。[2][一三]弩中遵口，洞出流血，眾見遵傷，稍引退，遵呼叱止之，士卒戰皆自倍，遂大破之。時新城蠻中山賊張滿，[3][一四]屯結險隘為人害，詔遵攻之。遵絶其糧道，滿數挑戰，遵堅壁不出。而厭新、柏華餘賊復與滿合，遂攻得霍陽聚，[4]遵乃分兵擊破降之。明年春，張滿飢困，城拔，生獲之。初，滿祭祀天地，自云當王，既執，歎曰："讖文誤我！"乃斬之，夷其妻子。遵引兵南擊鄧奉弟終[一五]於杜衍，破之。[5]

【注】

〔1〕箕關，解在《鄧禹傳》。

〔2〕《東觀記》曰柏華聚也。

〔3〕新城，縣名，屬河南郡，今伊闕縣也。

〔4〕有霍陽山，故名焉，俗謂之張侯城，在今汝州西南。

〔5〕杜衍，縣名，屬南陽郡，故城在今鄧州南陽縣西南。

時涿郡太守張豐執使者舉兵反，自稱無上大將軍，與彭寵連兵。四年，遵與朱祐及建威大將軍耿弇、驍騎將軍劉喜俱擊之。遵兵先至，急攻豐，豐功曹孟厷執豐降。[1]初，豐好方術，有道士言豐當為天子，以五綵囊裹石繫豐肘，云石中有玉璽。豐信之，遂反。既執當斬，猶曰："肘石有玉璽。"遵為椎破之，豐乃知被詐，仰天歎曰："當死無所恨！"諸將皆引還，遵受詔留屯良鄉拒彭寵。因遣護軍傅玄襲擊寵將李豪於潞，大破之，斬首千餘級。相拒歲餘，數挫其鋒，黨與多降者。及寵死，遵進定其地。

【注】

〔1〕《說文》曰："厷，臂上也。"厷音公弘反。

六年春，詔遵與建威大將軍耿弇、虎牙大將軍蓋延、漢忠將軍王常、捕虜將軍馬武、驍騎將軍劉歆、武威將軍劉尚等從天水伐公孫述。[1]師次長安，時車駕亦至，而隗囂不欲漢兵上隴，辭說解故。[2]帝召諸將議。皆曰："可且延囂日月之期，益封其將帥，以消散之。"遵曰："囂挾姦久矣。今若按甲引時，則使其詐謀益深，而蜀警增備，固不如遂進。"帝從之，乃遣遵為前行。隗囂使其將王元拒隴坻，遵進擊，破之，追至新關。及諸將到，與囂戰，並敗，引退下隴。乃詔遵軍汧，耿弇軍漆，征西大將軍馮異軍枸邑，大司馬吳漢等還屯長安。自是後遵數挫隗囂。事已見《馮異傳》。

【注】
[1]《續漢書》曰："上幸廣陽城門，設祖道，閱過諸將，以遵新破漁陽，令最在前。"
[2]解故謂解脫事故，以為辭說。

八年秋，復從車駕上隴。及囂破，帝東歸過汧，幸遵營，勞饗士卒，作黃門武樂，良夜乃罷。[1]時遵有疾，詔賜重茵，覆以御蓋。復令進屯隴下。及公孫述遣兵救囂，吳漢、耿弇等悉奔還，遵獨留不卻。[2]九年春，卒於軍。

【注】
[1]黃門，署名。《前書》曰："是時名倡皆集黃門。"武樂，執干戚以舞也。良猶深也，本或作"久"。
[2]《東觀記》曰："時遵屯汧。詔書曰：'將軍連年距難，眾兵即卻，復獨按部，功勞爛然。兵退無宿戒，糧食不豫具，今乃調度，恐力不堪。國家知將軍不易，亦不遺力。今送縑千匹，以賜吏士。'"

遵為人廉約小心，克己奉公，賞賜輒盡與士卒，家無私財，身衣韋絝，布被，夫人裳不加緣，[1]帝以是重焉。及卒，愍悼之尤甚。遵喪至河南縣，詔遣百官先會喪所，車駕素服臨之，望哭哀慟。還幸城門，過其車騎，涕泣不能已。[2]喪禮成，復親祠以太牢，如宣帝臨霍光故事。[3]詔大長秋、謁者、河南尹護喪事，大司農給費。博士范升上疏，追稱遵曰："臣聞先王崇政，尊美屏惡。[4]昔高祖大聖，深見遠慮，班爵割地，與下分功，著錄勳臣，頌其德美。生則寵以殊禮，奏事不名，入門不趨。[5]死則疇其爵邑，世無絕嗣，[6]丹書鐵券，傳於無窮。[7]斯誠大漢厚下安人長久之德，所以累世十餘，歷載數百，[8]廢而復興，絕而復續者也。陛下以至德受命，先明漢道，[一六]襃序輔佐，封賞功臣，同符祖宗。征虜將軍潁陽侯遵，不幸早薨。陛下仁恩，為之感傷，遠迎河南，惻怛之慟，形於聖躬，喪事用度，仰給縣官，重賜妻子，不可勝數。送死有以加生，厚亡有以過存，矯俗厲化，卓如日月。[9]古者臣疾君視，臣卒君弔，[10]德之厚者也。陵遲已來久矣。及至陛下，復興斯禮，群下感動，莫不自勵。臣竊見遵修行積善，竭忠於國，北平漁陽，西拒隴、蜀，先登坻上，[11]深取略陽。眾兵既退，獨守衝難。[12]制御士心，不越法度。所在吏人，不知有軍。[13]清名聞於海內，廉白著於當世。所得賞賜，輒盡與吏士，身無奇衣，家無私財。同產兄午以遵無子，娶妾送之，遵乃使人逆而不受，自以身任於國，不敢圖生慮繼嗣之計。臨死遺誡牛車載喪，薄葬洛陽。問以家事，終無所言。任重道遠，死而後已。[14]遵為將軍，取士皆用儒術，對酒設樂，必雅歌投壺。[15]又建為孔子立後，奏置五經大夫。雖在軍旅，不忘俎豆，[一七]可（為）〔謂〕好禮悅樂，[一八]守死善道者也。禮，生有爵，死有諡，爵以殊尊卑，諡以明善惡。臣愚以為宜因遵薨，論敘眾功，詳案《諡法》，以禮成之。[16]顯章國家篤古之制，為後嗣法。"帝乃下升章以示公卿。至葬，車駕復臨，贈以將軍、侯印綬，朱輪容車，介士軍陳送葬，[17]諡曰成侯。[一九]既葬，車駕復臨其墳，存見夫人室家。其後會朝，帝每歎曰："安得憂國奉公之臣如祭征虜者乎！"遵之見思若此。[18]

【注】

〔1〕"縁"或作"綵"。

〔2〕《東觀記》曰："上還幸城門，閱過喪車，瞻望涕泣。"

〔3〕霍光薨，宣帝及上官太后親臨光喪，使太中大夫任宣、侍御史五人持節護喪事。《東觀記》曰："時下宣帝臨霍將軍儀，令公卿讀視，以為故事。"

〔4〕孔子曰："尊五美，屏四惡。"

〔5〕《前書》曰："蕭何奏事不名，入門不趨。"

〔6〕疇，等也。言功臣死後，子孫襲封，世世與先人等。

〔7〕《前書》，高祖與功臣剖符作誓，丹書鐵契，金匱石室，藏之宗廟。

〔8〕漢興至此二百餘年，言"數百"者，謂以百數之。

〔9〕卓，高也。

〔10〕《前書》賈山上書曰："古之賢君於其臣也，尊其爵祿而親之，疾則臨視之無數，死則往弔哭之，臨其小斂大斂，可謂盡禮也，故臣下竭力盡死以報其上。"

〔11〕即隴坻上。

〔12〕衛，兵衛也。謂吳漢、耿弇等悉奔還，唯遵獨留不卻。

〔13〕言不侵擾。

〔14〕《論語》孔子曰："仁以為己任，不亦重乎。死而後已，不亦遠乎。"

〔15〕雅歌謂歌《雅詩》也。《禮記·投壺經》曰："壺頸脩七寸，腹脩五寸，口徑二寸半，容斗五升。壺中實小豆焉，為其矢之躍而出也。矢以柘若棘，長二尺八寸，無去其皮，取其堅而重。投之勝者飲不勝者，以為優劣也。"

〔16〕《謚法》，《周書》之篇，周公制焉。

〔17〕容車，容飾之車，象生時也。介士，甲士也。《東觀記》曰："遣校尉發騎士四百人，被玄甲、兜鍪，兵車軍陳送葬。"

〔18〕《東觀記》曰"上數嗟歎，衛尉銚期見上感慟，對曰'陛下至仁，哀念祭遵不已，群臣各懷慚懼'"也。

無子，國除。兄午，官至酒泉太守。從弟彤。[二〇]

肜字次孫，早孤，以至孝見稱。遇天下亂，野無煙火，而獨在冢側。每賊過，見其尚幼而有志節，皆奇而哀之。

光武初以遵故，拜肜為黃門侍郎，常在左右。及遵卒無子，帝追傷之，以肜為偃師長，令近遵墳墓，四時奉祠之。肜有權略，視事五歲，縣無盜賊，課為第一，遷襄賁令。〔1〕時天下郡國尚未悉平，襄賁盜賊白日公行。肜至，誅破姦猾，殄其支黨，數年，襄賁政清。璽書勉勵，增秩一等，賜縑百匹。

【注】

〔1〕襄賁，縣名，屬東海郡，故城在今沂州臨沂縣南。賁音肥。

當是時，匈奴、鮮卑及赤山烏桓連和彊盛，數入塞殺略吏人。朝廷以為憂，益增緣邊兵，郡有數千人，又遣諸將分屯障塞。帝以肜為能，建武十七年，拜遼東太守。至則勵兵馬，廣斥候。肜有勇力，能貫三百斤弓。虜每犯塞，常為士卒［前］鋒，〔二〕數破走之。二十一年秋，鮮卑萬餘騎寇遼東，肜率數千人迎擊之，自被甲陷陳，虜大奔，投水死者過半，遂窮追出塞，虜急，皆棄兵裸身散走，斬首三千餘級，獲馬數千匹。自是後鮮卑震怖，畏肜不敢復闚塞。肜以三虜連和，卒為邊害，〔1〕二十五年，乃使招呼鮮卑，示以財利。其大都護偏何〔2〕遣使奉獻，願得歸化，肜慰納賞賜，稍復親附。其異種滿離、高句驪之屬，遂駱驛款塞，上貂裘好馬，帝輒倍其賞賜。其後偏何邑落諸豪並歸義，願自効。肜曰："審欲立功，當歸擊匈奴，斬送頭首乃信耳。"偏何等皆仰天指心曰："必自効！"即擊匈奴左伊（袟）［秩］訾部，〔二〕斬首二千餘級，持頭詣郡。其後歲歲相攻，輒送首級受賞賜。自是匈奴衰弱，邊無寇警，鮮卑、烏桓並入朝貢。

【注】

〔1〕卒，終也。三虜謂匈奴、鮮卑及赤山烏桓。

〔2〕鮮卑名也。

彤為人質厚重毅，體貌絶衆。撫夷狄以恩信，皆畏而愛之，故得其死力。初，赤山烏桓數犯上谷，為邊害，詔書設購賞，（功）〔切〕責州郡，〔二三〕不能禁。彤乃率勵偏何，遣往討之。永平元年，偏何擊破赤山，斬其魁帥，持首詣彤，塞外震讋。〔1〕彤之威聲，暢於北方，西自武威，東盡玄菟及樂浪，胡夷皆來内附，野無風塵。乃悉罷緣邊屯兵。

【注】
〔1〕音之涉反。

十二年，徵為太僕。彤在遼東幾三十年，衣無兼副。顯宗既嘉其功，又美彤清約，拜日，賜錢百萬，馬三匹，衣被刀劍下至居室什物，大小無不悉備。帝每見彤，常歎息以為可屬以重任。後從東巡狩，過魯，坐孔子講堂，顧指子路室謂左右曰："此太僕之室。太僕，吾之禦侮也。"〔1〕

【注】
〔1〕《尚書大傳》曰："孔子曰：'吾有四友焉。自吾得回也，門人加親，是非胥附邪？自吾得賜也，遠方之士日至，是非奔走邪？自吾得師也，前有光，後有輝，是非先後邪？自吾得由也，惡言不至門，是非禦侮邪？'"

十六年，使彤以太僕將萬餘騎與南單于左賢王信伐北匈奴，期至涿邪山。〔二四〕信初有嫌於彤，行出高闕塞九百餘里，得小山，乃妄言以為涿邪山。彤到不見虜而還，坐逗留畏懦下獄免。彤性沈毅内重，自恨見詐無功，出獄數日，歐血死。臨終謂其子曰："吾蒙國厚恩，奉使不稱，微績不立，身死誠慚恨。義不可以無功受賞，死後，若悉簿上所得賜物，〔1〕身自詣兵屯，效死前行，以副吾心。"既卒，其子逢上疏具陳遺言。帝雅重肜，方更任用，聞之大驚，召問逢疾狀，嗟歎者良久焉。烏桓、鮮卑追思肜無已，每朝賀京師，常過冢拜謁，仰天號泣乃去。遼東吏人為立祠，四時奉祭焉。

【注】
〔1〕若，汝也。皆為文簿而上之。

肜既葬，子參遂詣奉車都尉竇固，從軍擊車師有功，稍遷遼東太守。永元中，鮮卑入郡界，參坐沮敗，下獄死。肜子孫多為邊吏者，皆有名稱。

論曰：祭肜武節剛方，動用安重，雖條侯、穰苴之倫，不能過也。[1]且臨守偏海，政移獷俗，[2]徼人請符以立信，胡貊數級於郊下，[3]至乃臥鼓邊亭，滅烽幽障者將三十年。古所謂"必世而後仁"，豈不然哉！[4]而一眚之故，以致感憤，[5]惜哉，畏法之敝也！[6]

【注】
〔1〕條侯，周亞夫也。為將軍，軍於細柳，文帝幸其營，亞夫持兵揖曰："介冑之士不拜，請以軍禮見。"文帝曰："此真將軍也！"穰苴，齊人田穰苴也。齊景公使為將軍，使莊賈往，穰苴與約曰："旦日日中會於軍門。"穰苴先至，賈後至，於是遂斬莊賈以徇三軍，士皆振慄。
〔2〕獷音古猛反，又音久永反。
〔3〕徼人謂徼外人偏何等也。符，驗也。為偏何請還自効，以驗內屬之信。數級謂偏何斬匈奴，送首級受賞賜。
〔4〕三十年為一世，言承化久也。《論語》孔子曰："如有王者，必世而後仁。"
〔5〕眚，過也。《左傳》曰："不以一眚掩大德。"眚音所景反。
〔6〕畏法猶嚴法也。

贊曰：期啓燕門，霸冰虖河。祭遵好禮，臨戎雅歌。肜抗遼左，邊廷懷和。

【校勘記】

〔一〕從徇薊　按：《集解》引惠棟説，謂《東觀記》"從平河北"。

〔二〕披普彼反　按："普"原譌"芳"，逕改正。

〔三〕［槀］今恒州槀城縣也　據《集解》引錢大昕説補。按："槀"當作"稾"，字从禾，然各本正文注文皆作"槀"，今仍之。

〔四〕攝（幘）［幨］復戰　《刊誤》謂幨是馬扇汗，期被創中額，則是"幨"字。王先謙謂《東觀記》正作"幨"。今據改。按："幨"原譌"憤"，逕改正。

〔五〕復封丹弟統為建平侯　按：《集解》引惠棟説，謂《水經注》作"平輿"，屬汝南也。

〔六〕封王鄉侯　按：殿本《考證》謂《地理》、《郡國志》無"王鄉"地名，"王"字疑誤。

〔七〕説文曰歇歈手相笑也　按：《集解》引孫星衍説，謂《説文》作"歊瘉"，並無"歇"字。云"人相笑相歊瘉"，不云"手相笑"。注誤。

〔八〕死者脱衣以斂之傷者躬親以養之　《刊誤》謂按文脱衣可言"以斂之"，躬親不宜復有"以"字。按："以斂之"與"以養之"相對成文，劉説泥。

〔九〕茂衆疲勞　按：《御覽》二八四引，"茂"下有"建"字。

〔一〇〕屯［田］函谷關　據汲本、殿本補。

〔一一〕溫餘水出上谷居庸關東　按："溫餘水"當作"灅餘水"，説詳楊守敬《水經注疏》。

〔一二〕臧宮等入箕關　按：《集解》引惠棟説，謂《東觀記》"箕關"作"天中關"。

〔一三〕南擊弘農厭新柏華蠻中賊　按：《集解》引沈欽韓説，謂《紀要》柏谷在陝州靈寶縣西南朱陽鎮，有柏谷亭。"柏華"蓋"柏谷"之誤。

〔一四〕時新城蠻中山賊張滿　按:《集解》引惠棟説，謂《續志》新城有鄾聚，今名蠻中。《説文》作"䜌中"。

〔一五〕鄧奉弟終　按:《集解》引惠棟説，謂"終"一作"衆"，古通。

〔一六〕先明漢道　按:《刊誤》謂"先"當作"光"。

〔一七〕不忘俎豆　按:王先謙謂《東觀記》作"不忘王室"。

〔一八〕可（為）〔謂〕好禮悦樂　據汲本、殿本改。

〔一九〕謚曰成侯　按:《集解》引沈欽韓説，謂袁《紀》作"威侯"。

〔二〇〕從弟彤　按:汲本、殿本"彤"作"肜"，《通鑑》或作"肜"，或作"肜"。

〔二一〕常為士卒〔前〕鋒　《御覽》三〇二引作"常為士卒前鋒"，《東觀記》作"常為士卒先鋒"，今據《御覽》補"前"字。

〔二二〕即擊匈奴左伊（袟）〔秩〕訾部　據《集解》本改，與《前書·匈奴傳》合。

〔二三〕（功）〔切〕責州郡　據《刊誤》改。

〔二四〕期至涿邪山　按:《集解》引惠棟説，謂袁宏《紀》作"涿邪王山"。

# 後漢書卷二十一

## 任李萬邳劉耿列傳第十一<sub>任光子隗</sub>

　　任光字伯卿，南陽宛人也。少忠厚，為鄉里所愛。初為鄉嗇夫，郡縣吏。〔1〕漢兵至宛，軍人見光冠服鮮明，令解衣，將殺而奪之。會光祿勳劉賜適至，視光容貌長者，乃救全之。光因率黨與從賜，為安集掾，拜偏將軍，與世祖破王尋、王邑。

【注】
〔1〕《續漢志》曰："三老、游徼，郡所署也，秩百石，掌一鄉人。其鄉小者，縣署嗇夫一人，主知人善惡，為役先後，知人貧富，為賦多少。"

　　更始至洛陽，以光為信都太守。及王郎起，郡國皆降之，光獨不肯，遂與都尉李忠、令萬脩〔1〕、功曹阮況、五官掾郭唐等〔2〕同心固守。廷掾持王郎檄〔3〕詣府白光，光斬之於市，以徇百姓，發精兵四千人城守。更始二年春，世祖自薊還，狼狽不知所向，傳聞信都獨為漢拒邯鄲，即馳赴之。光等孤城獨守，恐不能全，〔4〕聞世祖至，大喜，吏民皆稱萬歲，即時開門，與李忠、萬脩率官屬迎謁。世祖入傳舍，謂光曰："伯卿，今勢力虛弱，欲俱入城頭子路、力子都〔一〕兵中，何如邪？"光曰："不可。"世祖曰："卿兵少，如何？"光曰："可募發奔命，出攻傍縣，若不降者，恣聽掠之。人貪財物，則兵可招而致也。"世祖從之。拜光為左大將軍〔二〕，封武成侯，留南陽宗廣領信都太守事，使光將兵從。光乃多作檄文曰："大司馬劉公將城頭子路、力子都兵百萬衆從東方來，擊諸反虜。"遣騎馳至鉅鹿界中。吏民得檄，傳相告語。世祖遂與光等投暮入堂陽界，〔5〕使騎各持炬火，彌滿澤中，光炎燭天地，舉城莫不震驚惶怖，其夜即降。旬日之間，兵衆大盛，因攻城邑，遂屠邯鄲，迺遣光歸郡。

【注】
〔1〕信都令也。
〔2〕《續漢志》曰："五官掾，掌署諸曹事。"
〔3〕《東觀記》扶柳縣廷掾。
〔4〕獨守無援，故恐之。
〔5〕投，至也。堂陽，今冀州縣也。

城頭子路者，東平人，姓爰，名曾，字子路，與肥城劉詡起兵盧城頭，〔1〕故號其兵為"城頭子路"。曾自稱"都從事"，詡稱"校三老"，寇掠河、濟間，衆至二十餘萬。更始立，曾遣使降，拜曾東萊郡太守，〔2〕〔三〕詡濟南太守，皆行大將軍事。是歲，曾為其將所殺，衆推詡為主，更始封詡助國侯，令罷兵歸本郡。

【注】
〔1〕盧，縣名，屬太山郡，今濟州縣。
〔2〕今萊州。

力子都者，東海人也。起兵鄉里，鈔擊徐、兗界，衆有六七萬。更始立，遣使降，拜子都徐州牧。為其部曲所殺，餘黨復相聚，與諸賊會於檀鄉，〔1〕因號為檀鄉。檀鄉渠帥董次仲始起茌平，〔2〕遂渡河入魏郡清河，與五校合，衆十餘萬。建武元年，世祖入洛陽，遣大司馬吳漢等擊檀鄉，明年春，大破降之。

【注】
〔1〕今兗州瑕丘縣東北有檀鄉。
〔2〕茌平，縣名，屬東郡，故城在今博州聊城縣東。茌音仕疑反。

是歲，更封光阿陵侯，[1]食邑萬戶。五年，徵詣京師，奉朝請。其冬卒。子隗嗣。

【注】
〔1〕阿陵，縣名，屬涿郡也。

後阮況為南陽太守，郭唐至河南尹，皆有能名。

隗字仲和，少好黃老，清靜寡欲，所得奉秩，常以賑卹宗族，收養孤寡。顯宗聞之，擢奉朝請，遷羽林左監、[1]虎賁中郎將，又遷長水校尉。肅宗即位，雅相敬愛，數稱其行，以為將作大匠。[2]將作大匠自建武以來常謁者兼之，至隗迺置真焉。建初五年，遷太僕，八年，代竇固為光祿勳，所歷皆有稱。章和元年，拜司空。

【注】
〔1〕《續漢志》曰："羽林有左、右監一人，各六百石，主左、右羽林騎。"
〔2〕《前書》曰，將作少府，秦官也，景帝更名將作大匠，秩二千石。

隗義行內修，不求名譽，而以沈正見重於世。和帝即位，大將軍竇憲秉權，專作威福，內外朝臣莫不震懾。時憲擊匈奴，國用勞費，隗奏議徵憲還，前後十上。獨與司徒袁安同心畢力，持重處正，鯁言直議，無所回隱，〔1〕語在《袁安傳》。

【注】
〔1〕持重謂守正也。[鯁言謂]執議不移。〔四〕回，邪也。隱，避也。

永元四年薨，子屯嗣。帝追思隗忠，擢屯為步兵校尉，徙封西陽侯。〔1〕

【注】
〔1〕西陽，縣名，屬山陽郡也。

屯卒，子勝嗣。〔1〕勝卒，子世嗣，徙封北鄉侯。〔2〕

【注】
〔1〕《東觀漢記》(曰)〔五〕"勝"字作"騰"。
〔2〕北鄉，縣名，屬齊郡。

李忠字仲都，〔六〕東萊黃人也。〔1〕父為高密都尉。〔2〕忠元始中以父任為郎，署中數十人，而忠獨以好禮修整稱。王莽時為新博屬長，〔3〕郡中咸敬信之。

【注】
〔1〕黃，今萊州縣也，故城在縣東南。
〔2〕臣賢案：《東觀記》、《續漢書》並云"中尉"。又《郡國志》高密，侯[國]。〔七〕《百官志》皇子封，每國傅、相各一人，中尉一人，比二千石，職如郡都尉，主盜賊。高密非郡，為"都"字者誤。

〔3〕王莽改信都國曰新博，都尉曰屬長也。

更始立，使使者行郡國，即拜忠都尉官。忠遂與任光同奉世祖，以為右大將軍，〔八〕封武固侯。時世祖自解所佩綬以帶忠，〔1〕〔九〕因從攻下屬縣。至苦陘，〔2〕世祖會諸將，問所得財物，唯忠獨無所掠。世祖曰："我欲特賜李忠，諸卿得無望乎？"即以所乘大驪馬及繡被衣物賜之。〔3〕

【注】
〔1〕《東觀記》曰："上初至不脫衣帶，衣服垢薄，使忠解澣長襦，〔一〇〕忠更作新袍絝（解）〔鮮〕支〔一一〕小單衣韤而上之。"
〔2〕苦陘，縣名，屬中山國，章帝改曰漢昌，自此已後，隨代改之，今定州唐昌縣是也。
〔3〕馬色黑而青曰驪。

進圍鉅鹿，未下，王郎遣將攻信都，信都大姓馬寵等開城內之，收太守宗廣及忠母妻，而令親屬招呼忠。時寵弟從忠為校尉，忠即時召見，責數以背恩反城，因格殺之。諸將皆驚曰："家屬在人手中，殺其弟，何猛也！"忠曰："若縱賊不誅，則二心也。"世祖聞而美之，謂忠曰："今吾兵已成矣，將軍可歸救老母妻子，宜自募吏民能得家屬者，賜錢千萬，來從我取。"忠曰："蒙明公大恩，思得効命，誠不敢內顧宗親。"世祖迺使任光將兵救信都，光兵於道散降王郎，無功而還。會更始遣將攻破信都，忠家屬得全。世祖因使忠還，行太守事，收郡中大姓附邯鄲者，誅殺數百人。及任光歸郡，忠迺還復為都尉。建武二年，更封中水侯，〔1〕食邑三千戶。其年，徵拜五官中郎將，從平龐萌、董憲等。

【注】
〔1〕中水，縣，屬涿郡。《前書音義》曰："此縣在兩河之間，故曰中

水。"故城在今瀛州樂壽縣西北。

六年,遷丹陽太守。是時海內新定,南方海濱江淮,多擁兵據土。忠到郡,招懷降附,其不服者悉誅之,旬月皆平。忠以丹陽越俗不好學,嫁娶禮儀,衰於中國,乃為起學校,習禮容,春秋鄉飲,[1]選用明經,郡中向慕之。墾田增多,三歲閒流民占著者五萬餘口。[2]十四年,三公奏課為天下第一,遷豫章太守。病去官,[3]徵詣京師。十九年,卒。

【注】
[1]校亦學也。《禮記》曰:"鄉飲酒之義,主人拜迎賓於庠門之外,三揖而後至階,三讓而後升,所以致尊讓也。六十者坐,五十者立侍,以聽政役,所以明尊長也。合諸鄉射,教之鄉飲酒之禮,而孝悌之行立。"鄭玄注曰:"春秋以禮會民於州序也。"
[2]著音直略反。
[3]《東觀記》曰:"病涇痹,免。"

子威嗣。威卒,子純嗣,永平九年,坐母殺純叔父,國除。[1]永初七年,鄧太后復封純琴亭侯。純卒,子廣嗣。

【注】
[1]《東觀記》曰:"永平二年,坐純母禮殺威弟季。"

萬脩字君游,扶風茂陵人也。更始時,為信都令,與太守任光、都尉李忠共城守,迎世祖,拜為偏將軍,封造義侯。及破邯鄲,拜右將軍,從平河北。建武二年,更封槐里侯。與揚化將軍堅鐔俱擊南陽,未剋而病,卒于軍。

子普嗣，徙封泫氏侯。[1] 普卒，子親嗣，徙封扶柳侯。[2] 親卒，無子，國除。永初七年，鄧太后紹封脩曾孫豐為曲平亭侯。豐卒，子熾嗣。永建元年，熾卒，無子，國除。延熹二年，桓帝紹封脩玄孫恭為門德亭侯。

【注】
[1] 泫氏，縣名，屬上黨郡。西有泫谷水，故以為名。今澤州高平縣也。泫音（工玄）[胡涓]反。[一二]
[2] 扶柳，縣名，故城在今冀州信都縣西。


邳彤[一三]字偉君，信都人也。父吉，為遼西太守。彤初為王莽和成卒正。[1][一四] 世祖徇河北，至下曲陽，彤舉城降，復以為太守，留止數日。世祖北至薊，會王郎兵起，使其將徇地，所到縣莫不奉迎，[一五] 唯和成、信都堅守不下。彤聞世祖從薊還，失軍，欲至信都，乃先使五官掾張萬、督郵尹綏，選精騎二千餘匹，緣路迎世祖軍。彤尋與世祖會信都。世祖雖得二郡之助，而兵眾未合，議者多言可因信都兵自送，西還長安。彤廷對曰：「議者之言皆非也。吏民歌吟思漢久矣，故更始舉尊號而天下嚮應，三輔清宮除道以迎之。一夫荷戟大呼，則千里之將無不捐城遁逃，虜伏請降。自上古以來，亦未有感物動民其如此者也。[一六] 又卜者王郎，假名因執，驅集烏合之眾，遂震燕、趙之地；況明公奮二郡之兵，揚嚮應之威，以攻則何城不克，以戰則何軍不服！今釋此而歸，豈徒空失河北，必更驚動三輔，墮損威重，非計之得者也。若明公無復征伐之意，則雖信都之兵猶難會也。何者？明公既西，則邯鄲城民不肯捐父母，背城主，而千里送公，其離散亡逃可必也。」世祖善其言而止。即日拜彤為後大將軍，和成太守如故，使將兵居前。比至堂陽，堂陽已反屬王郎，彤使張萬、尹綏先曉譬吏民，世祖夜至，即開門出迎。引兵擊破白奢賊於中山。自此常從戰攻。

【注】
〔1〕《東觀記》曰:"王莽分鉅鹿為和成郡,居下曲陽,以肜為卒正也。"

信都復反為王郎,郎所置信都王捕繫肜父弟及妻子,使為手書呼肜曰:"降者封爵,不降族滅。"肜涕泣報曰:"事君者不得顧家。肜親屬所以至今得安於信都者,劉公之恩也。公方爭國事,肜不得復念私也。"會更始所遣將攻拔信都,郎兵敗走,肜家屬得免。
及拔邯鄲,封武義侯。建武元年,更封靈壽侯,〔1〕行大司空事。帝入洛陽,拜肜太常,月餘日轉少府,是年免。復為左曹侍中,〔2〕常從征伐。六年,就國。

【注】
〔1〕靈壽,縣名,故城在今恒州靈壽縣西北。
〔2〕《前書》曰,侍中有左、右曹。入侍天子,故曰侍中。

肜卒,子湯嗣,九年,徙封樂陵侯。〔1〕十九年,湯卒,子某嗣;〔2〕無子,國除。元初元年,鄧太后紹封肜孫音為平亭侯。音卒,子柴嗣。

【注】
〔1〕樂陵,縣名,屬平原郡,故城在今滄州樂陵縣東也。
〔2〕史闕名也。

初,張萬、尹綏與肜俱迎世祖,皆拜偏將軍,亦從征伐。萬封重平侯,綏封平臺侯。〔1〕

【注】
〔1〕重平,縣名,屬勃海郡,故城在今安德縣西北。臣賢案:平臺,縣,屬常山郡,諸本多云"平臺"者,誤也。

論曰：凡言成事者，以功著易顯；謀幾初者，以理隱難昭。[1]斯固原情比迹，所宜推察者也。若邳議者欲因二郡之衆，建入關之策，委成業，臨不測，而世主未悟，謀夫景同，邳彤之廷對，其為幾乎！語曰"一言可以興邦"，[2]斯近之矣。

【注】
〔1〕幾者，事之先見者也。
〔2〕《論語》(曰)魯定公謂孔子之言。[一七]

劉植字伯先，鉅鹿昌城人也。王郎起，植與弟喜、從兄歆[1]率宗族賓客，聚兵數千人據昌城。聞世祖從薊還，迺開門迎世祖，以植為驍騎將軍，喜、歆偏將軍，皆為列侯。時真定王劉揚起兵以附王郎，衆十餘萬，世祖遣植說揚，揚迺降。世祖因留真定，納郭后，后即揚之甥也，故以此結之。迺與揚及諸將置酒郭氏漆里舍，[2]揚擊筑為歡，因得進兵拔邯鄲，從平河北。

【注】
〔1〕《東觀記》(曰)[一八]"喜"作"嘉"，字共仲；歆字細君也。
〔2〕漆(園)[里]即郭氏所居之里名也。[一九]

建武二年，更封植為昌城侯。討密縣賊，戰歿。子向嗣。帝使喜代將植營，復為驍騎將軍，封觀津侯。[1]喜卒，復以歆為驍騎將軍，封浮陽侯。[2]喜、歆從征伐，皆傳國于後。向徙封東武陽侯，[3]卒，子述嗣，永平十五年，坐與楚王英謀反，國除。

【注】
〔1〕觀津，縣名，故城在今德州蓨縣西北。

〔2〕浮陽,縣名,屬勃海郡,在浮水之陽,今滄州清池縣也。
〔3〕東武陽,縣,屬東郡,在武水之陽,故城在今魏州(華陽)〔莘縣〕南。〔二〇〕

耿純字伯山,鉅鹿宋子人也。父艾,為王莽濟平尹。〔1〕純學於長安,因除為納言士。〔2〕

【注】
〔1〕莽改定陶國曰濟平也。
〔2〕王莽法古置納言之官,即尚書也。每官皆置士,故曰納言士也。

王莽敗,更始立,使舞陰王李軼降諸郡國,純父艾降,還為濟南太守。時李軼兄弟用事,專制方面,賓客游說者甚衆。純連求謁不得通,久之迺得見,因說軼曰:“大王以龍虎之姿,遭風雲之時,〔1〕奮迅拔起,期月之閒兄弟稱王,〔2〕而德信不聞於士民,功勞未施於百姓,寵祿暴興,此智者之所忌也。〔3〕兢兢自危,猶懼不終,而況沛然自足,可以成功者乎?”〔4〕軼奇之,且以其鉅鹿大姓,迺承制拜為騎都尉,授以節,令安集趙、魏。

【注】
〔1〕遭,遇也。《易》曰:“雲從龍,風從虎。”
〔2〕拔猶卒也。拔音步末反。期音朞。
〔3〕《前書》陳嬰母謂嬰曰“暴得富貴者不祥也”,故云智者之所忌也。
〔4〕《公羊傳》曰:“力沛然若有餘。”何休注曰:“沛,有餘(優饒)貌。”〔二一〕

會世祖度河至邯鄲,純即謁見,世祖深接之。純退,見官屬將兵法度不與它將同，遂求自結納，獻馬及縑帛數百匹。世祖北至中山，留純邯鄲。會王郎反，[1]世祖自薊東南馳，純與從昆弟訢、宿、植共率宗族賓客二千餘人，[2]老病者皆載木自隨，奉迎於育。[3][二二]拜純為前將軍，封耿鄉侯，[4]訢、宿、植皆偏將軍，使與純居前，降宋子，從攻下曲陽及中山。

【注】
〔1〕《東觀記》曰："王郎舉尊號，欲收純，純持節與從吏夜逃出城，（柱）[駐][二三]節道中，詔取行者車馬，得數十，馳歸宋子，與從兄訢、宿、植俱詣上所在盧奴，言王郎（所）反（之）狀。"[二四]
〔2〕《續漢書》曰"皆衣縑襜褕絳衣"也。
〔3〕《左傳》曰："又如是而嫁，將就木焉。"木謂棺也，老病者恐死，故載以從軍。育，縣名，故城在冀州。
〔4〕酈元注《水經》曰，[成]郎水北有耿鄉，[二五]光武封耿純為侯國，俗謂之宜安城。其故城在今恒州藁城縣西南也。

是時郡國多降邯鄲者，純恐宗家懷異心，迺使訢、宿歸燒其廬舍。世祖問純故，對曰："竊見明公單車臨河北，非有府臧之蓄，重賞甘餌，可以聚人者也，[1]徒以恩德懷之，是故士眾樂附。今邯鄲自立，北州疑惑，純雖舉族歸命，老弱在行，猶恐宗人賓客半有不同心者，故燔燒屋室，絕其反顧之望。"世祖歎息。及至鄡，世祖止傳舍，鄡大姓蘇公反城開門內王郎將李惲。[二六]純先覺知，將兵逆與惲戰，大破斬之。從平邯鄲，又破銅馬。

【注】
〔1〕《黃石公記》曰："芳餌之下必有懸魚，重賞之下必有死夫。"《易》曰："何以聚人，曰財。"故純引之。

時赤眉、青犢、上江、大肜、鐵脛、五幡十餘萬衆並在射犬，世祖引兵將擊之。純軍在前，去衆營數里，賊忽夜攻純，雨射營中，[1]士多死傷。純勒部曲，堅守不動。選敢死二千人，俱持彊弩，各傅三矢，使銜枚閒行，[2]繞出賊後，齊聲呼譟，彊弩並發，賊衆驚走，追擊，遂破之。馳騎白世祖。世祖明旦與諸將俱至營，勞純曰："昨夜困乎？"純曰："賴明公威德，幸而獲全。"世祖曰："大兵不可夜動，故不相救耳。軍營進退無常，卿宗族不可悉居軍中。"迺以純族人耿伋為蒲吾長，[3]悉令將親屬居焉。

【注】

〔1〕矢下如雨也。

〔2〕傅，著也。

〔3〕蒲吾，縣名，屬常山郡，故城在今恒州靈壽縣南。

世祖即位，封純高陽侯。擊劉永於濟陰，下定陶。初，純從攻王郎，墮馬折肩，時疾發，迺還詣懷宮。[1]帝問"卿兄弟誰可使者"，純舉從弟植，於是使植將純營，純猶以前將軍從。

【注】

〔1〕懷，河內縣名，有離宮焉。

時真定王劉揚復造作讖記云："赤九之後，瘦揚為主。"[1]揚病瘦，欲以惑衆，與綿曼賊交通。[2]建武二年春，遣騎都尉陳副、游擊將軍鄧隆徵揚，揚閉城門，不內副等。乃復遣純持節，行赦令於幽、冀，所過並使勞慰王侯。密勑純曰："劉揚若見，因而收之。"純從吏士百餘騎與副、隆會元氏，俱至真定，止傳舍。揚稱病不謁，以純真定宗室之出，[3]遣使與純書，欲相見。純報曰："奉使見王侯牧守，不得先詣，如欲面會，宜出傳舍。"[二七]時揚弟（林）[臨]邑侯讓[二八]及從兄細[4]各擁兵萬餘人，揚自恃衆彊而純意安靜，即從官屬詣之，兄弟並將輕兵在門外。揚入見純，純接以禮敬，因延請其兄弟，皆入，迺閉閤悉誅之，因勒兵而出。真定震怖，無敢動者。帝憐揚、讓謀未發，並封其子，復故國。

【注】
〔1〕漢以火德，故云赤也。光武於高祖九代孫，故云九。
〔2〕綿曼，縣名，屬真定國，故城在今恒州石邑縣西北，俗音訛，謂之"人文"故城也。[二九]
〔3〕男子謂姊妹之子為出也。
〔4〕《東觀記》、《續漢書》"細"並作"紺"。

純還京師，因自請曰："臣本吏家子孫，幸遭大漢復興，聖帝受命，備位列將，爵為通侯。天下略定，臣無所用志，願試治一郡，盡力自效。"帝笑曰："卿既治武，復欲修文邪？"迺拜純為東郡太守。時東郡未平，純視事數月，盜賊清寧。四年，詔純將兵擊更始東平太守范荊，荊降。進擊太山濟南及平原賊，皆平之。居東郡四歲，時發干長有罪，純案奏，圍守之，奏未下，長自殺。純坐免，以列侯奉朝請。從擊董憲，道過東郡，百姓老小數千隨車駕涕泣，云"願復得耿君"。帝謂公卿曰："純年少被甲冑為軍吏耳，治郡迺能見思若是乎？"

六年，定封為東光侯。[1]純辭就國，帝曰："文帝謂周勃'丞相吾所重，君為我率諸侯就國'，今亦然也。"純受詔而去。至鄴，賜穀萬斛。到國，弔死問病，民愛敬之。八年，東郡、濟陰盜賊群起，遣大司空李通、橫野大將軍王常擊之。帝以純威信著於衛地，[2]遣使拜太中大夫，使與大兵會東郡。東郡聞純入界，盜賊九千餘人皆詣純降，大兵不戰而還。璽書復以為東郡太守，吏民悅服。十三年，卒官，謚曰成侯。子阜嗣。

【注】

〔1〕東光,今滄州縣也。《續漢書》曰:"六年,上令諸侯就國,純上書自陳,前在東郡案誅涿郡太守朱英親屬,今國屬涿,誠不自安。制書報曰:'侯前奉公行法,朱英久吏,曉知義理,何時當以公事相是非!然受堯舜之罰者不能愛己也,已更擇國土,令侯無介然之憂。'乃更封純為東光侯也。"

〔2〕東郡舊衛地也。

植後為輔威將軍,封武邑侯。[1]宿至代郡太守,封遂鄉侯。訢為赤眉將軍,封著武侯,從鄧禹西征,戰死雲陽。凡宗族封列侯者四人,關內侯者三人,為二千石者九人。

【注】

〔1〕武邑,縣名,屬信都,今冀州縣也。

阜徙封莒鄉侯,永平十四年,坐同族耿歙與楚人顏忠辭語相連,國除。建初二年,肅宗追思純功,紹封阜子盱為高亭侯。盱卒,無嗣,帝復封盱弟騰。[1]卒,子忠嗣。忠卒,孫緒嗣。

【注】

〔1〕《續漢書》云"封騰高亭侯"也。

贊曰:任、邳識幾,嚴城解扉。[1]委佗還旅,二守焉依。[2]純、植義發,奉兵佐威。

【注】

〔1〕解猶開也。

〔2〕委音於危反。佗音移,行貌也。旅,眾也。還旅謂自薊而還也。二守謂任光為信都太守,邳彤為和成太守也。《左傳》曰:"平王東遷,晉、鄭焉

依。"言光武失軍而南還，依任、邳以成功。

【校勘記】
〔一〕力子都　汲本"力"作"刁"。《校補》謂應作"刁"，刁字本即刀字，故易與力混。今按：《前書‧莽傳》作"力"。
〔二〕拜光為左大將軍　按：《集解》引惠棟說，謂《水經注》云左將軍，無"大"字。
〔三〕拜曾東萊郡太守　《刊誤》謂他處復字郡名皆不言"郡太守"，明此衍"郡"字。今按：何焯校本滅"萊"字，謂上云寇掠河濟閒，則"萊"字當衍，注亦誤。
〔四〕[鯉言謂]執議不移　據《校補》補。
〔五〕東觀漢記(曰)　按："曰"字明衍，今刪。
〔六〕李忠字仲都　按：《集解》引惠棟說，謂袁《紀》"都"作"卿"。
〔七〕高密侯[國]　按：《刊誤》謂"侯"當作"國"。《校補》謂高密前漢為王國，後漢為侯國，注所引乃《續志》，作"侯"明不誤，特奪"國"字耳。今據補。
〔八〕以為右大將軍　按：《集解》引惠棟說，謂《東觀記》無"大"字。
〔九〕時世祖自解所佩綬以帶忠　按：沈欽韓謂《北堂書鈔》引《東觀記》曰"時無綬，上自解所佩綬以賜仲都"，疑此脫"無綬"二字。
〔一〇〕解澣長襦　按："澣"原譌"瀚"，逕改正。
〔一一〕(解)[鮮]支　《集解》引沈欽韓說，謂當作"鮮支"，《廣雅》"鮮支，絹也"。今據改。
〔一二〕泫音(工玄)[胡涓]反　據汲本、殿本改。按：原作"工玄反"，疑是"五玄反"之誤。
〔一三〕邳彤　按：《校補》謂《蜀志‧譙周傳》作"邳肜"。
〔一四〕彤初為王莽和成卒正　按：《集解》引惠棟說，謂本紀作"和戎"，胡三省、王應麟本皆作"戎"，惟《水經注》作"和城"。
〔一五〕所到縣莫不奉迎　按：李慈銘謂"所到"下脫一"郡"字。

〔一六〕亦未有感物動民其如此者也　按：王先謙謂"其"字當衍。

〔一七〕論語（曰）魯定公謂孔子之言　據汲本、殿本刪。

〔一八〕東觀記（曰）　按："曰"字衍，今刪。

〔一九〕漆（園）〔里〕即郭氏所居之里名也　據《刊誤》改。

〔二〇〕故城在今魏州（華陽）〔莘縣〕南　《集解》引沈欽韓說，謂注"華陽"誤，《隋志》莘縣後周置武陽郡，"莘"與"華"相似，又衍"陽"字。今據改。

〔二一〕沛有餘（優饒）貌　據今本《公羊傳》何注刪。

〔二二〕奉迎於育　《通鑑》胡注謂賢曰："育，縣名"，余考兩《漢志》無育縣，蓋"貰"字之誤。今按：《前志》鉅鹿郡有貰縣。

〔二三〕（柱）〔駐〕節道中　據汲本、殿本改，與聚珍本《東觀記》合。

〔二四〕言王郎（所）反（之）狀　據王先謙說刪。

〔二五〕〔成〕郎水北有耿鄉　據《集解》引沈欽韓說補。

〔二六〕鄡大姓蘇公反城開門内王郎將李惲　按：李慈銘謂"城開"二字疑誤倒，當作"開城門"。

〔二七〕宜出傳舍　按：袁宏《紀》作"宜自強來"。

〔二八〕（林）〔臨〕邑侯讓　王先謙謂"林"當從帝紀作"臨"。今據改。

〔二九〕謂之人文故城也　《集解》引錢大昕說，謂古音文如岷，與曼聲相近。今按："人"本作"民"，章懷避唐諱改之。古音文如岷，"民文"與"綿曼"聲相近也。

# 後漢書卷二十二

## 朱景王杜馬劉傅堅馬列傳第十二

朱祐〔一〕字仲先，南陽宛人也。〔1〕少孤，歸外家復陽劉氏，〔2〕往來舂陵，世祖與伯升皆親愛之。伯升拜大司徒，以祐為護軍。〔3〕及世祖為大司馬，討河北，復以祐為護軍，常見親幸，舍止於中。祐侍讌，從容曰："長安政亂，公有日角之相，此天命也。"〔4〕世祖曰："召刺姦收護軍！"〔5〕祐乃不敢復言。從征河北，常力戰陷陣，〔6〕以為偏將軍，封安陽侯。世祖即位，拜為建義大將軍。建武二年，更封堵陽侯。〔7〕冬，與諸將擊鄧奉於淯陽，祐軍敗，為奉所獲。明年，奉破，乃肉袒因祐降。帝復祐位而厚加慰賜。遣擊新野、隨，皆平之。〔8〕

【注】

〔1〕《東觀記》（曰）"祐"作"福"，〔二〕避安帝諱。

〔2〕復陽，縣名，屬南陽郡。

〔3〕《前書》曰，護軍都尉，秦官，平帝元始元年更名護軍也。

〔4〕日角，解在《光武紀》也。

〔5〕王莽置左右刺姦，使督姦猾。

〔6〕《續漢書》曰："祐至南巒，為賊所傷，上親候視之。"

〔7〕堵陽，縣名，屬南陽郡，故城今唐州方城縣。堵音者。

〔8〕隨，縣名，屬南陽郡也，故城今隨州隨縣。

延岑自敗於穰，遂與秦豐將張成合，祐率征虜將軍祭遵與戰於東陽，大破之，[1]臨陣斬成，延岑敗走歸豐。祐收得印綬九十七。[2]進擊黃郵，降之，賜祐黃金三十斤。四年，率破姦將軍侯進、輔威將軍耿植代征南大將軍岑彭圍秦豐於黎丘，破其將張康於蔡陽，斬之。帝自至黎丘，使御史中丞李由持璽書招豐，豐出惡言，不肯降。車駕引還，勑祐方略，祐盡力攻之。明年夏，城中窮困，豐乃將其母妻子九人肉袒降。祐檻車傳豐送洛陽，斬之。大司馬吳漢劾奏祐廢詔受降，違將帥之任，帝不加罪。祐還，與騎都尉臧宮會擊延岑餘黨陰、酇、筑陽三縣賊，悉平之。

【注】
〔1〕東陽，聚名，在南陽。
〔2〕《東觀記》曰："收得所盜茂陵武帝廟衣、印、綬。"

祐為人質直，尚儒學。將兵率眾，多受降，以克定城邑為本，不存首級之功。又禁制士卒不得虜掠百姓，軍人樂放縱，多以此怨之。九年，屯南行唐拒匈奴。[1]十三年，增邑，定封鬲侯，[2]食邑七千三百戶。[3]

【注】
〔1〕行唐，今恒州縣也。
〔2〕鬲，縣名，屬平原郡。
〔3〕《東觀記》曰："祐自陳功薄而國大，願受南陽五百戶足矣。上不許。"

十五年，朝京師，上大將軍印綬，因留奉朝請。祐奏古者人臣受封，不加王爵，可改諸王為公。帝即施行。又奏宜令三公並去"大"名，以法經典。後遂從其議。

祐初學長安，帝往候之，祐不時相勞苦，而先升講舍。後車駕幸其第，帝因笑曰："主人得無捨我講乎？"以有舊恩，數蒙賞賚。[1]二十四年，卒。

【注】
[1]《東觀記》曰："上在長安時，嘗與祐共買蜜合藥。上追念之，賜祐白蜜一石，問：'何如在長安時共買蜜乎？'其親厚如此。"

子商嗣。商卒，子演嗣，永元十四年，坐從兄伯為外孫陰皇后巫蠱事，免為庶人。[1][三]永初七年，鄧太后紹封演子沖為禹侯。

【注】
[1]和帝陰后，吳房侯陰綱女也，為巫蠱事廢。

景丹字孫卿，馮翊櫟陽人也。少學長安。王莽時舉四科，[1]丹以言語為固德侯相，有幹事稱，遷朔調連率副貳。[2]

【注】
[1]《東觀記》曰："王莽時舉有德行、能言語、通政事、明文學之士。"
[2]朔調，上谷也。副貳，屬令也。

更始立，遣使者徇上谷，丹與連率耿況降，復為上谷長史。王郎起，丹與況共謀拒之。況使丹與子弇及寇恂等將兵南歸世祖，世祖引見丹等，笑曰："邯鄲將帥數言我發漁陽、上谷兵，吾聊應言然，[1]何意二郡良為吾來！[2]方與士大夫共此功名耳。"拜丹為偏將軍，號奉義侯。從擊王郎將兒宏等於南巒，[3]郎兵迎戰，漢軍退卻，[4]丹等縱突騎擊，大破之，追奔十餘里，死傷者從橫。丹還，世祖謂曰："吾聞突騎天下精兵，今乃見其戰，樂可言邪？"遂從征河北。

【注】
〔1〕王郎將帥數云欲發二郡兵以拒光武，時光武聊應然之，猶今兩軍遥相戲弄也。
〔2〕《東觀記》曰："上在廣阿，聞外有大兵（自）來，[上自]登城，〔四〕勒兵在西門樓。上問：'何等兵？'丹等對言：'上谷、漁陽兵。'上曰：'為誰來乎？'對曰：'為劉公。'即請丹入，人人勞勉，恩意甚備。"
〔3〕兒音五兮反。
〔4〕《續漢書》曰"南欒賊迎擊上營，得上鼓車輜重數乘"也。

世祖即位，以讖文用平狄將軍孫咸行大司馬，衆咸不悅。詔舉可為大司馬者，〔1〕群臣所推唯吳漢及丹。帝曰："景將軍北州大將，是其人也。然吳將軍有建大策之勳，〔2〕又誅苗幽州、謝尚書，其功大。〔3〕舊制驃騎將軍官與大司馬相兼也。"〔4〕乃以吳漢為大司馬，而拜丹為驃騎大將軍。

【注】
〔1〕《東觀記》（曰）載讖文曰"孫咸征狄"也。〔五〕
〔2〕謂發漁陽兵也。
〔3〕苗曾，謝躬。
〔4〕《前書》武帝置大司馬，號大將軍、驃騎將軍也。

建武二年，定封丹櫟陽侯。帝謂丹曰："今關東故王國，雖數縣，不過櫟陽萬戶邑。夫'富貴不歸故鄉，如衣繡夜行'，故以封卿耳。"〔1〕丹頓首謝。秋，與吳漢、建威大將軍耿弇、建義大將軍朱祐、執金吾賈復、偏將軍馮異、強弩將軍陳俊、左曹王常、騎都尉臧宮等從擊破五校於羛陽，〔2〕降其衆五萬人。會陝賊蘇況攻破弘農，生獲郡守。丹時病，〔3〕帝以其舊將，欲令強起領郡事，乃夜召入，謂曰："賊迫近京師，但得將軍威重，臥以鎮之足矣。"丹不敢辭，乃力疾拜命，將營到郡，[4]十餘日薨。

【注】
[1]《前書》武帝謂朱買臣之詞。
[2]聚名也，解見《光武紀》。
[3]《東觀記》曰："丹從上至懷，病瘧，見上在前，瘧發寒慄。上笑曰：'聞壯士不病瘧，今漢大將軍反病瘧邪？'使小黃門扶起，賜醫藥。還歸洛陽，病遂加。"
[4]《續漢書》曰"將營兵西到弘農"也。

子尚嗣，徙封余吾侯。[1]尚卒，子苞嗣。苞卒，子臨嗣，無子，國絕。永初七年，鄧太后紹封苞弟遽為監亭侯。

【注】
[1]余吾，縣名，屬上黨，故城在今潞州屯留縣西北。

王梁字君嚴，漁陽（安）[要]陽人也。[六]為郡吏，太守彭寵以梁守狐奴令，與蓋延、吳漢俱將兵南及世祖於廣阿，拜偏將軍。既拔邯鄲，賜爵關內侯。從平河北，拜野王令，與河內太守寇恂南拒洛陽，北守天井關，朱鮪等不敢出兵，世祖以為梁功。及即位，議選大司空，而《赤伏符》曰"王梁主衛作玄武"，[1]帝以野王衛之所徙，[2]玄武水神之名，司空水土之官也，於是擢拜梁為大司空，封武強侯。

【注】
[1]玄武，北方之神，龜蛇合體。
[2]《史記》曰，衛元君自濮陽徙於野王。

建武二年，與大司馬吳漢等俱擊檀鄉，有詔軍事一屬大司馬，而梁輒發野王兵，帝以其不奉詔勑，令止在所縣，而梁復以便宜進軍。帝以梁前後違命，大怒，遣尚書宗廣持節軍中斬梁。[七]廣不忍，乃檻車送京師。既至，赦之。月餘，以為中郎將，行執金吾事。北守箕關，擊赤眉別校，降之。三年春，轉擊五校，追至信都、趙國，破之，悉平諸屯聚。冬，遣使者持節拜梁前將軍。四年春，擊肥城、文陽，[八]拔之。[1]進與驃騎大將軍杜茂擊佼彊、蘇茂於楚、沛間，拔大梁、齧桑，[2]而捕虜將軍馬武、偏將軍王霸亦分道並進，歲餘悉平之。五年，從救桃城，破龐萌等，梁戰尤力，拜山陽太守，鎮撫新附，將兵如故。

【注】

[1]肥城，縣名，屬太山郡，故城在今濟州平陰縣東南。文音汶，故城在今兗州泗水縣西。

[2]《前書音義》曰齧桑，縣名。或曰城名。《史記》張儀與齊、楚會戰齧桑。

數月徵入，代歐陽歙為河南尹。梁穿渠引穀水注洛陽城下，東寫鞏川，及渠成而水不流。七年，有司劾奏之，梁慙懼，上書乞骸骨。乃下詔曰："梁前將兵征伐，眾人稱賢，故擢典京師。建議開渠，為人興利，[九]旅力既愆，迄無成功，[1]百姓怨讟，談者讙譁。[2]雖蒙寬宥，猶執謙退，'君子成人之美'，[3]其以梁為濟南太守。"十三年，增邑，定封（封）阜成侯。[4][一〇]十四年，卒官。

【注】

[1]旅，眾也。愆，過也。言眾力已過，而功不成。

[2]讟，謗。

[3]《論語》載孔子之言也。

[4]阜成屬渤海，今冀州縣。

子禹嗣。禹卒,子堅石嗣。堅石追坐父禹及弟平與楚王英謀反,弃市,國除。

杜茂字諸公,南陽冠軍人也。初歸光武於河北,為中堅將軍,常從征伐。世祖即位,拜大將軍,封樂鄉侯。[1]北擊五校於真定,進降廣平。建武二年,更封苦陘侯。與中郎將王梁擊五校賊於魏郡、清河、東郡,悉平諸營保,降其持節大將三十餘人,[2]三郡清静,道路流通。[一]明年,遣使持節拜茂為驃騎大將軍,擊沛郡,拔芒。[3]時西防復反,迎佼彊。五年春,茂率捕虜將軍馬武進攻西防,數月拔之,彊奔董憲。

【注】
〔1〕樂鄉屬信都國。
〔2〕《續漢書》曰:"降其渠帥大將軍杜猛、持節光禄大夫董敦等。"
〔3〕芒,縣名也。郡國志曰後名臨睢,屬沛國。

東方既平,七年,詔茂引兵北屯田晉陽、廣武,以備胡寇。[1]九年,與鴈門太守郭涼[一二]擊盧芳將尹由於繁畤,[2]芳將賈覽率胡騎萬餘救之,茂戰,軍敗,引入樓煩城。[3]時盧芳據高柳,與匈奴連兵,數寇邊民,帝患之。十二年,遣謁者段忠將衆郡弛刑配茂,鎮守北邊,因發邊卒築亭候,修烽火,又發委輸金帛繒絮供給軍士,并賜邊民,冠蓋相望。茂亦建屯田,驢車轉運。先是,鴈門人賈丹、霍匡、解勝等為尹由所略,由以為將帥,與共守平城。丹等聞芳敗,遂共殺由詣郭涼;涼上狀,皆封為列侯,詔送委輸金帛賜茂、涼軍吏及平城降民。自是盧芳城邑稍稍來降,涼誅其豪右邬氏之屬,鎮撫羸弱,旬月間鴈門且平,芳遂亡入匈奴。帝擢涼子為中郎,宿衛左右。

【注】
〔1〕廣武，縣名，屬太原郡。
〔2〕繁畤，縣名，今代州縣也。
〔3〕樓煩，縣名，屬鴈門郡，故城在今代州崞縣東北。崞音郭。

涼字公文，右北平人也。身長八尺，氣力壯猛，雖武將，然通經書，多智略，尤曉邊事，有名北方。初，幽州牧朱浮辟為兵曹掾，擊彭寵有功，封廣武侯。
十三年，增茂邑，更封脩侯。〔1〕〔一三〕十五年，坐斷兵馬稟縑，〔2〕使軍吏殺人，免官，削戶邑，定封參蘧鄉侯。十九年，卒。

【注】
〔1〕脩，縣名，屬信都國也。
〔2〕斷猶割截也。

子元嗣，永平十四年，坐與東平王等謀反，〔一四〕減死一等，國除。永初七年，鄧太后紹封茂孫奉為安樂亭侯。

馬成字君遷，南陽棘陽人也。少為縣吏。世祖徇潁川，以成為安集掾，調守郟令。〔1〕及世祖討河北，成即弃官步負，追及於（滿）[蒲]陽，〔一五〕以成為期門，從征伐。世祖即位，再遷護軍都尉。

【注】
〔1〕郟，縣名，今汝州縣也。

建武四年，拜揚武將軍，督誅虜將軍劉隆、振威將軍宋登、射聲校尉王賞，發會稽、丹陽、九江、六安四郡兵擊李憲，時帝幸壽春，設壇場，祖禮遣之。[1] 進圍憲於舒，令諸軍各深溝高壘。憲數挑戰，成堅壁不出，守之歲餘，至六年春，城中食盡，乃攻之，遂屠舒，斬李憲，追擊其黨與，盡平江淮地。

【注】
[1] 應劭《風俗通》曰："謹案禮傳，共工氏之子曰修，好遠游，舟車所至，足跡所逮，靡不窮覽，故祀以為祖神。祖，徂也。"

七年夏，封平舒侯。[1] 八年，從征破隗囂，以成為天水太守，將軍如故。冬，徵還京師。九年，代來歙守中郎將，率武威將軍劉尚等破河池，遂平武都。[2] 明年，大司空李通罷，以成行大司空事，[一六]居府如真，數月復拜揚武將軍。

【注】
[1] 平舒屬代郡。
[2] 河池，縣，一名仇池，屬武都郡，今鳳州縣也。

十四年，屯常山、中山以備北邊，并領建義大將軍朱祐營。又代驃騎大將軍杜茂繕治障塞，自西河至渭橋，[1] 河上至安邑，[2] 太原至井陘，[3] 中山至鄴，皆築保壁，起烽燧，十里一候。在事五六年，帝以成勤勞，徵還京師。邊人多上書求請者，復遣成還屯。及南單于保塞，北方無事，拜為中山太守，上將軍印綬，領屯兵如故。二十四年，南擊武谿蠻賊，無功，[4] 上太守印綬。

【注】
[1] 西河，今勝州富昌縣也。渭橋本名橫橋，在今咸陽縣東南。
[2]《前書》曰，河上，地名，故秦內史，高帝二年改為河上郡，武帝分為左馮翊。

〔3〕太原，今并州也。井陘，（今）屬常山郡，（常山）今恒州縣也。〔一七〕
〔4〕武溪水在今辰州瀘溪縣西。

二十七年，定封全椒侯，〔1〕就國。三十二年卒。

【注】
〔1〕全椒，縣名，今滁州縣也。

子衞嗣。衞卒，子香嗣，徙封棘陵侯。香卒，子豐嗣。豐卒，子玄嗣。玄卒，子邑嗣。邑卒，子醜嗣，桓帝時以罪失國。延熹二年，帝復封成玄孫昌為益陽亭侯。

劉隆字元伯，南陽安眾侯宗室也。王莽居攝中，隆父禮與安眾侯崇起兵誅莽，事泄，隆以年未七歲，故得免。及壯，學於長安，更始拜為騎都尉。謁歸，〔1〕迎妻子置洛陽。聞世祖在河內，即追及於射犬，以為騎都尉，與馮異共拒朱鮪、李軼等，軼遂殺隆妻子。建武二年，封亢父侯。〔2〕四年，拜誅虜將軍，討李憲。憲平，遣隆屯田武當。〔3〕

【注】
〔1〕謁，請也，謂請假歸也。
〔2〕亢父，縣名，屬東平國，故城在今兗州任城縣南。
〔3〕武當，今均州縣也。

十一年，守南郡太守，歲餘，上將軍印綬。十三年，增邑，更封竟陵侯。是時，天下墾田多不以實，又户口年紀互有增減。十五年，詔下州郡檢覈其事，而刺史太守多不平均，或優饒豪右，侵刻羸弱，百姓嗟怨，遮道號呼。時諸郡各遣使奏事，帝見陳留吏牘上有書，視之，云

"潁川、弘農可問，河南、南陽不可問"。帝詰吏由趣，吏不肯服，抵言於長壽街上得之。[1]帝怒。時顯宗為東海公，年十二，在幄後言曰："吏受郡勑，當欲以墾田相方耳。"帝曰："即如此，何故言河南、南陽不可問？"對曰："河南帝城，多近臣，南陽帝鄉，多近親，田宅踰制，不可為準。"帝令虎賁將詰問吏，吏乃實首服，如顯宗對。於是遣謁者考實，具知姦狀。明年，隆坐徵下獄，其疇輩十餘人皆死。帝以隆功臣，特免為庶人。

【注】
[1]抵，欺也。

明年，復封為扶樂鄉侯，以中郎將副伏波將軍馬援擊交阯蠻夷徵側等，隆別於禁谿口破之，[1]獲其帥徵貳，[2]斬首千餘級，降者二萬餘人。還，更封大國，為長平侯。[3]及大司馬吳漢薨，隆為驃騎將軍，行大司馬事。

【注】
[1]交阯郡麊泠縣有金溪穴，[一八]相傳音訛，謂之"禁溪"，則徵側等所敗處也。其地今岑州新昌縣也。[一九]麊音麋，泠音零。
[2]徵側之妹。
[3]長平，縣，屬汝南郡。

隆奉法自守，視事八歲，上將軍印綬，罷，賜養牛，上樽酒十斛，[1]以列侯奉朝請。三十年，定封慎侯。[2]中元二年，卒，諡曰靖侯。子安嗣。

【注】
[1]《前書音義》曰："稻米一斗得酒一斗為上樽，稷米一斗為中樽，粟米

一斗為下樽也。"

〔2〕慎，縣名，屬汝南郡也。

　　傅俊字子衛，潁川襄城人也。世祖徇襄城，俊以縣亭長迎軍，拜為校尉，襄城收其母弟宗族，皆滅之。從破王尋等，[1]以為偏將軍。別擊京、密，破之，遣歸潁川，收葬家屬。

【注】

〔1〕《東觀記》曰："傅俊從上迎擊王尋等於陽關，漢兵反走，還汝水上，上以手飲水，澡盥鬚眉塵垢，謂俊曰：'今日罷倦甚，諸卿寧憊邪？'"

　　及世祖討河北，俊與賓客十餘人北追，及於邯鄲，上謁，世祖使將潁川兵，常從征伐。世祖即位，以俊為侍中。建武二年，封昆陽侯。三年，拜俊積弩將軍，與征南大將軍岑彭擊破秦豐，因將兵徇江東，揚州悉定。七年，卒，謚曰威侯。

　　子昌嗣，徙封蕪湖侯。[1]建初中，遭母憂，因上書，以國貧不願之封，乞錢五十萬，為關內侯。肅宗怒，貶為關內侯，竟不賜錢。永初七年，鄧太后復封昌子鐵為高置亭侯。

【注】

〔1〕蕪湖，縣名，屬丹陽郡。

　　堅鐔字子伋，[1]潁川襄城人也。為郡縣吏。世祖討河北，或薦鐔者，因得召見。以其吏能，署主簿。又拜偏將軍，從平河北，別擊破大槍於盧奴。世祖即位，拜鐔揚化將軍，封濦强侯。[2]

【注】
〔1〕《東觀記》"伋"作"皮"。
〔2〕灊強，縣名，屬汝南郡。灊音於斳反。

　　與諸將攻洛陽，而朱鮪別將守東城者為反間，私約鐔晨開上東門。〔1〕鐔與建義大將軍朱祐乘朝而入，與鮪大戰武庫下，〔2〕殺傷甚衆，至旦食乃罷，朱鮪由是遂降。又別擊内黄，平之。建武二年，與右將軍萬脩徇南陽諸縣，而堵鄉人董訢反宛城，獲南陽太守劉驎。鐔乃引軍赴宛，選敢死士夜自登城，斬關而入，訢遂棄城走還堵鄉。鄧奉復反新野，攻破吳漢。時萬脩病卒，鐔獨孤絶，南拒鄧奉，北當董訢，一年閒道路隔塞，糧餽不至，鐔食蔬菜，與士卒共勞苦。每急，輒先當矢石，〔3〕身被三創，以此能全其衆。及帝征南陽，擊破訢、奉，以鐔為左曹，常從征伐。六年，定封合肥侯。二十六年，卒。

【注】
〔1〕上東門，洛陽故城東面北頭第一門也。
〔2〕《洛陽記》曰："建始殿東有太倉，倉東有武庫，藏兵之所。"
〔3〕石謂發石以投人也。《墨子》曰："備城者積石百枚，重十鈞已上者。"

　　子鴻嗣。鴻卒，子浮嗣。浮卒，子雅嗣。

　　馬武字子張，南陽湖陽人也。少時避讎，客居江夏。王莽末，竟陵、西陽三老起兵於郡界，武往從之，後入綠林中，遂與漢軍合。更始立，以武為侍郎，與世祖破王尋等，拜為振威將軍，與尚書令謝躬共攻王郎。〔一〇〕

　　及世祖拔邯鄲，請躬及武等置酒高會，因欲以圖躬，不剋。既罷，獨與武登叢臺,[1]從容謂武曰:"吾得漁陽、上谷突騎,欲令將軍將之,何如?"武曰:"駑怯無方略。"世祖曰:"將軍久將,習兵,豈與我掾史同哉!"武由是歸心。

【注】
〔1〕故趙王臺也,在今(潞)[洺]州邯鄲城中。[二一]

及謝躬誅死,武馳至射犬降,世祖見之甚悅,引置左右,每勞饗諸將,武輒起斟酌於前,世祖以為歡。復使將其部曲至鄴,武叩頭辭以不願,世祖愈美其意,因從擊群賊。世祖擊尤來、五幡等,敗於慎水,[二二]武獨殿,還陷陣,故賊不得迫及。[1]進至安(定)次、小廣陽,[2][二三]武常為軍鋒,力戰無前,諸將皆引而隨之,故遂破賊,窮追至平谷、浚靡而還。[3]

【注】
〔1〕殿,鎮後也,音丁殿反。言兵敗而鎮其後也。
〔2〕即廣平亭也,在今幽州范陽縣西南,以有廣陽國,故謂此亭為小廣陽也。
〔3〕平谷,縣名,屬漁陽郡。浚靡,縣名,屬右北平郡。靡音麻。

世祖即位,以武為侍中、騎都尉,封山都侯。建武四年,與虎牙將軍蓋延等討劉永,武別擊濟陰,下成武、楚丘,拜捕虜將軍。明年,龐萌反,攻桃城,武先與戰,破之;會車駕至,萌遂敗走。六年夏,與建威大將軍耿弇西擊隗囂,漢軍不利,引下隴。囂追急,武選精騎還為後拒,身被甲持戟奔擊,殺數千人,[二四]囂兵乃退,諸軍得還長安。

十三年,增邑,更封鄃侯。[1]將兵北屯下曲陽,備匈奴。坐殺軍吏,受詔將妻子就國。武徑詣洛陽,上將軍印綬,削戶五百,定封為楊虛侯,因留奉朝請。

【注】
〔1〕鄃，縣名，屬平原郡，故城在今德州平原縣西南。鄃音俞。

帝後與功臣諸侯讌語，從容言曰："諸卿不遭際會，自度爵祿何所至乎？"高密侯鄧禹先對曰："臣少嘗學問，可郡文學博士。"帝曰："何言之謙乎？卿鄧氏子，志行脩整，何為不掾功曹？"餘各以次對，至武，曰："臣以武勇，可守尉督盜賊。"帝笑曰："且勿為盜賊，自致亭長，斯可矣。"武為人嗜酒，闊達敢言，〔1〕時醉在御前面折同列，言其短長，無所避忌。帝故縱之，以為笑樂。帝雖制御功臣，而每能回容，宥其小失。〔2〕遠方貢珍甘，必先徧賜列侯，而太官無餘。有功，輒增邑賞，不任以吏職，故皆保其福祿，終無誅譴者。

【注】
〔1〕闊達，大度也。敢言謂果敢於言，無所隱也。
〔2〕回，曲也，曲法以容也。

二十五年，武以中郎將將兵擊武陵蠻夷，還，上印綬。顯宗初，西羌寇隴右，覆軍殺將，朝廷患之，復拜武捕虜將軍，以中郎將王豐副，與監軍使者竇固、右輔都尉陳訢，將烏桓、黎陽營、三輔募士、〔1〕涼州諸郡羌胡兵及弛刑，合四萬人擊之。到金城浩亹，與羌戰，〔2〕斬首六百級。又戰於洛都谷，為羌所敗，〔3〕死者千餘人。羌乃率衆引出塞，武復追擊到東、西邯，大破之，〔4〕斬首四千六百級，獲生口千六百人，餘皆降散。武振旅還京師，增邑七百戶，并前千八百戶。永平四年，卒。

【注】
〔1〕光武置黎陽營，見《鄧訓傳》。
〔2〕浩亹，縣名，屬金城郡，故城在今蘭州廣武縣西南。浩音閣，亹音門。

〔3〕湟水一名洛都水,西自吐谷渾界入,在今鄯州湟水縣。

〔4〕酈元《水經注》曰邯川城左右有水,自北出,南經邯亭注于河。蓋以此水分流,謂之東、西邯也,在今廓州化(陰)〔隆〕縣東。〔二五〕

子檀嗣,坐兄伯濟與楚王英黨顏忠謀反,國除。永初七年,鄧太后紹封武孫震為漻亭侯。〔1〕震卒,子側嗣。

【注】
〔1〕漻音胡巧反,又力彫反。

論曰:中興二十八將,前世以為上應二十八宿,未之詳也。然咸能感會風雲,奮其智勇,〔1〕稱為佐命,亦各志能之士也。〔2〕議者多非光武不以功臣任職,至使英姿茂績,委而勿用。然原夫深圖遠算,固將有以焉爾。若乃王道既衰,降及霸德,〔3〕猶能授受惟庸,勳賢皆序,如管、隰之迭升桓世,先、趙之同列文朝,可謂兼通矣。〔4〕降自秦、漢,世資戰力,至於翼扶王運,皆武人屈起。〔5〕亦有鬻繒屠狗輕猾之徒,〔6〕或崇以連城之賞,或任以阿衡之地,〔7〕故執疑則隙生,力侔則亂起。〔8〕蕭、樊且猶縲絏,信、越終見葅戮,不其然乎!〔9〕自茲以降,迄于孝武,宰輔五世,莫非公侯。〔10〕遂使縉紳道塞,賢能蔽壅,〔11〕朝有世及之私,下多抱關之怨。〔12〕其懷道無聞,委身草莽者,亦何可勝言。故光武鑒前事之違,存矯枉之志,〔13〕雖寇、鄧之高勳,耿、賈之鴻烈,分土不過大縣數四,所加特進、朝請而已。〔14〕觀其治平臨政,課職責咎,將所謂"導之以政,齊之以刑"者乎!〔15〕若格之功臣,其傷已甚。〔16〕何者?直繩則虧喪恩舊,撓情則違廢禁典,選德則功不必厚,舉勞則人或未賢,參任則群心難塞,並列則其敝未遠。〔17〕不得不校其勝否,即以事相權。〔18〕故高秩厚禮,允答元功,峻文深憲,責成吏職。建武之世,侯者百餘,若夫數公者,則與參國議,分均休咎,〔19〕其餘並優以寬科,完其封祿,莫不終以功名延慶于後。昔留侯以為高祖悉用蕭、曹故人,〔20〕

而郭伋亦譏南陽多顯，[21] 鄭興又戒功臣專任。[22] 夫崇恩偏授，易啓私溺之失，至公均被，必廣招賢之路，意者不其然乎！

【注】

〔1〕風雲，已具《聖公傳》。

〔2〕《易·通卦》驗曰："黃佐命。"鄭玄注云："黃者，火之子。佐命，張良是也。"已上皆華嶠之辭。

〔3〕王謂周也，霸謂齊桓、晉文公。

〔4〕《史記》曰，管仲、隰朋修齊國之政，齊人皆悦事之。《管子》曰："管仲寢疾，桓公問之：'若不可諱，政將安移之？'對曰：'隰朋可。'"《國語》云，文公使趙衰為卿，辭曰："先軫有謀，臣不若也。"乃使先軫佐下軍。公曰："趙衰[三讓]，[二六]其所讓皆社稷之衛也。"

〔5〕屈起猶勃起也。音其勿反。

〔6〕灌嬰，睢陽販繒者，樊噲，沛人，以屠狗為事，皆從高祖。

〔7〕樊噲封為舞陽侯；灌嬰為丞相，封為潁陰侯。阿，倚也。衡，平也。言天下依倚而取平也。

〔8〕執位過，則君臣相疑。侔，等也。

〔9〕蕭何為丞相，為人請上林中空地，上大怒，乃下廷尉械繫之。燕王盧綰反，樊噲以相國擊燕，人有惡噲黨於呂氏，帝大怒，使陳平即軍中斬噲，平畏呂氏，執噲詣長安。韓信封為淮陰侯，人上書告信反，呂后使武士縛信，斬之。彭越為梁王，呂后令其舍人告越謀反，遂夷宗族。《刑法志》曰："夷三族者梟其首，菹其骨肉。"彭越、韓信皆受此誅。

〔10〕自高祖至于孝武凡五代也，其中宰輔皆以公侯勳貴為之。

〔11〕繻，赤色也。[二七]紳，帶也。或作"搢"，搢，插也，謂插笏於帶也。

〔12〕世及謂父子相繼也。《禮記》曰："大人世及以為禮。"抱關謂守門者。《前書》曰，蕭望之署小苑東門候，王仲翁謂望之曰："不肯碌碌，反抱關為？"

〔13〕矯,正也。違,失也。枉,曲也。《孟子》曰:"矯枉者過其正。"

〔14〕鄧禹為大司徒,封高密侯,食邑四縣。耿弇好畤侯,食邑二縣,奉朝請。賈復封膠東侯,凡食六縣,以列侯加特進。

〔15〕《論語》曰:"導之以政,齊之以刑,人免而無恥。"

〔16〕格,正也。若以上法繩正功臣,則於其[人]有害也。〔二八〕

〔17〕参任,謂兼勳賢而任之,則群臣之心各有覬望,故難塞也。若遵高祖並用功臣,則其敝未遠。

〔18〕勝否猶可否。即,就也。權謂平其輕重。

〔19〕《賈復傳》曰"帝方以吏事責三公,故功臣遂不用。是時列侯唯高密、固始、膠東三侯與公卿参議國家大事,恩遇甚厚"也。

〔20〕《前書》曰,上望見諸將往往偶語,張良曰:"此謀反耳。陛下起布衣為天子,而所封皆蕭、曹故人耳,[故]相聚謀反也。"〔二九〕見《高紀》。

〔21〕《郭伋傳》曰:"光武以伋為并州牧,帝引見,伋因言:'選補衆職,當簡天下賢俊,不宜專用南陽人也。'帝深納其言。"

〔22〕《鄭興傳》曰:"興徵為太中大夫,上疏曰:'道路咸曰朝廷欲用功臣,功臣用則人位謬矣。'"

永平中,顯宗追感前世功臣,乃圖畫二十八將於南宮雲臺,其外又有王常、李通、竇融、卓茂,合三十二人。故依其本弟係之篇末,以志功臣之次云爾。

| 太傅高密侯鄧禹 | 中山太守全椒侯馬成〔三〇〕 |
| 大司馬廣平侯吳漢 | 河南尹阜成侯王梁 |
| 左將軍膠東侯賈復 | 琅邪太守祝阿侯陳俊 |
| 建威大將軍好畤侯耿弇 | 驃騎大將軍參遽侯杜茂 |
| 執金吾雍奴侯寇恂 | 積弩將軍昆陽侯傅俊 |
| 征南大將軍舞陽侯岑彭 | 左曹合肥侯堅鐔 |
| 征西大將軍陽夏侯馮異〔三一〕 | 上谷太守淮(陽)[陵]侯王霸〔三二〕 |
| 建義大將軍鬲侯朱祐 | 信都太守阿陵侯任光 |

| | |
|---|---|
| 征虜將軍潁陽侯祭遵 | 豫章太守中水侯李忠 |
| 驃騎大將軍櫟陽侯景丹 | 右將軍槐里侯萬脩 |
| 虎牙大將軍安平侯蓋延 | 太常靈壽侯邳彤 |
| 衛尉安成侯銚期 | 驍騎將軍昌成侯劉植 |
| 東郡太守東光侯耿純 | 橫野大將軍山桑侯王常 |
| 城門校尉朗陵侯臧宮 | 大司空固始侯李通 |
| 捕虜將軍楊虛侯馬武 | 大司空安豐侯竇融 |
| 驃騎將軍慎侯劉隆 | 太傅宣德侯卓茂 |

贊曰：帝績思乂，庸功是存。[1]有來群后，捷我戎軒。[2]婉孌龍姿，儷景同飜。[3]

【注】

〔1〕庸，勳也。言將興帝績，則念勳功之臣也。

〔2〕捷，勝也，謂寇、鄧之徒翼佐王烈，戎車所至，皆克捷也。

〔3〕婉孌猶親愛也。龍姿謂光武也。儷，齊也，偶也。言諸將齊景飜飛而舉大功也。

【校勘記】

〔一〕朱祐　按：《刊誤》謂案注引《東觀漢記》安帝諱，則此人當名祜。《集解》引《通鑑考異》，謂當作"示"旁"古"之"祜"，不當作"示"旁"右"之"祐"。《校補》謂范《書》凡"祐"字皆實"祜"字，當由范氏別有所避耳，否則以宋人述漢事，不應並安帝名亦改之也。

〔二〕東觀記（曰）祐作福　按："曰"字衍，今刪。

〔三〕坐從兄伯為外孫陰皇后巫蠱事免為庶人　按：李慈銘謂和帝《陰皇后紀》言后外祖母鄧朱及二子奉、毅，俱坐巫蠱事下獄考治，奉、毅皆死獄中，朱徙日南。《鄧禹傳》亦言禹之孫高密侯乾以陰皇后巫蠱事發，乾從兄奉以后舅被誅，乾從坐國除。是鄧朱者，朱氏女而嫁鄧氏者也，此"伯"字誤。

〔四〕聞外有大兵（自）來［上自］登城　據王先謙說改。

〔五〕東觀記（曰）載讖文曰孫咸征狄也　"曰"字據《刊誤》刪。按：《集解》引惠棟説，謂袁宏《紀》"孫咸"作"孫臧"。

〔六〕漁陽（安）〔要〕陽人也　按：安陽屬五原，不屬漁陽，洪頤煊、沈欽韓皆謂是"要陽"之譌，今據改。

〔七〕遣尚書宗廣持節軍中斬梁　按：李慈銘謂"節"下當脱一字。

〔八〕文陽　按：《郡國志》"文"作"汶"。

〔九〕為人興利　按：王先謙謂"人"當作"民"，此避唐諱未回改者。

〔一〇〕定封（封）阜成侯　據汲本、殿本刪。

〔一一〕道路流通　按：《通鑑》"道"作"邊"，胡注云自洛陽至漁陽、上谷，路出三郡，三郡既平，則邊路流通矣。

〔一二〕鴈門太守郭涼　按：《校補》謂"涼"應作"凉"，下同。

〔一三〕更封脩侯　王先謙謂"脩"一作"條"，見《皇后紀》。按：《校補》謂脩條古通作。

〔一四〕坐與東平王等謀反　按：《刊誤》謂王平、顏忠是楚王同時謀反者，多連士大夫，故杜元坐之，傳寫之誤，遂作"東平王"，東平何嘗反也！又按：沈家本謂劉説是。事在永平十三年，"四"字亦誤。

〔一五〕追及於（滿）〔蒲〕陽　惠棟云"滿"當作"蒲"。今據改。按：《光武紀》作"蒲陽"，《陳俊傳》、《鄧禹傳》並譌"滿陽"。

〔一六〕以成行大司空事　按：《集解》引錢大昕説，謂《光武紀》馬成平武都，在建武十一年，其行大司空事，在十二年，與傳異。

〔一七〕井陘（今）屬常山郡（常山）今恒州縣也　據《校補》改。

〔一八〕交阯郡麊泠縣有金溪穴　按："金溪穴"當依《水經‧葉榆水注》作"金溪究"，詳後《馬援傳》校勘記。

〔一九〕其地今岑州新昌縣也　按：《通鑑》胡注謂按《唐志》，新昌縣屬豐州，"岑"字誤。

〔二〇〕與尚書令謝躬共攻王郎　按：張熷謂《光武紀》作"尚書僕射"。

〔二一〕在今（潞）〔洺〕州邯鄲城中　據殿本《考證》改。

〔二二〕敗於慎水　按：《集解》引錢大昕説，謂《光武紀》作"順水"，注云本或作"慎水"者誤。

〔二三〕進至安（定）次小廣陽　據集解引陳景雲、錢大昕説刪。

〔二四〕殺數千人　按：《刊誤》謂"千"當作"十"。

〔二五〕在今廓州化（陰）〔隆〕縣東　據《集解》引沈欽韓説改。

〔二六〕趙衰〔三讓〕　沈欽韓謂按《晉語》，"趙衰"下合有"三讓"二字。今據補。

〔二七〕縉赤色也　按：《蔡邕傳》注作"赤白色也"。

〔二八〕則於其〔人〕有害也　據《刊誤》補。

〔二九〕而所封皆蕭曹故人耳〔故〕相聚謀反也　據殿本補。按：殿本脱"耳"字，各本脱"故"字。

〔三〇〕按：雲臺二十八將排列次序，原作一行，故首鄧禹，次即馬成，次吳漢，次王梁。汲本則作兩行排列，王先謙謂二十八將當以汲本次第為正，今從之。又按：《通鑑》胡注："雲臺功臣之次，以鄧禹、吳漢、賈復、耿弇、寇恂、岑彭、馮異、朱祜、祭遵、景丹、蓋延、銚期、耿純、臧宮、馬武、劉隆為一列，馬成、王梁、陳俊、杜茂、傅俊、堅鐔、王霸、任光、李忠、萬脩、邳彤、劉植、王常、李通、竇融、卓茂為一列。"後人誤認橫列為縱次，將上下兩列，先奇後偶，硬相排比，列為一行，遂失范《書》之舊，惟汲本不誤。

〔三一〕征西大將軍陽夏侯馮異　按："陽夏"原譌"夏陽"，逕據汲本、殿本乙正。

〔三二〕上谷太守淮（陽）〔陵〕侯王霸　王先謙謂"淮陽"誤，本傳作"淮陵"。今據改。

# 後漢書卷二十三

## 竇融列傳第十三 弟子固　曾孫憲　玄孫章

　　竇融字周公，扶風平陵人也。七世祖廣國，孝文皇后之弟，封章武侯。〔1〕融高祖父，宣帝時以吏二千石自常山徙焉。融早孤。王莽居攝中，為強弩將軍司馬，〔2〕東擊翟義，還攻槐里，〔3〕以軍功封建武男。〔4〕女弟為大司空王邑小妻。家長安中，出入貴戚，連結閭里豪傑，以任俠為名；然事母兄，養弱弟，內修行義。王莽末，青、徐賊起，太師王匡〔5〕請融為助軍，與共東征。

【注】
〔1〕章武，縣，屬勃海郡，故城在今滄州魯〔城〕縣也。〔一〕
〔2〕強弩將軍即莽明義侯王俊。〔二〕
〔3〕槐里趙明、霍鴻等起兵以應翟義，王邑等破義還，合軍擊明、鴻等滅之，融時隨其軍也。見《前書》。
〔4〕《東觀記》、《續漢書》並云"寧武男"。
〔5〕匡，王舜之子。

　　及漢兵起，融復從王邑敗於昆陽下，歸〔長安。漢兵〕長驅入關，〔三〕王邑薦融，拜為波水將軍，〔1〕賜黃金千斤，引兵至新豐。莽敗，融以軍降更始大司馬趙萌，萌以為校尉，甚重之，薦融為鉅鹿太守。

【注】
〔1〕《前書音義》曰:"波水在長安南。"

融見更始新立,東方尚擾,不欲出關,而高祖父嘗為張掖太守,從祖父為護羌校尉,從弟亦為武威太守,累世在河西,知其土俗,獨謂兄弟曰:"天下安危未可知,河西殷富,帶河為固,張掖屬國精兵萬騎,〔1〕一旦緩急,杜絕河津,足以自守,此遺種處也。"〔2〕兄弟皆然之。融於是日往守萌,〔3〕辭讓鉅鹿,圖出河西。〔4〕萌為言更始,乃得為張掖屬國都尉。融大喜,即將家屬而西。既到,撫結雄傑,懷輯羌虜,〔5〕甚得其歡心,河西翕然歸之。

【注】
〔1〕漢邊郡皆置屬國。
〔2〕遺,留也,可以保全不畏絕滅。
〔3〕守猶求也。
〔4〕圖,謀也。
〔5〕輯,和也。

是時酒泉太守梁統、金城太守厙鈞、〔1〕〔四〕張掖都尉史苞、〔2〕酒泉都尉竺曾、敦煌都尉辛肜,並州郡英俊,融皆與為厚善。及更始敗,融與梁統等計議曰:"今天下擾亂,未知所歸。河西斗絕在羌胡中,〔3〕不同心勠力〔4〕則不能自守;權鈞力齊,復無以相率。當推一人為大將軍,共全五郡,觀時變動。"議既定,而各謙讓,咸以融世任河西為吏,人所敬向,乃推融行河西五郡大將軍事。是時武威太守馬期、張掖太守任仲並孤立無黨,乃共移書告示之,二人即解印綬去。於是以梁統為武威太守,史苞為張掖太守,竺曾為酒泉太守,辛肜為敦煌太守,厙鈞為金城太守。融居屬國,領都尉職如故,置從事監察五郡。河西民俗質樸,而融等政亦寬和,上下相親,晏然富殖。修兵馬,習戰射,明烽燧之警,羌胡犯塞,融輒自將與諸郡相救,皆如符要,〔5〕每輒破之。其後匈奴懲义,〔6〕稀復侵寇,而保塞羌胡皆震服親附,安定、北地、上郡流人避凶飢者,歸之不絕。

【注】
〔1〕《前書音義》曰,厙姓,即倉庫吏後也。今羌中有姓厙,音舍,云承鈞之後也。
〔2〕《三輔決錄》注:"苞字叔文,茂陵人也。"
〔3〕斗,峻絕也,《前書》曰:"成山斗入海。"
〔4〕勍,并也。
〔5〕赴敵不失期契也。
〔6〕懲,創也。《説文》云义亦懲也。

融等遙聞光武即位,而心欲東向,以河西隔遠,未能自通。時隗囂先稱建武年號,融等從受正朔,囂皆假其將軍印綬。囂外順人望,內懷異心,使辯士張玄游説河西曰:"更始事業已成,尋復亡滅,此一姓不再興之效。今即有所主,便相係屬,一旦拘制,自令失柄,後有危殆,雖悔無及。今豪傑競逐,雌雄未决,〔1〕當各據其土宇,與隴、蜀合從,〔2〕高可為六國,下不失尉佗。"〔3〕融等於是召豪傑及諸太守計議,其中智者皆曰:"漢承堯運,〔4〕歷數延長。今皇帝姓號見於圖書,〔5〕自前世博物道術之士谷子雲、夏賀良等,建明漢有再受命之符,言之久矣,〔6〕故劉子駿改易名字,冀應其占。〔7〕及莽末,道士西門君惠言劉秀當為天子,遂謀立子駿。事覺被殺,出謂百姓觀者曰:'劉秀真汝主也。'皆近事暴著,〔8〕智者所共見也。除言天命,且以人事論之:今稱帝者數人,而洛陽土地最廣,甲兵最彊,號令最明。觀符命而察人事,它姓殆未能當也。"諸郡太守各有賓客,或同或異。融小心精詳,遂決策東向。五年夏,遣長史劉鈞奉書獻馬。

【注】

〔1〕項羽謂高祖曰:"願與沛公決雌雄。"

〔2〕《前書音義》曰:"以利合為從,以威執相脅曰橫。"

〔3〕佗姓趙,真定人也。陳勝起,佗行南海尉,遂王有南越,故曰尉佗也。

〔4〕《左傳》曰,陶唐氏既衰,其後有劉累,學擾龍,事孔甲為御龍氏,春秋時晉卿士會即其後也。士會奔秦,後歸晉,其處者為劉氏。戰國時,劉氏自秦獲於魏,魏遷大梁都於豐,號豐公,即太上皇父也,故曰"漢承堯運"。

〔5〕謂《河圖赤伏符》曰"劉秀發兵捕不道"。

〔6〕《前書》成帝時谷永上書曰:"陛下當陽數之標季,涉三七之節紀。"哀帝時夏賀良言:"赤精子讖,漢家曆運中衰,當再受命矣。"

〔7〕劉歆以哀帝建平元年改名秀,字(穎)〔穎〕叔,〔五〕冀應符命。

〔8〕暴,露也。著,見也。

先是,帝聞河西完富,地接隴、蜀,常欲招之以逼囂、述,亦發使遺融書,遇鈞於道,即與俱還。帝見鈞歡甚,禮饗畢,乃遣令還,賜融璽書曰:"制詔行河西五郡大將軍事、屬國都尉:勞鎮守邊五郡,兵馬精彊,倉庫有蓄,民庶殷富,外則折挫羌胡,內則百姓蒙福。威德流聞,虛心相望,道路隔塞,邑邑何已!長史所奉書獻馬悉至,深知厚意。今益州有公孫子陽,天水有隗將軍,方蜀漢相攻,權在將軍,舉足左右,便有輕重。〔1〕以此言之,欲相厚豈有量哉!諸事具長史所見,將軍所知。王者迭興,千載一會。〔2〕欲遂立桓、文,輔微國,當勉卒功業;〔3〕欲三分鼎足,連衡合從,亦宜以時定。〔4〕天下未并,吾與爾絕域,非相吞之國。今之議者,必有任囂效尉佗制七郡之計。〔5〕王者有分土,無分民,自適己事而已。今以黃金二百斤賜將軍,便宜輒言。"因授融為涼州牧。

【注】

〔1〕猶蒯通曰"與楚即楚勝,與漢即漢捷"。

〔2〕言時難得而易失也。

〔3〕周室微弱,齊桓、晉文輔之以霸天下。

〔4〕蒯通說韓信曰:"三分天下,鼎足而立。"

〔5〕秦胡亥時,南海尉任囂病且死,召龍川令趙佗語曰:"番禺負山險阻,南北東西數千里,頗有中國人相輔,此亦一州之主,可為國,故召公即令行南(國)〔海〕尉事。"〔六〕《地理志》曰蒼梧、鬱林、合浦、交阯、九真、南海、日南,皆越之分也,此為七郡也。效,致也,流俗本作"教"者誤也。

璽書既至,河西咸驚,以為天子明見萬里之外,網羅張立〔1〕之情。〔七〕融即復遣鈞上書曰:"臣融竊伏自惟,幸得託先后末屬,蒙恩為外戚,累世二千石。至臣之身,復備列位,假歷將帥,〔2〕守持一隅。以委質則易為辭,以納忠則易為力。書不足以深達至誠,故遣劉鈞口陳肝膽。自以底裹上露,長無纖介。〔3〕而璽書盛稱蜀、漢二主,三分鼎足之權,任囂、尉佗之謀,竊自痛傷。臣融雖無識,猶知利害之際,順逆之分。豈可背真舊之主,事姦偽之人;廢忠貞之節,為傾覆之事;棄已成之基,求無冀之利。此三者雖問狂夫,猶知去就,而臣獨何以用心!謹遣同產弟友詣闕,口陳區區。"友至高平,〔4〕會囂反叛,道絕,馳還,遣司馬席封閒行通書。〔5〕帝復遣席封賜融、友書,所以尉藉之甚備。〔6〕

【注】

〔1〕一作"玄"。

〔2〕假猶濫也。

〔3〕底裹皆露,言無臧隱。

〔4〕高平,今(涼)〔原〕州〔平高〕縣也。〔八〕

〔5〕《東觀記》及《續漢書》"席"皆作"(虎)〔虞〕"字。〔九〕

〔6〕尉藉,解見《隗囂傳》。

融既深知帝意，乃與隗囂書責讓之曰："伏惟將軍國富政修，士兵懷附。親遇尼會之際，國家不利之時，[1]守節不回，[2]承事本朝，後遣伯春[3]委身於國，無疑之誠，於斯有效。融等所以欣服高義，願從役於將軍者，良為此也。而忿悁之閒，[4]改節易圖，君臣分爭，上下接兵。[5]委成功，造難就，[6]去從義，為橫謀，[7][一〇]百年累之，一朝毀之，豈不惜乎！殆執事者貪功建謀，以至於此，[8]融竊痛之！當今西州地埶局迫，人兵離散，[一一]易以輔人，難以自建。計若失路不反，聞道猶迷，[9]不南合子陽，則北入文伯耳。[10]夫負虛交而易強禦，恃遠救而輕近敵，[11]未見其利也。融聞智者不危眾以舉事，仁者不違義以要功。今以小敵大，於眾何如？[12]棄子徼功，於義何如？[13]且初事本朝，稽首北面，忠臣節也。[14]及遣伯春，垂涕相送，慈父恩也。俄而背之，謂吏士何？[15]忍而棄之，謂留子何？自兵起以來，轉相攻擊，城郭皆為丘墟，生人轉於溝壑。今其存者，非鋒刃之餘，則流亡之孤。迄今傷痍之體未愈，哭泣之聲尚聞。幸賴天運少還，而（大）將軍復重於難，[一二]是使積痾不得遂瘳，幼孤將復流離，其為悲痛，尤足愍傷，言之可為酸鼻！[16]庸人且猶不忍，況仁者乎？融聞為忠甚易，得宜實難。[17]憂人大過，以德取怨，[18]知且以言獲罪也。區區所獻，唯將軍省焉。"囂不納。融乃與五郡太守共砥厲兵馬，上疏請師期。

【注】

〔1〕謂漢遭王莽篡奪也。

〔2〕回，邪也。

〔3〕囂子恂之字也。

〔4〕悁，恚也。

〔5〕言違背光武也。

〔6〕委，棄也。

〔7〕去從，背山東也。為橫，通西蜀也。

〔8〕言隗囂執政事者，貪有其功而立此逆謀也。

〔9〕《淮南子》曰："通於道者如車軸，不運於己，而與轂致數千里。〔一三〕不通於道者若迷惑，告以東西南北，然猶復迷惑矣。"

〔10〕文伯，盧芳也。

〔11〕負亦恃也。易，輕也。恃公孫述而輕光武也。易音以豉反。

〔12〕言危衆也。

〔13〕言違義也。

〔14〕稽首，拜天子禮也。禮，君南嚮，荅陽之義；臣北面，荅君也。

〔15〕留子謂見在之子，對伯春，故曰留也。

〔16〕宋玉曰："孤子寡婦，寒心酸鼻。"

〔17〕《左傳》曰："忠為令德，非其人猶不可，況不令乎？"

〔18〕《詩》曰，"不以我為德，反以我為讎。"

帝深嘉美之，乃賜融以外屬圖及太史公五宗、《外戚世家》、〔1〕《魏其侯列傳》。〔2〕詔報曰："每追念外屬，孝景皇帝出自竇氏，〔3〕定王，景帝之子，朕之所祖。昔魏其一言，繼統以正，〔4〕長君、少君尊奉師傅，〔5〕修成淑德，施及子孫，〔6〕此皇太后神靈，上天祐漢也。從天水來者寫將軍所讓隗囂書，痛入骨髓。畔臣見之，當股慄慙愧，忠臣則酸鼻流涕，義士則曠若發矇，〔7〕非忠孝懇誠，孰能如此？〔8〕豈其德薄者所能剋堪！囂自知失河西之助，族禍將及，欲設閒離之說，亂惑真心，轉相解搆，〔9〕以成其姦。又京師百僚，不曉國家及將軍本意，多能採取虛偽，誇誕妄談，令忠孝失望，傳言乖實。毀譽之來，皆不徒然，不可不思。今關東盜賊已定，大兵今當悉西，將軍其抗厲威武，以應期會。"融被詔，即與諸郡守將兵入金城。

【注】

〔1〕景帝子十三人為王，而母五人，同母者為一宗，故曰五宗。言景帝以竇氏所生，而致子孫衆多也。

〔2〕竇嬰，太后從兄子也，封魏其侯。魏其，縣，屬琅邪郡。

〔3〕出，生也。《爾雅》曰："男子謂姊妹之子曰出。"

〔4〕梁孝王，景帝弟也，亦竇太后所生。梁王朝，因昆弟燕飲，是時景帝未立太子，酒酣，帝從容曰："千秋之後傳梁王。"太后驩，竇嬰引卮酒進上曰："天下者，高祖天下，父子相傳，漢之約也，帝何以得傳梁王！"帝遂止矣。

〔5〕長君，竇太后兄也。少君，太后弟廣國之字也。絳、灌等以兩人所出微，為擇師傅、長者有節行者與居，長君、少君由此為退讓君子，不以富貴驕人。見《前書》。

〔6〕施，延也，音羊豉反。

〔7〕《說文》曰："曠，明也。"有眸子而無見曰矇。《前書》楊雄曰："乃今日發矇，廓然光照矣。"

〔8〕《說文》曰："愨，謹也。""愨"或作"㱟"也。

〔9〕相解說而結搆。

初，更始時，先零羌封何諸種殺金城太守，居其郡，隗囂使使賂遺封何，與共結盟，欲發其衆。融等因軍出，進擊封何，大破之，斬首千餘級，得牛馬羊萬頭，穀數萬斛，因並河揚威武，〔1〕伺候車駕。時大兵未進，融乃引還。

【注】
〔1〕並音蒲浪反。

帝以融信効著明，益嘉之。詔右扶風修理融父墳塋，祠以太牢。數馳輕使，致遺四方珍羞。梁統乃使人刺殺張玄，遂與囂絕，皆解所假將軍印綬。七年夏，酒泉太守竺曾以弟報怨殺人而去郡，〔1〕融承制拜曾為武鋒將軍，更以辛肜代之。

【注】

〔1〕《東觀記》曰:"曾弟嬰報怨,殺屬國候王胤等,曾慙而去郡。"

秋,隗囂發兵寇安定,帝將自西征之,先戒融期。會遇雨,道斷,且囂兵已退,乃止。融至姑臧,[1]被詔罷歸。融恐大兵遂久不出,乃上書曰:"隗囂聞車駕當西,臣融東下,士衆騷動,計且不戰。囂將高峻之屬皆欲逢迎大軍,後聞兵罷,峻等復疑。囂揚言東方有變,西州豪桀遂復附從。囂又引公孫述將,令守突門。[2]臣融孤弱,介在其閒,[3]雖承威靈,宜速救助。國家當其前,臣融促其後,緩急迭用,首尾相資,囂埶排迮,[4]不得進退,此必破也。若兵不早進,久生持疑,則外長寇讎,內示困弱,復令讒邪得有因緣,臣竊憂之。惟陛下哀憐!"帝深美之。

【注】

〔1〕姑臧,縣名,屬武威郡,今涼州縣也。《西河舊事》曰:"涼州城昔匈奴故蓋臧城。"後人音訛,名"姑臧"也。

〔2〕突門,守城之門,《墨子》曰"城百步為一突門"也。

〔3〕杜預注《左傳》云"介猶閒也"。

〔4〕排迮謂蹙迫也。

八年夏,車駕西征隗囂,融率五郡太守及羌虜小月氏等[1]步騎數萬,輜重五千餘兩,與大軍會高平第一。[2]融先遣從事問會見儀適。[3]是時軍旅代興,[一四]諸將與三公交錯道中,或背使者交私語。帝聞融先問禮儀,甚善之,以宣告百僚。乃置酒高會,引見融等,待以殊禮。拜弟友為奉車都尉,從弟士太中大夫。遂共進軍,囂衆大潰,城邑皆降。帝高融功,下詔以安豐、陽泉、蓼、(安)安風四縣[4][一五]封融為安豐侯,弟友為顯親侯。[5]遂以次封諸將帥:武鋒將軍竺曾為助義侯,武威太守梁統為成義侯,張掖太守史苞為褒義侯,金城太守厙鈞為輔義侯,酒泉太守辛肜為扶義侯。封爵既畢，乘輿東歸，悉遣融等西還所鎮。

【注】
〔1〕小月氏，西域胡國名。
〔2〕高平，今原州縣，《郡國志》云高平有第一城。
〔3〕猶言儀注。
〔4〕四縣並屬廬江郡。安豐，今壽州縣也，故城在今霍山縣西北。安風本漢六安國，及陽泉故城並在今安豐縣南。杜預注《左傳》曰："蓼在安豐。"蓼音了。
〔5〕顯親，縣，故城在今秦州成紀縣東南也。

融以兄弟並受爵位，久專方面，懼不自安，數上書求代。詔報曰："吾與將軍如左右手耳，[1]數執謙退，何不曉人意？勉循士民，無擅離部曲。"

【注】
〔1〕韓信亡，蕭何自追之，人曰"丞相何亡"，高祖聞之，如失左右手耳。見《前書》。

及隴、蜀平，詔融與五郡太守奏事京師，官屬賓客相隨，駕乘千餘兩，馬牛羊被野。融到，詣洛陽城門，上涼州牧、張掖屬國都尉、安豐侯印綬，詔遣使者還侯印綬。引見，就諸侯位，賞賜恩寵，傾動京師。數月，拜為冀州牧，十餘日，又遷大司空。融自以非舊臣，一旦入朝，在功臣之右，每召會進見，容貌辭氣卑恭已甚，帝以此愈親厚之。融小心，久不自安，數辭讓爵位，因侍中金遷口達至誠。[1]又上疏曰："臣融年五十三。有子年十五，質性頑鈍。臣融朝夕教導以經藝，不得令觀天文，見讖記。誠欲令恭肅畏事，恂恂循道，不願其有才能，何況乃當傳以連城廣土，享故諸侯王國哉？"因復請閒求見，帝不許。後朝罷，逡巡席後，帝知欲有讓，遂使左右傳出。它日會見，迎詔融曰："日者知公欲讓職還土，[2]故命公暑熱且自便。今相見，宜論它事，勿得復言。"融不敢重陳請。

【注】

[1]金遷，安上之曾孫。安上，日磾弟倫之子。遷哀帝時為尚書令，見《前書》。

[2]日者猶往日也。

二十年，大司徒戴涉坐所舉人盜金下獄，帝以三公參職，不得已乃策免融。明年，加位特進。二十三年，代陰興行衛尉事，特進如故，又兼領將作大匠。弟友為城門校尉，兄弟並典禁兵。融復乞骸骨，[1]輒賜錢帛，太官致珍奇。及友卒，帝愍融年衰，遣中常侍、中謁者即其臥內強進酒食。

【注】

[1]《說苑》曰，晏子任東阿，乞骸骨以避賢者之路。

融長子穆，尚內黃公主，代友為城門校尉。穆子勳，尚東海恭王彊女沘陽公主，友子固，亦尚光武女涅陽公主。顯宗即位，以融從兄子林為護羌校尉。竇氏一公，兩侯，三公主，四二千石，[1]相與並時。自祖及孫，官府邸第相望京邑，奴婢以千數，於親戚、功臣中莫與為比。

【注】

[1]一公，大司空也；兩侯，安豐、顯親也；四二千石，衛尉、城門校尉、護羌校尉、中郎將。

永平二年，林以罪誅，事在《西羌傳》。帝由是數下詔切責融，戒以竇嬰、田蚡禍敗之事。[1]融惶恐乞骸骨，詔令歸第養病。歲餘，聽上衛尉印綬，賜養牛，上樽酒。融在宿衛十餘年，年老，子孫縱誕，多不法。穆等遂交通輕薄，屬託郡縣，干亂政事。以封在安豐，欲令姻戚悉據故六安國，遂矯稱陰太后詔，令六安侯劉盱去婦，因以女妻之。五年，盱婦家上書言狀，帝大怒，乃盡免穆等官，諸竇為郎吏者皆將家屬歸故郡，獨留融京師。穆等西至函谷關，有詔悉復追還。會融卒，時年七十八，謚曰戴侯，賵送甚厚。

【注】
[1] 田蚡，武帝王皇后異父弟也，為丞相，搆會竇嬰之罪，使至誅戮。事見《前書》。

帝以穆不能修尚，[1]而擁富貲，居大第，常令謁者一人監護其家。居數年，謁者奏穆父子自失埶，數出怨望語，帝令將家屬歸本郡，唯勳以沘陽主壻留京師。穆坐賕遺小吏，郡捕繫，與子宣俱死平陵獄，勳亦死洛陽獄。久之，詔還融夫人與小孫一人居洛陽家舍。

【注】
[1] 不能修整自高尚也。

十四年，封勳弟嘉為安豐侯，[一六]食邑二千戶，奉融後。和帝初，為少府。及勳子大將軍憲被誅，免就國。嘉卒，子萬全嗣。萬全卒，子會宗嗣。萬全弟子武，別有傳。

論曰：竇融始以豪俠為名，拔起風塵之中，[1]以投天隙。[2]遂蟬蛻王侯之尊，[3]終膺卿相之位，此則徼功趣埶之士也。及其爵位崇滿，至乃放遠權寵，恂恂似若不能已者，又何智也！[4]嘗獨詳味此子之風度，雖經國之術無足多談，而進退之禮良可言矣。

【注】

〔1〕拔音步末反。拔,卒也。亦音彭八反,義兩通。

〔2〕投會天之閒隙。

〔3〕《說文》曰,蟬蛻所解皮也,言去微至貴也。蛻音稅。

〔4〕言融之心實欲去權貴,以帝不納,故常恂恂恭順,似若不得已然者也。


固字孟孫,少以尚公主為黃門侍郎。[1]好覽書傳,喜兵法,貴顯用事。中元元年,襲父友封顯親侯。顯宗即位,遷中郎將,監羽林士。[2]後坐從兄穆有罪,廢于家十餘年。時天下乂安,帝欲遵武帝故事,擊匈奴,通西域,以固明習邊事,[3]十五年冬,拜為奉車都尉,[4]以騎都尉耿忠為副,[5]謁者僕射耿秉為駙馬都尉,秦彭為副,皆置從事、司馬,並出屯涼州。明年,固與忠率酒泉、敦煌、張掖甲卒及盧水羌胡[6]萬二千騎出酒泉塞,耿秉、秦彭率武威、隴西、天水募士及羌胡萬騎出居延塞,[7]又太僕祭肜、度遼將軍吳棠〔一七〕將河東北地、西河羌胡及南單于兵萬一千騎出高闕塞,[8]騎都尉來苗、護烏桓校尉文穆將太原、鴈門、代郡、上谷、漁陽、右北平、定襄郡兵及烏桓、鮮卑萬一千騎出平城塞。固、忠至天山,[9]擊呼衍王,斬首千餘級。呼衍王走,追至蒲類海。[10]留吏士屯伊吾盧城。[11]耿秉、秦彭絕漠六百餘里,至三木樓山,[12]〔一八〕來苗、文穆至匈奴河水〔一九〕上,虜皆奔走,無所獲。祭肜、吳棠坐不至涿邪山,免為庶人。時諸將唯固有功,加位特進。明年,復出玉門擊西域,詔耿秉及騎都尉劉張皆去符傳以屬固。[13]固遂破白山,降車師,事已具《耿秉傳》。固在邊數年,羌胡服其恩信。[14]

【注】

〔1〕《續漢書》曰:"給事黃門侍郎,六百石。"

〔2〕《續漢志》曰,宣帝命中郎將、騎都尉監羽林,秩比二千石。

〔3〕固舊隨融在河西，曉知邊事也。

〔4〕《續漢志》曰，比二千石，掌御乘輿。

〔5〕忠，弇子也。

〔6〕案：湟水東經臨羌縣故城北，又東盧溪水注之，水出西南盧川，即其地也。

〔7〕居延塞在今甘州張掖縣東北。

〔8〕高闕，山名，在朔方北。

〔9〕即祁連山也，今在西州交河縣東北，今名祁縣羅漫山。

〔10〕蒲類海今名婆悉海，在今庭州蒲昌縣東南也。

〔11〕伊吾，今伊州縣也，本匈奴地，明帝置宜禾都尉以為屯田，故地今伊州納職縣伊吾故小城地是。

〔12〕匈奴中山名。

〔13〕專將兵者並有符傳，擬合之取信。今去符，皆受固之節度。

〔14〕《東觀記》曰："羌胡見客，炙肉未熟，人人長跪前割之，血流指閒，進之於固，固輒為啗，不穢賤之，是以愛之如父母也。"

肅宗即位，以公主修勑慈愛，累世崇重，加號長公主，增邑三千戶；徵固代魏應為大鴻臚。帝以其曉習邊事，每被訪及。建初三年，追錄前功，增邑一千三百戶。七年，代馬防為光祿勳。明年，復代馬防為衛尉。

固久歷大位，甚見尊貴，賞賜租祿，貲累巨億，而性謙儉，愛人好施，士以此稱之。章和二年卒，謚曰文侯。子彪，至射聲校尉，先固卒，無子，國除。

憲字伯度。父勳被誅，憲少孤。建初二年，女弟立為皇后，拜憲為郎，稍遷侍中、虎賁中郎將；弟篤，為黃門侍郎。兄弟親幸，並侍宮省，賞賜累積，寵貴日盛，自王、主及陰、馬諸家，莫不畏憚。憲恃宮披聲執，遂以賤直請奪沁水公主園田，〔1〕主逼畏，不敢計。後肅宗駕出過園，指以問憲，憲陰喝不得對。〔2〕〔二〇〕後發覺，帝大怒，召憲切責曰：“深思前過，奪主田園時，何用愈趙高指鹿為馬？〔3〕久念使人驚怖。昔永平中，常令陰黨、陰博、鄧疊三人更相糾察，〔4〕故諸豪戚莫敢犯法者，而詔書切切，〔5〕猶以舅氏田宅為言。今貴主尚見枉奪，何況小人哉！國家棄憲如孤雛腐鼠耳。”〔6〕憲大震懼，皇后為毀服深謝，良久乃得解，使以田還主。雖不繩其罪，然亦不授以重任。

【注】
〔1〕沁水公主，明帝女。
〔2〕陰喝猶噎塞也。陰音於禁反，喝音一介反。或作“嗚”，音烏故反。
〔3〕愈猶差也。趙高解見《靈帝紀》。
〔4〕以陰、鄧皆外戚，恐其踰侈，故使更相糾察也。博，陰興之子。
〔5〕切切猶勤勤也。〔二一〕
〔6〕鳥子生而啄者曰雛。

和帝即位，太后臨朝，憲以侍中，內幹機密，〔1〕出宣誥命。肅宗遺詔以篤為虎賁中郎將，篤弟景、瓌並中常侍，〔二二〕於是兄弟皆在親要之地。憲以前太尉鄧彪有義讓，先帝所敬，而仁厚委隨，〔2〕故尊崇之，以為太傅，令百官總己以聽。其所施為，輒外令彪奏，內白太后，事無不從。又屯騎校尉桓郁，累世帝師，而性和退自守，故上書薦之，令授經禁中。所以內外協附，莫生疑異。

【注】
〔1〕幹，主也，或曰古“管”字也。
〔2〕委隨猶順從也。

憲性果急，睚眦之怨莫不報復。〔1〕初，永平時，謁者韓紆嘗考劾父勳獄,〔二三〕憲遂令客斬紓子,以首祭勳冢。齊殤王子〔二四〕都鄉侯暢〔2〕來弔國憂,〔3〕暢素行邪僻,與步兵校尉鄧疊親屬數往來京師,因疊母元自通長樂宮,得幸太后,被詔召詣上東門。憲懼見幸,分宮省之權,遣客刺殺暢於屯衛之中,〔4〕而歸罪於暢弟利侯剛,乃使侍御史與青州刺史雜考剛等。後事發覺,太后怒,閉憲於內宮。

【注】
〔1〕睚音語解反,眦音仕懈反。《廣雅》:"睚,裂也。"或謂裂眦瞋目貌。《史記》曰范睢"睚眦之怨必報"。
〔2〕齊殤王名石,伯升孫章之子。
〔3〕章帝崩也。
〔4〕屯兵宿衛之所。

憲懼誅,自求擊匈奴以贖死。會南單于請兵北伐,乃拜憲車騎將軍,金印紫綬,官屬依司空,〔1〕以執金吾耿秉為副,發北軍五校、〔2〕黎陽、雍營、緣邊十二郡騎士,〔3〕及羌胡兵出塞。明年,憲與秉各將四千騎及南匈奴左谷蠡王師子〔4〕萬騎出朔方雞鹿塞,南單于屯屠河,〔5〕〔二五〕將萬餘騎出滿夷谷,度遼將軍鄧鴻〔6〕及緣邊義從羌胡八千騎,與左賢王安國萬騎出（捆）[稒]陽塞,〔7〕〔二六〕皆會涿邪山。憲分遣副校尉閻盤、司馬耿夔、耿譚將左谷蠡王師子、右呼衍王須訾等,〔8〕精騎萬餘,與北單于戰於稽落山,大破之,虜眾崩潰,單于遁走,追擊諸部,遂臨私渠比鞮海。〔9〕斬名王已下萬三千級,獲生口馬牛羊橐駝百餘萬頭。〔10〕於是溫犢須、日逐、溫吾、夫渠王柳鞮等八十一部率眾降者,前後二十餘萬人。憲、秉遂登燕然山,去塞三千餘里,刻石勒功,紀漢威德,令班固作銘曰:

【注】
〔1〕依,準也。長史一人,千石;掾屬二十九人,令史及御屬三十二人,

見《續漢志》也。

〔2〕漢有南北軍，[北軍]中候一人，〔二七〕六百石，掌臨五營，〔二八〕見《續漢志》。

〔3〕《漢官儀》曰："光武中興，以幽、冀、并州兵騎克定天下，故於黎陽立營，以謁者監之。"又曰："扶風都尉部在雍縣，以涼州近羌，數犯三輔，將兵衛護園陵，故俗稱雍營。"

〔4〕師子其名也。

〔5〕屯屠河，單于名也。

〔6〕鄧禹少子。

〔7〕（捆）[稒]陽在五原郡。（捆）[稒]音固。

〔8〕呼衍其號，因以為姓，匈奴貴種也，今呼延姓是其後。須訾，名也。

〔9〕匈奴中海名也。

〔10〕橐音託。

惟永元元年秋七月，有漢元舅曰車騎將軍竇憲，寅亮聖明，登翼王室，〔1〕納于大麓，惟清緝熙。〔2〕乃與執金吾耿秉，述職巡御，理兵於朔方。〔3〕鷹揚之校，螭虎之士，爰該六師，〔4〕暨南單于、東烏桓、西戎氐羌侯王君長之群，驍騎三萬。〔二九〕元戎輕武，長轂四分，〔5〕雲輜蔽路，萬有三千餘乘。〔6〕勒以八陣，莅以威神，〔7〕玄甲耀日，朱旗絳天。〔8〕遂陵高闕，下雞鹿，經磧鹵，絕大漠，〔9〕斬溫禺以釁鼓，血尸逐以染鍔。〔10〕然後四校橫徂，星流彗埽，蕭條萬里，野無遺寇。於是域滅區單，反旆而旋，考傳驗圖，窮覽其山川。遂踰涿邪，跨安侯，乘燕然，躡冒頓之區落，焚老上之龍庭。〔11〕上以攄高、文之宿憤，光祖宗之玄靈；下以安固後嗣，恢拓境宇，振大漢之天聲。〔12〕茲所謂一勞而久逸，暫費而永寧者也。〔13〕乃遂封山刊石，昭銘上德。〔14〕其辭曰：

【注】

〔1〕寅，敬；亮，信也。《尚書》曰："二公弘化，寅亮天地。"登，升也。翼，輔也。

〔2〕孔安國注《尚書》曰："麓，録也，納之使大録萬機也。"《周頌》曰："惟清緝熙。"鄭玄注云："光明也。"

〔3〕《左傳》曰："小有述職，大有巡功。"又曰："出曰理兵。"

〔4〕鷹揚，如鷹之飛揚也。《詩》云："惟師尚父，時惟鷹揚。"螭，山神，獸形也。《史記》曰："如熊如羆，如豺如離。"徐廣曰："離與螭同。"該，備也。《詩》云："整我六師，以脩我戎。"

〔5〕曁，及也。元戎，兵車也。《詩》云："元戎十乘，以先啓行。"輕武，言疾也。長轂，兵車。

〔6〕輶，車也。稱雲，言多也。

〔7〕兵法有八陣圖。

〔8〕玄甲，鐵甲也。《前書》曰"發屬國之玄甲"也。

〔9〕沙土曰漠。直度曰絶。

〔10〕溫禺、尸逐，皆匈奴王號也。《周禮》，殺人以血塗鼓謂之釁。鍔，刃也。

〔11〕四校，四面之校。横徂，横行也。星流彗埽，言疾也。安侯，水名。冒頓，單于頭曼子也。區落謂東滅東胡，西走月氏，南取樓煩，悉收秦所奪匈奴地。冒頓子稽粥號老上單于。匈奴五月大會龍庭，祭其先、天地、鬼神，今皆焚蕩之。

〔12〕高帝被冒頓單于圍於平城七日。孝文帝時匈奴寇邊，殺太守，帝欲自征，太后不許。拓，開也。天聲，雷霆之聲。《甘泉賦》曰："天聲起兮勇士厲。"恢，大也。

〔13〕《揚雄》曰"以為不一勞者不久逸，不暫費者不永寧"也。

〔14〕上猶至也。《老子》曰："上德不德，是以有德。"

鑠王師兮征荒裔，[1] 勦凶虐兮燿戴海外，[2] 夐其邈兮亘地

界,〔3〕〔三〇〕封神丘兮建隆嵑,〔4〕熙帝載兮振萬世。〔5〕

【注】

〔1〕鑠,美也。《詩》曰:"於鑠王師,遵養時晦。"

〔2〕勦,絕;截,整齊也。《詩》云:"相土烈烈,海外有截。"

〔3〕夐、邈皆遠也。亘,竟也。

〔4〕神丘即燕然山也。方者謂之碑,員者謂之碣。嵑亦碣也,協韻音其例反。

〔5〕熙,廣也。載,事也。《書》曰:"奮庸熙帝之載。"

憲乃班師而還。遣軍司馬吳汜、梁諷,奉金帛遺北單于,宣明國威,而兵隨其後。時虜中乖亂,汜、諷所到,輒招降之,前後萬餘人。遂及單于於西海上,宣國威信,致以詔賜,單于稽首拜受。諷因說宜修呼韓邪故事,保國安人之福。〔1〕單于喜悅,即將其眾與諷俱還,到私渠海,聞漢軍已入塞,乃遣弟右溫禺鞬王奉貢入侍,隨諷詣闕。憲以單于不自身到,奏還其侍弟。南單于於漠北遺憲古鼎,容五斗,其傍銘曰"仲山甫鼎,其萬年子子孫孫永保用",憲乃上之。詔使中郎將持節即五原拜憲大將軍,封武陽侯,食邑二萬戶。憲固辭封,賜策許焉。

【注】

〔1〕言依附漢家,自保護其國也。宣帝時呼韓邪單于款塞,朝於甘泉宮,請留居光祿塞下,有急,保漢受降城也。

舊大將軍位在三公下,置官屬依太尉。〔1〕憲威權震朝庭,公卿希旨,奏憲位次太傅下,三公上;長史、司馬秩中二千石,從事中郎二人六百石,自下各有增。振旅還京師。於是大開倉府,勞賜士吏,其所將諸郡二千石子弟從征者,悉除太子舍人。〔2〕

【注】
〔1〕《續漢志》,太尉長史千石,掾屬二十四人,令史及御屬二十二人也。
〔2〕《續漢志》曰,太子舍人秩二百石,無員,更直宿衛也。

是時篤為衞尉,景、瓌皆侍中、奉車、駙馬都尉,四家競修第宅,窮極工匠。明年,詔曰:"大將軍憲,前歲出征,克滅北狄,朝加封賞,固讓不受。舅氏舊典,並蒙爵土。〔1〕其封憲冠軍侯,邑二萬戶;篤郾侯,景汝陽侯,瓌夏陽侯,各六千戶。"憲獨不受封,遂將兵出鎮涼州,以侍中鄧疊行征西將軍事為副。

【注】
〔1〕西漢故事,帝舅皆封侯。

北單于以漢還侍弟,復遣車諧儲王等款居延塞,欲入朝見,願請大使。憲上遣大將軍中護軍班固行中郎將,與司馬梁諷迎之。會北單于為南匈奴所破,被創遁走,固至私渠海而還。憲以北虜微弱,遂欲滅之。明年,復遣右校尉耿夔、司馬任尚、趙博等將兵擊北虜於金微山,大破之,克獲甚衆。北單于逃走,不知所在。

憲既平匈奴,威名大盛,以耿夔、任尚等為爪牙,鄧疊、郭璜為心腹。班固、傅毅之徒,皆置幕府,以典文章。刺史、守令多出其門。尚書僕射郅壽、樂恢並以忤意,相繼自殺。〔1〕由是朝臣震懾,望風承旨。而篤進位特進,得舉吏,〔2〕見禮依三公。景為執金吾,瓌光祿勳,權貴顯赫,傾動京都。雖俱驕縱,而景為尤甚,奴客緹騎依倚形埶,侵陵小人,〔3〕強奪財貨,篡取罪人,妻略婦女。商賈閉塞,如避寇讎。有司畏懦,莫敢舉奏。太后聞之,使謁者策免景官,以特進就朝位。瓌少好經書,節約自修,出為魏郡,〔三一〕遷潁川太守。竇氏父子兄弟並居列位,充滿朝廷。叔父霸為城門校尉,霸弟褒將作大匠,褒弟嘉少府,其為侍中、將、大夫、郎吏十餘人。

【注】

〔1〕壽，郅惲子。

〔2〕漢法三公得舉吏。

〔3〕《漢官儀》曰："執金吾緹騎二百人。"《說文》曰："緹，帛丹黄色也。"言奴客及緹騎並為縱橫也。

憲既負重勞，陵肆滋甚。四年，封鄧疊為穰侯。疊與其弟步兵校尉磊及母元，又憲女壻射聲校尉郭舉，舉父長樂少府璜，[1]皆相交結。元、舉並出入禁中，舉得幸太后，遂共圖為殺害。帝陰知其謀，乃與近幸中常侍鄭衆定議誅之。以憲在外，慮其懼禍為亂，忍而未發。會憲及鄧疊班師還京師，詔使大鴻臚持節郊迎，賜軍吏各有差。憲等既至，帝乃幸北宮，詔執金吾、五校尉勒兵屯衛南、北宮，閉城門，收捕疊、磊、璜、舉，皆下獄誅，家屬徙合浦。遣謁者僕射收憲大將軍印綬，更封為冠軍侯。憲及篤、景、瓌皆遣就國。帝以太后故，不欲名誅憲，為選嚴能相督察之。憲、篤、景到國，皆迫令自殺，宗族、賓客以憲為官者皆免歸本郡。瓌以素自修，不被逼迫，明年坐稟假貧人，[2]徙封羅侯，不得臣吏人。[3]初，竇后之譖梁氏，憲等豫有謀焉，永元十年，梁棠兄弟[4]徙九真還，路由長沙，逼瓌令自殺。後和熹鄧后臨朝，永初三年，詔諸竇前歸本郡者與安豐侯萬全[三二]俱還京師。萬全少子章。

【注】

〔1〕太后居長樂宮，故有少府，秩二千石。

〔2〕稟，給也。假貸貧人，非侯家之法，故坐焉。

〔3〕羅，縣，屬長沙郡，在今岳州湘陰縣東北。

〔4〕棠及兄雍，雍弟翟，並梁竦子也。

論曰：衛青、霍去病資彊漢之衆，連年以事匈奴，國耗太半矣，而猾虜未之勝，後世猶傳其良將，豈非以身名自終邪！竇憲率羌胡邊雜之師，一舉而空朔庭，至乃追奔稽落之表，飲馬比鞮之曲，銘石負鼎，薦告清廟。列其功庸，兼茂於前多矣，而後世莫稱者，章末釁以降其實也。〔1〕是以下流，君子所甚惡焉。〔2〕夫二三子得之不過房幄之閒，非復搜揚仄陋，選舉而登也。〔3〕當青病奴僕之時，〔4〕竇將軍念咎之日，〔5〕乃庸力之不暇，思鳴之無晨，〔6〕何意裂膏腴，享崇號乎？東方朔稱"用之則為虎，不用則為鼠"，信矣。以此言之，士有懷琬琰以就煨塵者，亦何可支哉！〔7〕

【注】
〔1〕降，損也。
〔2〕《論語》曰："紂之不善不如是之甚也，是以君子惡居下流，天下之惡皆歸焉。"
〔3〕二三子謂衛、霍及憲也，皆緣椒房幃幄之恩耳。
〔4〕衛青本平陽公主家童所生，相者見之，曰："貴人，官至封侯。"青笑曰："人奴之生，無笞罵足矣，安得封侯哉！"
〔5〕謂太后閉之南宮，欲誅之日也。
〔6〕《吳志》諸葛瑾曰"失旦之雞，復思一鳴"也。
〔7〕琬琰，美玉也。《楚詞》曰："懷琬琰以為心。"支，計也。亦何可計，言其多也。


章字伯向。少好學，有文章，與馬融、崔瑗同好，更相推薦。〔1〕

【注】
〔1〕《融集・與竇伯向書》曰："孟陵奴來，賜書，見手跡，歡喜何量，見於面也。〔三〕書雖兩紙，紙八行，行七字。"

永初中，三輔遭羌寇，章避難東國，家於外黃。〔1〕居貧，蓬戶蔬食,〔2〕躬勤孝養,然講讀不輟。太僕鄧康〔3〕聞其名,請欲與交,章不肯往,康以此益重焉。是時學者稱東觀為老氏臧室,道家蓬萊山〔4〕,康遂薦章入東觀為校書郎。

【注】
〔1〕外黃,縣,屬陳留郡,[故]城在今汴州雍丘縣東。〔三四〕
〔2〕《莊子》"原憲編蓬為戶",《論語》"顏回飯蔬食"也。〔三五〕
〔3〕鄧珍之子,禹之孫。
〔4〕老子為守臧史,復為柱下史,四方所記文書皆歸柱下,事見《史記》。言東觀經籍多也。蓬萊,海中神山,為仙府,幽經祕錄並皆在焉。

順帝初,章女年十二,能屬文,以才貌選入掖庭,有寵,與梁皇后並為貴人。擢章為羽林郎將,〔1〕〔三六〕遷屯騎校尉。章謙虛下士,收進時輩,甚得名譽。是時梁、竇並貴,各有賓客,多交搆其閒,章推心待之,故得免於患。

【注】
〔1〕《續漢志》曰,羽林郎秩二百石,無員,常宿衛侍從也。

貴人早卒,帝追思之無已,詔史官樹碑頌德,章自為之辭。貴人歿後,帝禮待之無衰。永和五年,遷少府。漢安二年,轉大鴻臚。建康元年,梁后稱制,章自免,卒于家。中子唐,有俊才,官至虎賁中郎將。

贊曰:悃悃安豐,亦稱才雄。〔1〕提挈河右,奉圖歸忠。〔2〕孟孫明邊,伐北開西。〔3〕憲實空漠,遠兵金山。聽笳龍庭,鏤石燕然。〔4〕雖則折鼎,王靈以宣。〔5〕

## 【注】

〔1〕《楚詞》曰"悃悃款款"也。王逸注曰"志純一也"。亦猶實也。

〔2〕奉圖者，謂既奉外戚圖，乃歸於漢也。

〔3〕叶韻音先。

〔4〕箛，胡樂也，老子作之。

〔5〕鼎三足，三公象。折足者，言其不勝任也。《易》曰"鼎折足，覆公餗"也。

## 【校勘記】

〔一〕今滄州魯〔城〕縣也　據殿本補。

〔二〕強弩將軍即莽明義侯王俊　按：《集解》引惠棟説，謂案《翟義傳》，"俊"當作"駿"。又按：惠云此強弩將軍乃趙恢，非王駿，注誤。

〔三〕歸〔長安漢兵〕長驅入關　據汲本、殿本補。

〔四〕金城太守厙鈞　按："厙"汲本、殿本並作"庫"。《集解》引錢大昕、王鳴盛説，謂古讀庫有舍音，猶車音尺遮反，余音食遮反。説文厂部無"厙"字。《廣韻》禡部有"厙"字，云姓也。此流俗妄造，正如"角里"別造"甪"字代之。

〔五〕字（穎）〔潁〕叔　據《集解》本改。

〔六〕行南（國）〔海〕尉事　據《刊誤》改。

〔七〕網羅張立之情　按：《集解》引周壽昌説，謂時隗囂遣辯士張玄游説，光武察玄所説，而以璽書詔融，"立"字當正作"玄"。

〔八〕今（涼）〔原〕州〔平高〕縣也　據《集解》引陳景雲説改。按：漢高平縣，北周改曰平高，唐以後廢。

〔九〕席皆作（虎）〔虞〕字　據汲本、殿本改，與聚珍本《東觀記》合。

〔一〇〕去從義為橫謀汲本、殿本"義"作"議"。按：義議通。

〔一一〕人兵離散　按：王先謙謂"人"當作"民"，此亦避唐諱未回改者，下"生人"同。

〔一二〕而（大）將軍復重於難　王先謙謂《通鑑》無"大"字，前後稱將軍，此不得忽加"大"字，明傳寫誤衍。今據删。

〔一三〕而輿轂致數千里　按：汲本、殿本"輿"作"與"。

〔一四〕是時軍旅代興　按：原脱"興"字，逕據汲本、殿本補。

〔一五〕安豐陽泉蓼（安）安風四縣　據《刊誤》删。

〔一六〕封勳弟嘉為安豐侯　按：沈家本謂《續志》廬江郡安風侯國，安豐自為縣，則嘉所封實安風，亦融所食四縣之一，而其名則不同矣。此"豐"字蓋因上文而誤。

〔一七〕度遼將軍吳棠　按：《集解》引惠棟説，謂"吳棠"袁宏《紀》作"吳常"。

〔一八〕至三木樓山　按：《集解》引惠棟説，謂"三木樓山"袁宏《紀》作"沐樓山"。

〔一九〕匈奴河水　《刊誤》謂匈河，水名，多一"奴"字。按：《校補》謂《前書·匈奴傳》云趙破奴萬餘騎出令居數千里，至匈奴河水，臣瓚云水名也，與《武紀》注同，未嘗言名有誤。《刊誤》則據破奴本傳但云"匈河"，為衍"奴"字，不知匈奴河可省稱匈河也。

〔二〇〕憲陰喝不得對　按：《御覽》一五二引，"陰喝"作"喑嗚"。

〔二一〕切切猶勤勤也　按：此注原在"為言"下，據汲本、殿本移正。

〔二二〕篤弟景瓌並中常侍　按：《集解》引錢大昕説，謂中常侍宦者之職，非外戚所宜居，恐有誤。

〔二三〕嘗考劾父勳獄　按："嘗"原譌"當"，逕改正。

〔二四〕齊殤王　按：《刊誤》謂"殤"當作"煬"，彼既有子，不得謚"殤"明矣。

〔二五〕南單于屯屠河　按：《校補》謂《南單于傳》"河"作"何"，同。

〔二六〕出（捆）〔稒〕陽塞　王先謙謂《前志》作"稒陽"，此誤。今據改。注同。

〔二七〕漢有南北軍〔北軍〕中候一人　《刊誤》謂漢有北軍中候耳，衍"南"字。《校補》謂"南北軍"下誤脱"北軍"二字耳，傳言北軍，注應先釋所起，無突舉北軍之理。按：《校補》説是。今據補。

〔二八〕掌臨五營　《刊誤》謂"臨"當作"監"。今按：臨亦監也，劉說泥。

〔二九〕暨南單于東烏桓西戎氐羌侯王君長之群驍騎三萬　按：《文選》"東"下有"胡"字，"三萬"作"十萬"。

〔三〇〕复其逖爻亘地界　按："逖"原作"懇"，逕據汲本、殿本改。注同。

〔三一〕出為魏郡　按：《刊誤》謂下少"太守"二字。

〔三二〕安豐侯萬全　按：沈家本謂"豐"當作"風"。

〔三三〕見於面也　《藝文類聚》三十一引"見"作"次"。按：次於面謂僅次於見面也，義較長。

〔三四〕[故]城在今汴州雍丘縣東　按"城"上明脫一"故"字，今補。

〔三五〕顏回飯蔬食　按：今《論語》作"飯疏食"，而不云"顏回"。《校補》謂蔬疏古通作，惟注以為"顏回"則誤。

〔三六〕擢章為羽林郎將　按：黃山《校補》及沈家本《後漢書瑣言》皆謂"郎"上疑奪"中"字。

# 後漢書卷二十四

## 馬援列傳第十四 子廖　子防　兄子嚴　族孫棱

馬援字文淵，扶風茂陵人也。其先趙奢為趙將，號曰馬服君，子孫因為氏。[1]武帝時，以吏二千石自邯鄲徙焉。[2]曾祖父通，以功封重合侯，坐兄何羅反，被誅，[3]故援再世不顯。[4]援三兄況、余、員，[5]並有才能，王莽時皆為二千石。[6]

【注】

〔1〕馬服者，言能服馭馬也。《史記》曰，趙惠文王以奢有功，賜爵號為馬服君。

〔2〕《東觀記》曰："徙茂陵成懽里。"

〔3〕重合，縣，屬勃海郡，故城在今滄州樂陵縣東。馬何羅〔一〕與江充相善，充既誅，遂懼罪及己，謀反，伏誅。事見《前書》。

〔4〕祖及父不得為顯任也。《東觀漢記》，通生賓，宣帝時以郎持節，號使君；使君生仲，仲官至玄武司馬；仲生援。

〔5〕《東觀記》曰："況字長平，〔二〕余字聖卿，員字季主。"

〔6〕況，河南太守。余，中壘校尉。員，增山連率。

援年十二而孤，少有大志，諸兄奇之。嘗受《齊詩》，意不能守章句，[1]乃辭況，欲就邊郡田牧。[2]況曰："汝大才，當晚成。良工不示人以朴，且從所好。"[3]會況卒，援行服朞年，不離墓所；敬事寡嫂，不冠不入廬。[4]後為郡督郵，送囚至司命府，[5]囚有重罪，援哀而縱之，遂亡命北地。遇赦，因留牧畜，賓客多歸附者，遂役屬數百家。[6]轉游隴漢閒，常謂賓客曰："丈夫為志，窮當益堅，老當益壯。"因處田牧，至有牛馬羊數千頭，穀數萬斛。既而歎曰："凡殖貨財產，貴其能施賑也，否則守錢虜耳。"〔三〕乃盡散以班昆弟故舊，身衣羊裘皮絝。

【注】

[1]《東觀記》曰："受《齊詩》，師事潁川滿昌。"〔四〕

[2]《東觀記》曰"援以況出為河南太守，次兩兄為吏京師，見家用不足，乃辭況欲就邊郡畜牧"也。

[3]從其所請也。

[4]廬，舍也。

[5]王莽置司命官，上公已下皆糾察。

[6]《續漢書》："援過北地任氏畜牧。自援祖賓，本客天水，父仲又嘗為牧（帥）[師]令。〔五〕是時員為護苑使者，故人賓客皆依援。"

王莽末，四方兵起，莽從弟衛將軍林廣招雄俊，乃辟援及同縣原涉為掾，[1]薦之於莽。莽以涉為鎮戎大尹，[2]援為新成大尹。[3]及莽敗，援兄員時為增山連率，[4]與援俱去郡，復避地涼州。世祖即位，員先詣洛陽，帝遣員復郡，卒於官。援因留西州，隗囂甚敬重之，以援為綏德將軍，與決籌策。

【注】

[1]涉字巨先，見《前書》。

[2]王莽改天水為鎮戎，改太守為大尹。

[3]莽改漢中為新成也。

[4]莽改上郡為增山，連率亦太守也。莽法，典郡者公為牧，侯稱卒正，

伯稱連率,其無封爵者為尹也。

是時公孫述稱帝於蜀,囂使援往觀之。援素與述同里閈,〔1〕相善,以為既至當握手歡如平生,而述盛陳陛衞,以延援入,交拜禮畢,使出就館,更為援制都布單衣、〔2〕交讓冠,會百官於宗廟中,立舊交之位。述鸞旗旄騎,〔3〕警蹕就車,磬折而入,〔4〕禮饗官屬甚盛,欲授援以封侯大將軍位。賓客皆樂留,援曉之曰:"天下雄雌未定,公孫不吐哺走迎國士,〔5〕與圖成敗,反修飾邊幅,〔6〕如偶人形。〔7〕〔六〕此子何足久稽天下士乎?"〔8〕因辭歸,謂囂曰:"子陽井底蛙耳,〔9〕而妄自尊大,不如專意東方。"

【注】
〔1〕《說文》曰:"閈,閭也。"杜預注《左傳》:"閈,閭門也。"
〔2〕《東觀記》(曰)〔七〕"都"作"荅"。《史記》曰:"荅布千匹。"《前書音義》曰:"荅布,白疊布也。"何承天《纂文》曰:"都致、錯履、無極,皆布名。"《方言》曰:"襌衣,江、淮、南楚之閒謂之褋,關之東西謂之襌衣。"
〔3〕解在《公孫述傳》。
〔4〕磬折者,屈身如磬之曲折,敬也。
〔5〕哺,食也。《史記》,周公誡伯禽曰:"吾一沐三握髮,一食三吐哺,猶恐失天下士心也。"
〔6〕言若布帛脩整其邊幅也。《左傳》曰:"如布帛之有幅焉,為之度,使無遷。"
〔7〕《禮記》曰:"謂為俑者不仁。"鄭玄云:"俑,偶人也。有面目機發,有似於生人也。"俑音勇。
〔8〕稽,留也。
〔9〕言述志識褊狹,如坎井之蛙。事見《莊子》。

建武四年冬,囂使援奉書洛陽。援至,引見於宣德殿。世祖迎笑謂援曰:"卿遨遊二帝閒,今見卿,使人大慚。"援頓首辭謝,因曰:"當今之世,非獨君擇臣也,臣亦擇君矣。[1]臣與公孫述同縣,少相善。臣前至蜀,述陛戟而後進臣。臣今遠來,陛下何知非刺客姦人,而簡易若是?"[2]帝復笑曰:"卿非刺客,顧說客耳。"援曰:"天下反覆,盜名字者不可勝數。[3]今見陛下,恢廓大度,同符高祖,乃知帝王自有真也。"帝甚壯之。援從南幸黎丘,轉至東海。及還,以為待詔,使太中大夫來歙持節送援西歸隴右。

【注】
[1]《家語》曰:"君擇臣而任之,臣亦擇君而事之。"
[2]《東觀記》曰"援初到,勑令中黃門引入,時上在宣德殿南廡下,但幘坐",[八]故云"簡易"也。
[3]盜猶竊也。

隗囂與援共臥起,問以東方流言及京師得失。[1]援說囂曰:"前到朝廷,上引見數十,[2]每接讌語,自夕至旦,才明勇略,非人敵也。且開心見誠,無所隱伏,闊達多大節,略與高帝同。經學博覽,政事文辯,前世無比。"囂曰:"卿謂何如高帝?"援曰:"不如也。高帝無可無不可;[3]今上好吏事,動如節度,又不喜飲酒。"囂意不懌,曰:"如卿言,反覆勝邪?"然雅信援,故遂遣長子恂入質。援因將家屬隨恂歸洛陽。居數月而無它職任。援以三輔地曠土沃,而所將賓客猥多,乃上書求屯田上林苑中,帝許之。

【注】
[1]流猶傳也。
[2]《東觀記》曰凡十四見。
[3]此《論語》孔子自言己之所行也。

會隗囂用王元計,意更狐疑,〔1〕援數以書記責譬於囂。囂怨援背己,得書增怒,其後遂發兵拒漢。援乃上疏曰:"臣援自念歸身聖朝,奉事陛下,本無公輔一言之薦,左右為容之助。〔2〕臣不自陳,陛下何因聞之。夫居前不能令人輕,居後不能令人軒,〔3〕與人怨不能為人患,臣所恥也。故敢觸冒罪忌,昧死陳誠。臣與隗囂,本實交友。初,囂遣臣東,謂臣曰:'本欲為漢,願足下往觀之。於汝意可,即專心矣。'及臣還反,報以赤心,實欲導之於善,非敢譎以非義。而囂自挾姦心,盜憎主人,〔4〕怨毒之情遂歸於臣。臣欲不言,則無以上聞。願聽詣行在所,極陳滅囂之術,得空匃腹,申愚策,退就隴畝,死無所恨。"帝乃召援計事,援具言謀畫。因使援將突騎五千,往來游說囂將高峻、任禹之屬,下及羌豪,為陳禍福,以離囂(友)〔支〕黨。〔九〕

【注】
〔1〕狐性多疑,故曰狐疑。
〔2〕鄒陽書曰:"蟠木成萬乘之器者,左右為之容。"
〔3〕言為人無所輕重也。《詩》云:"如輊如軒。"輊音丁利反。
〔4〕《左傳》晉伯宗妻曰:"盜憎主人,民惡其上。"

援又為書與囂將楊廣,使曉勸於囂,曰:"春卿無恙。〔1〕前別冀南,〔2〕寂無音驛。援聞還長安,因留上林。竊見四海已定,兆民同情,而季孟閉拒背畔,為天下表的。〔3〕常懼海內切齒,思相屠裂,故遺書戀戀,以致惻隱之計。乃聞季孟歸罪於援,而納王游翁諂邪之說,〔4〕自謂函谷以西,舉足可定,以今而觀,竟何如邪?援聞至河內,過存伯春,〔5〕見其奴吉從西方還,說伯春小弟仲舒望見吉,欲問伯春無它否,竟不能言,曉夕號泣,婉轉塵中。又說其家悲愁之狀,不可言也。夫怨讎可刺不可毀,援聞之,不自知泣下也。援素知季孟孝愛,曾、閔不過。夫孝於其親,豈不慈於其子?可有子抱三木,而跳梁妄作,自同分羹之事乎?〔6〕季孟平生自言所以擁兵衆者,欲以保全父母之國而完墳墓也，又言苟厚士大夫而已。而今所欲全者將破亡之，所欲完者將毀傷之，所欲厚者將反薄之。季孟嘗折愧子陽而不受其爵，〔7〕今更共陸陸，〔8〕欲往附之，將難為顏乎？若復責以重質，當安從得子主給是哉！往時子陽獨欲以王相待，〔9〕而春卿拒之；今者歸老，更欲低頭與小兒曹共槽櫪而食，併肩側身於怨家之朝乎？〔10〕男兒溺死何傷而拘游哉！〔11〕今國家待春卿意深，宜使牛孺卿與諸耆老大人〔12〕共說季孟，若計畫不從，真可引領去矣。前披輿地圖，見天下郡國百有六所，奈何欲以區區二邦以當諸夏百有四乎？春卿事季孟，外有君臣之義，內有朋友之道。言君臣邪，固當諫爭；語朋友邪，應有切磋。〔13〕豈有知其無成，而但萎腰咋舌，叉手從族乎？〔14〕及今成計，殊尚善也；過是，欲少味矣。〔15〕且來君叔天下信士，朝廷重之，其意依依，常獨為西州言。援商朝廷，尤欲立信於此，〔16〕必不負約。援不得久留，願急賜報。"廣竟不荅。

【注】

〔1〕春卿，楊廣字。

〔2〕天水冀縣也。

〔3〕表猶標也，言為標準（謂）〔為〕射的也。〔一〇〕言背畔之罪，為天下所指射也。

〔4〕游翁，王元字也。

〔5〕存猶問也。

〔6〕三木者，謂桎、梏及械也，司馬遷曰："衣赭關三木。"分羹謂樂羊也，解見《公孫述傳》。

〔7〕媿猶辱也。

〔8〕陸陸猶碌碌也。

〔9〕謂欲封為朔寧王也。

〔10〕《字林》："併音卑正反。"

〔11〕游，浮也。

〔12〕大人謂豪傑也。

〔13〕骨曰切，象曰磋，言朋友之道如切磋以成器也。《詩》云："如切如磋，如琢如磨。"

〔14〕萎腇，耎弱也。萎音於罪反。腇音乃罪反。

〔15〕以食為諭。

〔16〕商，度也。

八年，帝自西征囂，至漆，[1]諸將多以王師之重，不宜遠入險阻，計尤豫未決。[2]會召援，夜至，帝大喜，引入，具以群議質之。[3]援因說隗囂將帥有土崩之埶，兵進有必破之狀。又於帝前聚米為山谷，指畫形埶，開示眾軍所從道徑往來，分析曲折，昭然可曉。帝曰："虜在吾目中矣。"明旦，遂進軍至第一，囂衆大潰。[4]

【注】

〔1〕漆，縣，屬右扶風。

〔2〕尤，行貌也，義見《說文》。豫亦未定也。尤音以林反。

〔3〕《廣雅》曰："質，定也。"

〔4〕第一，解見《竇融傳》。

九年，拜援為太中大夫，副來歙監諸將平涼州。自王莽末，西羌寇邊，遂入居塞內，金城屬縣多為虜有。來歙奏言隴西侵殘，非馬援莫能定。十一年夏，璽書拜援隴西太守。援迺發步騎三千人，擊破先零羌於臨洮，斬首數百級，獲馬牛羊萬餘頭。守塞諸羌八千餘人詣援降。諸種有數萬，屯聚寇鈔，拒浩亹隘。[1]援與揚武將軍馬成擊之。羌因將其妻子輜重移阻於允吾谷，[2]援乃潛行閒道，掩赴其營。羌大驚壞，復遠徙唐翼谷中，援復追討之。羌引精兵聚北山上，援陳軍向山，而分遣數百騎繞襲其後，乘夜放火，擊鼓叫譟，虜遂大潰，凡斬首千餘級。援以兵少，不得窮追，收其穀糧畜產而還。援中矢貫脛，帝以璽書勞之，賜牛羊數千頭，援盡班諸賓客。

【注】
〔1〕浩亹音告門，縣名，屬金城郡。浩，水名也。亹者，水流峽山閒，兩岸深若門也。《詩》曰"鳧鷖在亹"，亦其義也。今俗呼此水為閤門河，蓋疾言之耳。
〔2〕允吾音鈆牙。

是時，朝臣以金城破羌之西，[1]塗遠多寇，議欲棄之。援上言，破羌以西城多完牢，易可依固；其田土肥壤，[2][一]灌漑流通。如令羌在湟中，[3]則為害不休，不可弃也。帝然之，於是詔武威太守，[4]令悉還金城客民。[5]歸者三千餘口，使各反舊邑。援奏為置長吏，繕城郭，起塢候，[6]開導水田，勸以耕牧，郡中樂業。又遣羌豪楊封譬說塞外羌，皆來和親。又武都氐人背公孫述來降者，援皆上復其侯王君長，賜印綬，帝悉從之。乃罷馬成軍。

【注】
〔1〕破羌，縣名，屬金城郡，故城在今鄯州湟水縣西。
〔2〕無塊曰壤。
〔3〕湟，水名。據《前書》，出金城臨羌縣，東至允吾入河，今鄯州湟水縣取其名也。一名樂都水。
〔4〕《東觀記》曰梁統也。
〔5〕金城客人在武威者。
〔6〕《字林》曰："塢，小障也，一曰小城。字或作'隖'，音一古反。"

十三年，武都參狼羌與塞外諸種為寇，殺長吏。援將四千餘人擊之，至氐道縣，[1]羌在山上，援軍據便地，奪其水草，不與戰，羌遂窮困，豪帥數十萬戶亡出塞，諸種萬餘人悉降，於是隴右清靜。

## 【注】

〔1〕氐道縣屬隴西郡。縣管蠻夷曰道。〔一二〕

援務開（寬）〔恩〕信，（恩）〔寬〕以待下，〔一三〕任吏以職，但總大體而已。賓客故人，日滿其門。諸曹時白外事，援輒曰："此丞、掾之任，何足相煩。"〔1〕頗哀老子，使得遨游。若大姓侵小民，黠羌欲旅距，此乃太守事耳。"〔2〕傍縣嘗有報仇者，吏民驚言羌反，百姓奔入城郭。狄道長詣門，〔3〕請閉城發兵。援時與賓客飲，大笑曰："燒虜何敢復犯我。〔4〕曉狄道長歸守寺舍，良怖急者，可牀下伏。"後稍定，郡中服之。視事六年，徵入為虎賁中郎將。

## 【注】

〔1〕《續漢志》曰："郡當邊戍，丞為長史。"又："置諸曹掾史。"
〔2〕旅距，不從之貌。
〔3〕狄道，縣，屬隴西郡，今蘭州縣也。
〔4〕燒虜即燒羌也。
〔5〕曉，喻也。寺舍，官舍也。
〔6〕良，甚也。

初，援在隴西上書，言宜如舊鑄五銖錢。事下三府，三府奏以為未可許，事遂寢。及援還，從公府求得前奏，難十餘條，乃隨牒解釋，〔1〕更具表言。帝從之，天下賴其便。援自還京師，數被進見。為人明須髮，眉目如畫。〔2〕閑於進對，尤善述前世行事。每言及三輔長者，下至閭里少年，皆可觀聽。自皇太子、諸王侍聞者，莫不屬耳忘倦。又善兵策，帝常言"伏波論兵，與我意合"，每有所謀，未嘗不用。

## 【注】

〔1〕《東觀記》曰"凡十三難，援一一解之，條奏其狀"也。

〔2〕《東觀記》曰:"援長七尺五寸,色理髮膚眉目容貌如畫。"

初,卷人維汜,〔1〕訞言稱神,有弟子數百人,坐伏誅。後其弟子李廣等宣言汜神化不死,以誑惑百姓。十七年,遂共聚會徒黨,攻没皖城,〔2〕殺皖侯劉閔,自稱"南岳大師"。遣謁者張宗將兵數千人討之,復為廣所敗。於是使援發諸郡兵,合萬餘人,擊破廣等,斬之。

【注】
〔1〕卷,縣名,屬河南郡,故城在今鄭州原武縣西北也。
〔2〕皖,縣名,屬廬江郡,今舒州懷寧縣。皖音下板反,又下管反。

又交阯女子徵側及女弟徵貳反,〔1〕攻没其郡,九真、日南、合浦蠻夷皆應之,寇略嶺外六十餘城,側自立為王。於是璽書拜援伏波將軍,〔2〕以扶樂侯劉隆為副,〔3〕督樓船將軍段志〔一四〕等南擊交阯。軍至合浦而志病卒,詔援并將其兵。遂緣海而進,隨山刊道千餘里。〔4〕十八年春,軍至浪泊上,與賊戰,破之,斬首數千級,降者萬餘人。援追徵側等至禁谿,〔一五〕數敗之,賊遂散走。明年正月,斬徵側、徵貳,傳首洛陽。〔5〕封援為新息侯,食邑三千户。援乃擊牛釃酒,勞饗軍士。〔6〕從容謂官屬曰:"吾從弟少游常哀吾慷慨多大志,曰:'士生一世,但取衣食裁足,乘下澤車,〔7〕御款段馬,〔8〕為郡掾史,守墳墓,鄉里稱善人,斯可矣。致求盈餘,但自苦耳。'當吾在浪泊、西里間,〔一六〕虜未滅之時,下潦上霧,毒氣重蒸,〔一七〕仰視飛鳶跕跕墯水中,〔9〕臥念少游平生時語,何可得也!今賴士大夫之力,被蒙大恩,猥先諸君紆佩金紫,且喜且慚。"吏士皆伏稱萬歲。

【注】
〔1〕徵側者,麓泠縣雒將之女也,〔一八〕嫁為朱鳶人詩索妻,甚雄勇。交阯太守蘇定以法繩之,側怨怒,故反。

〔2〕《東觀記》曰："援上書：'臣所假伏波將軍印，書"伏"字，"犬"外嚮。城皋令印，"皋"字為"白"下"羊"；丞印"四"下"羊"；尉印"白"下"人"，"人"下"羊"。即一縣長吏，印文不同，恐天下不正者多。符印所以為信也，所宜齊同。'薦曉古文字者，事下大司空正郡國印章。奏可。"

〔3〕扶樂，縣名，屬九真郡。

〔4〕刊，除也。

〔5〕《越志》云："徵側兵起，都麓泠縣。及馬援討之，奔入金溪（穴）〔究〕中，〔一九〕二年乃得之。"

〔6〕釃猶濾也。《詩》曰："釃酒有藇。"毛萇注云："以筐曰釃。"釃音所宜反。

〔7〕《周禮》曰"車人為車，行澤者欲短轂，行山者欲長轂，短轂則利，長轂則安"也。

〔8〕款猶緩也，言形段遲緩也。

〔9〕鳶，鴟也。跕跕，墮貌也。跕音都牒、泰牒二反。

　　援將樓船大小二千餘艘，戰士二萬餘人，進擊九真賊徵側餘黨都羊等，〔二〇〕自無功至居風，[1]斬獲五千餘人，嶠南悉平。[2]援奏言西于縣戶有三萬二千，[3]遠界去庭千餘里，[4]請分為封溪、望海二縣，許之。[5]援所過輒為郡縣治城郭，穿渠灌溉，以利其民。條奏越律與漢律駁者十餘事，[6]與越人申明舊制以約束之，自後駱越奉行馬將軍故事。[7]

【注】

[1]無功、居風，二縣名，並屬九真郡。居風，今愛州。

[2]嶠，嶺嶠也。《爾雅》曰："山銳而高曰嶠。"嶠音渠廟反。《廣州記》曰："援到交阯，立銅柱，為漢之極界也。"

[3]西于縣屬交阯郡，故城在今交州龍編縣東也。

[4]庭，縣庭也。

〔5〕封溪、望海，縣，並屬交阯郡。
〔6〕駮，乖舛也。
〔7〕駱者，越別名。

二十年秋，振旅還京師，軍吏經瘴疫死者十四五。賜援兵車一乘，朝見位次九卿。

援好騎，善別名馬，於交阯得駱越銅鼓，乃鑄為馬式，〔1〕還上之。因表曰："夫行天莫如龍，行地莫如馬。〔2〕馬者甲兵之本，國之大用。安寧則以別尊卑之序，有變則以濟遠近之難。昔有騏驥，一日千里，伯樂見之，昭然不惑。〔3〕近世有西河子輿，亦明相法。子輿傳西河儀長孺，長孺傳茂陵丁君都，君都傳成紀楊子阿，臣援嘗師事子阿，受相馬骨法。考之於〔行〕事，〔二一〕輒有驗効。臣愚以為傳聞不如親見，視景不如察形。今欲形之於生馬，則骨法難備具，又不可傳之於後。孝武皇帝時，善相馬者東門京〔4〕鑄作銅馬法獻之，有詔立馬於魯班門外，則更名魯班門曰金馬門。臣謹依儀氏䩭，中帛氏口齒，謝氏脣鬐，丁氏身中，備此數家骨相以為法。"〔5〕馬高三尺五寸，圍四尺五寸。有詔置於宣德殿下，以為名馬式焉。

【注】

〔1〕式，法也。裴氏《廣州記》曰："俚獠鑄銅為鼓，鼓唯高大為貴，面闊丈餘。初成，懸於庭，剋晨置酒，招致同類，來者盈門。豪富子女以金銀為大釵，執以叩鼓，叩竟，留遺主人也。"

〔2〕《史記・平準書》曰："以為在天莫如龍，在地莫如馬。"

〔3〕伯樂，秦穆公時善相馬者也。桓寬《鹽鐵論》曰："騏驥負鹽車，垂頭於太行之坂，見伯樂則噴而長鳴。"

〔4〕東門，姓也；京，名也。

〔5〕援《銅馬相法》曰："水火欲分明。水火在鼻兩孔閒也。上脣欲急而方，口中欲紅而有光，此馬千里。頷下欲深，下脣欲緩。牙欲前向。牙（欲）

去齒一寸,〔二二〕則四百里；牙劍鋒,則千里。目欲滿而澤。腹欲充,鬝欲小,季肋欲長,懸薄欲厚而緩。懸薄,股也。腹下欲平滿,〔二三〕汗溝欲深［而］長,（而）膝本欲起,〔二四〕肘腋欲開,膝欲方,蹄欲厚三寸,堅如石。"鞠音居奇反。

初,援軍還,將至,故人多迎勞之,平陵人孟冀,名有計謀,於坐賀援。援謂之曰："吾望子有善言,反同衆人邪？昔伏波將軍路博德開置七郡,裁封數百戶；〔1〕今我微勞,猥饗大縣,功薄賞厚,何以能長久乎？先生奚用相濟？"冀曰："愚不及。"援曰："方今匈奴、烏桓尚擾北邊,欲自請擊之。男兒要當死於邊野,以馬革裹屍還葬耳,何能臥牀上在兒女子手中邪？"冀曰："諒為烈士,當如此矣。"

【注】
〔1〕《漢書》曰,平南越以為南海、蒼梧、鬱林、合浦、交阯、九真、日南、朱崖、儋耳九郡。今此言"七郡",則與《前書》不同也。

還月餘,會匈奴、烏桓寇扶風,援以三輔侵擾,園陵危逼,因請行,許之。自九月至京師,十二月復出屯襄國。〔1〕詔百官祖道。援謂黃門郎梁松、竇固曰："凡人為貴,當使可賤,如卿等欲不可復賤,居高堅自持,勉思鄙言。"松後果以貴滿致災,固亦幾不免。

【注】
〔1〕襄國,縣名,屬趙國,今邢州龍崗縣也。

明年秋,援乃將三千騎出高柳,行鴈門、代郡、上谷障塞。烏桓候者見漢軍至,虜遂散去,援無所得而還。
援嘗有疾,梁松來候之,獨拜牀下,援不答。松去後,諸子問曰："梁伯孫帝壻,〔1〕貴重朝廷,公卿已下莫不憚之,大人奈何獨不為禮？"

援曰:"我乃松父友也。"[2]雖貴,何得失其序乎?"[3]松由是恨之。

【注】
〔1〕松尚舞陰公主。《爾雅》曰:"女子之夫為壻。"
〔2〕松父統也。
〔3〕《禮記》曰:"見父之執友,[二五]不謂之進不敢進,不謂之退不敢退,不問不敢對。"鄭玄曰:"敬父同志如事父也。"

二十四年,武威將軍劉尚[二六]擊武陵五溪蠻夷,[1]深入,軍没,援因復請行。時年六十二,帝愍其老,未許之。援自請曰:"臣尚能被甲上馬。"帝令試之。援據鞍顧眄,以示可用。帝笑曰:"矍鑠哉是翁也!"[2]遂遣援率中郎將馬武、耿舒、劉匡、孫永等,將十二郡募士及弛刑四萬餘人征五溪。援夜與送者訣,謂友人謁者杜愔[二七]曰:"吾受厚恩,年迫餘日索,[3][二八]常恐不得死國事。今獲所願,甘心瞑目,但畏長者家兒或在左右,或與從事,殊難得調,介介獨惡是耳。"[4]明年春,軍至臨鄉,[5]遇賊攻縣,援迎擊,破之,斬獲二千餘人,皆散走入竹林中。

【注】
〔1〕酈元注《水經》云"武陵有五溪,謂雄溪、樠溪、酉溪、潕溪、辰溪,悉是蠻夷所居,故謂五溪蠻"。皆槃瓠之子孫也。土俗"雄"作"熊","樠"作"朗","潕"作"武",在今辰州界。
〔2〕矍鑠,勇貌也。《東觀記》作"曤哉是翁"。嘍音許縛反。
〔3〕索,盡也。
〔4〕長者家兒謂權要子弟等。介介猶耿耿也。
〔5〕《東觀記》曰"二月到武陵臨鄉"也。

初,軍次下雋,[1]有兩道可入,從壺頭則路近而水嶮,[2]從充則塗夷而運遠,〔3〕帝初以為疑。及軍至，耿舒欲從充道，援以為弃日費糧，不如進壺頭，搤其喉咽,〔4〕充賊自破。以事上之，帝從援策。三月，進營壺頭。賊乘高守隘，水疾，船不得上。會暑甚，士卒多疫死，援亦中病，遂困，乃穿岸為室，以避炎氣。〔5〕賊每升險鼓譟，援輒曳足以觀之，左右哀其壯意，莫不為之流涕。耿舒與兄好畤侯弇書曰："前舒上書當先擊充，糧雖難運而兵馬得用，軍人數萬爭欲先奮。今壺頭竟不得進，大衆怫鬱行死，誠可痛惜。前到臨鄉，賊無故自致，若夜擊之，即可殄滅。伏波類西域賈胡，到一處輒止,〔6〕以是失利。今果疾疫，皆如舒言。"弇得書，奏之。帝乃使虎賁中郎將梁松乘驛責問援，因代監軍。會援病卒，松宿懷不平,〔7〕遂因事陷之。帝大怒，追收援新息侯印綬。

【注】
〔1〕下雋，縣名，屬長沙國，故城今辰州沅陵縣。雋音字兗反。
〔2〕壺頭，山名也，在今辰州沅陵東。《武陵記》曰"此山頭與東海方壺山相似，神仙多所游集，因名壺頭山"也。
〔3〕充，縣名，屬武陵郡。充音昌容反。
〔4〕搤，持也。
〔5〕《武陵記》曰"壺頭山邊有石窟，即援所穿室也。室内有蛇如百斛船大，云是援之餘靈"也。
〔6〕言似商胡，所至之處輒停留。賈音古。
〔7〕以援往受其拜。

初，兄子嚴、敦並喜譏議,〔1〕而通輕俠客。援前在交阯，還書誡之曰："吾欲汝曹聞人過失，如聞父母之名，耳可得聞，口不可得言也。好論議人長短，妄是非正法,〔2〕〔二九〕此吾所大惡也，寧死不願聞子孫有此行也。汝曹知吾惡之甚矣，所以復言者，施衿結褵，申父母之戒,〔3〕欲使汝曹不忘之耳。龍伯高敦厚周慎，口無擇言，謙約節儉，廉公有威，吾愛之重之，願汝曹効之。杜季良豪俠好義，憂人之憂，樂人之樂,清濁無所失,[4]父喪致客,數郡畢至,吾愛之重之,不願汝曹效也。效伯高不得,猶為謹勅之士,所謂刻鵠不成尚類鶩者也。[5]效季良不得,陷為天下輕薄子,所謂畫虎不成反類狗者也。訖今季良尚未可知,郡將下車輒切齒,州郡以為言,吾常為寒心,是以不願子孫效也。"季良名保,京兆人,時為越騎司馬。[6]保仇人上書,訟保"為行浮薄,亂群惑眾,伏波將軍萬里還書以誡兄子,而梁松、竇固以之交結,[二〇]將扇其輕偽,敗亂諸夏"。書奏,帝召責松、固,以訟書及援誡書示之,松、固叩頭流血,而得不罪。詔免保官。伯高名述,亦京兆人,為山都長,[7]由此擢拜零陵太守。[8]

【注】

[1]並余之子也。喜音許吏反。

[2]謂譏刺時政也。

[3]《說文》曰:"衿,交衽也。"《詩》云:"親結其縭。"毛萇注云:"縭,婦人之褘也,女施衿結帨。"《爾雅》曰:"縭,緌也。"郭璞注曰:"即今之香纓也。"《儀禮》,父戒女曰"戒之敬之,夙夜無違命";母戒之曰"戒之敬之,夙夜無違宮事"也。

[4]輕重合宜。

[5]鶩,鴨也。

[6]《續漢書》曰:"越騎司馬秩千石。"

[7]山都,縣,屬南陽郡,故城在今襄州義清縣東北,今名固城也。

[8]今永州也。

初,援在交阯,常餌薏苡實,用能輕身省慾,以勝瘴氣。[1]南方薏苡實大,援欲以為種,軍還,載之一車。時人以為南土珍怪,權貴皆望之。援時方有寵,故莫以聞。及卒後,有上書譖之者,以為前所載還,皆明珠文犀。[2]馬武與於陵侯侯昱等[3]皆以章言其狀,帝益怒。援妻孥惶懼,不敢以喪還舊塋,裁買城西數畝地槁葬而已。[4]賓客故人莫敢弔會。嚴與援妻子草索相連，詣闕請罪。帝乃出松書以示之，方知所坐，上書訴冤，前後六上，辭甚哀切，然後得葬。

【注】

〔1〕《神農本草經》曰："薏苡味甘，微寒，主風溼痹下氣，除筋骨邪氣，久服輕身益氣。"

〔2〕犀之有文彩也。〔三一〕

〔3〕昱，司徒侯霸之子也。

〔4〕裁，僅也，與纔同。槀，草也。以不歸舊塋，時權葬，〔三二〕故稱槀。

又前雲陽令同郡朱勃詣闕上書曰：

臣聞王德聖政，不忘人之功，〔1〕採其一美，不求備於衆。〔2〕故高祖赦蒯通而以王禮葬田橫，〔3〕大臣曠然，咸不自疑。夫大將在外，讒言在內，微過輒記，大功不計，誠為國之所慎也。故章邯畏口而奔楚，〔4〕燕將據聊而不下。〔5〕豈其甘心末規哉，悼巧言之傷類也。〔6〕

【注】

〔1〕《周書》曰："記人之功，忘人之過，宜為君也。"

〔2〕《論語》周公謂魯公曰："不使大臣怨乎不以，無求備於一人。"

〔3〕蒯通說韓信背漢，高祖徵通至，釋不誅。田橫初自稱齊王，漢定天下，橫猶以五百人保於海島，高祖追橫，橫自殺，以王禮葬之。並見《前書》也。

〔4〕章邯為秦將，使人請事，至咸陽，趙高不見，有不信之心，使還報，邯畏趙高讒之，遂降項羽。

〔5〕《史記》曰，燕將攻下聊城，人或讒之於燕，燕將懼誅，因保守聊城不敢歸。聊即今博州聊城縣也。

〔6〕末規猶下計也。《詩》云："巧言如簧。"類，善也。

竊見故伏波將軍新息侯馬援，拔自西州，欽慕聖義，閒關險難，[1]觸冒萬死，孤立群貴之閒，傍無一言之佐，馳深淵，入虎口，豈顧計哉！[2]寧自知當要七郡之使，徼封侯之福邪？八年，車駕西討隗囂，國計狐疑，眾營未集，援建宜進之策，卒破西州。及吳漢下隴，冀路斷隔，唯獨狄道為國堅守，士民飢困，寄命漏刻。援奉詔西使，鎮慰邊眾，乃招集豪傑，曉誘羌戎，謀如涌泉，埶如轉規，[3]遂救倒縣之急，[4]存幾亡之城，[5]兵全師進，因糧敵人，隴、冀略平，而獨守空郡，[6]兵動有功，師進輒克。銖鋤先零，緣入山谷，猛怒力戰，飛矢貫脛。又出征交阯，土多瘴氣，援與妻子生訣，無悔吝之心，[7]遂斬滅徵側，克平一州。[8]閒復南討，立陷臨鄉，師已有業，未竟而死，吏士雖疫，援不獨存。夫戰或以久而立功，或以速而致敗，深入未必為得，不進未必為非。人情豈樂久屯絕地，不生歸哉！惟援得事朝廷二十二年，北出塞漠，南度江海，觸冒害氣，僵死軍事，[9]名滅爵絕，國土不傳。海內不知其過，眾庶未聞其毀，卒遇三夫之言，橫被誣罔之讒，[10]家屬杜門，葬不歸墓，怨隙並興，宗親怖慄。死者不能自列，生者莫為之訟，臣竊傷之。

【注】

[1] 閒關猶崎嶇也。

[2]《戰國策》曰："魏安釐王畏秦，將入朝，周訴止之。王曰：'許綰為我呪曰："若入不出，請徇寡人以首。"'周訴對曰：'今有人謂臣，入不測之泉，而徇臣以鼠首，可乎？綰之首猶鼠首也。囚王於不測之秦而徇王以首，竊為王不取也。'"司馬遷書曰"垂餌虎口"，又曰"夫人臣出萬死不顧一生之計，赴公家之難"。謂援使隗囂也。

[3] 規，員也。《孫子》曰："戰如轉員石於萬仞之山者，埶也。"

[4]《孟子》曰："當今之時，行仁政，人悅之，猶解於倒縣也。"

[5] 幾音祈。幾，近也。

〔6〕守音式授反。

〔7〕吝猶恨也。

〔8〕南海、蒼梧、鬱林、合浦、交阯、日南、九真皆屬交州。

〔9〕僵，仆也。

〔10〕《韓子》曰："龐共與魏太子質於邯鄲，〔三三〕共謂魏王曰：'今一人言市有虎，王信乎？'王曰：'否。''二人言，王信乎？'王曰：'否。''三人言，王信乎？'曰：'寡人信。'龐共曰：'夫市無虎明矣，然三人言，誠市有虎。今邯鄲去魏遠於市，謗臣者過三人，願王熟察之。'"

　　夫明主醲於用賞，約於用刑。高祖嘗與陳平金四萬斤以閒楚軍，不問出入所為，豈復疑以錢穀閒哉？夫操孔父之忠而不能自免於讒，此鄒陽之所悲也。〔1〕《詩》云："取彼讒人，投畀豺虎。豺虎不食，投畀有北。有北不受，投畀有昊。"〔2〕此言欲令上天而平其惡。惟陛下留思豎儒之言，〔3〕無使功臣懷恨黃泉。臣聞《春秋》之義，罪以功除；〔4〕聖王之祀，臣有五義。〔5〕若援，所謂以死勤事者也。願下公卿平援功罪，宜絕宜續，以厭海內之望。

【注】

〔1〕《史記》鄒陽書曰："昔者，魯聽季孫之說而逐孔子，宋信子罕之計而囚墨翟。夫以孔、墨之辯，不能自免於讒諛。"

〔2〕《詩·小雅·巷伯篇》也。畀，與也。昊，昊天也。投與昊天，制其罰也。

〔3〕言如僮豎無知也。高祖曰："豎儒幾敗吾事。"

〔4〕《公羊傳》曰："夏滅項。孰滅之？齊滅之。曷為不言齊滅？為桓公諱也，以桓公嘗有繼絕存亡之功，故君子為之諱也。"

〔5〕《禮記》曰："夫聖王之制祀也，法施於人則祀之，以死勤事則祀之，以勞定國則祀之，能禦大災則祀之，能捍大患則祀之。"

臣年已六十，常伏田里，[三四]竊感欒布哭彭越之義，[1]冒陳悲憤，戰慄闕庭。

【注】
〔1〕《前書》曰，彭越為梁王，欒布為梁大夫使於齊。越以謀反，梟首洛陽，詔有收視者捕之。布使還，奏事越頭下，祠而哭之。

書奏，報，歸田里。[三五]
勃字叔陽，年十二能誦《詩》、《書》。常候援兄況。勃衣方領，能矩步，[1]辭言嫺雅，[2]援裁知書，見之自失。況知其意，乃自酌酒慰援曰："朱勃小器速成，智盡此耳，卒當從汝稟學，勿畏也。"[3]朱勃未二十，右扶風請試守渭城宰，[4]及援為將軍，封侯，而勃位不過縣令。援後雖貴，常待以舊恩而卑侮之，勃愈身自親，及援遇讒，唯勃能終焉。肅宗即位，追賜勃子穀二千斛。[5]

【注】
〔1〕《續漢書》曰："勃能說《韓詩》。"《前書音義》曰："頸下施衿領正方，學者之服也。"矩步者，回旋皆中規矩。
〔2〕嫺音閑。嫺雅猶沈靜也，司馬相如曰"雍容嫺雅"。
〔3〕稟，受也。
〔4〕渭城，縣名，故城在今咸陽縣東北。《前書音義》曰："試守者，試守一歲，乃為真，食其全俸。"
〔5〕《東觀記》曰："章帝下詔曰：'告平陵令、丞：縣人故雲陽令朱勃，建武中以伏波將軍爵土不傳，上書陳狀，不顧罪戾，懷旌善之志，有烈士之風。《詩》云："無言不讎，無德不報。"其以縣見穀二千斛賜勃子若孫，勿令遠詣闕謝。'"

初，援兄子壻王磐子石，[1]王莽從兄平阿侯仁之子也。莽敗，磐擁富貴居故國，為人尚氣節而愛士好施，有名江淮閒。後游京師，與衛尉陰興、大司空朱浮、齊王章共相友善。援謂姊子曹訓曰："王氏，廢姓也。子石當屏居自守，而反游京師長者，[2]用氣自行，多所陵折，其敗必也。"後歲餘，磐果與司隸校尉蘇鄴、丁鴻事相連，坐死洛陽獄。而磐子肅復出入北宮及王侯邸第。援謂司馬呂种曰：[3]"建武之元，名為天下重開。自今以往，海內日當安耳。但憂國家諸子並壯，而舊防未立，[4]若多通賓客，則大獄起矣。卿曹戒慎之！"及郭后薨，有上書者，以為肅等受誅之家，客因事生亂，[三六]慮致貫高、任章之變。[5]帝怒，乃下郡縣收捕諸王賓客，更相牽引，死者以千數。呂种亦豫其禍，臨命嘆曰："馬將軍誠神人也！"

【注】

〔1〕子石，磐字也。

〔2〕長者謂豪俠者也。

〔3〕是援行軍之司馬也。

〔4〕舊防，諸侯王子不許交通賓客。

〔5〕張敖為趙王，其相貫高。高祖不禮趙王，高恥之，置人壁中，欲害高祖。又任章父宣，霍氏女婿，坐謀反誅。宣帝祠昭帝廟，章乃玄服夜入廟，待帝至，欲為逆。發覺，伏誅。並見《前書》。

永平初，援女立為皇后。顯宗圖畫建武中名臣、列將於雲臺，[1]以椒房故，獨不及援。東平王蒼觀圖，言於帝曰："何故不畫伏波將軍像？"帝笑而不言。至十七年，援夫人卒，乃更脩封樹，起祠堂。

【注】

〔1〕雲臺在南宮也。

建初三年，肅宗使五官中郎將持節追策，諡援曰忠成侯。

四子:廖,防,光,客卿。

客卿幼而歧嶷,年六歲,能應接諸公,專對賓客。嘗有死罪亡命者來過,客卿逃匿不令人知。外若訥而內沈敏。援甚奇之,以為將相器,故以客卿字焉。[1]援卒後,客卿亦夭沒。

【注】
[1]張儀、虞卿並為客卿,故取名焉。事見《史記》。

論曰:馬援騰聲三輔,遨游二帝,及定節立謀,以干時主,將懷負鼎之願,蓋為千載之遇焉。[1]然其戒人之禍,智矣,[2]而不能自免於讒隙。豈功名之際,理固然乎?[3]夫利不在身,以之謀事則智;慮不私己,以之斷義必厲。誠能回觀物之智而為反身之察,若施之於人則能恕,自鑒其情亦明矣。[4]

【注】
[1]伊尹負鼎以干湯。光武與竇融書曰"千載之遇"也。
[2]謂誡竇固、梁松、王磐、呂种等,皆如所言也。
[3]居功名之地,讒構易興,[三七]而能免之者少矣。
[4]見人之謂智,自見之謂明。以自見之明為見人之用,其於物理豈不通乎。

廖字敬平,少以父任為郎。[1]明德皇后既立,拜廖為羽林左監、虎賁中郎將。顯宗崩,受遺詔典掌門禁,遂代趙憙為衛尉,肅宗甚尊重之。

【注】
[1]《東觀記》曰:"廖少習易經,清約沈靜。援擊武谿無功,卒于師,廖不得嗣爵。"

時皇太后躬履節儉，事從簡約，廖慮美業難終，上疏長樂宮以勸成德政，曰："臣案前世詔令，以百姓不足，起於世尚奢靡，故元帝罷服官，[1]成帝御浣衣，哀帝去樂府。[2]然而侈費不息，至於衰亂者，百姓從行不從言也。[3]夫改政移風，必有其本。傳曰：'吳王好劍客，百姓多創瘢；楚王好細腰，宮中多餓死。'[4]長安語曰：[5]'城中好高髻，四方高一尺；城中好廣眉，四方且半額；城中好大袖，四方全匹帛。'斯言如戲，有切事實。前下制度未幾，後稍不行。[三八]雖或吏不奉法，良由慢起京師。今陛下躬服厚繒，斥去華飾，素簡所安，發自聖性。[6]此誠上合天心，下順民望，浩大之福，莫尚於此。陛下既已得之自然，猶宜加以勉勗，法太宗之隆德，戒成、哀之不終。[7]《易》曰：'不恒其德，或承之羞。'[8]誠令斯事一竟，[9]則四海誦德，聲薰天地，[10]神明可通，金石可勒，而況於行仁心乎，[三九]況於行令乎！願置章坐側，以當瞽人夜誦之音。"[11]太后深納之。朝廷大議，輒以詢訪。

【注】

〔1〕《前書音義》曰："齊國舊有三服之官，春獻冠幘縰為首服，紈素為冬服，輕綃為夏服。元帝約省，故罷之。"

〔2〕哀帝即位，詔罷鄭衛之音，減郊祭及武樂等人數也。

〔3〕《書》曰："違上所命，從厥攸好。"

〔4〕《墨子》曰"楚靈王好細腰，而國多餓人"也。

〔5〕當時諺言。

〔6〕言儉素約簡，后之所安。

〔7〕太宗，孝文也。玄默為化，身衣弋綈。成帝下詔，務崇儉約，禁斷綺縠、女樂，嫁娶葬埋過制，唯青綠人所常服不禁。哀帝初即位，易帷帳，去錦繡，乘輿席緣綈繒而已。成帝以趙飛燕，哀帝以董賢，為儉並不終。

〔8〕《恒卦》九三爻詞也。巽下震上，鄭玄注云："巽為進退，不恒其德之象。又（玄）[互]體兌，[四〇]兌為毀折，後將有羞辱也。"

〔9〕竟猶終也。

〔10〕薰猶蒸也，言芳聲薰天地也。
〔11〕瞽人，無目者也。古者瞽師教國子誦六詩。《前書·禮樂志》云"乃采詩夜誦"。夜誦者，其辭或祕，不可宣露，故於夜中歌誦也。

廖性質誠畏慎，不愛權埶聲名，盡心納忠，不屑毀譽。[1]有司連據舊典，奏封廖等，累讓不得已，建初四年，遂受封為順陽侯，以特進就第。每有賞賜，輒辭讓不敢當，京師以是稱之。

【注】
〔1〕王逸注《楚詞》云："屑，顧也。"

子豫，為步兵校尉。太后崩後，馬氏失埶，廖性寬緩，不能教勒子孫，豫遂投書怨誹。又防、光奢侈，好樹黨與。八年，有司奏免豫，遣廖、防、光就封。豫隨廖歸國，考擊物故。[1]後詔還廖京師。永元四年，卒。和帝以廖先帝之舅，厚加賵賻，使者弔祭，王主會喪，諡曰安侯。〔四一〕

【注】
〔1〕物，無也；故，事也：謂死也。

子遵嗣，徙封程鄉侯。遵卒，無子，國除。元初三年，鄧太后（詔）〔紹〕封廖孫度為潁陽侯。〔四二〕

防字江平，永平十二年，與弟光俱為黃門侍郎。肅宗即位，拜防中郎將，稍遷城門校尉。
建初二年，金城、隴西保塞羌皆反，[1]拜防行車騎將軍事，以長水校尉耿恭副,將北軍五校兵及諸郡積射士三萬人擊之。軍到冀,而羌豪布橋等圍南部都尉於臨洮。防欲救之,臨洮道險,車騎不得方駕,防乃別使兩司馬將數百騎,分為前後軍,去臨洮十餘里為大營,多樹幡幟,揚言大兵且當進。羌候見之,馳還言漢兵盛不可當。明旦遂鼓譟而前,羌虜驚走,因追擊破之,斬首虜四千餘人,遂解臨洮圍。防開以恩信,燒當種皆降,唯布橋等二萬餘人在臨洮西南望曲谷。〔2〕十二月,羌又敗耿恭司馬及隴西長史於和羅谷,死者數百人。明年春,防遣司馬夏駿將五千人從大道向其前,潛遣司馬馬彭將五千人從閒道衝其心腹,又令將兵長史李調等將四千人繞其西,三道俱擊,復破之,斬獲千餘人,得牛羊十餘萬頭。羌退走,夏駿追之,反為所敗。防乃引兵與戰於索西,又破之。〔3〕布橋迫急,將種人萬餘降。詔徵防還,拜車騎將軍,城門校尉如故。

【注】

〔1〕羌,東吾燒當之後也,以其父滇吾降漢,乃入居塞內,故稱保塞。

〔2〕酈元注《水經》云望曲在臨洮西南,去龍桑城二百里。

〔3〕索西,縣名,故城在今岷州和政縣東,亦名臨洮東城,亦謂之赤城。《沙州記》云:"從東洮至西洮一百二十里。"東洮即謂此城。

防貴寵最盛,與九卿絕席。光自越騎校尉遷執金吾。四年,封防潁陽侯,光為許侯,兄弟二人各六千户。防以顯宗寖疾,入參醫藥,又平定西羌,增邑千三百五十户。屢上表讓位,俱以特進就第。皇太后崩,明年,拜防光禄勳,光為衞尉。防數言政事,多見採用。是冬始施行十二月迎氣樂,〔四三〕防所上也。〔1〕子鉅,為常從小侯。〔2〕六年正月,以鉅當冠,〔3〕特拜為黃門侍郎。肅宗親御章臺下殿,陳鼎俎,自臨冠之。明年,防復以病乞骸骨,詔賜故中山王田廬,〔4〕以特進就第。

【注】

〔一〕解見《章帝紀》。

〔二〕以小侯故得常從也。

〔三〕《禮記》曰二十弱冠。〔四四〕《儀禮》曰，士冠，筮於廟門，〔四五〕主人玄冠朝服，有司如主人服。卒筮旅占告吉，若不吉即筮遠日如初。前期三日，筮賓如求日之儀。陳服于房中西墉下，東領北上。始加緇布冠，次加皮弁，次加爵弁。嫡子冠於阼，以著代也。三加而彌尊，冠而字之，敬其名也。祝曰："令月吉辰，加爾元服，棄爾幼志，順爾成德。"

〔四〕中山王焉以郭太后少子故，獨留京師。建武三十年徙封中山，永平二年就國，故以其田廬賜防也。

防兄弟貴盛，奴婢各千人已上，資產巨億，皆買京師膏腴美田，又大起第觀，連閣臨道，彌亙街路，多聚聲樂，曲度比諸郊廟。〔一〕賓客奔湊，四方畢至，京兆杜篤之徒數百人，常為食客，居門下。刺史、守、令多出其家。歲時賑給鄉閭，故人莫不周洽。防又多牧馬畜，賦斂羌胡。帝不喜之，數加譴勑，所以禁遏甚備，由是權執稍損，賓客亦衰。八年，因兄子豫怨謗事，有司奏防、光兄弟奢侈踰僭，濁亂聖化，悉免就國。臨上路，詔曰："舅氏一門，俱就國封，四時陵廟無助祭先后者，朕甚傷之。其令許侯思愆田廬，有司勿復請，〔二〕以慰朕渭陽之情。"〔三〕

【注】

〔一〕曲度謂曲之節度也。

〔二〕留之於京，守田廬而思愆過也。

〔三〕渭陽，《詩·秦風》也。秦康公送舅晉文公于渭之陽，念母之不見也。其詩曰："我見舅氏，如母存焉。"

光為人小心周密，喪母過哀，〔一〕帝以是特親愛之，乃復位特進。子康，黃門侍郎。永元二年，光為太僕，康為侍中。及竇憲誅，光坐與厚善，復免就封。後憲奴誣光與憲逆，自殺，[2]家屬歸本郡。本郡復殺康，而防及廖子遵皆坐徙封丹陽。防為翟鄉侯，租歲限三百萬，不得臣吏民。防後以江南下溼，上書乞歸本郡，和帝聽之。十三年，卒。

【注】
〔1〕《東觀記》曰："光遭母喪，哀慟感傷，形骸骨立。"
〔2〕《東觀記》曰："奴名玉當。初，竇氏有事，玉當亡，私從光乞，不與。恨去，懷挾欲中光。官捕得玉當，因告言光與憲有惡謀，光以被誣不能自明，乃自殺。光死後，憲他奴郭扈自出證明光、憲無惡言，光子朗上書迎光喪葬舊塋，詔許之。"

子鉅嗣，後為長水校尉。永初七年，鄧太后詔諸馬子孫還京師，隨四時見會如故事，復紹封光子朗為合鄉侯。

嚴字威卿。父余，王莽時為楊州牧。嚴少孤，[1]而好擊劍，習騎射。[2]後乃白援，從平原楊太伯講學，專心墳典，能通《春秋左氏》，[3]因覽百家群言，遂交結英賢，京師大人咸器異之。[4]仕郡督郵，援常與計議，委以家事。弟敦，字孺卿，亦知名。援卒後，嚴乃與敦俱歸安陵，居鉅下，[5]三輔稱其義行，號曰"鉅下二卿"。

【注】
〔1〕《東觀記》："余卒時，嚴七歲，依姊壻父九江連率平阿侯王述。明年，母復終，會述失郡，居沛郡。建武三年，余外孫右扶風曹貢為梧安侯相，迎嚴歸，養視之。至四年，叔父援從車駕東征，過梧安，乃將嚴兄弟西。嚴年十三至雒陽，留寄郎朱仲孫舍，大奴步護視之也。"
〔2〕《東觀記》曰："嚴從其故門生肆都學擊劍，[四六]習騎射。"
〔3〕《東觀記》曰，從司徒祭酒陳元受之。

〔4〕大人，長者之稱也。

〔5〕《決錄注》曰："鉅下，地名也。"

明德皇后既立，嚴乃閉門自守，猶復慮致譏嫌，遂更徙北地，斷絕賓客。永平十五年，皇后勑使移居洛陽。顯宗召見，嚴進對閑雅，意甚異之，有詔留仁壽闥，與校書郎杜撫、班固等雜定《建武注記》。常與宗室近親臨邑侯劉復等論議政事，甚見寵幸。後拜將軍長史，將北軍五校士、羽林禁兵三千人，屯西河美稷，〔1〕衛護南單于，聽置司馬、從事。牧守謁敬，同之將軍。勑嚴過武庫，祭蚩尤，〔2〕帝親御阿閣，〔3〕觀其士衆，時人榮之。

【注】

〔1〕美稷，縣名。

〔2〕武庫，掌兵器，令一人，秩六百石。《前書音義》曰："蚩尤，古天子，好五兵，故今祭之。"見《高祖紀》也。

〔3〕阿，曲也。

肅宗即位，徵拜侍御史中丞，〔四七〕除子鱏為郎，〔1〕令勸學省中。〔2〕其冬，有日食之災，嚴上封事曰："臣聞日者衆陽之長，食者陰侵之徵。《書》曰：'無曠庶官，天工人其代之。'〔3〕言王者代天官人也。故考績黜陟，以明褒貶。〔4〕無功不黜，則陰盛陵陽。臣伏見方今刺史太守專州典郡，不務奉事盡心為國，而司察偏阿，取與自己，同則舉為尤異，異則中以刑法，〔5〕不即垂頭塞耳，採求財賂。今益州刺史朱酺、楊州刺史倪說、〔6〕涼州刺史尹業等，每行考事，輒有物故，〔7〕又選舉不實，曾無貶坐，是使臣下得作威福也。故事，州郡所舉上奏，司直察能否以懲虛實。〔8〕今宜加防檢，式遵前制。舊丞相、御史親治職事，唯丙吉以年老優游，不案吏罪，〔9〕於是宰府習為常俗，更共罔養，以崇虛名，〔10〕或未曉其職，便復遷徙，誠非建官賦祿之意。宜勑正百司，各責以事，州郡所舉,必得其人。若不如言,裁以法令。傳曰:'上德以寬服民,其次莫如猛。故火烈則人望而畏之,水懦則人狎而翫之。為政者寬以濟猛,猛以濟寬。'〔11〕如此,綏御有體,災眚消矣。"〔12〕書奏,帝納其言而免酺等官。

【注】

〔1〕鱄音時兗反。

〔2〕勸,勉也。《前書》王鳳薦班伯於成帝,宜勸學,召見宴昵殿是也。

〔3〕《尚書》咎繇之詞。

〔4〕《尚書》曰:"三載考績,三考黜陟幽明。"

〔5〕中音丁仲反。

〔6〕倪音五兮反。說音悅。

〔7〕考,按也。

〔8〕《前書》武帝元狩五年,初置司直,比二千石,掌佐丞相舉不法。《續漢書》曰:"光武以武帝故事置司直,居丞相府,助督錄諸州。建武十八年省之。"

〔9〕丙吉字少卿,魯人也。宣帝時,為丞相。掾史有罪,終無所驗。公府不按吏,自吉始也。見《前書》。

〔10〕罔養猶依違也。

〔11〕《左傳》鄭子產誡子太叔為政之詞也。

〔12〕眚亦災也。

建初元年,遷五官中郎將,除三子為郎。嚴數薦達賢能,申解冤結,多見納用。復以五官中郎將行長樂衛尉事。二年,拜陳留太守。嚴當之職,乃言於帝曰:"昔顯親侯竇固誤先帝出兵西域,置伊吾盧屯,煩費無益。又竇勳受誅,其家不宜親近京師。"是時勳女為皇后,竇氏方寵,時有側聽嚴言者,以告竇憲兄弟,由是失權貴心。嚴下車,明賞罰,發姦慝,郡界清靜。時京師訛言賊從東方來,百姓奔走,轉相驚動，諸郡遑急，各以狀聞。嚴察其虛妄，獨不為備。詔書勑問，使驛係道，嚴固執無賊，後卒如言。典郡四年，坐與宗正劉軼、少府丁鴻等更相屬託，徵拜太中大夫；十餘日，遷將作大匠。七年，復坐事免。後既為竇氏所忌，遂不復在位。及帝崩，竇太后臨朝，嚴乃退居自守，訓教子孫。永元十年，卒於家，時年八十二。

弟敦，官至虎賁中郎將。嚴七子，[1]唯續、融知名。續字季則，七歲能通《論語》，十三明《尚書》，十六治《詩》，博觀群籍，善《九章筭術》。[2]順帝時，為護羌校尉，遷度遼將軍，所在有威恩稱。融自有傳。

【注】
〔1〕謂固，伉，歆，鱄，融，留，續。
〔2〕劉徽《九章筭術》曰《方田》第一，《粟米》第二，（羨外）〔《差分》〕第三，[四八]《少廣》第四，《商功》第五，《均輸》第六，《盈不足》第七，《方程》第八，《句股》第九。


棱字伯威，援之族孫也。少孤，依從兄毅共居業，恩猶同產。毅卒無子，棱心喪三年。[1]

【注】
〔1〕《東觀記》曰："毅，張掖屬國都尉。"

建初中，仕郡功曹，舉孝廉。及馬氏廢，肅宗以棱行義，徵拜謁者。章和元年，遷廣陵太守。時穀貴民飢，奏罷鹽官，以利百姓，賑貧贏，薄賦稅，興復陂湖，溉田二萬餘頃，吏民刻石頌之。[1]永元二年，轉漢陽太守，有威嚴稱。大將軍竇憲西屯武威，棱多奉軍費，侵賦百姓，憲誅，坐抵罪。後數年，江湖多劇賊，以棱為丹陽太守。棱發兵掩擊，皆禽滅之。轉會稽太守，治亦有聲。轉河內太守。永初中，坐事抵罪，卒于家。

【注】
〔1〕《東觀記》曰："棱在廣陵，蝗（虫）〔蟲〕入江海，化為魚蝦，〔四九〕興復陂湖，增歲租十餘萬斛。"

贊曰：伏波好功，爰自冀、隴。南靜駱越，西屠燒種。徂年已流，壯情方勇。明德既升，家祚以興。廖乏三趣，防遂驕陵。〔1〕

【注】
〔1〕《左氏傳》曰，宋正考甫三命滋益恭，"一命而僂，再命而傴，三命而俯，循牆而走，亦莫余敢侮"。

【校勘記】
〔一〕馬何羅　《集解》引惠士奇說，謂"馬"《前書》作"莽"，莽馬音同，古文通。
〔二〕況字長平　汲本、殿本"長"作"君"。按：聚珍本《東觀記》亦作"君"。
〔三〕否則守錢虜耳　按：《集解》引惠棟說，謂"虜"袁宏《紀》作"奴"。
〔四〕師事潁川滿昌　按：汲本"滿"作"蒲"，《東觀記》同。
〔五〕又嘗為牧（帥）〔師〕令　《集解》引陳景雲說，謂注"帥"當作"師"，《前漢》有牧師令。今據改。
〔六〕如偶人形　按：汲本"偶"作"俑"。袁《紀》同。
〔七〕東觀記（曰）"曰"字當衍，今刪。
〔八〕但幘坐　殿本"但"作"袒"，聚珍本《東觀記》同。按：《校補》引《說文》"但，裼也"，"裼，但也"，謂古"袒"作"但"，故《通鑑》亦作

"但幘坐"。

〔九〕以離囂(友)〔支〕黨　據汲本改。按：《刊誤》謂"友"當作"支"。

〔一〇〕言為標準(謂)〔為〕射的也　據殿本改。

〔一一〕其田土肥壤　按：《集解》引沈欽韓說，謂《方言》"膿，肥也"，《廣雅》"膿，盛也"，"壤"當為"膿"。

〔一二〕縣管蠻夷曰道　《刊誤》謂"管"當依《漢書》本文作"有"。今按：《漢志》作"有蠻夷曰道"，《續志》作"縣主蠻夷曰道"。

〔一三〕務開(寬)〔恩〕信(恩)〔寬〕以待下　據《刊誤》改。按：聚珍本《東觀記》正作"務開恩信，寬以待下"。

〔一四〕督樓船將軍段志等　按："段志"袁宏《紀》作"殷志"。

〔一五〕援追徵側等至禁谿　按：《通鑑》胡注謂"禁谿"《水經注》及《越志》皆作"金谿"。

〔一六〕當吾在浪泊西里閒　按：王先謙謂《東觀記》"里"下有"塢"字。

〔一七〕毒氣重蒸　《刊誤》謂"重"當作"熏"。今按：《集解》引周壽昌說，謂重蒸言下潦上霧，兩重相蒸也，不必改"熏"。王先謙謂《東觀記》作"熏"，案"重"字亦通。

〔一八〕雒將之女也　按：沈欽韓謂"雒"當為"駱"，賈損之所謂"駱越之民"，《前書·閩越傳》"甌駱將左黃同"。

〔一九〕奔入金溪(穴)〔究〕中　《集解》引沈欽韓說，謂"穴"當為"究"。《水經·鬱水注》引竺枝《扶南記》曰，山溪瀨中謂之究。又《葉榆水注》，援將兵討側，側走金溪究中。今據改。

〔二〇〕徵側餘黨都羊等　《光武紀》"都羊"作"都陽"。按：陽羊古通作。

〔二一〕考之於〔行〕事　據汲本、殿本補。

〔二二〕牙(欲)去齒一寸　據《刊誤》刪。

〔二三〕腹下欲平滿　按：《集解》引惠棟說，謂唐、宋舊本皆云"脅堂欲平滿"。

〔二四〕汗溝欲深［而］長（而）膝本欲起　據《刊誤》改。

〔二五〕見父之執友　按：殿本、《集解》本無"友"字，與《禮記》合。

〔二六〕武威將軍劉尚　按：王先謙謂《東觀記》"劉尚"作"劉禹"。

〔二七〕謁者杜憎　按：《集解》引惠棟説，謂袁宏《紀》"杜憎"作"杜憶"。

〔二八〕年迫餘日索　按：《集解》引王補説，謂《通鑑》作"年迫日索"，無"餘"字。

〔二九〕妄是非正法　按：《通鑑》"正"作"政"。《集解》引惠棟説，謂案注當作"政"。

〔三〇〕竇固以之交結　按：王先謙謂"以"字無義，疑當作"與"，音近而訛。

〔三一〕犀之有文彩也　按：《校補》謂"之"當作"角"。

〔三二〕時權葬　按：《校補》謂"時權"二字當乙。

〔三三〕龐共與魏太子質於邯鄲　按：《校補》謂"龐共"《魏策》作"龐葱"。

〔三四〕常伏田里　按：《校補》謂觀下文"報歸田里"，則朱勃上書之時必尚未歸田里，安得云"常伏田里"，"常"蓋"當"之誤。

〔三五〕書奏報歸田里　按：王補謂袁《紀》"書奏不報，歸田里"，此"報"上奪"不"字，《通鑑》作"帝意稍解"。《校補》則謂袁《紀》"不"字必係誤衍。當時帝方盛怒，勃固無不待報而擅歸田里之理。勃書本自陳年已六十，當伏田里，故帝報許之，不以其訟伏波為罪，即意稍解也。

〔三六〕客因事生亂　按：《刊誤》謂"客"是"容"之誤。

〔三七〕讒構易興　按："構"原作"搆"，逕改正。

〔三八〕前下制度未幾後稍不行　《刊誤》謂案文有"未幾"，則不當更有"後"字，蓋本是"復"字也。今按：應讀"前下制度未幾"為句，"後"字連下讀，劉説未諦。

〔三九〕而況於行仁心乎　按："行"字疑涉下"行令"而譌衍，群書治要引此無"行"字,通鑑則刪此一句。

〔四〇〕又(玄)〔互〕體兑　據殿本改。

〔四一〕謚曰安侯　按:汲本、殿本"安"作"哀"。

〔四二〕(詔)〔紹〕封廖孫度為潁陽侯　殿本《考證》謂"詔"當作"紹"。今據改。

〔四三〕十二月迎氣樂　按:《東觀記》"十二月"作"十月"。

〔四四〕二十弱冠　按:張森楷《校勘記》謂"弱"上當有"曰"字。

〔四五〕筮於廟門　按:《刊誤》謂"筮"下當有"日"字。

〔四六〕嚴從其故門生肆都學擊劍　《刊誤》謂門生無故者,"故"當作"叔"。按:《集解》引周壽昌說,謂"其"字指馬援,謂援之故門生,注截引《東觀記》原文,故字句微閡。

〔四七〕徵拜侍御史中丞　《集解》引惠棟說,謂徵拜侍御史,復遷中丞也。按:沈家本謂疑此"侍"字衍。

〔四八〕(羨外)〔差分〕第三　據汲本、殿本改。

〔四九〕蝗(虫)〔蟲〕入江海化為魚蝦　據汲本改。

# 後漢書卷二十五

## 卓魯魏劉列傳第十五 魯恭弟丕

卓茂字子康,〔一〕南陽宛人也。父祖皆至郡守。茂,元帝時學於長安,事博士江生,〔1〕習《詩》、《禮》及歷筭,究極師法,稱為通儒。性寬仁恭愛。鄉黨故舊,雖行能與茂不同,而皆愛慕欣欣焉。〔2〕

【注】

〔1〕江生,魯人江翁也。昭帝時為博士,號《魯詩》宗。見《前書》。

〔2〕《東觀記》曰:"茂為人恬蕩樂道,推實不為華貌,〔二〕行己在於清濁之間,自束髮至白首,與人未嘗有爭競。"

初辟丞相府史,事孔光,光稱為長者。時嘗出行,有人認其馬。茂問曰:"子亡馬幾何時?"對曰:"月餘日矣。"茂有馬數年,心知其謬,嘿解與之,挽車而去,顧曰:"若非公馬,幸至丞相府歸我。"他日,馬主別得亡者,乃詣府送馬,叩頭謝之。茂性不好爭如此。

後以儒術舉為侍郎,給事黃門,遷密令。〔1〕勞心諄諄,視人如子,〔2〕舉善而教,口無惡言,吏人親愛而不忍欺之。〔3〕人嘗有言部亭長受其米肉遺者,〔4〕茂辟左右問之曰:"亭長為從汝求乎?為汝有事囑之而受乎?將平居自以恩意遺之乎?"人曰:"往遺之耳。"茂曰:"遺之而受,何故言邪?"人曰:"竊聞賢明之君,使人不畏吏,吏不取人。今我畏吏,是以遺之,吏既卒受,故來言耳。"茂曰:"汝為敝人矣。凡人所以貴於禽獸者,以有仁愛,知相敬事也。今鄰里長老尚致饋遺,此乃人道所以相親,況吏與民乎?吏顧不當乘威力強請求耳。凡人之生,群居雜處,故有經紀禮義以相交接。〔三〕汝獨不欲修之,寧能高飛遠走,不在人閒邪?亭長素善吏,歲時遺之,禮也。"人曰:"苟如此,律何故禁之?"茂笑曰:"律設大法,禮順人情。今我以禮教汝,汝必無怨惡;以律治汝,何所措其手足乎?一門之內,小者可論,大者可殺也。且歸念之!"於是人納其訓,吏懷其恩。初,茂到縣,有所廢置,吏人笑之,鄰城聞者皆蚩其不能。河南郡為置守令,茂不為嫌,理事自若。〔5〕數年,教化大行,道不拾遺。平帝時,天下大蝗,河南二十餘縣皆被其災,獨不入密縣界。督郵言之,〔6〕太守不信,自出案行,見乃服焉。

【注】

〔1〕密,今洛州密縣也。

〔2〕諄諄,忠謹之貌也。《詩》曰:"誨爾諄諄。"音之順反。

〔3〕《家語》曰:"密子賤〔四〕為單父宰,人不忍欺。"

〔4〕部謂所部也。

〔5〕《東觀記》曰:"守令與茂並居,久之,吏人不歸往守令。"

〔6〕《續漢志》曰:"郡監縣有五部,部有督郵掾,以察諸縣也。"

是時王莽秉政,置大司農六部丞,勸課農桑,〔1〕遷茂為京部丞,密人老少皆涕泣隨送。及莽居攝,以病免歸郡,常為門下掾祭酒,不肯作職吏。

【注】

〔1〕王莽攝政,置大司農部丞十三人,人部一州,勸課農桑。今書及《東觀記》並言六部。

更始立，以茂為侍中祭酒，〔1〕從至長安，知更始政亂，以年老乞骸骨歸。

【注】
〔1〕《續漢志》曰："侍中，無員，掌侍左右，顧問應對，本有僕射一人，中興轉為祭酒。"

時光武初即位，先訪求茂，茂詣河陽謁見。〔1〕乃下詔曰："前密令卓茂，束身自修，執節淳固，誠能為人所不能為。夫名冠天下，當受天下重賞，故武王誅紂，封比干之墓，表商容之閭〔2〕。今以茂為太傅，封褒德侯，食邑二千戶，〔3〕賜几杖車馬，衣一襲，絮五百斤"。〔4〕〔五〕復以茂長子戎為太中大夫，次子崇為中郎，給事黃門。建武四年，薨，賜棺槨冢地，車駕素服親臨送葬。

【注】
〔1〕《東觀記》曰，茂時年七十餘矣。
〔2〕王子比干，紂殺之。商容，殷賢臣。武王入殷，命閎夭封比干之墓，命畢公表商容之閭。表，旌顯也。閭，里門也。事見《史記》。
〔3〕《東觀記》、《續漢書》皆作"宣德侯"。〔六〕
〔4〕單複具謂之襲。

子崇嗣，徙封汎鄉侯，官至大司農〔1〕。崇卒，子棽嗣〔2〕。棽卒，子訢嗣。訢卒，子隆嗣。永元十五年，隆卒，無子，國除。

【注】
〔1〕汎鄉在琅邪郡不其縣。
〔2〕棽音丑金反，又所金反。

初,茂與同縣孔休、陳留蔡勳、安衆劉宣、楚國龔勝、上黨鮑宣六人同志,不仕王莽時,〔七〕並名重當時。休字子泉,哀帝初,守新都令。〔1〕後王莽秉權,休去官歸家。及莽篡位,遣使齎玄纁、束帛,請為國師,遂歐血託病,杜門自絕。光武即位,求休、勳子孫,賜穀以旌顯之。劉宣字子高,安衆侯崇之從弟,知王莽當篡,乃變名姓,抱經書隱避林藪。建武初乃出,光武以宣襲封安衆侯。擢龔勝子賜為上谷太守。勝、鮑宣事在《前書》。勳事在玄孫邕傳。

【注】
〔1〕新都,縣也,屬南陽郡。

論曰:建武之初,雄豪方擾,虓呼者連響,嬰城者相望,〔1〕斯固倥傯不暇給之日。〔2〕卓茂斷斷小宰,無它庸能,〔3〕時已七十餘矣,而首加聘命,優辭重禮,其與周、燕之君表閭立館何異哉?〔4〕於是蘊憤歸道之賓,〔5〕越關阻,捐宗族,以排金門者衆矣。夫厚性寬中近於仁,犯而不校鄰於恕,〔6〕率斯道也,怨悔曷其至乎!〔7〕

【注】
〔1〕虓,虎怒也。《詩》曰:"闞如虓虎。"嬰城,言以城自嬰繞。
〔2〕《字書》曰:"倥傯,窮困也。給,足也。"日促事多,不暇給足也。
〔3〕斷斷猶專一也。《書》曰:"斷斷猗無它伎。"
〔4〕《史記》燕昭王即位,欲雪齊恥,以招賢者,得郭隗,為築宮而師事之。
〔5〕蘊,積也。
〔6〕校,報也。鄰,近也。曾子曰:"犯而不校。"
〔7〕怨謂為人所怨也。悔,恨也。

魯恭字仲康,扶風平陵人也。其先出於魯(傾)[頃]公,〔八〕為楚所滅,遷於下邑,因氏焉。世吏二千石,哀平閒,自魯而徙。祖父匡,王莽時,為羲和,有權數,號曰"智囊"。〔1〕父某,建武初,為武陵太守,卒官。時恭年十二,弟丕七歲,晝夜號踊不絕聲,郡中賻贈無所受,〔2〕乃歸服喪,禮過成人,鄉里奇之。十五,與母及丕俱居太學,習《魯詩》,〔3〕〔九〕閉戶講誦,絕人閒事,兄弟俱為諸儒所稱,學士爭歸之。

【注】
〔1〕匡設六筦之法以窮工商,故曰權數。
〔2〕《公羊傳》曰:"貨財曰賻。"
〔3〕高祖時魯申公詩也。

太尉趙憙慕其志,每歲時遣子問以酒糧,皆辭不受。〔1〕恭憐丕小,欲先就其名,託疾不仕。郡數以禮請,謝不肯應,母強遣之,恭不得已而西,因留新豐教授。建初初,丕舉方正,恭始為郡吏。太傅趙憙聞而辟之。肅宗集諸儒於白虎觀,恭特以經明得召,與其議。〔2〕

【注】
〔1〕問,遺也。
〔2〕與音豫也。

憙復舉恭直言,待詔公車,拜中牟令。恭專以德化為理,不任刑罰。訟人許伯等爭田,累守令不能決,〔一〇〕恭為平理曲直,皆退而自責,輟耕相讓。亭長從人借牛而不肯還之,牛主訟於恭。恭召亭長,勑令歸牛者再三,猶不從。恭歎曰:"是教化不行也。"欲解印綬去。掾史泣涕共留之,〔1〕亭長乃慙悔,還牛,詣獄受罪,恭貰不問。〔2〕於是吏人信服。建初七年,郡國螟傷稼,犬牙緣界,不入中牟。河南尹袁安聞之,疑其不實，使仁恕掾肥親往廉之。[3]恭隨行阡陌，俱坐桑下，有雉過，止其傍。傍有童兒，親曰："兒何不捕之？"兒言"雉方將雛"。親瞿然而起，[4][一一]與恭訣曰："所以來者，欲察君之政迹耳。今蟲不犯境，此一異也；化及鳥獸，此二異也；豎子有仁心，此三異也。久留，徒擾賢者耳。"還府，具以狀白安。是歲，嘉禾生恭便坐廷中，[5]安因上書言狀，帝異之。會詔百官舉賢良方正，恭薦中牟名士王方，帝即徵方詣公車，禮之與公卿所舉同，方致位侍中。恭在事三年，州舉尤異，會遭母喪去官，吏人思之。

【注】
〔1〕《續漢志》曰："縣置掾史如郡。"
〔2〕貰，寬貸也，音時夜反。
〔3〕仁恕掾，主獄，屬河南尹，見《漢官儀》。廉，察也。
〔4〕瞿音久住反。
〔5〕便坐，於便側之處，非正室也。《續漢書》云："恭謙不矜功，封以言府，府即奏上。尹以檄勞曰：'君以名德，久屈中牟，物產之化流行，天降休瑞，應行而生，尹甚嘉之。'"

後拜侍御史。和帝初立，議遣車騎將軍竇憲與征西將軍耿秉擊匈奴，恭上疏諫曰：

陛下親勞聖思，日昃不食，憂在軍役，誠欲以安定北垂，為人除患，定萬世之計也。臣伏獨思之，未見其便。社稷之計，萬人之命，在於一舉。數年以來，秋稼不熟，人食不足，倉庫空虛，國無畜積。會新遭大憂，人懷恐懼。[1]陛下躬大聖之德，履至孝之行，盡諒陰三年，聽於冢宰。百姓闕然，三時不聞警蹕之音，[2]莫不懷思皇皇，若有求而不得。[3]今乃以盛春之月，興發軍役，擾動天下，以事戎夷，誠非所以垂恩中國，改元正時，由內及外也。

【注】

〔1〕章帝崩也。

〔2〕三時,秋、夏、冬也。天子出警入蹕。和帝章和二年二月即位,明年春,議擊匈奴。帝在諒陰不出,故百姓三時不聞警蹕。

〔3〕《禮記·檀弓》曰:"魯人顏丁善居喪,始死,皇皇焉如有求而不得。"言百姓思帝,故恭引之。

萬民者,天之所生。天愛其所生,猶父母愛其子。一物有不得其所者,則天氣為之舛錯,況於人乎?故愛人者必有天報。昔太王重人命而去邠,故獲上天之祐。〔1〕夫戎狄者,四方之異氣也。蹲夷踞肆,與鳥獸無別。〔2〕若雜居中國,則錯亂天氣,汙辱善人,是以聖王之制,羈縻不絕而已。〔3〕

【注】

〔1〕《史記》,古公修后稷、公劉之業,國人皆戴之。戎翟攻之,人人皆怒欲戰,古公曰:"人以我故戰,殺人父子,予不忍為。"乃與私屬盡去邠,止于岐下。邠人舉國扶老攜弱,盡復歸於岐下。旁國聞之,亦多歸附。古公乃營築城郭室屋而邑之,人皆歌頌其德。武王即位,追尊古公為大王。

〔2〕夷,平也。肆,放也。言平坐踞傲,肆放無禮也。

〔3〕《字書》曰:"羈,馬絡頭也。"《蒼頡篇》曰:"縻,牛繮也。"

今邊境無事,宜當脩仁行義,尚於無為,令家給人足,安業樂產。夫人道乂於下,則陰陽和於上,祥風時雨,覆被遠方,夷狄重譯而至矣。《易》曰:'有孚盈缶,終來有它吉。'〔1〕言甘雨滿我之缶,誠來有我而吉已。〔2〕〔一二〕夫以德勝人者昌,以力勝人者亡。今匈奴為鮮卑所殺,遠臧於史侯河西,〔一三〕去塞數千里,而欲乘其虛耗,利其微弱,是非義之所出也。前太僕祭肜遠出塞外,卒不見一胡而兵已困矣。〔3〕白山之難,不絕如綖,〔4〕都護陷沒,士卒死者如積,〔5〕迄今被其辜毒。孤寡哀思之心未弭,仁者念之,以為累息,柰何復欲襲其迹,不顧患難乎?今始徵發,而大司農調度不足,〔6〕使者在道,分部督趣,〔7〕上下相迫,民閒之急亦已甚矣。三輔、并、涼少雨,麥根枯焦,牛死日甚,此其不合天心之效也。群僚百姓,咸曰不可,陛下獨柰何以一人之計,弃萬人之命,不卹其言乎?上觀天心,下察人志,足以知事之得失。臣恐中國不為中國,豈徒匈奴而已哉!惟陛下留聖恩,〔一四〕休罷士卒,以順天心。

【注】

〔1〕《易·比卦》辭也。孚,誠信也。缶,土器也。王弼注云:"親乎天下,著信盈缶,應者豈一道而來,故必有它吉也。"

〔2〕比卦坤下坎上。坤為土,缶之象也。坎為水,雨之象也。坎在坤上,故曰甘雨滿我之缶。有誠信,則它人來附而吉也。

〔3〕永平十六年,竇固、祭肜、耿秉、來苗等四道出擊匈奴。固至天山,擊走呼衍王,肜坐不至涿邪山,無所見而還,下獄免為庶人也。

〔4〕白山即天山也。言肜、固俱擊匈奴,固至天山,肜還下獄,同歷艱危,故曰如綖。《公羊傳》曰"中國不絕若綖"也。

〔5〕永平末年,焉耆、龜茲共攻沒都護陳睦,殺吏士二千餘人。

〔6〕度音大各反。

〔7〕趣音促。

書奏,不從。每政事有益於人,恭輒言其便,無所隱諱。

其後拜為《魯詩》博士,由是家法學者日盛。遷侍中,數召讌見,問以得失,賞賜恩禮寵異焉。遷樂安相。〔1〕是時東州多盜賊,群輩攻劫,諸郡患之。恭到,重購賞,開恩信,〔2〕其渠帥張漢等率支黨降,恭上以漢補博昌尉,〔3〕其餘遂自相捕擊,盡破平之,州郡以安。

【注】
〔1〕章帝孫千乘王寵相也。和帝改千乘國為樂安國，故城在今淄州高苑縣北。
〔2〕《說文》曰："以財相贖曰購。"
〔3〕博昌，縣，屬千乘國，今青州縣也。

永元九年，徵拜議郎。八月，飲酎，齋會章臺，詔使小黃門特引恭前。其夜拜侍中，勑使陪乘，勞問甚渥。冬，遷光祿勳，選舉清平，京師貴戚莫能枉其正。十（二）〔三〕年，代呂蓋為司徒。〔1〕〔一五〕十五年，從巡狩南陽，除子撫為郎中，賜駙馬從駕。〔2〕時弟丕亦為侍中。兄弟父子並列朝廷。後坐事策免。〔3〕殤帝即位，以恭為長樂衛尉。永初元年，復代梁鮪為司徒。〔4〕

【注】
〔1〕《漢官儀》曰："呂蓋字君（上）〔玉〕，〔一六〕苑陵人。"
〔2〕駙，副也。非正所乘，皆為副。《說文》曰："駙馬，副馬也。"
〔3〕《續漢書》曰"坐族弟弘農都尉炳事免官"也。
〔4〕《漢官儀》曰"鮪字伯元，河東平陽人"也。

初，和帝末，下令麥秋得案驗薄刑，而州郡好以苛察為政，因此遂盛夏斷獄。恭上疏諫曰：

臣伏見詔書，敬若天時，〔1〕憂念萬民，為崇和氣，罪非殊死，且勿案驗。進柔良，退貪殘，奉時令。〔2〕所以助仁德，順昊天，致和氣，利黎民者也。

【注】
〔1〕若，順也。《尚書·堯典》曰："乃命羲和，欽若昊天，敬授人時。"
〔2〕言順月令以行事也。

舊制至立秋乃行薄刑，自永元十五年以來，改用孟夏，而刺史、太守不深惟憂民息事之原，進良退殘之化，[1]因以盛夏徵召農人，拘對考驗，連滯無已。司隸典司京師，四方是則，[2]而近於春月分行諸部，託言勞來貧人，而無隱惻之實，煩擾郡縣，廉考非急，逮捕一人，罪延十數，[3]上逆時氣，下傷農業。案《易》五月《姤》用事。[4]經曰："后以施令誥四方。"[5]言君以夏至之日，施命令止四方行者，所以助微陰也。[6]行者尚止之，況於速召考掠，奪其時哉！

【注】

〔1〕《月令》曰："孟夏，命太尉贊桀俊，遂賢良，舉長大，行爵出禄，必當其位。"

〔2〕《漢官儀》曰："司隸校尉董領京師及三輔、三河、弘農。"

〔3〕逮，及也。辭所連及，即追捕之。

〔4〕《東觀記》曰："五月姤卦用事。"姤卦巽下乾上，初六，一陰爻生，五月之卦也。本多作"后"，古字通。

〔5〕誥，理也。《易·姤卦·象》曰："天下有風，姤，后以施令誥四方。"[一七]乾為天，君之象也；巽為風，號令之象也；后，君也：故以喻人君施令也。

〔6〕《易·復卦》曰："先王以至日閉關，商旅不行。"故夏至宜止行也。五月陰氣始生，故曰微陰。

比年水旱傷稼，人飢流冗。[1]今始夏，百穀權輿，陽氣胎養之時。[2]自三月以來，陰寒不暖，物當化變而不被和氣。《月令》："孟夏斷薄刑，出輕繫。行秋令則苦雨數來，五穀不熟。"[3]又曰："仲夏挺重囚，益其食。[4]行秋令則草木零落，[5]人傷於疫。"[6]夫斷薄刑者，謂其輕罪已正，不欲令久繫，故時斷之也。臣愚以為今孟夏之制，可從此令，其決獄案考，皆以立秋為斷，以順時節，育成萬物，則天地以和，刑罰以清矣。

【注】
〔1〕宂，散也。
〔2〕《爾雅》曰："權輿，始也。"萬物皆含胎長養之時。
〔3〕鄭玄注《禮記》云："申之氣乘之也。苦雨，白露之類也，時物得而傷也。"
〔4〕挺猶寬也。
〔5〕酉之氣乘之也。八月宿直昴，為獄主殺。
〔6〕大陵之氣為害也。大陵，星名。《春秋合誠圖》曰"大陵主死喪"也。

初，肅宗時，斷獄皆以冬至之前，自後論者互多駁異。鄧太后詔公卿以下會議，恭議奏曰：

夫陰陽之氣，相扶而行，發動用事，各有時節。若不當其時，則物隨而傷。王者雖質文不同，而茲道無變，四時之政，行之若一。《月令》，周世所造，而所據皆夏之時也，[1]其變者唯正朔、服色、犧牲、徽號、器械而已。[2]故曰："殷因於夏禮，周因於殷禮，所損益可知也。"《易》曰："潛龍勿用。"[3]言十一月、十二月陽氣潛臧，未得用事。雖煦嘘萬物，養其根荄，[4]而猶盛陰在上，地凍水冰，陽氣否隔，閉而成冬。故曰："履霜堅冰，陰始凝也。馴致其道，至堅冰也。"[5]言五月微陰始起，至十一月堅冰至也。

【注】
〔1〕謂氣候及星辰昏旦，皆夏時也。
〔2〕夏以建寅為正，服色、犧牲、徽號、器械皆尚黑；殷以建丑為正，尚白；周以建子為正，尚赤。周以夜半為朔，殷以雞鳴為朔，夏以平旦為朔。祭天地宗廟曰犧，卜得吉曰牲。徽號，旌旗之名也。器械，禮樂之器及甲兵也。

〔3〕龍以喻陽氣,《易·乾卦》初九爻辭。

〔4〕荄,草根也。荄音該,又音皆。

〔5〕《易·坤卦·象》辭也。馴,順也。言陰以卑順為道,漸至顯著,猶自履霜而至堅冰。

　　夫王者之作,因時為法。孝章皇帝深惟古人之道,助三正之微,定律著令,〔1〕冀承天心,順物性命,以致時雍。然從變改以來,年歲不熟,穀價常貴,人不寧安。小吏不與國同心者,率入十一月得死罪賊,不問曲直,便即格殺,雖有疑罪,不復讞正。一夫吁嗟,王道為虧,況於眾乎?《易》十一月〔一八〕"君子以議獄緩死"。〔2〕可令疑罪使詳其法,大辟之科,盡冬月乃斷。其立春在十二月中者,勿以報囚如故事。〔3〕

【注】

〔1〕三正,三微也。《前書音義》曰:"言陽氣始施,萬物微而未著,故曰微。"一曰天統,謂周十一月建子為正,天始施之端也。二曰地統,謂殷十二月建丑為正,地始化之端也。三曰人統,謂夏十三月建寅為正,人始成之端也。

〔2〕《易·中孚·象》詞也。《稽覽圖·中孚》十一月卦也。〔一九〕

〔3〕報囚,謂奏請報決也。

　　後卒施行。
　　恭再在公位,選辟高第,至列卿郡守者數十人。而其耆舊大姓,或不蒙薦舉,至有怨望者。恭聞之,曰:"學之不講,是吾憂也。〔1〕諸生不有鄉舉者乎?"終無所言。〔2〕恭性謙退,奏議依經,潛有補益,然終不自顯,故不以剛直為稱。三年,以老病策罷。六年,年八十一,卒於家。

【注】
〔1〕講,習也。《論語》孔子之言也。
〔2〕言人患學之不習耳,若能究習,自有鄉里之舉,豈要待三公之辟乎?

以兩子為郎。長子謙,為隴西太守,有名績。謙子旭,官至太僕,〔二〇〕從獻帝西入關,與司徒王允同謀共誅董卓。及李傕入長安,旭與允俱遇害。

丕字叔陵,性沈深好學,孳孳不倦,〔1〕遂杜絕交游,不荅候問之禮。士友常以此短之,而丕欣然自得。遂兼通五經,以《魯詩》、《尚書》教授,為當世名儒。後歸郡,為督郵、功曹,所事之將,無不師友待之。

【注】
〔1〕孳孳,不怠之意。

建初元年,肅宗詔舉賢良方正,大司農劉寬舉丕。時對策者百有餘人,唯丕在高第,除為議郎,遷新野令。視事朞年,州課第一,擢拜青州刺史。務在表賢明,慎刑罰。七年,坐事下獄司寇論。〔1〕

【注】
〔1〕司寇,刑名也。決罪曰論,言奏而論決之。《前書》曰"司寇,二歲刑"也。

元和元年徵,再遷,拜趙相。門生就學者常百餘人,關東號之曰"五經復興魯叔陵"。趙王商嘗欲避疾,〔1〕便時移住學官,〔二一〕丕止不聽。〔2〕王乃上疏自言,詔書下丕。丕奏曰:"臣聞禮,諸侯薨於路寢,大夫卒於嫡室,[3]死生有命,未有逃避之典也。學官傳五帝之道,修先王禮樂教化之處,王欲廢塞以廣游讌,事不可聽。"詔從丕言,王以此憚之。其後帝巡狩之趙,特被引見,難問經傳,厚加賞賜。在職六年,嘉瑞屢降,吏人重之。

【注】
〔1〕商,趙王良之孫。
〔2〕學官謂學舍也。
〔3〕路寢、嫡室皆正寢。《禮·喪大記》之文。

永元二年,遷東郡太守。丕在二郡,為人修通溉灌,百姓殷富。數薦達幽隱名士。[1]明年,拜陳留太守。視事三朞,後坐稟貧人不實,徵司寇論。

【注】
〔1〕《續漢書》曰:"薦王龔等,皆備帷幄近臣。"

十一年復徵,再遷中散大夫。[1]時侍中賈逵薦丕道藝深明,宜見任用。和帝因朝會,召見諸儒,丕與侍中賈逵、尚書令黃香等相難數事,帝善丕說,罷朝,特賜冠幘履襪衣一襲。丕因上疏曰:"臣以愚頑,顯備大位,犬馬氣衰,猥得進見,論難於前,無所甄明,[2]衣服之賜,誠為優過。臣聞說經者,傳先師之言,非從己出,不得相讓;相讓則道不明,若規矩權衡之不可枉也。[3]難者必明其據,說者務立其義,浮華無用之言不陳於前,故精思不勞而道術愈章。法異者,各令自說師法,博觀其義。[二]覽詩人之旨意,察《雅》《頌》之終始,明舜、禹、皋陶之相戒,[4]顯周公、箕子之所陳,[5]觀乎人文,化成天下。[6]陛下既廣納謇謇以開四聰,無令芻蕘以言得罪;[7]既顯巖穴以求仁賢,無使幽遠獨有遺失。"

【注】

〔1〕《續漢志》曰："秩六百石，無員。"

〔2〕甄，別也。

〔3〕規，圓也。矩，方也。權，秤錘。衡，秤衡。

〔4〕《尚書》帝舜謂禹曰："臣作朕股肱耳目。"禹戒舜曰："安汝止，慎乃在位。"咎繇戒禹曰："慎厥身修，思永，惇敘九族，在知人。"禹曰："吁咸若時，惟帝其難之。"是相誡也。

〔5〕周公作《無逸》、《立政》二篇以戒成王，箕子為武王陳《洪範》九疇之義，並見《尚書》。

〔6〕《易·賁卦》曰："觀乎天文，以察時變；觀乎人文，以化成天下。"注云："解天之文，則時變可知；解人之文，則化成可為也。"

〔7〕芻蕘，採薪者也。《大雅·板》詩曰"詢于芻蕘"也。

十三年，遷為侍中，免。

永初二年，詔公卿舉儒術篤學者，大將軍鄧騭舉丕，再遷，復為侍中、左中郎將，再為三老。[1]五年，年七十五，卒於官。

【注】

〔1〕三老，解見《明帝紀》也。

魏霸字喬卿，[二三]濟陰句陽人也。[1]世有禮義。霸少喪親，兄弟同居，州里慕其雍和。

【注】

〔1〕句音鉤。

建初中，舉孝廉，八遷，和帝時為鉅鹿太守。以簡朴寬恕為政。掾史有過，（要）[霸]先誨其失，〔二四〕不改者乃罷之。吏或相毀訴，霸輒稱它吏之長，終不及人短，言者懷慙，譖訟遂息。

永元十六年，徵拜將作大匠。明年，和帝崩，典作順陵。〔二五〕時盛冬地凍，中使督促，數罰縣吏以厲霸。霸撫循而已，初不切責，而反勞之曰：“令諸卿被辱，大匠過也。”吏皆懷恩，力作倍功。

延平元年，代尹勤為太常。明年，以病致仕，為光祿大夫。永初五年，拜長樂衛尉，以病乞身，復為光祿大夫，卒於官。


劉寬字文饒，弘農華陰人也。〔1〕父崎，順帝時為司徒。〔2〕寬嘗行，有人失牛者，乃就寬車中認之。寬無所言，下駕步歸。有頃，認者得牛而送還，叩頭謝曰：“慙負長者，隨所刑罪。”寬曰：“物有相類，事容脫誤，幸勞見歸，何為謝之？”州里服其不校。〔3〕

【注】
〔1〕謝承《書》曰“寬少學歐陽《尚書》、京氏《易》，尤明《韓詩外傳》。星官、風角、筭歷，皆究極師法，稱為通儒。未嘗與人爭執利之事”也。（隅）角，[隅]也。〔二六〕觀四隅之風占之也。
〔2〕崎音丘宜反。
〔3〕校，報也。《論語》曰：曾子曰“犯而不校”。

桓帝時，大將軍辟，五遷司徒長史。〔1〕時京師地震，特見詢問。再遷，出為東海相。〔2〕延熹八年，徵拜尚書令，遷南陽太守。典歷三郡，溫仁多恕，雖在倉卒，未嘗疾言遽色。常以為“齊之以刑，民免而無恥”。吏人有過，但用蒲鞭罰之，示辱而已，終不加苦。事有功善，推之自下。災異或見，引躬克責。每行縣止息亭傳，輒引學官祭酒及處士諸生執經對講。〔3〕見父老慰以農里之言，少年勉以孝悌之訓。人感德興行，日有所化。

【注】

〔1〕大將軍，梁冀也。
〔2〕東海王彊曾孫臻之相也。
〔3〕《續漢書》曰："博士祭酒，秩六百石。祭酒本僕射也，中興改為祭酒。"處士，有道蓺而在家者。

靈帝初，徵拜太中大夫，侍講華光殿。[1]遷侍中，賜衣一襲。轉屯騎校尉，遷宗正，轉光祿勳。熹平五年，代許訓為太尉。[2]靈帝頗好學蓺，每引見寬，常令講經。寬嘗於坐被酒睡伏。[3]帝問："太尉醉邪？"寬仰對曰："臣不敢醉，但任重責大，憂心如醉。"帝重其言。

【注】

〔1〕《洛陽宮殿簿》云："華光殿在華林園內。"
〔2〕《漢官儀》曰："許訓字季師，平輿人。"
〔3〕被，加也，為酒所加也。被音平寄反。

寬簡略嗜酒，不好盥浴，[1]京師以為諺。嘗坐客，遣蒼頭市酒，迂久，大醉而還。[2]客不堪之，罵曰："畜產。"寬須臾遣人視奴，疑必自殺。顧左右曰："此人也，罵言畜產，辱孰甚焉！故吾懼其死也。"夫人欲試寬令恚，伺當朝會，裝嚴已訖，使侍婢奉肉羹，翻汙朝衣。婢遽收之，寬神色不異，乃徐言曰："羹爛汝手？"其性度如此。海內稱為長者。

【注】

〔1〕《說文》曰："澡手曰盥。"音管。
〔2〕迂久猶良久也。

後以日食策免。拜衛尉。光和二年，復代段熲為太尉。在職三年，以日變免。又拜永樂少府，遷光祿勳。以先策黃巾逆謀，[1]以事上聞，封逯鄉侯六百戶。[2]中平二年卒，時年六十六。贈車騎將軍印綬，位特進，諡曰昭烈侯。子松嗣，官至宗正。

【注】
〔1〕先策謂預知也。
〔2〕逯音錄。

贊曰：卓、魯款款，情愨德滿。[1]仁感昆蟲，愛及胎卵。[2]寬、霸臨政，亦稱優緩。

【注】
〔1〕款款，忠誠也。
〔2〕童兒不捕雉也。

【校勘記】
〔一〕卓茂字子康　按：王先謙謂李善《文選注》作"字子容"。
〔二〕推實不為華貌　按：殿本"推"作"雅"。《校補》謂作"雅實"與《通鑑合》。作"推實"亦與《東觀記》合，推實即推誠，非字有誤。
〔三〕故有經紀禮義以相交接　按：王先謙謂《東觀記》"義"作"儀"。
〔四〕密子賤　按：汲本、殿本"密"作"宓"。
〔五〕絮五百斤　《集解》引惠棟說，謂《東觀記》云"金五百斤"。
〔六〕東觀記續漢書皆作宣德侯　按：《書鈔》五十二、《類聚》四十六引《漢官儀》，並作"宣德侯"。
〔七〕不仕王莽時　按：《刊誤》謂"時"字衍。李慈銘謂"時"字本當作"世"，章懷避諱改。
〔八〕其先出於魯（傾）〔頃〕公　按：《校補》謂"傾"乃"頃"之誤，

《史記・魯世家》可證。今據改。

〔九〕與母及丕俱居太學習魯詩　按：《校補》謂此文當有脱誤，婦人不能同居太學習經也。

〔一〇〕訟人許伯等爭田累守令不能決　按：張森楷《校勘記》謂《治要》"累"下有"年"字。

〔一一〕親瞿然而起　按：王先謙謂《東觀記》作"親默然有頃"。

〔一二〕誠來有我而吉已　按：《刊誤》謂"我"當作"它"，注文甚明。

〔一三〕遠臧於史侯河西　按：校補引錢大昭説，謂"史侯"《南匈奴傳》作"安侯"。

〔一四〕惟陛下留聖恩　《刊誤》謂"恩"當作"思"。按：惠棟云袁《紀》作"恩"。

〔一五〕十（二）〔三〕年代吕蓋爲司徒　《集解》引錢大昕説，謂"十二年"當依《和帝紀》作"十三年"。今據改。

〔一六〕吕蓋字君（上）〔玉〕　據王先謙説改。

〔一七〕后以施令誥四方　按：《集解》引錢大昕、惠棟説，謂"誥"本作"詰"，詰，止也，後人據王弼本改之耳。

〔一八〕易十一月　汲本、殿本"一"作"二"。按：《集解》引王補説，謂袁《紀》作"十一月中孚曰"。

〔一九〕十一月卦也　按：汲本、殿本"一"作"二"。

〔二〇〕謙子旭官至太僕　李慈銘謂"旭"《三國志》注作"廸"。今按：注見《魏志・董卓傳》，引張璠《漢紀》。

〔二一〕便時移住學官　按："學官"汲本作"學宮"。

〔二二〕法異者各令自説師法博觀其義　按：李慈銘謂"法異者"之"法"字上當有"家"字。

〔二三〕魏霸字喬卿　按：《御覽》五一二引謝承《後漢書》作"字嶠卿"。王先謙謂《東觀記》與傳同，一本作"字延年"。

〔二四〕掾史有過（要）〔霸〕先誨其失　李慈銘謂"要"蓋"霸"字之誤，俗書霸作西頭，故轉誤作"要"。今據改。

〔二五〕典作順陵　按：《校補》引錢大昭説，謂《殤帝紀》作"慎陵"，注云俗本作"順陵"者誤。

〔二六〕（隅）角〔隅〕也　據殿本改。

# 後漢書卷二十六

## 伏侯宋蔡馮趙牟韋列傳第十六 伏湛子隆

　　伏湛字惠公，琅邪東武人也。九世祖勝，字子賤，所謂濟南伏生者也。湛高祖父孺，武帝時，客授東武，因家焉。父理，為當世名儒，以《詩》授成帝，為高密太傅，別自名學。[1]

【注】
〔1〕為高密王寬傅也。寬，武帝玄孫廣陵王胥後也。《前書・儒林傳》曰，伏理字君游，[一]受《詩》於匡衡，由是《齊詩》有匡伏之學。故言"別自名學"也。

　　湛性孝友，少傳父業，教授數百人。成帝時，以父任為博士弟子。五遷，至王莽時為繡衣執法，[1]使督大姦，遷後隊屬正。[2]

【注】
〔1〕武帝置繡衣御史，王莽改御史曰執法，故曰"繡衣執法"也。
〔2〕王莽改河內為後隊。

　　更始立，以為平原太守。時倉卒兵起，天下驚擾，而湛獨晏然，教授不廢。謂妻子曰："夫一穀不登，國君徹膳；[1]今民皆飢，柰何獨飽？"乃共食麤糲,[2]悉分奉禄以賑鄉里,來客者百餘家。時門下督素有氣力,謀欲為湛起兵,湛惡其惑衆,即收斬之,徇首城郭,以示百姓,於是吏人信向,郡內以安。平原一境,湛所全也。

【注】
〔1〕《禮記》曰:"年穀不登,君膳不祭肺。"
〔2〕糲,麤米也。《九章筭術》曰:"粟五十,糲率三十。一斛粟得六斗米為糲也。"

光武即位,知湛名儒舊臣,欲令幹任內職,[1]徵拜尚書,使典定舊制。時大司徒鄧禹西征關中,帝以湛才任宰相,拜為司直,行大司徒事。車駕每出征伐,常留鎮守,總攝群司。建武三年,遂代鄧禹為大司徒,封陽都侯。[2]

【注】
〔1〕幹,主也。
〔2〕陽都,縣名,屬城陽國,故城在今沂州沂水縣東。

時彭寵反於漁陽,帝欲自征之,湛上疏諫曰:"臣聞文王受命而征伐五國,[1]必先詢之同姓,然後謀於群臣,加占蓍龜,以定行事,[2]故謀則成,卜則吉,戰則勝。其《詩》曰:'帝謂文王,詢爾仇方,同爾弟兄,以爾鉤援,與爾臨衝,以伐崇墉。'[3]崇國城守,先退後伐,[4]所以重人命,俟時而動,故參分天下而有其二。陛下承大亂之極,受命而帝,興明祖宗,出入四年,而滅檀鄉,制五校,降銅馬,破赤眉,誅鄧奉之屬,不為無功。今京師空匱,資用不足,未能服近而先事邊外;且漁陽之地,逼接北狄,黠虜困迫,必求其助。又今所過縣邑,尤為困乏。種麥之家,多在城郭,聞官兵將至,當已收之矣。大軍遠涉二千餘里,士馬罷勞,轉糧艱阻。今兗、豫、青、冀,中國之都,而寇賊從横,未及從化。漁陽以東,本備邊塞,地接外虜,貢稅微薄。安平之時,尚資內郡,況今荒耗,豈足先圖?而陛下捨近務遠,棄易求難,四方疑怪,百姓恐懼,誠臣之所惑也。復願遠覽文王重兵博謀,近思征伐前後之宜,顧問有司,使極愚誠,采其所長,擇之聖慮,以中土為憂念。"帝覽其奏,竟不親征。

【注】
〔1〕五國謂西伯受命伐犬夷,伐密須,伐耆,伐邘,伐崇。見《史記》。
〔2〕《書》曰:"謀及卿士,謀及卜筮。"又曰:"文王唯卜用,克綏受茲命。"《詩‧大雅》曰:"爰始爰謀,爰契我龜。"
〔3〕《詩‧大雅》也。仇,匹也。鉤援,梯所引上城也。臨,臨車也。衝,衝車也。墉,城也。崇侯倡紂為無道,故伐焉。
〔4〕《左氏傳》曰:"文王聞崇德亂而伐之,軍三旬而不降,退修政而復伐之,因壘而降。"

時賊徐異卿等[1]萬餘人據富平,[二]連攻之不下,[2]唯云"願降司徒伏公"。帝知湛為青、徐所信向,遣到平原,異卿等即日歸降,護送洛陽。

【注】
〔1〕異卿即獲索賊帥徐少也。[三]
〔2〕富平,縣名,屬平原郡,故城今棣州厭次縣也。

湛雖在倉卒,造次必於文德,以為禮樂政化之首,顛沛猶不可違。[1]是歲奏行鄉飲酒禮,遂施行之。

【注】
〔1〕顛沛猶僵仆也。

其冬，車駕征張步，留湛居守。時蒸祭高廟，[1]而河南尹、司隸校尉於廟中爭論，湛不舉奏，坐策免。六年，徙封不其侯，邑三千六百戶，遣就國。[2]後南陽太守杜詩上疏薦湛曰：“臣聞唐、虞以股肱康，文王以多士寧，是故《詩》稱‘濟濟’，《書》曰‘良哉’。[3]臣詩竊見故大司徒陽都侯伏湛，自行束脩，訖無毀玷，[4]篤信好學，守死善道，經為人師，行為儀表。前在河內朝歌及居平原，[5]吏人畏愛，則而象之。遭時反覆，不離兵凶，秉節持重，有不可奪之志。陛下深知其能，顯以宰相之重，衆賢百姓，仰望德義。微過斥退，久不復用，有識所惜，儒士痛心，臣竊傷之。湛容貌堂堂，國之光暉；[6]智略謀慮，朝之淵藪。髫髮厲志，[四]白首不衰。[7]實足以先後王室，名足以光示遠人。[8]古者選擢諸侯以為公卿，是故四方回首，仰望京師。[9]柱石之臣，宜居輔弼，[10]出入禁門，補缺拾遺。臣詩愚戆，不足以知宰相之才，竊懷區區，敢不自竭。臣前為侍御史，上封事，言湛公廉愛下，好惡分明，累世儒學，素持名信，經明行修，通達國政，尤宜近侍，納言左右，舊制九州五尚書，令一郡二人，[11][五]可以湛代。頗為執事所非。但臣詩蒙恩深渥，所言誠有益於國，雖死無恨，故復越職觸冒以聞。”

【注】

〔1〕冬祭曰蒸也。

〔2〕不其，縣名，屬琅邪郡。其音基。

〔3〕《大雅‧詩》曰：“濟濟多士。”《尚書》曰：“股肱良哉。”

〔4〕訖，竟也。玷，缺也。自行束脩謂年十五以上。

〔5〕朝歌，河内縣名也，故城在今衛州衛縣西。王莽改河内為後隊，謂湛為[後]隊屬正也。[六]

〔6〕堂堂，盛威儀也。

〔7〕《埤蒼》曰：“髫，髦也。”髫髮謂童子垂髮。

〔8〕先後，相導也。《詩‧大雅》曰：“予（則）[曰]有先後。”[七]先音先見反。後音胡豆反。

〔9〕《左傳》曰："鄭武公、莊公為平王卿士。"《東觀記》曰："詩上書：'武公、莊公所以砥礪藩屏，勸進忠信，令四方諸侯咸樂回首，仰望京師。'"

〔10〕柱石，承棟梁也。《前書》田延年曰："將軍為國柱石。"《尚書大傳》曰："古者天子必有四鄰，前曰疑，後曰承，左曰輔，右曰弼。天子有問無以對，責之疑；可志而不志，責之承；可正而不正，責之輔；可揚而不揚，責之弼。"

〔11〕蓋舊制九州共選五人以任尚書，令則一郡乃有二人，〔八〕故欲以湛代一人之處。

十三年夏，徵，勅尚書擇拜吏日，未及就位，〔九〕因謁見中暑，病卒。賜祕器，帝親弔祠，遣使者送喪脩冢。

二子：隆，翕。

翕嗣爵，卒，子光嗣。光卒，子晨嗣。[1]晨謙敬博愛，好學尤篤，以女孫為順帝貴人，奉朝請，位特進。卒，子無忌嗣，亦傳家學，博物多識，順帝時，為侍中屯騎校尉。永和元年，詔無忌與議郎黃景校定中書五經、諸子百家、蓺術。[2]元嘉中，桓帝復詔無忌與黃景、崔寔等共撰《漢記》。又自采集古今，刪著事要，號曰《伏侯注》。[3]無忌卒，子質嗣，官至大司農。質卒，子完嗣，尚桓帝女陽安長公主。女為孝獻皇后。曹操殺后，誅伏氏，國除。

【注】

〔1〕《東觀記》曰："晨尚高平公主。"

〔2〕中書，內中之書也。《蓺文志》曰"諸子凡一百八十九家"，言百家，舉其成數也。蓺謂書、數、射、御，術謂醫、方、卜、筮。

〔3〕其書上自黃帝，下盡漢質帝，為八卷，見行於今。

初，自伏生已後，世傳經學，清靜無競，故東州號為"伏不鬥"云。〔一〇〕

隆字伯文，少以節操立名，<sup>[1]</sup>仕郡督郵。建武二年，詣懷宮，光武甚親接之。

【注】
〔1〕東觀記"隆"作"盛"，字伯明。

時張步兄弟各擁彊兵，據有齊地，拜隆為太中大夫，持節使青徐二州，招降郡國。隆移檄告曰："乃者，猾臣王莽，殺帝盜位。宗室興兵，除亂誅莽，故群下推立聖公，以主宗廟。而任用賊臣，殺戮賢良，三王作亂，盜賊從橫，忤逆天心，<sup>[1]</sup>卒為赤眉所害。皇天祐漢，聖哲應期，陛下神武奮發，以少制衆。故尋、邑以百萬之軍，潰散於昆陽，王郎以全趙之師，土崩於邯鄲，<sup>[2]</sup>大肜、高胡望旗消靡，鐵脛、五校莫不摧破。梁王劉永，幸以宗室屬籍，爵為侯王，不知厭足，自求禍棄，遂封爵牧守，造為詐逆。今虎牙大將軍屯營十萬，已拔睢陽，劉永奔迸，家已族矣。此諸君所聞也。不先自圖，後悔何及？"青、徐群盜得此惶怖，獲索賊右師郎等六校即時皆降。<sup>[3]</sup>張步遣使隨隆，<sup>[4]</sup>詣闕上書，獻鰒魚。<sup>[5]</sup>

【注】
〔1〕三王見《聖公傳》。
〔2〕全趙謂舉趙之地。
〔3〕"右"或為"古"。
〔4〕《東觀記》步遣其掾孫昱隨之。
〔5〕郭璞注《三蒼》云："鰒似蛤，偏著石。"《廣志》曰："鰒無鱗有殼，一面附石，細孔雜雜，或七或九。"《本草》云："石決明，一名鰒魚。"音步角反。

其冬，拜隆光祿大夫，復使於步，并與新除青州牧守及都尉俱東，詔隆輒拜令長以下。隆招懷綏緝，多來降附。帝嘉其功，比之酈生。[1]即拜步為東萊太守，而劉永亦復遣使立步為齊王。步貪受王爵，尢豫未決。[2]隆曉譬曰："高祖與天下約，非劉氏不王，今可得為十萬戶侯耳。"步欲留隆與共守二州，隆不聽，[3]求得反命，步遂執隆而受永封。隆遣閒使上書曰："臣隆奉使無狀，[4]受執凶逆，雖在困阨，授命不顧。又吏人知步反畔，心不附之，願以時進兵，無以臣隆為念。臣隆得生到闕廷，受誅有司，此其大願；若令沒身寇手，以父母昆弟長累陛下。[5]陛下與皇后、太子永享萬國，與天無極。"帝得隆奏，召父湛流涕以示之曰："隆可謂有蘇武之節。[6]恨不且許而遽求還也！"其後步遂殺之，時人莫不憐哀焉。

【注】
〔1〕酈生，酈食其也。說齊王廣，下齊七十餘城。食其音異基。
〔2〕尢音以今反。
〔3〕二州，青州、徐州也。
〔4〕言罪大也。
〔5〕累，託也，音力偽反。
〔6〕武帝時，蘇武使匈奴，會衛律所將降者，陰相與謀，劫單于母閼氏歸漢，事發，單于使衛律考其事，召武受辭。武不屈節，引佩刀自刺。單于欲降武，武不降，杖節牧羊海上，臥起操持節，節旄盡落。在匈奴中十九年，乃得歸漢。見《前書》也。

五年，張步平，車駕幸北海，詔隆中弟咸收隆喪，賜給棺斂，太中大夫護送喪事，詔告琅邪作冢，以子瑗為郎中。[一]

侯霸字君房，河南密人也。族父淵，以宦者有才辯，任職元帝時，佐石顯等領中書，號曰大常侍。成帝時，任霸為太子舍人。[1]霸矜嚴有威容，家累千金，不事產業。篤志好學，師事九江太守房元，治《穀梁春秋》，為元都講。〔2〕王莽初，五威司命陳崇舉霸德行，遷隨宰。〔3〕縣界曠遠，濱帶江湖，而亡命者多為寇盜。霸到，即案誅豪猾，分捕山賊，縣中清靜。再遷為執法刺姦，〔4〕糾案執位者，無所疑憚。後為淮平大尹，政理有能名。〔5〕及王莽之敗，霸保固自守，卒全一郡。

【注】
〔1〕《漢官儀》曰："太子舍人，選良家子孫，秩二百石。"
〔2〕《東觀記》曰"從鍾寧君受律"也。
〔3〕王莽置五威司命將軍，又改縣令長曰宰。隨，縣名，屬南陽郡，今隨州縣也。
〔4〕《王莽傳》曰："置執法左右刺姦，選能吏侯霸等分督六尉、六隊，如漢刺史。"
〔5〕王莽改臨淮郡為淮平。

更始元年，遣使徵霸，〔1〕百姓老弱相攜號哭，遮使者車，或當道而臥。皆曰："願乞侯君復留朞年。"民至乃戒乳婦勿得舉子，侯君當去，必不能全。使者慮霸就徵，臨淮必亂，不敢授璽書，具以狀聞。會更始敗，道路不通。

【注】
〔1〕《東觀記》曰："遣謁者侯盛、荊州刺史費遂，齎璽書徵霸。"

建武四年，光武徵霸與車駕會壽春，拜尚書令。時無故典，朝廷又少舊臣，霸明習故事，收錄遺文，條奏前世善政法度有益於時者，皆施行之。每春下寬大之詔，奉四時之令，皆霸所建也。〔1〕明年，代伏湛為大司徒，封關內侯。在位明察守正，奉公不回。

【注】
〔1〕《月令》春布德行慶，施惠下人，故曰寬大。奉四時謂依月令也。

十三年，霸薨，帝深傷惜之，親自臨弔。下詔曰：「惟霸積善清絜。視事九年。漢家舊制，丞相拜日，封為列侯。〔1〕朕以軍師暴露，功臣未封，緣忠臣之義，不欲相踰，未及爵命，奄然而終。嗚呼哀哉！」於是追封諡霸則鄉哀侯，食邑二千六百戶。子昱嗣。臨淮吏人共為立祠，四時祭焉。以沛郡太守韓歆代霸為大司徒。

【注】
〔1〕漢自高祖以列侯為丞相，武帝以元勳佐命皆盡，拜公孫弘為丞相，封平津侯，因以為故事。

歆字翁君，南陽人，以從攻伐有功，封扶陽侯。好直言，無隱諱，帝每不能容。嘗因朝會，聞帝讀隗囂、公孫述相與書，歆曰：「亡國之君皆有才，桀紂亦有才。」帝大怒，以為激發。歆又證歲將飢凶，指天畫地，言甚剛切，坐免歸田里。帝猶不釋，復遣使宣詔責之。司隸校尉鮑永固請不能得，歆及子嬰竟自殺。歆素有重名，死非其罪，眾多不厭，〔1〕帝乃追賜錢穀，以成禮葬之。〔2〕

【注】
〔1〕厭音一葉反。
〔2〕成禮，具禮也。言不以非命而降其葬禮。

後千乘歐陽歙、清河戴涉相代為大司徒，坐事下獄死，自是大臣難居相任。其後河（南）〔內〕蔡茂，〔一二〕京兆玉況，〔1〕〔一三〕魏郡馮勤，皆得薨位。況字文伯，性聰敏，為陳留太守，以德行化人，遷司徒，四年薨。

【注】
〔1〕玉音肅。

昱後徙封於陵侯,[1]永平中兼太僕。昱卒,子建嗣。建卒,子昌嗣。

【注】
〔1〕於陵,縣名,屬濟南郡,故城在今淄州長山縣南。

宋弘字仲子,京兆長安人也。父尚,成帝時至少府;哀帝立,以不附董賢,違忤抵罪。弘少而溫順,哀平閒作侍中,王莽時為共工。[1]赤眉入長安,遣使徵弘,逼迫不得已,行至渭橋,自投於水,家人救得出,因佯死獲免。

【注】
〔1〕王莽改少府曰共工。

光武即位,徵拜太中大夫。建武二年,代王梁為大司空,封栒邑侯。[1]所得租奉分贍九族,家無資產,以清行致稱。徙封宣平侯。

【注】
〔1〕栒音恂。

帝嘗問弘通博之士,弘乃薦沛國桓譚才學洽聞,幾能及楊雄、劉向父子。[1]於是召譚拜議郎、給事中。帝每讌,輒令鼓琴,好其繁聲。弘聞之不悅,悔於薦舉,伺譚內出,正朝服坐府上,遣吏召之。譚至,不與席而讓之曰:"吾所以薦子者,欲令輔國家以道德也,而今數進鄭聲以亂雅頌,非忠正者也。[2]能自改邪?將令相舉以法乎?"譚頓首辭謝,良久乃遣之。後大會群臣,帝使譚鼓琴,譚見弘,失其常度。帝怪而問之。弘乃離席免冠謝曰:"臣所以薦桓譚者,望能以忠正導主,而令朝廷耽悅鄭聲,臣之罪也。"帝改容謝,使反服,其後遂不復令譚給事中。弘推進賢士馮翊、桓梁三十餘人,[一四]或相及為公卿者。[3]

【注】
〔1〕幾音祈。洽,浹洽也。幾,近也。《前書》班固曰,谷永經書,汎為疏達,不能浹洽如劉向父子及楊雄也。故弘引焉。
〔2〕《論語》孔子曰:"惡鄭聲之亂雅樂也。"《史記》曰"鄭音好濫淫志"也。
〔3〕及猶繼也。

弘當讌見,御坐新屏風,[一五]圖畫列女,帝數顧視之。弘正容言曰:"未見好德如好色者。"帝即為徹之。笑謂弘曰:"聞義則服,可乎?"對曰:"陛下進德,臣不勝其喜。"

時帝姊湖陽公主新寡,帝與共論朝臣,微觀其意。主曰:"宋公威容德器,群臣莫及。"帝曰:"方且圖之。"後弘被引見,帝令主坐屏風後,因謂弘曰:"諺言貴易交,富易妻,人情乎?"弘曰:"臣聞貧賤之知不可忘,[一六]糟糠之妻不下堂。"帝顧謂主曰:"事不諧矣。"

弘在位五年,坐考上黨太守無所據,免歸第。[1]數年卒,無子,國除。

【注】
〔1〕言無罪狀可據。

弘弟嵩,以剛彊孝烈著名,官至河南尹。嵩子由,(章)[元]和閒為太尉,[一七]坐阿黨竇憲,策免歸本郡,自殺。由二子:漢,登。登在

《儒林傳》。

　　漢字仲和，以經行著名，舉茂才，四遷西河太守。永建元年，為東平相、度遼將軍，[1]立名節，以威恩著稱。遷太僕，上病自乞，拜太中大夫，卒。策曰："太中大夫宋漢，清修雪白，正直無邪。前在方外，仍統軍實，[2]懷柔異類，莫匪嘉績，戎車載戢，邊人用寧。予錄乃勳，引登九列。因病退讓，守約彌堅，將授三事，未剋而終。朝廷愍悼，[一八]怛其愴然。《詩》不云乎：'肇敏戎功，用錫爾祉。'[3]其令將相大夫會葬，加賜錢十萬，及其在殯，以全素絲羔羊之絜焉。"[4]

【注】
〔1〕為東平王蒼曾孫端相也。
〔2〕仍，頻也。統，領也。軍實謂軍之所資也，《左傳》曰"隳軍實"。
〔3〕《大雅·江漢》之詩也。吉甫美宣王能興衰撥亂，命召公平淮夷。毛萇注云："肇，謀也。敏，疾也。戎，大也。功，事也。祉謂福慶。"
〔4〕《詩·國風》曰："羔羊之皮，素絲五紽，退食自公，委[蛇]委(蛇)蛇。"[一九]退食，減膳也。言卿大夫已下，皆衣羔羊之裘，縫以素絲，自減膳食，從於公事，行步委蛇自得。

　　子則，字元矩，為鄢陵令，亦有名迹。拔同郡韋著、扶風法真，稱為知人。則子年十歲，與蒼頭共弩射，蒼頭弦斷矢激，誤中之，即死。奴叩頭就誅，則察而恕之。潁川荀爽深以為美，時人亦服焉。

　　論曰：中興以後，居台相總權衡多矣，其能以任職取名者，豈非先遠業後小數哉？[1]故惠公造次，急於鄉射之禮；君房入朝，先奏寬大之令。夫器博者無近用，道長者其功遠，蓋志士仁人所為根心者也。[2]君子以之得，固貴矣；以之失，亦得矣。[3]宋弘止繁聲，戒淫色，其有

《關雎》之風乎！〔4〕

【注】
〔1〕遠業謂德禮，小數謂名法也。
〔2〕根猶本也。
〔3〕以之得，謂行道義而得，固可貴矣。以之失，謂行道義而失，亦為得也。
〔4〕《詩序》曰："《關雎》樂得淑女以配君子，憂在進賢，不淫其色也。"


蔡茂字子禮，河內懷人也。哀平閒以儒學顯，徵試博士，對策陳災異，以高等擢拜議郎，遷侍中。遇王莽居攝，以病自免，不仕莽朝。

會天下擾亂，茂素與竇融善，因避難歸之。融欲以為張掖太守，固辭不就；每所餉給，計口取足而已。後與融俱徵，復拜議郎，再遷廣漢太守，有政績稱。時陰氏賓客在郡界多犯吏禁，茂輒糾案，無所回避。會洛陽令董宣舉糾湖陽公主，〔二〇〕帝始怒收宣，既而赦之。茂喜宣剛正，欲令朝廷禁制貴戚，乃上書曰："臣聞興化致教，必由進善；康國寧人，莫大理惡。陛下聖德係興，再隆大命，即位以來，四海晏然。誠宜夙興夜寐，雖休勿休。然頃者貴戚椒房之家，數因恩埶，干犯吏禁，殺人不死，傷人不論。臣恐繩墨棄而不用，〔1〕斧斤廢而不舉。〔2〕近湖陽公主奴殺人西市，而與主共興，出入宮省，逋罪積日，冤魂不報。洛陽令董宣，直道不顧，干主討姦。陛下不先澄審，召欲加箠。當宣受怒之初，京師側耳；及其蒙宥，天下拭目。今者，外戚憍逸，賓客放濫，宜勑有司案理姦罪，使執平之吏永申其用，以厭遠近不緝之情。"光武納之。〔3〕

【注】
〔1〕繩墨諭章程也。
〔2〕斧斤謂刑戮也。賈誼曰"釋斤斧之用"也。
〔3〕緝，叶也。

建武二十年，代戴涉為司徒，〔二一〕在職清儉匪懈。二十三年薨于位，時年七十二。賜東園梓棺，賻贈甚厚。〔1〕

【注】
〔1〕東園，署名，主作棺也。

茂初在廣漢，夢坐大殿，極上有三穗禾，茂跳取之，得其中穗，輒復失之。〔1〕以問主簿郭賀，賀離席慶曰："大殿者，宮府之形象也。極而有禾，人臣之上禄也。取中穗，是中台之位也。於字禾失為秩，雖曰失之，乃所以得禄秩也。袞職有闕，君其補之。"〔2〕旬月而茂徵焉，乃辟賀為掾。

【注】
〔1〕屋之大者，古通呼為殿也。極，殿梁也。《前書音義》曰："三輔間謂屋梁為極。"
〔2〕三公服袞，畫為龍。龍首袞袞然，故言袞龍。〔二二〕《詩》曰："袞職有闕，仲山甫補之。"

賀字喬卿，雒（陽）人。〔二三〕祖父堅伯，父游君，並修清節，不仕王莽。賀能明法，累官，建武中為尚書令，〔二四〕在職六年，曉習故事，多所匡益。拜荊州刺史，引見賞賜，恩寵隆異。及到官，有殊政。百姓便之，歌曰："厥德仁明郭喬卿，忠正朝廷上下平。"顯宗巡狩到南陽，特見嗟歎，賜以三公之服，黼黻冕旒。〔1〕勑行部去襜帷，使百姓見其容服，以章有德。每所經過，吏人指以相示，莫不榮之。永平四年，徵拜河南尹，以清静稱。在官三年卒，詔書憋惜，〔二五〕賜車一乘，錢四十萬。

【注】
〔1〕三公服衮冕。黼若斧形，黻若兩"己"相背。冕以木為之，衣以帛，玄上纁下，廣八寸，長尺六寸。旒謂冕前後所垂玉也，天子十二旒，上公九旒。

馮勤字偉伯，魏郡繁陽人也。曾祖父揚，宣帝時為弘農太守。有八子，皆為二千石，趙魏閒榮之，號曰"萬石君"焉。兄弟形皆偉壯，唯勤祖父偃，長不滿七尺，常自恥短陋，恐子孫之似也，〔1〕乃為子伉娶長妻。伉生勤，長八尺三寸。八歲善計。〔2〕

【注】
〔1〕《東觀記》偃為黎陽令。
〔2〕計，筭術也。

初為太守銚期功曹，有高能稱。期常從光武征伐，政事一以委勤。勤同縣馮巡等舉兵應光武，謀未成而為豪右焦廉等所反，〔1〕勤乃率將老母兄弟及宗親歸期，期悉以為腹心，薦於光武。初未被用，後乃除為郎中，給事尚書。〔2〕以圖議軍糧，在事精勤，遂見親識。每引進，帝輒顧謂左右曰："佳乎吏也！"由是使典諸侯封事。勤差量功次輕重，國土遠近，地執豐薄，不相踰越，莫不厭服焉。自是封爵之制，非勤不定。帝益以為能，尚書衆事，皆令總錄之。

【注】
〔1〕反音幡。
〔2〕《東觀記》魏郡太守范橫上疏薦勤,然始除之。

司徒侯霸薦前梁令閻楊。[二六]楊素有譏議,帝常嫌之,既見霸奏,疑其有姦,大怒,賜霸璽書曰:"崇山、幽都何可偶,[1]黃鉞一下無處所。[2]欲以身試法邪?將殺身以成仁邪?"使勤奉策至司徒府。勤還,陳霸本意,申釋事理,帝意稍解,拜勤尚書僕射。職事十五年,以勤勞賜爵關內侯。遷尚書令,拜大司農,三歲遷司徒。

【注】
〔1〕崇山,南裔也。幽都,北裔也。偶,對也。言將殺之,不可得流徙也。《尚書》舜流共工於幽州,放驩兜於崇山。
〔2〕鉞,斧也,以黃金飾之,所以戮人。

先是三公多見罪退,帝賢勤,欲令以善自終,乃因讌見從容戒之曰:"朱浮上不忠於君,下陵轢同列,竟以中傷至今,[1]死生吉凶未可知,豈不惜哉!人臣放逐受誅,雖復追加賞賜賻祭,不足以償不訾之身。[2]忠臣孝子,覽照前世,以為鏡誡。能盡忠於國,事君無二,則爵賞光乎當世,功名列於不朽,可不勉哉!"勤愈恭約盡忠,號稱任職。

【注】
〔1〕朱浮為大司空,坐賣弄國恩免,又為陵轢同列,帝銜之,惜其功,不忍加罪。
〔2〕訾,量也。言無量可比之,貴重之極也。訾與貲同。

勤母年八十,每會見,詔勑勿拜,令御者扶上殿,顧謂諸王主曰:"使勤貴寵者,此母也。"其見親重如此。

中元元年,薨,[1]帝悼惜之,使者弔祠,賜東園祕器,贈贈有加。

【注】
[1]《東觀記》曰:"中元元年,車駕西幸長安,祠園陵還,勤燕見前殿盡日,歸府,因病喘逆,上使太醫療視,賞賜錢帛,遂薨。"

勤七子。長子宗嗣,至張掖屬國都尉。中子順,尚平陽長公主,終於大鴻臚。[1]建初八年,以順中子奮襲主爵為平陽侯,薨,無子。永元七年,詔書復封奮兄羽林右監勁為平陽侯,奉公主之祀。奮弟由,黃門侍郎,尚平安公主。[2]勁薨,子卬嗣。卬延光中為侍中,薨,子留嗣。

【注】
[1]平陽主,明帝女。
[2]章帝女也。臣賢案:《東觀記》亦云安平,《皇后紀》云由尚平邑公主,紀傳不同,未知孰是。

趙憙[二七]字伯陽,南陽宛人也。少有節操。從兄為人所殺,無子,憙年十五,常思報之。乃挾兵結客,後遂往復仇。而仇家皆疾病,無相距者。憙以因疾報殺,非仁者心,且釋之而去。顧謂仇曰:"爾曹若健,遠相避也。"仇皆臥自搏。[1]後病愈,悉自縛詣憙,憙不與相見,後竟殺之。

【注】
[1]自搏猶叩頭也。

更始即位,舞陰大姓李氏擁城不下,更始遣柱天將軍李寶降之,不肯,云"聞宛之趙氏有孤孫憙,信義著名,願得降之"。更始乃徵憙。

憙年未二十,既引見,更始笑曰:"繭栗犢,豈能負重致遠乎?"〔1〕即除為郎中,行偏將軍事,使詣舞陰,而李氏遂降。憙因進入潁川,擊諸不下者,歷汝南界,還宛。更始大悅,謂憙曰:"卿名家駒,努力勉之。"〔2〕會王莽遣王尋、王邑將兵出關,更始乃拜憙為五威偏將軍,使助諸將拒尋、邑於昆陽。光武破尋、邑,憙被創,有戰勞,還拜中郎將,封勇功侯。

【注】

〔1〕犢角如繭栗,言小也。《禮緯》曰:"天地之牲角繭栗。"〔二八〕

〔2〕武帝謂劉德為千里之駒,故以憙比之。

更始敗,憙為赤眉兵所圍,迫急,乃踰屋亡走,與所友善韓仲伯等數十人,攜小弱,越山阻,徑出武關。仲伯以婦色美,慮有彊暴者,而己受其害,欲棄之於道。憙責怒不聽,因以泥塗仲伯婦面,載以鹿車,身自推之。〔1〕每道逢賊,或欲逼略,憙輒言其病狀,以此得免。既入丹水,〔2〕遇更始親屬,皆裸跣塗炭,飢困不能前。〔3〕憙見之悲感,所裝縑帛資糧,悉以與之,將護歸鄉里。

【注】

〔1〕《風俗通》曰:"俗說鹿車窄小,裁容一鹿。"

〔2〕丹水,縣名,屬南陽郡,故城在今鄧州內鄉縣西南,臨丹水。

〔3〕塗炭者,若陷泥墜火,喻窮困之極也。

時鄧奉反於南陽,憙素與奉善,數遺書切責之,而讒者因言憙與奉合謀,帝以為疑。及奉敗,帝得憙書,乃驚曰:"趙憙真長者也。"即徵憙,引見,賜鞍馬,待詔公車。時江南未賓,道路不通,以憙守簡陽侯相。憙不肯受兵,〔1〕單車馳之簡陽。吏民不欲內憙,憙乃告譬,呼城中大人,示以國家威信,其帥即開門面縛自歸,由是諸營壁悉降。荊州牧奏憙才任理劇，詔以為平林侯相。攻擊群賊，安集已降者，縣邑平定。

【注】
〔1〕《東觀記》曰："勑憙從騎都尉儲融受兵二百人，通利道路。憙白上，不願受融兵，單車馳往，度其形況。上許之。"

後拜懷令。大姓李子春先為琅邪相，豪猾并兼，為人所患。憙下車，聞其二孫殺人事未發覺，即窮詰其姦，收考子春，二孫自殺。京師為請者數十，終不聽。時趙王良疾病將終，車駕親臨王，問所欲言。王曰："素與李子春厚，今犯罪，懷令趙憙欲殺之，願乞其命。"帝曰："吏奉法，律不可枉也，更道它所欲。"王無復言。既薨，帝追感趙王，乃貰出子春。

其年，遷憙平原太守。時平原多盜賊，憙與諸郡討捕，斬其渠帥，餘黨當坐者數千人。憙上言"惡惡止其身，[1]可一切徙京師近郡"。帝從之，乃悉移置潁川、陳留。於是擢舉義行，誅鋤姦惡。後青州大蝗，侵入平原界輒死，歲屢有年，百姓歌之。

【注】
〔1〕《公羊傳》曰："善善及子孫，惡惡止其身。"

二十六年，帝延集內戚讌會，歡甚，諸夫人各各前言"趙憙篤義多恩，往遭赤眉出長安，皆為憙所濟活"。帝甚嘉之。後徵憙入為太僕，引見謂曰："卿非但為英雄所保也，婦人亦懷卿之恩。"厚加賞賜。

二十七年，拜太尉，賜爵關內侯。時南單于稱臣，烏桓、鮮卑並來入朝，帝令憙典邊事，思為久長規。[1]憙上復緣邊諸郡，幽并二州由是而定。

【注】

〔1〕規,謀也。

〔2〕復音伏。謂建武六年徙雲中、五原人於常山、居庸閒,〔二九〕至二十六年復令還雲中、五原。《東觀記》曰:"草創苟合,未有還人,蓋憙至此,請徙之令盡也。"

三十年,憙上言宜封禪,正三雍之禮。中元元年,從封泰山。及帝崩,憙受遺詔,典喪禮。是時藩王皆在京師,自王莽篡亂,舊典不存,皇太子與東海王等雜止同席,〔三〇〕憲章無序。憙乃正色,橫劍殿階,扶下諸王,以明尊卑。時藩國官屬出入宮省,與百僚無別,憙乃表奏謁者將護,分止它縣,諸王並令就邸,唯朝晡入臨。整禮儀,嚴門衞,內外肅然。

永平元年,封節鄉侯。三年春,坐考中山相薛脩事不實免。〔1〕其冬,代竇融為衞尉。八年,代虞延行太尉事,〔三一〕居府如真。後遭母憂,上疏乞身行喪禮,顯宗不許,遣使者為釋服,賞賜恩寵甚渥。憙內典宿衞,外幹宰職,正身立朝,未嘗懈惰。及帝崩,復典喪事,再奉大行,禮事脩舉。肅宗即位,進為太傅,錄尚書事。擢諸子為郎吏者七人。長子代,〔三二〕給事黃門。

【注】

〔1〕脩,光武子中山王焉相也。

建初五年,憙疾病,帝親幸視。及薨,車駕往臨弔。時年八十四。謚曰正侯。

子代嗣,官至越騎校尉。永元中,副行征西將軍劉尚征羌,坐事下獄,疾病物故。和帝憐之,賜祕器錢布,贈越騎校尉、節鄉侯印綬。子直嗣,官至步兵校尉。直卒,子淑嗣,無子,國除。

牟融字子優，北海安丘人也。少博學，以《大夏侯尚書》教授，[1]門徒數百人，名稱州里。以司徒茂才為豐令，[2]視事三年，縣無獄訟，為州郡最。

【注】
〔1〕大夏侯名勝，宣帝時人也。
〔2〕司徒舉為茂才也。豐，今徐州縣也。

司徒范遷薦融忠正公方，經行純備，宜在本朝，并上其理狀。[1]永平五年，入代鮑昱為司隸校尉，多所舉正，百僚敬憚之。八年，代包咸為大鴻臚。十一年，代鮭陽鴻為大司農。[2]〔三三〕

【注】
〔1〕《漢官儀》曰："范遷字子廬，〔三四〕沛人也。"
〔2〕鮭陽，姓也，音胡佳反。

是時顯宗方勤萬機，公卿數朝會，每輒延謀政事，判折獄訟。〔三五〕融經明才高，善論議，朝廷皆服其能；帝數嗟歎，以為才堪宰相。明年，代伏恭為司空，[1]舉動方重，甚得大臣節。肅宗即位，以融先朝名臣，代趙憙為太尉，與憙參錄尚書事。

【注】
〔1〕恭字叔齊，伏湛同產兄子也。見《東觀記》。

建初四年薨，車駕親臨其喪。時融長子麟歸鄉里，帝以其餘子幼弱，勑太尉掾史教其威儀進止，贈賵恩寵篤密焉。又賜冢塋地於顯節陵下，除麟為郎。

韋彪字孟達，扶風平陵人也。高祖賢，宣帝時為丞相。祖賞，哀帝時為大司馬。

彪孝行純至，父母卒，哀毀三年，不出廬寢。服竟，羸瘠骨立異形，醫療數年乃起。好學洽聞，雅稱儒宗。建武末，舉孝廉，除郎中，以病免，復歸教授。安貧樂道，恬於進趣，三輔諸儒莫不慕仰之。

顯宗聞彪名，永平六年，召拜謁者，賜以車馬衣服，三遷魏郡太守。肅宗即位，以病免。徵為左中郎將、長樂衞尉，數陳政術，每歸寬厚。比上疏乞骸骨，拜為奉車都尉，秩中二千石，賞賜恩寵，侔於親戚。

建初七年，車駕西巡狩，以彪行太常從，數召入，問以三輔舊事，禮儀風俗。彪因建言："今西巡舊都，宜追錄高祖、中宗功臣，[1]襃顯先勳，紀其子孫。"帝納之。行至長安，乃制詔京兆尹、右扶風求蕭何、霍光後。時光無苗裔，唯封何末孫熊為鄼侯。建初二年已封曹參後曹湛為平陽侯，[三六]故不復及焉。乃厚賜彪錢珍羞食物，使歸平陵上冢。還，拜大鴻臚。

【注】
〔1〕中宗，宣帝。

是時陳事者，多言郡國貢舉率非功次，故守職益懈而吏事浸疏，咎在州郡。有詔下公卿朝臣議。彪上議曰："伏惟明詔，憂勞百姓，垂恩選舉，務得其人。夫國以簡賢為務，賢以孝行為首。孔子曰：'事親孝故忠可移於君，是以求忠臣必於孝子之門。'[1]夫人才行少能相兼，是以孟公綽優於趙、魏老，不可以為滕、薛大夫。[2]忠孝之人，持心近厚；[三七]鍛鍊之吏，持心近薄。[3]三代之所以直道而行者，在其所以磨之故也。[4]士宜以才行為先，不可純以閥閱。然其要歸，在於選二千石。二千石賢，則貢舉皆得其人矣。"帝深納之。

【注】

〔1〕《孝經緯》之文也。

〔2〕《論語》孔子之言也。公綽，魯大夫。趙、魏皆晉卿之邑也。家臣稱老。公綽性寡欲，趙、魏老優閒無事；滕、薛小國，大夫職煩，故不可為也。

〔3〕《蒼頡篇》曰："鍛，椎也。"鍛鍊猶成孰也。言深文之吏，入人之罪，猶工冶陶鑄鍛鍊，使之成孰也。前漢路溫舒上疏曰"鍛鍊而周內之"。

〔4〕《論語》孔子曰："吾之於人，誰毀誰譽，如有所譽者，其有所試矣，斯三代之所以直道而行（之）〔也〕。"〔三八〕彪引之者，言古之用賢皆磨礪選練，然後用之。

〔5〕《史記》曰："明其等曰閥，積功曰閱。"

彪以世承二帝吏化之後，〔三九〕多以苛刻為能，〔1〕又置官選職，不必以才，因盛夏多寒，上疏諫曰："臣聞政化之本，必順陰陽。伏見立夏以來，當暑而寒，殆以刑罰刻急，郡國不奉時令之所致也。農人急於務而苛吏奪其時，賦發充常調而貪吏割其財，此其巨患也。夫欲急人所務，當先除其所患。天下樞要，在於尚書，〔2〕尚書之選，豈可不重？而間者多從郎官超升此位，雖曉習文法，長於應對，然察察小慧，類無大能。宜簡嘗歷州宰素有名者，雖進退舒遲，時有不逮，然端心向公，奉職周密。宜鑒嗇夫捷急之對，〔3〕深思絳侯木訥之功也。〔4〕往時楚獄大起，故置令史以助郎職，而類多小人，好為姦利。今者務簡，可皆停省。又諫議之職，應用公直之士，通才謇正，有補益於朝者。今或從徵試輩為大夫。〔5〕又御史外遷，動據州郡。並宜清選其任，責以言績。其二千石視事雖久，而為吏民所便安者，宜增秩重賞，勿妄遷徙。惟留聖心。"書奏，帝納之。

【注】

〔1〕二帝，光武、明帝也。

〔2〕《百官志》曰"尚書，主知公卿二千石吏人上書、外國夷狄事"，故曰

樞要。

〔3〕嗇夫,官名也。文帝出上林,登虎圈,因問上林尉禽獸簿,不能對。虎圈嗇夫從傍代對,響應無窮。文帝拜嗇夫為上林令,張釋之曰:"夫絳侯、東陽侯言事曾不能出口,豈効此嗇夫喋喋利口捷急哉?"文帝曰"善",遂不拜嗇夫為上林令。

〔4〕木,質也。訥,遲鈍也。《前書》曰"周勃木彊少文",又曰"安劉氏者必勃"。

〔5〕輩,類也。

元和二年春,東巡狩,以彪行司徒事從行。還,以病乞身,帝遣小黃門、太醫問病,賜以食物。彪遂稱困篤。章和二年夏,使謁者策詔曰:"彪以將相之裔,勤身飭行,出自州里,在位歷載。中被篤疾,連上求退。君年在耆艾,〔1〕不可復以加增,恐職事煩碎,重有損焉。其上大鴻臚印綬。其遣太子舍人詣中臧府,〔四〇〕受賜錢二十萬。"〔2〕永元元年,卒,詔尚書:"故大鴻臚韋彪,在位無愆,方欲錄用,奄忽而卒。其賜錢二十萬,布百匹,穀三千斛。"

【注】
〔1〕《禮記》曰:"七十曰耆,〔四一〕五十曰艾。"
〔2〕《續漢志》曰"中臧府,令一人,秩六百石,掌中幣帛金錢貨物"也。

彪清儉好施,祿賜分與宗族,家無餘財。著書十二篇,號曰《韋卿子》。

族子義。義字季節。高祖父玄成,元帝時為丞相。初,彪獨徙扶風,故義猶為京兆杜陵人焉。

兄順，字叔文，平輿令。有高名。〔1〕次兄豹，字季明。數辟公府，輒以事去。司徒劉愷復辟之，謂曰："卿以輕好去就，爵位不躋。〔2〕今歲垂盡，當選御史，意在相薦，子其宿留乎？"〔3〕豹曰："犬馬齒衰，旅力已劣，〔4〕仰慕崇恩，故未能自割。且眩瞀滯疾，不堪久待，〔5〕〔四二〕選薦之私，非所敢當。"遂跣而起。愷追之，徑去不顧。安帝西巡，徵拜議郎。

【注】
〔1〕平輿，縣名，屬汝南郡，故城在今豫州汝陽縣東北。
〔2〕躋，升也。
〔3〕宿留，待也。宿音秀。留音力救反。
〔4〕旅，衆也。《尚書》曰："番番良士，旅力既愆。"
〔5〕眩，風疾也。瞀，亂也。謂視不明之貌也。眩音縣。瞀音亡溝反。

義少與二兄齊名，初仕州郡。太傅桓焉辟舉理劇，為廣都長，〔1〕甘陵、陳二縣令，〔2〕政甚有績，官曹無事，牢獄空虛。數上書順帝，陳宜依古典，考功黜陟，徵集名儒，大定其制。又譏切左右，貶刺竇氏。言既無感，而久抑不遷，以兄順喪去官。比辟公府，不就。廣都為生立廟。及卒，三縣吏民為義舉哀，若喪考妣。

【注】
〔1〕廣都，縣名，屬蜀郡，故城在今益州成都縣東南。
〔2〕甘陵故城在今貝州清河縣西北。陳屬梁國，今陳州。

豹子著，字休明。少以經行知名，不應州郡之命。大將軍梁冀辟，不就。延熹二年，桓帝公車備禮徵，至霸陵，稱病歸，乃入雲陽山，采藥不反。有司舉奏加罪，帝特原之。復詔京兆尹重以禮敦勸，著遂不就徵。〔1〕靈帝即位，中常侍曹節以陳蕃、竇氏既誅，〔四三〕海內多怨，欲借寵時賢以為名，[2]白帝就家拜著東海相。[3]詔書逼切，不得已，解巾之郡。[4]政任威刑，為受罰者所奏，坐論輸左校。[5]又後妻憍恣亂政，以之失名，竟歸，為姦人所害，隱者恥之。

【注】
〔1〕敦猶逼也。
〔2〕假借時賢寵榮以求美名，用解怨謗。
〔3〕東海王懿相也。即東海王彊四代孫。
〔4〕巾，幅巾也。既服冠冕，故解幅巾。
〔5〕左校，署名，屬將作也。

贊曰：湛、霸奮庸，維寧兩邦。[1]淮人孺慕，徐寇要降。[2]弘實體遠，仁不忘本。[3]憙政多迹，彪明理損。牟公簡帝，身終上袞。

【注】
〔1〕《尚書》曰："有能奮庸熙帝之載。"孔安國注曰："奮，起也。庸，功也。"兩邦謂湛為平原太守，霸為淮平大尹。
〔2〕徐寇謂徐異卿也。願要降司徒伏公。
〔3〕謂不忘糟糠妻也。

【校勘記】
〔一〕伏理字君游　按：《集解》引惠棟説，謂"君游"《前書》作"斿君"。
〔二〕時賊徐異卿等萬餘人據富平　按：李慈銘謂案《光武紀》，帝之征張步及湛之免官，皆在建武五年，此傳失書"五年"二字。又據紀言吳漢等擊富平、獲索賊于平原，大破降之。不言湛者，蓋時賊已請降，特令湛往受之耳，然其事亦在五年二月。則此傳"時賊徐異卿等"句"時"字當易"五年"二字，敍事方覈。

〔三〕獲索賊帥徐少　按:《集解》引惠棟説,謂"獲索"應作"富平"。

〔四〕鬈髪厲志　按:王先謙謂"鬈髪"《東觀記》作"齠齔"。

〔五〕舊制九州五尚書令一郡二人　按:《刊誤》謂"令"合作"今"。尚書令不可有五人,若言令一郡二人,又無義,改作"今",乃與注合。

〔六〕謂湛為〔後〕隊屬正也　據《集解》本補。

〔七〕予(則)〔曰〕有先後　據汲本、殿本改,與《詩》合。

〔八〕令則一郡乃有二人　按:殿本"令"作"今"。"二人"原譌"一人",逕改正。

〔九〕未及就位　按:"未"字原脱,逕據汲本、殿本補。

〔一〇〕故東州號為伏不鬭云　按:"云"字原脱,逕據汲本、殿本補。

〔一一〕以子瑗為郎中　按:殿本、《集解》本"瑗"作"援"。

〔一二〕河(南)〔内〕蔡茂　據殿本改。按:《校補》謂茂河内懷人,具本傳,作"河南"乃形近而譌。

〔一三〕京兆玉況　殿本"玉"作"王",注同。按:玉字本有肅音,後人不曉,另造一"王"字,以别於金玉之"玉",亦猶"角里"之"角",别造一"甪"字矣。

〔一四〕弘推進賢士馮翊桓梁三十餘人　按:《校補》謂"三"疑"等"之誤,蓋三十餘人似太多,且文法固宜有一"等"字也。又按:汲本"推進"作"雅進"。

〔一五〕御坐新屏風　按:《集解》引惠棟説,謂《東觀記》云"新施屏風",疑脱"施"字。

〔一六〕貧賤之知不可忘　按:汲本"知"作"交"。張森楷《校勘記》謂監本、惠校本及《治要》作"知",《東觀記》作"交"。

〔一七〕嵩子由(章)〔元〕和閒為太尉　《校補》引錢大昭説,謂"章和"當作"元和"。按:宋由於章帝元和三年為太尉,和帝永元四年策免,錢説是,今據改。

〔一八〕朝廷愍悼　按:殿本"愍"作"憨"。

〔一九〕委〔蛇〕委(蛇)蛇　據汲本、殿本改。

〔二〇〕舉糾湖陽公主　按："公"字原脱，逕據汲本、殿本補。

〔二一〕建武二十年代戴涉為司徒　按：《集解》引周壽昌説，謂建武二十七年始稱司徒，去大字，此"司徒"上當有一"大"字。

〔二二〕故言袞龍　按：汲本、殿本"袞龍"作"龍袞"。

〔二三〕賀字喬卿雒（陽）人　按：《集解》引惠棟説，謂《華陽國志》云郭賀廣漢雒人，此衍"陽"字。今據删。又按：《校補》謂《東觀記》亦云賀雒陽人，則誤不自范始。

〔二四〕累官建武中為尚書令　按：《校補》謂"累官"下當有脱文。

〔二五〕詔書慭惜　按：殿本"慭"作"憨"。

〔二六〕前梁令閻楊　按：《集解》引惠棟説，謂《王霸傳》"楊"作"陽"。

〔二七〕趙憙　《集解》引惠棟説，謂東觀記作"喜"，喜與熹古字通。王先謙謂《續漢書》作"熹"。

〔二八〕禮緯曰天地之牲角繭栗　汲本、殿本"禮緯"作"禮記"。按：《禮·王制》云"祭天地之牛角繭栗"。

〔二九〕徙雲中五原人於常山居庸閒　按：《校補》謂"閒"當作"關"，謂常山關、居庸關也。常山關在代郡，居庸關在上谷，中隔長城，亘千餘里，不能謂徙於其閒明矣。

〔三〇〕雜止同席　按：《集解》引惠棟説，謂《續漢書》"雜止"作"雜坐"。

〔三一〕八年代虞延行太尉事　按：《集解》引惠棟説，謂案紀當在七年。

〔三二〕長子代　《集解》引惠棟説，謂《漢官儀》及《和帝紀》皆作"世"。按：此作"代"，避唐諱改。

〔三三〕代鮭陽鴻為大司農　按：姚範謂本書《儒林傳》云中山鮭陽鴻，字孟孫。注"鮭音胡瓦反，其字從角，或作鮭從魚者音胡佳反"。據此，則字當從《儒林傳》作"鮭"也。

〔三四〕范遷字子廬　按：《明帝紀》注引《漢官儀》作"子閒"。

〔三五〕判折獄訟　按："折"原譌"析"，逕據汲本、殿本改正。

〔三六〕已封曹參後曹湛爲平陽侯　《校補》引錢大昭說，謂《和帝紀》永元三年，詔以曹相國後容城侯無嗣，求近親紹封，則參後之紹封非平陽，乃容城也。按：《校補》謂錢說是，此或竟出淺人妄改。

〔三七〕持心近厚　按：袁宏《紀》"持"作"治"。下"持心近薄"同。

〔三八〕斯三代之所以直道而行（之）〔也〕　據汲本、殿本改。按：今《論語》作"也"。"斯"下有"民也"二字。

〔三九〕以世承二帝吏化之後　殿本"吏"作"更"，王先謙謂作"更"是。張森楷《校勘記》謂《群書治要》作"吏治之後"。今按："吏治"作"吏化"，乃避唐高宗諱改之。下文云"多以苛刻爲能"，即指吏治而言，"吏"作"更"，乃形近而誤，王先謙之說非也。

〔四〇〕其遣太子舍人詣中臧府　按："遣"下原衍"子"字，逕據汲本、殿本刪。

〔四一〕七十曰耆　殿本"七"作"六"。按：《說文》"耆，老也"。段注："《曲禮》六十曰耆，許不言者，許以爲七十以上之通稱也。"殿本殆據《曲禮》改。

〔四二〕不堪久待　按：《集解》引惠棟說，謂依《三輔決錄》"待"當作"侍"。

〔四三〕以陳蕃竇氏既誅　按：汲本"氏"作"武"，《校補》謂作"武"是。

# 後漢書卷二十七

## 宣張二王杜郭吳承鄭趙列傳第十七

宣秉字巨公，馮翊雲陽人也。少修高節，顯名三輔。哀、平際，見王氏據權專政，侵削宗室，有逆亂萌，遂隱遁深山，州郡連召，常稱疾不仕。〔一〕王莽為宰衡，辟命不應。〔1〕及莽篡位，又遣使者徵之，秉固稱疾病。更始即位，徵為侍中。建武元年，拜御史中丞。〔2〕光武特詔御史中丞與司隸校尉、尚書令〔3〕會同並專席而坐，故京師號曰"三獨坐"。明年，遷司隸校尉。務舉大綱，簡略苛細，百僚敬之。〔4〕

【注】

〔1〕周公為太宰，伊尹為阿衡，莽欲兼之，故以為號。

〔2〕《前書》曰，御史中丞，秦官，秩千石，在殿中蘭臺，掌圖籍秘書，外督部刺史，內領侍御史，糾察百寮。

〔3〕《續漢志》曰"尚書令一人，千石，秦官。武帝用宦者，成帝用士人"也。

〔4〕《説文》曰："苛，細草也。"以喻（類）［煩］雜也。〔二〕

秉性節約，常服布被，蔬食瓦器。帝嘗幸其府舍，見而歎曰："楚國二龔，不如雲陽宣巨公。"〔1〕即賜布帛帳帷什物。〔2〕〔三〕四年，拜大司徒司直。〔3〕所得祿奉，輒以收養親族。其孤弱者，分與田地，自無擔

石之儲。﹝4﹞六年，卒於官，帝愍惜之，﹝四﹞除子彪為郎。﹝5﹞

【注】
﹝1﹞二龔謂龔勝字君賓，龔舍字君倩，二人皆以清苦立節著名，事見《前書》。
﹝2﹞《周禮》："幕人，掌帷幕幄幕。"鄭玄曰："在旁曰帷。"《爾雅》曰："幬謂之帳。"軍法，五人為伍，二伍為什，則共其器物，故通謂生生之具為什物。
﹝3﹞司直，武帝元狩五年置，比二千石，掌佐丞相舉不法。哀帝元壽二年，改丞相為大司徒，中興因而不改，猶置司直。至建武十一年省司直，置長史一人，署諸曹事。至二十七年，司徒又去"大"字。見《前書》及《續漢書》。
﹝4﹞《前書音義》曰："齊人名小甖為擔，今江淮人謂一石為一擔。"擔音丁濫反。
﹝5﹞《東觀記》曰，彪官至玄菟太守。


張湛字子孝，扶風平陵人也。矜嚴好禮，動止有則，居處幽室，必自修整，雖遇妻子，若嚴君焉。﹝1﹞及在鄉黨，詳言正色，﹝2﹞三輔以為儀表。﹝3﹞人或謂湛偽詐，湛聞而笑曰："我誠詐也。人皆詐惡，我獨詐善，不亦可乎？"

【注】
﹝1﹞《周易‧家人卦》曰："家人有嚴君［焉］，﹝五﹞父母之謂也。"
﹝2﹞詳，審也。
﹝3﹞儀，法也。表，正也。《書》曰："儀表萬邦。"

成哀閒，為二千石。王莽時，歷太守、都尉。

建武初，為左馮翊。在郡修典禮，設條教，政化大行。後告歸平陵，望寺門而步。[1] 主簿進曰："明府位尊德重，不宜自輕。"[2] 湛曰："禮，下公門，軾輅馬。[3] 孔子於鄉黨，恂恂如也。[4] 父母之國，所宜盡禮，何謂輕哉？"[5]

【注】
[1] 告，請也。告歸謂請假歸。寺門即平陵縣門也。《風俗通》曰："寺者，嗣也。理事之吏，嗣續於其中也。"
[2] 郡守所居曰府。明府者，尊高之稱。《前書》韓延壽為東郡太守，門卒謂之明府，亦其義也。
[3] 輅，大也。君所居曰路寢，車曰輅車，馬曰輅馬。軾，車前橫木也。乘車必正立，有所敬則撫軾，謂小俛也。《禮記》曰："大夫士下公門，式輅馬。"鄭玄云："所以廣敬。"
[4] 《論語》之文也。鄭玄云"恂恂，恭順貌"也。
[5] 《史記》孔子謂門弟子曰："魯，墳墓所處，父母之國也。"《詩》曰"惟桑與梓，必恭敬止"也。

五年，拜光祿勳。[1] 光武臨朝，或有惰容，湛輒陳諫其失。常乘白馬，帝每見湛，輒言"白馬生且復諫矣"。

【注】
[1]《前書》光祿勳本名郎中令，秦官，武帝改焉，秩中二千石，掌大夫、郎中從官。

七年，以病乞身，拜光祿大夫，代王丹為太子太傅。及郭后廢，[1] 因稱疾不朝，拜太中大夫，居中東門候舍，[2] 故時人號曰中東門君。帝數存問賞賜。後大司徒戴涉被誅，[3] 帝彊起湛以代之。湛至朝堂，遺失溲便，[4] 因自陳疾篤，不能復任朝事，遂罷之。後數年，卒於家。

【注】

〔1〕建武十七年廢。

〔2〕《漢官儀》曰:"洛陽十二門,東面三門,最北門名上東門,次南曰中東門。每門校尉一人,秩二千石;司馬一人,秩千石;候一人,秩六百石。"候舍,蓋候之所居。

〔3〕涉字叔平,冀州清河人也,坐所舉人盜金下獄。

〔4〕溲,小便也。溲音所流反。

王丹字仲回,京兆下邽人也。哀、平時,仕州郡。王莽時,連徵不至。家累千金,隱居養志,好施周急。〔1〕每歲農時,輒載酒肴於田間,候勤者而勞之。〔2〕其惰孏者,恥不致丹,皆兼功自屬。〔3〕邑聚相率,以致殷富。其輕黠游蕩廢業為患者,輒曉其父兄,使黜責之。沒者則賻給,親自將護。其有遭喪憂者,輒待丹為辦,鄉鄰以為常。行之十餘年,其化大洽,風俗以篤。

【注】

〔1〕周急謂周濟困急也。孔子曰:"君子周急不繼富。"

〔2〕《東觀記》曰:"載酒肴,便於田頭大樹下飲食勸勉之,因留其餘酒肴而去。"

〔3〕孏與嬾同,音力亶反。

丹資性方絜,疾惡彊豪。時河南太守同郡陳遵,關西之大俠也。〔1〕其友人喪親,遵為護喪事,賻助甚豐。丹乃懷縑一匹,陳之於主人前,曰:"如丹此縑,出自機杼。"遵聞而有慙色。自以知名,欲結交於丹,丹拒而不許。〔2〕

【注】

〔1〕遵字孟公，杜陵人也。見《前書》。

〔2〕《東觀記》曰："更始時，遵為大司馬［護軍］，〔六〕出使匈奴，過辭於丹。丹曰：'俱遭反覆，唯我二人為天所遺。今子當之絕域，無以相贈，贈子以不拜。'遂揖而別，遵甚悅之。"

會前將軍鄧禹西征關中，軍糧乏，丹率宗族上麥（一）［二］千斛。〔七〕禹表丹領左馮翊，稱疾不視事，免歸。後徵為太子少傅。

時大司徒侯霸欲與交友，及丹被徵，遣子昱候於道。昱迎拜車下，丹下笞之。昱曰："家公欲與君結交，何為見拜？"丹曰："君房有是言，丹未之許也。"

丹子有同門生喪親，家在中山，白丹欲往奔慰。結侶將行，丹怒而撻之，〔1〕令寄縑以祠焉。〔2〕或問其故。丹曰："交道之難，未易言也。世稱管、鮑，次則王、貢。〔3〕張、陳凶其終，蕭、朱隙其末，〔4〕故知全之者鮮矣。"時人服其言。

【注】

〔1〕《東觀記》曰："丹怒撻之五十。"

〔2〕《東觀記》曰："寄帛二匹以祠焉。"

〔3〕《史記》曰："管夷吾，潁上人。嘗與鮑叔牙游，叔牙知其賢。管仲貧困，嘗欺鮑叔牙，鮑叔牙終善遇之。管仲曰：'生我者父母，知我者鮑叔。'"《前書》，王吉字子陽，貢禹字少翁，並琅邪人也。二人相善，時人為之語："王陽在位，貢禹彈冠。"言其趣舍同也。

〔4〕張耳、陳餘初為刎頸交，後構隙。耳後為漢將兵，殺陳餘於泜水之上。蕭育字次君，朱博字子元，二人為友，著聞當代，後有隙不終，故時以交為難。並見《前書》。

客初有薦士於丹者，因選舉之，而後所舉者陷罪，丹坐以免。客慚懼自絕，而丹終無所言。尋復徵為太子太傅，乃呼客謂曰："子之自絕，何量丹之薄也？"不為設食以罰之，相待如舊。其後遜位，卒于家。

王良字仲子，東海蘭陵人也。少好學，習《小夏侯尚書》。[1]王莽時，寑病不仕，[八]教授諸生千餘人。

【注】
[1]夏侯建，大夏侯勝之從兄子也。建受《尚書》於勝，號小夏侯。見《前書》。

建武二年，大司馬吳漢辟，不應。三年，徵拜諫議大夫，數有忠言，以禮進止，朝廷敬之。遷沛郡太守。至蘄縣，稱病不之府，官屬皆隨就之，良遂上疾篤，乞骸骨，徵拜太中大夫。

六年，代宣秉為大司徒司直。在位恭儉，妻子不入官舍，布被瓦器。時司徒史鮑恢以事到東海，過候其家，而良妻布裙曳柴，從田中歸。[1]恢告曰："我司徒史也，故來受書，欲見夫人。"妻曰："妾是也。苦掾，無書。"[2]恢乃下拜，歎息而還，聞者莫不嘉之。

【注】
[1]《東觀記》曰："徒跣曳柴。"
[2]掾，即謂鮑恢，司徒之掾史也。言勞苦相過，更無書信。

後以病歸。一歲復徵，至滎陽，疾篤不任進道，乃過其友人。友人不肯見，曰："不有忠言奇謀而取大位，何其往來屑屑不憚煩也？"[1]遂拒之。良慙，自後連徵，輒稱病。詔以玄纁聘之，遂不應。後光武幸蘭陵，遣使者問良所苦疾，[九]不能言對。詔復其子孫邑中繇役，卒於家。

【注】
〔1〕楊雄《方言》曰:"屑屑,不安也。秦、晉曰屑屑。"郭景純曰:"往來貌。"

論曰:夫利仁者或借仁以從利,體義者不期體以合義。[1]季文子妾不衣帛,魯人以為美談。[2]公孫弘身服布被,汲黯譏其多詐。[3]事實未殊而譽毀別議。何也?將體之與利之異乎?宣秉、王良處位優重,而秉甘疏薄,良妻荷薪,可謂行過乎儉。然當世咨其清,人君高其節,豈非臨之以誠哉!語曰:'同言而信,則信在言前;同令而行,則誠在令外。'不其然乎![4]張湛不屑矜偽之誚,斯不偽矣。[5]王丹難於交執之道,斯知交矣。

【注】
〔1〕此言履行仁義,其事雖同,原其本心,真偽各異。利仁者謂心非好仁,但以行仁則於己有利,故假借仁道以求利耳。若天性自然,體合仁義者,舉措云為,不期於體,而冥然自合。《禮記》曰:"仁者安仁,智者利仁,畏罪者彊仁。"與人同功,其仁未可知;與人同過,其仁則可知。
〔2〕文子,魯卿季孫行父之謚也。無衣帛之妾,無食粟之馬,君子是以知季文子忠於公室。相三君矣而無私積,可不謂忠乎?事見《左傳》。
〔3〕公孫弘,淄川人也。武帝時為丞相。汲黯曰:"弘以三公而身服布被,詐也。"事見《前書》。
〔4〕真偽之迹既殊,人之信否亦異。同言而信,謂體仁與利仁,二人同出言,而人信服其真者,不信其偽者,則知信不由言,故言信在言前也。同令而行,意亦同也。此皆《子思子·累德篇》之言,故稱"語曰"。
〔5〕屑猶介也。


杜林字伯山,扶風茂陵人也。[1]父鄴,成哀閒為涼州刺史。林少好學沈深，家既多書，又外氏張竦父子喜文采，[2]林從竦受學，博洽多聞，時稱通儒。[3]

【注】
〔1〕案杜鄴傳，鄴本魏郡繁陽人也，武帝時徙茂陵。
〔2〕鄴字子夏，祖父皆至郡守。鄴少孤。其母，張敞女也。鄴從敞子吉學，得其家書。竦即吉之子也，博學文雅過於敞。見《前書》。
〔3〕《風俗通》曰："儒者，區也。言其區別古今，居則翫聖哲之詞，動則行典籍之道，稽先王之制，立當時之事，此通儒也。若能納而不能出，能言而不能行，講誦而已，無能往來，此俗儒也。"

初為郡吏。王莽敗，盜賊起，林與弟成及同郡范逡、孟冀等，[1]將細弱俱客河西。道逢賊數千人，遂掠取財裝，褫奪衣服，[2]拔刃向林等將欲殺之。冀仰曰："願一言而死。將軍知天神乎？[3]赤眉兵衆百萬，所向無前，而殘賊不道，卒至破敗。今將軍以數千之衆，欲規霸王之事，不行仁恩而反遵覆車，不畏天乎？"[4]賊遂釋之，俱免於難。

【注】
〔1〕逡音七倫反。
〔2〕褫，解也，音直紙反。
〔3〕言知天道有神乎。
〔4〕賈誼曰："前車覆，後車誡。"《詩》曰："不畏乎天，不媿乎人。"[一〇]

隗囂素聞林志節，深相敬待，以為持書平。[一一]後因疾告去，辭還祿食。囂復欲令彊起，遂稱篤。囂意雖相望，且欲優容之，[1]乃出令曰："杜伯山天子所不能臣，諸侯所不能友，[2]蓋伯夷、叔齊恥食周粟。[3]今且從師友之位，須道開通，使順所志。"林雖拘於囂，而終不屈節。建武六年,弟成物故,嚚乃聽林持喪東歸。既遣而悔,追令刺客楊賢於隴坻遮殺之。賢見林身推鹿車,載致弟喪,乃歎曰:"當今之世,誰能行義?我雖小人,何忍殺義士!"因亡去。

【注】

〔1〕望猶恨也。《東觀記》曰:"林寄嚚地,終不降志辱身,至簪蒿席草,不食其粟也。"

〔2〕《禮記》曰:"儒有上不臣天子,下不事諸侯,慎靜尚寬,砥礪廉隅,其規為有如此者。"

〔3〕《史記》曰,伯夷、叔齊,孤竹君之子也。兄弟讓位,歸文王。後武王東伐紂,伯夷、叔齊扣馬諫曰:"父死不葬,爰及干戈,可謂孝乎?以臣伐君,可謂仁乎?"武王平殷亂,而二人恥之,義不食周粟,餓死於首陽山。

光武聞林已還三輔,乃徵拜侍御史,引見,問以經書故舊及西州事,甚悅之,賜車馬衣被。群寮知林以名德用,甚尊憚之。京師士大夫,咸推其博洽。〔1〕

【注】

〔1〕《東觀記》曰:"林與馬援同鄉里,素相親厚。援從南方還,時林馬適死,援令子持馬一匹遺林,曰:'朋友有車馬之饋,可且以備乏。'林受之。居數月,林遣子奉書曰:'將軍內施九族,外有賓客,望恩者多。林父子兩人食列卿祿,常有盈,今送錢五萬。'援受之,謂子曰:'人當以此為法,是杜伯山所以勝我也。'"博,廣也。洽,徧也。言其所聞見廣大也。

河南鄭興、東海衛宏等,皆長於古學。〔1〕興嘗師事劉歆,林既遇之,欣然言曰:"林得興等固諧矣,使宏得林,且有以益之。"及宏見林,闇然而服。濟南徐巡,始師事宏,後皆更受林學。林前於西州得漆書《古文尚書》一卷,常寶愛之,雖遭難困,〔二〕握持不離身。出以示宏等曰："林流離兵亂，常恐斯經將絕。何意東海衞子、濟南徐生復能傳之，是道竟不墜於地也。古文雖不合時務，然願諸生無悔所學。"宏、巡益重之，於是古文遂行。

【注】
〔1〕宏字敬仲，在《儒林傳》。

明年，大議郊祀制，多以為周郊后稷，漢當祀堯。詔復下公卿議，議者僉同，帝亦然之。林獨以為周室之興，祚由后稷，漢業特起，功不緣堯。祖宗故事，所宜因循。定從林議。〔1〕

【注】
〔1〕《東觀記》載林議曰："當今政卑易行，禮簡易從，人無愚智，思仰漢德。基業特起，不因緣堯。堯遠於漢，人不曉信，言提其耳，終不說諭。后稷近周，人戶知之，又據以興，基由其祚。〔一三〕《詩》曰：'不愆不忘，率由舊章。'宜如舊制，以解天下之惑。"

後代王良為大司徒司直。林薦同郡范逡、趙秉、申屠剛及隴西牛邯等，皆被擢用，士多歸之。十一年，司直官罷，以林代郭憲為光祿勳。內奉宿衞，外總三署，〔1〕周密敬慎，選舉稱平。郎有好學者，輒見誘進，朝夕滿堂。

【注】
〔1〕三署，左右中郎將及五官中郎將，皆管郎官也。見《續漢書》。

十四年，群臣上言："古者肉刑嚴重，則人畏法令；今憲律輕薄，故姦軌不勝。〔1〕宜增科禁，以防其源。"詔下公卿。林奏曰："夫人情挫辱，則義節之風損；法防繁多，則苟免之行興。孔子曰：'導之以政，齊之以刑，民免而無恥。導之以德，齊之以禮，有恥且格。'[2]古之明王，深識遠慮，動居其厚，不務多辟，周之五刑，不過三千。[3]大漢初興，詳覽失得，故破矩為圓，斲彫為樸，蠲除苛政，更立疏網，[4]海內歡欣，人懷寬德。及至其後，漸以滋章，吹毛索疵，詆欺無限。[5]果桃菜茹之饋，集以成臧，小事無妨於義，以為大戮，故國無廉士，家無完行。至於法不能禁，令不能止，上下相遁，為敝彌深。[6]臣愚以為宜如舊制，不合翻移。"帝從之。

【注】

〔1〕《左傳》曰："凡亂在外為姦，在內為軌。"

〔2〕皆《論語》之言也。政謂禁令，刑謂刑罰。格，來也。言為政之法，初訓導之以禁令，若有違則整齊之以刑罰，則人但免罪而已，而無恥慙之心。若教導之以道德，整齊之以禮義，則人皆有恥慙之心，且皆來服。

〔3〕五刑謂墨、劓、剕、宮、大辟也。《尚書·呂刑》篇曰："五刑之屬三千。"

〔4〕《史記》曰："漢興，破觚而為圜，斲彫而為樸，號為網漏吞舟之魚。"觚亦方也。《老子》曰："天網恢恢，疏而不漏。"

〔5〕《老子》曰："法令滋章，盜賊多有。"《前書》曰："有司吹毛求疵。"索，求也。詆欺謂飾非成罰，非其本罪。

〔6〕遁猶回避也。《前書》曰："上下相匿，以文避法焉。"

後皇太子彊求乞自退，封東海王，故重選官屬，以林為王傅。從駕南巡狩。時諸王傅數被引命，或多交游，不得應詔；唯林守慎，有召必至。餘人雖不見譴，而林特受賞賜，又辭不敢受，帝益重之。[1]

【注】

〔1〕《東觀記》曰："王又以師數加饋遺，林不敢受，常辭以道上稟假有餘，（若）[苦]以車重，[一四]無所置之。"

明年,代丁恭為少府。[1]二十二年,復為光祿勳。頃之,代朱浮為大司空。博雅多通,稱為任職相。明年薨,帝親自臨喪送葬,除子喬為郎。詔曰:"公侯子孫,必復其始,[2]賢者之後,宜宰城邑。其以喬為丹水長。"[3]

【注】
〔1〕恭字子然,山陽人,在《儒林傳》。
〔2〕《左氏傳》晉大夫辛廖之言。
〔3〕丹水,縣,屬南陽。

論曰:夫威彊以自禦,力損則身危;飾詐以圖己,詐窮則道屈;而忠信篤敬,蠻貊行焉者,誠以德之感物厚矣。[1]故趙孟懷忠,匹夫成其仁;[2]杜林行義,烈士假其命。《易》曰"人之所助者(順)[信]",[一五]有不誣矣。[3]

【注】
〔1〕《論語》曰:"子張問行,子曰:'言忠信,行篤敬,雖蠻貊之邦行矣。'"
〔2〕趙孟,晉大夫趙盾也。《左傳》曰:"晉靈公不君,趙盾驟諫之,靈公患焉,使鉏麑賊之。晨往,寢門闢矣,盛服將朝,尚早,坐而假寐。麑退而言曰:'不忘恭敬,民之主也。賊民之主不忠,棄君之命不信,有一於此,不如死也。'觸槐而死。"趙盾遂得全。《論語》曰:"有殺身以成仁,無求生以害仁。"
〔3〕《易·繫辭》曰:"天之所助者(信)[順],人之所助者(順)[信]。"[一六]不誣,言必蒙天人之助也。

郭丹字少卿,南陽穰人也。父稚,成帝時為廬江太守,有清名。丹七歲而孤，小心孝順，後母哀憐之，為鬻衣裝，買產業。[1]後從師長安，買符入函谷關，[2]乃慨然歎曰："丹不乘使者車，終不出關。"[3]既至京師，常為都講，諸儒咸敬重之。大司馬嚴尤請丹，辭病不就。王莽又徵之，遂與諸生逃於北地。更始二年，三公舉丹賢能，徵為諫議大夫，持節使歸南陽，安集受降。丹自去家十有二年，果乘高車出關，如其志焉。

【注】
〔1〕鬻，賣也。
〔2〕符即繻也。《前書音義》曰："舊出入關皆用傳。傳煩，因裂繻帛分持，後復出，合之以為符信。"買符，非真符也。《東觀記》曰"丹從宛人陳洮[一七]買入關符，既入關，封符乞人"也。
〔3〕《續漢志》曰："諸使車，皆朱班輪，四輻，赤衡軛。"

更始敗，諸將悉歸光武，並獲封爵；丹獨保平氏不下，為更始發喪，衰經盡哀。[1]建武二年，遂潛逃去，敝衣閒行，涉歷險阻，求謁更始妻子，奉還節傳，因歸鄉里。太守杜詩請為功曹，丹薦鄉人長者自代而去。詩乃歎曰："昔明王興化，卿士讓位，[2]今功曹推賢，可謂至德。勑以丹事編署黃堂，以為後法。"[3]

【注】
〔1〕喪服斬衰裳，上曰衰，下曰裳。麻在首要皆曰經。首經象緇布冠，要經象大帶。經之言實，衰之言摧，明中實摧痛也。平氏，縣名，屬南陽郡。
〔2〕毛萇《詩傳》曰："虞、芮之君爭田，相謂曰：'西伯，仁人也，盍往質焉？'乃相與朝周。至其朝，士讓為大夫，大夫讓為卿。二國君乃慙而退。"
〔3〕黃堂，太守之廳事。

十三年,大司馬吳漢辟舉高第,再遷并州牧,有清平稱。轉使匈奴中郎將,遷左馮翊。永平三年,代李訢為司徒。在朝廉直公正,與侯霸、杜林、張湛、郭伋齊名相善。明年,坐考隴西太守鄧融事無所據,策免。五年,卒於家,時年八十七。以河南尹范遷有清行,代為司徒。

遷字子廬,〔一八〕沛國人,初為漁陽太守,以智略安邊,匈奴不敢入界。及在公輔,有宅數畝,田不過一頃,復推與兄子。其妻嘗謂曰:"君有四子而無立錐之地,〔1〕可餘奉祿,以為後世業。"遷曰:"吾備位大臣而蓄財求利,何以示後世!"在位四年薨,家無擔石焉。

【注】
〔1〕《史記》楚優孟曰:"孫叔敖子無立錐之地。"

後顯宗因朝會問群臣郭丹家今何如,宗正劉匡對曰:"昔孫叔敖相楚,馬不秣粟,妻不衣帛,子孫竟蒙寢丘之封。"〔1〕丹出典州郡,入為三公,而家無遺產,子孫困匱。"帝乃下南陽訪求其嗣。長子宇,官至常山太守。少子濟,趙相。

【注】
〔1〕孫叔敖,楚莊王之相也,期思縣人。《史記》曰,楚之處士虞丘相進之,相楚,上下和合,吏無姦邪,遂霸諸侯。《呂覽》曰:"叔敖將死,戒其子曰:'王數封我矣,吾不受也。我死,王則封汝,必無受利地。楚越之間有寢丘者,此其地不利而名甚惡,可長有者唯此也。'孫叔敖死,王以美地封其子,其子辭,請寢丘,至今不失。"寢丘,縣名,後漢改為固始,今光州固始縣也,有孫叔敖祠焉。

吳良字大儀,齊國臨淄人也。初為郡吏,〔1〕歲旦與掾史入賀,門下掾王望舉觴上壽,諂稱太守功德。〔2〕良於下坐勃然進曰:"望佞邪之人,欺詒無狀，願勿受其觴。"〔3〕太守斂容而止。讌罷，轉良為功曹；恥以言受進，終不肯謁。

【注】

〔1〕《東觀記》曰良為郡議曹掾。

〔2〕《東觀記》曰："王望言曰：'齊郡敗亂，遭離盜賊，不聞雞鳴犬吠之音。明府視事五年，土地開闢，盜賊滅息，五穀豐熟，家給人足。今日歲首，請上雅壽。'掾史皆稱萬歲。"

〔3〕《東觀記》曰"良時跪曰：'門下掾佞諂，明府勿受其觴。盜賊未盡，人庶困乏。今良曹掾，尚無絝。'望曰：'議曹惰窳，自無絝，寧足為不家給人足邪？'太守曰：'此生言是。'賜良鰒魚百枚"也。

時驃騎將軍東平王蒼聞而辟之，署為西曹。蒼甚相敬愛，上疏薦良曰："臣聞為國所重，必在得人；報恩之義，莫大薦士。竊見臣府西曹掾齊國吳良，資質敦固，公方廉恪，躬儉安貧，白首一節；〔1〕又治《尚書》，學通師法，〔2〕經任博士，行中表儀。宜備宿衛，以輔聖政。臣蒼榮寵絕矣，憂責深大，〔3〕私慕公叔同升之義，懼於臧文竊位之罪，〔4〕〔一九〕敢秉愚瞽，犯冒嚴禁。"顯宗以示公卿曰："前以事見良，鬚髮皓然，衣冠甚偉。夫薦賢助國，宰相之職，蕭何舉韓信，設壇而拜，不復考試。〔5〕今以良為議郎。"

【注】

〔1〕言雖耆耄，志節不衰。

〔2〕《東觀記》曰："良習《大夏侯尚書》。"

〔3〕絕猶極也。

〔4〕公叔文子，衛大夫公孫拔之諡也。文子家臣名僎，操行與文子同，文子乃升進之於公，與之同為大夫。臧文仲，魯大夫臧孫辰也。時柳下惠為士師，文仲知其賢而不進達之，孔子譏之曰："臧文仲其竊位者歟！知柳下之賢而不與

立。"事並見《論語》也。

〔5〕蕭何薦韓信於高祖曰："陛下必欲爭天下，非信無可與計者。"漢王於是設壇場，拜信為大將軍。見《前書》。

永平中，車駕近出，而信陽侯陰就[二〇]干突禁衛，車府令徐匡鉤就車，收御者送獄。[1]詔書譴匡，匡乃自繫。良上言曰："信陽侯就倚恃外戚，干犯乘輿，無人臣禮，為大不敬。匡執法守正，反下于理，臣恐聖化由是而弛。"[2]帝雖赦匡，猶左轉良為即丘長。[3]後遷司徒長史。[4]每處大議，輒據經典，不希旨偶俗，以徼時譽。[5]後坐事免。復拜議郎，卒於官。

【注】

〔1〕鉤，留也。
〔2〕弛，廢也。
〔3〕即丘，縣名，屬東海郡，即《左氏傳》之祝丘也，故城在今沂州臨沂縣東南。
〔4〕哀帝改丞相為大司徒，司直仍舊，中興因之不改。建武十一年省司直，置長史。
〔5〕希猶瞻望也。

承宮字少子，[1]琅邪姑幕人也。少孤，年八歲為人牧豕。鄉里徐子盛者，以《春秋經》授諸生數百人，宮過息廬下，樂其業，因就聽經，遂請留門下，[2]為諸生拾薪。執苦數年，勤學不倦。[3]經典既明，乃歸家教授。遭天下喪亂，遂將諸生避地漢中，後與妻子之蒙陰山，[4][二一]肆力耕種。禾黍將孰，人有認之者，宮不與計，推之而去，由是顯名。三府更辟，皆不應。[5]

【注】

〔1〕世本承姓，衛大夫成叔承之後也。

〔2〕《續漢書》曰："宮過徐子盛，好之，因棄其豬而留聽經。豬主怪其不還，求索得宮，欲笞之。門下生共禁止，因留之。"

〔3〕《續漢書》曰："宮嘗出行，得虎所殺鹿，持歸，肉分門下，取皮上師，師不受，宮因棄之。人問其故，宮曰：'既已與人，義不可復取。'"

〔4〕蒙陰，縣名，屬太山郡，有蒙山，在今沂州新泰縣東南。

〔5〕三府謂太尉、司徒、司空府。

永平中，徵詣公車。車駕臨辟雍，召宮拜博士，遷左中郎將。數納忠言，陳政，論議切愨，〔二二〕朝臣憚其節，名播匈奴。時北單于遣使求得見宮，顯宗勑自整飾，宮對曰："夷狄眩名，非識實者也。臣狀醜，不可以示遠，宜選有威容者。"〔1〕帝乃以大鴻臚魏應代之。十七年，拜侍中祭酒。建初元年，卒，肅宗褒歎，賜以冢地。妻上書乞歸葬鄉里，復賜錢三十萬。〔2〕

【注】

〔1〕《續漢書》曰："夷狄聞臣虛稱，故欲見臣。臣醜陋形寢，不如選長大有威容者示之也。"

〔2〕《續漢書》曰："宮子疊，官至濟陰太守。"

鄭均字仲虞，東平任城人也。少好黃老書。兄為縣吏，〔1〕頗受禮遺，均數諫止，不聽。即脫身為傭，歲餘，得錢帛，歸以與兄。曰："物盡可復得，為吏坐臧，終身捐棄。"兄感其言。遂為廉絜。均好義篤實，養寡嫂孤兒，恩禮敦至。〔2〕常稱病家廷，不應州郡辟召。郡將欲必致之，使縣令譎將詣門，〔4〕既至，卒不能屈。均於是客於濮陽。〔5〕

【注】

〔1〕《東觀記》曰:"兄仲,為縣游徼。"

〔2〕《東觀記》曰:"均失兄,養孤兄子〔二三〕甚篤,已冠娶,出令別居,並門,盡推財與之,使得一尊其母,然後隨護視振給之。"

〔3〕譎,詐也。

〔4〕濮陽,今濮州縣。

建初三年,司徒鮑昱辟之,後舉直言,並不詣。六年,公車特徵,再遷尚書,數納忠言,肅宗敬重之。後以病乞骸骨,拜議郎,告歸,因稱病篤,帝賜以衣冠。〔1〕

【注】

〔1〕《東觀記》曰:"均遣子英奉章詣闕,詔召見英,問均所苦,賜以冠幘錢布。"

元和元年,詔告廬江太守、東平相曰:〔1〕"議郎鄭均,束脩安貧,恭儉節整,前在機密,以病致仕,守善貞固,黃髮不怠。又前安邑令毛義,躬履遜讓,比徵辭病,淳絜之風,東州稱仁。《書》不云乎:'章厥有常,吉哉!'〔2〕其賜均、義穀各千斛,常以八月長吏存問,賜羊酒,顯茲異行。"〔3〕明年,帝東巡過任城,乃幸均舍,勑賜尚書禄以終其身,〔4〕故時人號為"白衣尚書"。永元中,卒於家。

【注】

〔1〕以毛義廬江人,鄭均東平人,故告二郡守相也。

〔2〕章,明也。吉,善也。言為天子當明顯其有常德者,優其稟餼,則政之善也。《尚書·咎繇謨》之言。

〔3〕《東觀記》曰:"賜羊一頭,酒二斗,終其身。"問遺賢良,必以八月,諸物老成,故順其時氣助養育之也。故月令"仲秋之月養衰老,授几杖,

行糜粥飲食"，鄭玄注云"助老氣也"。

〔4〕《續漢志》曰："尚書秩六百石，祿每月七十石。"


趙典字仲經，蜀郡成都人也。父戒，為太尉，〔1〕桓帝立，以定策封廚亭侯。典少篤行隱約，〔2〕博學經書，弟子自遠方至。〔3〕建和初，四府表薦，〔4〕徵拜議郎，侍講禁內，再遷為侍中。時帝欲廣開鴻池，典諫曰："鴻池汎溉，已且百頃，猶復增而深之，非所以崇唐虞之約己，遵孝文之愛人也。"帝納其言而止。〔5〕

【注】

〔1〕謝承《書》曰："典，太尉戒之叔子也。"

〔2〕隱猶靜也。約，儉也。

〔3〕謝承《書》曰："典學孔子七經、河圖、洛書，內外蓺術，靡不貫綜，受業者百有餘人。"

〔4〕四府，太尉、司徒、司空、大將軍府也。謝承《書》曰："典性明達，志節清亮。益州舉茂才，以病辭，太尉黃瓊、胡廣舉有道、方正，皆不應。桓帝公車徵，對策為諸儒之表。"

〔5〕《墨子》曰："堯舜堂高三尺，土階三等，茅茨不翦，采椽不斲，飯土簋，歠土鉶，糲粱之飯，藜藿之羹，夏日葛衣，冬日鹿裘。"是約己也。文帝嘗欲作露臺，召匠計之，曰直百金。帝曰："百金，中人十家之產，何以臺為！"宮室苑囿無所增益，有不便，輒弛以利人，是愛人也。


父卒，襲封。出為弘農太守，轉右扶風。公事去官，徵拜城門校尉，轉將作大匠，遷少府，又轉大鴻臚。時恩澤諸侯以無勞受封，群臣不悅而莫敢諫，典獨奏曰："夫無功而賞，勞者不勸，上忝下辱，亂象干度。〔1〕且高祖之誓，非功臣不封。〔2〕宜一切削免爵土，以存舊典。"帝不從。頃之，轉太僕，遷太常。朝廷每有災異疑議，輒諮問之。〔3〕典據經正對，無所曲折。每得賞賜，輒分與諸生之貧者。後以諫爭違旨，免官就國。

【注】
〔1〕《左傳》曰："國無政，不用善，則自取謫於日月之災，故政不可不慎。務三而已，一曰擇人，二曰因人，三曰從時。"《前書》曰，成帝時，同日封王氏五侯，其日，天氣赤，黃霧四塞。哀帝封丁、傅日亦然。是不用善人，則亂象干度。
〔2〕《史記·功臣侯表》曰："高祖與功臣約曰：'非劉氏不王，非有功不侯。不如是，天下共擊之。'"
〔3〕謝承《書》曰"天子宗典道懿，尊為國師，位特進。七為列卿，寢布被，食用瓦器"也。

會帝崩，時禁藩國諸侯不得奔弔，典慨然曰："身從衣褐之中，致位上列。[1]且烏烏反哺報德，[二四]況於士邪！"[2]遂解印綬符策付縣，而馳到京師。州郡及大鴻臚並執處其罪，而公卿百寮嘉典之義，表請以租自贖，詔書許之。再遷長樂少府、衛尉。公卿復表典篤學博聞，宜備國師。會病卒，[3]使者弔祠。竇太后復遣使兼贈印綬，[二五]謚曰獻侯。

【注】
〔1〕褐，織毛布之衣，貧者所服。
〔2〕《小爾雅》曰："純黑而反哺者謂之烏。"《春秋元命包》曰："烏，孝鳥也。"
〔3〕謝承《書》曰："靈帝即位，典與竇武、王暢、陳蕃等謀共誅中常侍曹節、侯覽、趙忠等，皆下獄自殺。"不言病卒。

典兄子謙，謙弟溫，相繼為三公。
謙字彥信，初平元年，代黃琬為太尉。獻帝遷都長安，以謙行車騎將軍，[二六]為前置。明年病罷。復為司隸校尉。車師王侍子為董卓所愛，數犯法，謙收殺之。卓大怒，殺都官從事，而素敬憚謙，故不加罪。轉為前將軍，遣擊白波賊，有功，封郫侯。[1]李傕殺司徒王允，復代允為司徒，數月病免，拜尚書令。是年卒，謚曰忠侯。[二七]

【注】
〔1〕郫音盤眉反。

溫字子柔，初為京兆（郡）丞，[1][二八]歎曰："大丈夫當雄飛，安能雌伏！"遂棄官去。遭歲大飢，散家糧以振窮餓，所活萬餘人。獻帝西遷都，為侍中，同興輦至長安，封江南亭侯，代楊彪為司空，免，頃之，復為司徒，錄尚書事。

【注】
〔1〕《前書》，三輔丞，武帝元鼎四年置，秩六百石。

時李傕與郭汜相攻，傕遂虜掠禁省，劫帝幸北塢，外內隔絕。傕素疑溫不與己同，乃內溫於塢中，又欲移乘輿於黃白城。溫與傕書曰："公前託為董公報讎，然實屠陷王城，殺戮大臣，天下不可家見而戶說也。今與郭汜爭睚眥之隙，以成千鈞之讎，[1]人在塗炭，各不聊生。曾不改悟，遂成禍亂。朝廷仍下明詔，欲令和解。上命不行，威澤日損。而復欲移轉乘輿，更幸非所，此誠老夫所不達也。於《易》，一為過，再為涉，三而弗改，滅其頂，凶。[2]不如早共和解，引軍還屯，上安萬乘，下全人民，豈不幸甚。"傕大怒，欲遣人殺溫。（董卓）[李傕]從弟應，[二九]溫故掾也，諫之數日，乃獲免。

【注】
〔1〕睚眥，解見《竇融傳》。三十斤為鈞，言其重。

〔2〕滅，没也。《周易·大過》上六曰："過涉滅頂，凶。"王弼曰："處大過之極，過之甚者也。涉難過甚，故至于滅頂，凶也。"

温從車駕都許。建安十三年，以辟司空曹操子丕為掾，操怒，奏温辟（忠）臣子弟，〔三〇〕選舉不實，免官。是歲卒，年七十二。

贊曰：宣、鄭、二王，奉身清方。杜林據古，張湛矜莊。典以義黜，〔1〕宫由德揚。大儀鵠髮，見表憲王。〔2〕少卿志仕，終乘高箱。

【注】
〔1〕謂棄郡奔喪，以租贖罪也。
〔2〕鵠髮，白髮。

【校勘記】
〔一〕常稱疾不仕　按：汲本"稱疾"作"寢疾"。
〔二〕以喻（類）〔煩〕雜也　據汲本、殿本改。
〔三〕即賜布帛帳帷什物　按：《刊誤》謂"帳帷"當作"帷帳"，注文先解帷，後解帳，是其次矣。
〔四〕帝敏惜之　《刊誤》謂"敏"當作"愍"。今按：《校補》引錢大昭說，謂敏與閔古字通。又謂《前書·人表》"宋愍公"，徐幹中論作"敏公"，是敏亦與愍通，皆不須改字。
〔五〕家人有嚴君〔焉〕　據汲本、殿本補。
〔六〕更始時遵為大司馬〔護軍〕　據聚珍本《東觀記》補，與《前書·陳遵傳》合。
〔七〕上麥（一）〔二〕千斛　據汲本、殿本改。
〔八〕王莽時寢病不仕　按：殿本"寢"作"稱"。
〔九〕遣使者問良所苦疾　按：汲本、殿本"苦疾"作"疾苦"。
〔一〇〕不畏乎天不媿乎人　按：汲本、殿本兩"乎"字並作"于"。
〔一一〕以為持書平　按：《刊誤》謂案文多一"平"字。蓋舊作"治書"，讀者以平音治字，章懷已改作"持"，後人又妄留"平"字也。

〔一二〕雖遭難困　按：汲本、殿本"難"作"艱"。

〔一三〕后稷近周人户知之又據以興基由其祚　汲本、殿本"户"作"所"。按：《校補》謂原文作"后稷近周，民户知之。世據以興，基由其祚"，《東觀記》及《續志》注所引並同。"户"作"所"，乃字之譌。"民"改"人"，"世"改"又"，則避太宗諱也。

〔一四〕（若）〔苦〕以車重　據《校補》改，與《東觀記》合。

〔一五〕人之所助者（順）〔信〕　據《易·繫辭》改。

〔一六〕天之所助者（信）〔順〕人之所助者（順）〔信〕　據《易·繫辭》改。

〔一七〕陳洮　按：《集解》引惠棟説，謂《御覽》、《六帖》引《東觀記》"洮"皆作"兆"。

〔一八〕遷字子廬　《集解》引何焯説，謂《漢官儀》作"子閭"。今按：《明帝紀》注引《漢官儀》作"子閭"。

〔一九〕懼於臧文竊位之罪　按：王先謙謂懼於文義未安，疑"於"當作"干"，或"干"誤寫為"于"，後人改作"於"耳。"竊慕"與"懼干"正相對為文。

〔二〇〕信陽侯陰就　錢大昭謂《陰興傳》作"新陽侯"，新信古字通。按：《校補》謂《馮衍傳》仍作"新陽侯"，又后紀亦作"新陽侯世子陰豐"，注同，今安徽太和縣西北有信陽城，則新陽固即信陽矣。

〔二一〕後與妻子之蒙陰山　按：《集解》引惠棟説，謂《東觀記》作"華陰山"，或宮從漢中之華陰也。

〔二二〕數納忠言陳政論議切愨　《集解》引何焯説，謂"政"下當有脱文。今按："陳政"二字疑衍。《東觀記》作"數納忠諫，論議切直"，無"陳政"二字，可證也。

〔二三〕養孤兄子　按：汲本、殿本並作"養孤兒兄子"，聚珍本《東觀記》同。《校補》謂《鮑永傳》"悉財產與孤弟子"，此直當作"孤兄子"，"兒"字乃涉下"兄"字誤衍也。

〔二四〕且鳥烏反哺報德　按：汲本、殿本"鳥烏"作"烏鳥"，誤。

〔二五〕竇太后復遣使兼贈印綬　按：李慈銘謂"兼"蓋是"策"字之誤。

〔二六〕以謙行車騎將軍　《刊誤》謂案文少一"事"字。今按：范《書》凡書行某某事往往省一"事"字，非必脱文也。

〔二七〕謚曰忠侯　按：李慈銘謂《華陽國志》作"惠侯"。

〔二八〕初為京兆（郡）丞　《校補》引錢大昭説，謂京兆兩漢皆不稱郡，此"郡"字衍。今據删。

〔二九〕（董卓）〔李傕〕從弟應　《集解》引惠棟説，謂袁宏《紀》云李傕從弟。王先謙謂"董卓"二字實傳寫之誤。今據改。

〔三〇〕奏溫辟（忠）臣子弟　集解引何焯説，謂"忠"字衍。張森楷《校勘記》謂《魏志·文帝紀》注引《獻帝起居注》無"忠"字，何説有本。今據删。

〔三一〕謂棄郡奔喪　按：《校補》謂"郡"當作"國"。

# 後漢書卷二十八上

## 桓譚馮衍列傳第十八上

　　桓譚字君山，沛國相人也。[1]父成帝時為太樂令。譚以父任為郎，因好音律，[2]善鼓琴。博學多通，徧習五經，皆詁訓大義，不為章句。[3]能文章，尤好古學，數從劉歆、楊雄辯析疑異。性嗜倡樂，[4][一]簡易不修威儀，而意非毀俗儒，由是多見排抵。[5][二]

【注】
〔1〕相，縣名，故城在今徐州符離縣西北。
〔2〕宮、商、角、徵、羽謂之五聲，聲成文謂之音。律謂六律，黃鐘、太族、姑洗、蕤賓、無射、夷則。
〔3〕《說文》曰："詁，訓古言也。"章句謂離章辨句，委曲枝派也。
〔4〕倡，俳優也。
〔5〕抵，擊也，音紙。

　　哀平閒，位不過郎。傅皇后父孔鄉侯晏深善於譚。[1]是時高安侯董賢寵幸，女弟為昭儀，皇后日已疏，晏嘿嘿不得意。譚進說曰："昔武帝欲立衛子夫，陰求陳皇后之過，[2]而陳后終廢，子夫竟立。今董賢至愛而女弟尤幸，殆將有子夫之變，[三]可不憂哉！"晏驚動，曰："然，為之奈何？"譚曰："刑罰不能加無罪，邪枉不能勝正人。夫士以才智要君,女以媚道求主。皇后年少,希更艱難,或驅使醫巫,外求方技,此不可不備。又君侯以后父尊重而多通賓客,必借以重埶,貽致譏議。不如謝遣門徒,務執謙愨,此脩己正家避禍之道也。"晏曰"善"。遂罷遣常客,〔3〕入白皇后,如譚所戒。後賢果風太醫令真欽,使求傅氏罪過,遂逮后弟侍中喜,〔四〕詔獄無所得,乃解,故傅氏終全於哀帝之時。及董賢為大司馬,聞譚名,欲與之交。譚先奏書於賢,說以輔國保身之術,賢不能用,遂不與通。當王莽居攝篡弒之際,天下之士,莫不競褒稱德美,作符命以求容媚,譚獨自守,默然無言。莽時為掌樂大夫,更始立,召拜太中大夫。

【注】
〔1〕傅皇后,哀帝后。
〔2〕子夫,衛皇后也。本平陽主家謳者,得幸於武帝,生男據,遂立為皇后。陳皇后,武帝姑長公主嫖女也。擅寵十餘年,無子,聞子夫得幸,幾死者數焉,上怒,遂挾婦人媚道,事覺,廢居長門宮。嫖音匹妙反。見《前書》。
〔3〕"常"或作"賓"。

世祖即位,徵待詔,上書言事失旨,不用。後大司空宋弘薦譚,拜議郎給事中,因上疏陳時政所宜,曰:

臣聞國之廢興,在於政事;政事得失,由乎輔佐。輔佐賢明,則俊士充朝,而理合世務;輔佐不明,則論失時宜,而舉多過事。夫有國之君,俱欲興化建善,然而政道未理者,其所謂賢者異也。昔楚莊王問孫叔敖曰:"寡人未得所以為國是也。"〔1〕叔敖曰:"國之有是,眾所惡也,恐王不能定也。"王曰:"不定獨在君,亦在臣乎?"對曰:"君驕士,曰士非我無從富貴;士驕君,曰君非士無從安存。人君或至失國而不悟,士或至飢寒而不進。君臣不合,則國是無從定矣。"莊王曰:"善。願相國與諸大夫共定國是也。"〔2〕蓋善政者,視俗而施教,察失而立防,威德更興,文武迭用，然後政調於時，而躁人可定。[3]昔董仲舒言"理國譬若琴瑟，其不調者則解而更張"。[4]夫更張難行，而拂衆者亡，[5]是故賈誼以才逐，而朝錯以智死。[6]世雖有殊能而終莫敢談者，懼於前事也。

【注】
[1]莊王名旅，穆王商臣之子也。孫叔敖，楚賢相也。言欲爲國於是，未知何以得之。
[2]事見《新序》。
[3]躁猶動也，謂躁撓不定之人也。
[4]事見《前書》。
[5]拂，違也，音扶弗反。
[6]賈誼，洛陽人也。事文帝爲博士，每詔令下，諸老先生未能言，誼盡爲之對，人人各如其志所出。絳、灌之屬害之，文帝亦疏之，乃以誼爲長沙太傅。朝錯，穎川人也。事文帝爲太子家令，號曰"智囊"。景帝即位，爲御史大夫，請削諸侯（之）[支]郡。[五]後七國反，以誅錯爲名，遂署斬錯。見《前書》。

且設法禁者，非能盡塞天下之姦，皆合衆人之所欲也，大抵取便國利事多者，則可矣。夫張官置吏，以理萬人，縣賞設罰，以別善惡，惡人誅傷，則善人蒙福矣。今人相殺傷，雖已伏法，而私結怨讎，子孫相報，後忿深前，至於滅戶殄業，而俗稱豪健，故雖有怯弱，猶勉而行之，此爲聽人自理而無復法禁者也。今宜申明舊令，若已伏官誅而私相傷殺者，雖一身逃亡，皆徙家屬於邊，其相傷者，加常二等，不得雇山贖罪。[1]如此，則仇怨自解，盜賊息矣。

【注】

〔1〕雇山,解見《光武紀》。

夫理國之道,舉本業而抑末利,是以先帝禁人二業,錮商賈不得宦為吏,〔1〕此所以抑并兼長廉恥也。今富商大賈,多放錢貨,〔六〕中家子弟,為之保役,〔2〕趨走與臣僕等勤,收稅與封君比入,〔3〕是以眾人慕効,不耕而食,至乃多通侈靡,以淫耳目。今可令諸商賈自相糾告,若非身力所得,皆以臧畀告者。〔4〕如此,則專役一己,不敢以貨與人,事寡力弱,必歸功田畝。田畝修,則穀入多而地力盡矣。

【注】

〔1〕高祖時,令賈人不得衣絲乘車,市井子孫不得宦為吏。

〔2〕中家猶中等也。保役,可保信也。

〔3〕收稅謂舉錢輸息利也。《東觀記》曰"中家子為之保役,受計上疏,趨走俯伏,譬若臣僕,坐而分利"也。

〔4〕畀,與也。《東觀記》載譚言曰:"賈人多通侈靡之物,羅紈綺繡,雜綵玩好,以淫人耳目,而竭盡其財。是為下樹奢媒而置貧本也。求人之儉約富足,何可得乎?夫俗難卒變,而人不可暴化。宜抑其路,使之稍自衰焉。"畀音必二反。

又見法令決事,輕重不齊,或一事殊法,同罪異論,姦吏得因緣為市,所欲活則出生議,所欲陷則與死比,是為刑開二門也。今可令通義理明習法律者,校定科比,〔1〕一其法度,班下郡國,蠲除故條。如此,天下知方,而獄無怨濫矣。〔2〕

【注】

〔1〕科謂事條,比謂類例。

〔2〕方猶法也。

書奏，不省。
是時帝方信讖，多以決定嫌疑。又醻賞少薄，天下不時安定。譚復上疏曰：

臣前獻瞽言，未蒙詔報，不勝憤懣，冒死復陳。愚夫策謀，有益於政道者，以合人心而得事理也。凡人情忽於見事而貴於異聞，觀先王之所記述，咸以仁義正道為本，非有奇怪虛誕之事。蓋天道性命，聖人所難言也。自子貢以下，不得而聞，況後世淺儒，能通之乎！〔1〕今諸巧慧小才伎數之人，增益圖書，矯稱讖記，〔2〕以欺惑貪邪，詿誤人主，焉可不抑遠之哉！〔3〕臣譚伏聞陛下窮折方士黃白之術，甚為明矣；〔4〕而乃欲聽納讖記，又何誤也！其事雖有時合，譬猶卜數隻偶之類。〔5〕陛下宜垂明聽，發聖意，屏群小之曲說，述五經之正義，略雷同之俗語，詳通人之雅謀。〔6〕

【注】
〔1〕《論語》子貢曰："夫子之文章，可得而聞也。夫子之言性與天道，不可得而聞也。"鄭玄注云："性謂人受血氣以生，有賢愚吉凶。天道，七政變動之占也。"
〔2〕伎謂方伎，醫方之家也。數謂數術，明堂、羲和、史、卜之官也。圖書即讖緯符命之類也。
〔3〕《東觀記》載譚書云"矯稱孔丘，為讖記以誤人主"也。
〔4〕黃白謂以藥化成金銀也。方士，有方術之士也。
〔5〕言偶中也。
〔6〕雷之發聲，衆物同應。俗人無是非之心，出言同者謂之雷同。《禮記》曰："無雷同。"

又臣聞安平則尊道術之士，有難則貴介冑之臣。〔1〕今聖朝興復祖統,為人臣主,而四方盜賊未盡歸伏者,此權謀未得也。臣譚伏觀陛下用兵,諸所降下,既無重賞以相恩誘,或至虜掠奪其財物,是以兵長渠率,各生狐疑,黨輩連結,歲月不解。古人有言曰:"天下皆知取之為取,而莫知與之為取。"〔2〕陛下誠能輕爵重賞,與士共之,則何招而不至,何說而不釋,何向而不開,何征而不剋!如此,則能以狹為廣,以遲為速,亡者復存,失者復得矣。

【注】
〔1〕介,甲也。冑,兜鍪也。〔七〕
〔2〕言先饒與之,後乃可取之。《老子》曰:"將欲廢之,必固興之;將欲奪之,必固與之。"

帝省奏,愈不悅。
其後有詔會議靈臺所處,〔1〕帝謂譚曰:"吾欲[以]讖決之,〔八〕何如?"譚默然良久,曰:"臣不讀讖。"帝問其故,譚復極言讖之非經。帝大怒曰:"桓譚非聖無法,將下斬之。"譚叩頭流血,〔九〕良久乃得解。出為六安郡丞,〔2〕〔一〇〕意忽忽不樂,道病卒,時年七十餘。

【注】
〔1〕陽衒之《洛陽記》曰〔一一〕"平昌門直南大道,東是明堂大道,西是靈臺"也。
〔2〕六安郡故城在今壽州安豐縣南。

初,譚著書言當世行事二十九篇,號曰《新論》,上書獻之,世祖善焉。〔1〕《琴道》一篇未成,肅宗使班固續成之。〔2〕所著賦、誄、書、奏,凡二十六篇。

【注】

〔1〕《新論》一曰《本造》，二《王霸》，三《求輔》，四《言體》，五《見徵》，六《譴非》，七《啓寤》，八《袪蔽》，九《正經》，十《識通》，十一《離事》，十二《道賦》，十三《辨惑》，十四《述策》，十五《閔友》，十六《琴道》。《本造》、《述策》、《閔友》、《琴道》各一篇，餘並有上下。《東觀記》曰："光武讀之，勑言卷大，令皆別為上下，凡二十九篇。"

〔2〕《東觀記》曰："琴道未畢，但有發首一章。"

元和中，肅宗行東巡狩，至沛，使使者祠譚冢，鄉里以為榮。

馮衍字敬通，京兆杜陵人也。[1]祖野王，元帝時為大鴻臚。[2]衍幼有奇才，年九歲，能誦《詩》，至二十而博通群書。王莽時，諸公多薦舉之者，衍辭不肯仕。

【注】

〔1〕《東觀記》曰："其先上黨潞人，曾祖父奉世徙杜陵。"

〔2〕野王字君卿，奉世之長子也。《東觀記》曰："野王生座，襲父爵為關內侯，座生衍。"華嶠《書》曰："衍祖父立，生滿，年十七喪父，早卒，滿生衍。"

時天下兵起，莽遣更始將軍廉丹討伐山東。丹辟衍為掾，與俱至定陶。莽追詔丹曰："倉廩盡矣，府庫空矣，可以怒矣，可以戰矣。將軍受國重任，不捐身於中野，無以報恩塞責。"丹惶恐，夜召衍，以書示之。衍因說丹曰："衍聞順而成者，道之所大也；逆而功者，權之所貴也。[1]是故期於有成，不問所由；論於大體，不守小節。昔逢丑父伏軾而使其君取飲，稱於諸侯；[2]鄭祭仲立突而出忽，終得復位，美於《春秋》。蓋以死易生，以存易亡，君子之道也。[3]詭於眾意，寧國存身，賢智之慮也。[4]故《易》曰'窮則變，變則通，通則久，是以自天祐之，吉，無不利'。[5]若夫知其不可而必行之，破軍殘衆，無補於主，身死之日，負義於時，[6]智者不為，勇者不行。且衍聞之，得時無怠。[7]張良以五世相韓，椎秦始皇博浪之中，[8]勇冠乎賁、育，名高乎太山。[9]將軍之先，為漢信臣。[10]新室之興，英俊不附。今海内潰亂，人懷漢德，甚於詩人思召公也，愛其甘棠，而況子孫乎？人所歌舞，天必從之。[11]方今為將軍計，莫若屯據大郡，[一二]鎮撫吏士，砥厲其節，百里之内，牛酒日賜，納雄桀之士，詢忠智之謀，要將來之心，待從橫之變，興社稷之利，除萬人之害，則福祿流於無窮，功烈著於不滅。何與軍覆於中原，身膏於草野，[12]功敗名喪，恥及先祖哉？聖人轉禍而為福，智士因敗而為功，願明公深計而無與俗同。"丹不能從。進及睢陽，復說丹曰："蓋聞明者見於無形，智者慮於未萌，況其昭晢者乎？[13]凡患生於所忽，禍發於細微，[14]敗不可悔，時不可失。公孫鞅曰：'有高人之行，負非於世；有獨見之慮，見贅於人。'[15][一三]故信庸庸之論，破金石之策，[16]襲當世之操，失高明之德。夫決者智之君也，疑者事之役也。[17]時不重至，公勿再計。"丹不聽，遂進及無鹽，與赤眉戰死。[18]衍乃亡命河東。[19]

【注】

〔1〕於正道雖違逆而事有成功者，謂之權，所謂反經合義者也。

〔2〕《左氏傳》，齊晉戰于鞌，晉卿韓厥逐及齊侯，齊臣逢丑父乃與齊侯易位，使齊侯御車。韓厥將及齊侯，丑父令齊侯如華泉取飲，韓厥乃獻丑父於郤克。郤克將戮之，呼曰："自今無有代其君任患者；有一於此，將為戮矣！"[一四]郤子曰："人不難以死免其君，我戮之不祥，赦之以勸事君者。"

〔3〕祭仲，鄭大夫，突及忽皆鄭莊公子也。莊公薨，太子忽當立。公子突，宋之出也，故宋人執鄭祭仲。《公羊傳》曰："祭仲何以不名？賢也。何賢乎？以為知權。其知權奈何？宋人執之，謂曰：'為我出忽而立突'。祭仲不從其言，則君必死，國必亡；從其言，則君可以生易死，國可以存易亡。古人有

權者,祭仲是也。權者反乎經,後有善者也。行權有道。殺人以自生,亡人以自存,君子不為也。"

〔4〕詭,違也。

〔5〕皆《周易·下繫》之詞。

〔6〕負猶失也。

〔7〕急,懈也,言當急趨時。

〔8〕張良大父開地相韓昭侯、宣惠王、襄哀王,父平相釐王、悼惠王。五代相韓,謂良父及祖相韓之五王也。後秦滅韓,良家僮三百人,乃悉以家財求客刺秦王。得力士,為鐵椎重百二十斤,擊始皇於博浪沙中。博浪,地名,在鄭州陽武縣南。椎音直追反,謂擊之也。

〔9〕孟賁、夏育,並古之勇士也。《前書音義》曰:"孟賁生拔牛角。夏育,衛人,力舉千鈞。"

〔10〕廉褒,襄武人,宣帝時為後將軍,即丹之先。

〔11〕《詩·小雅》曰:"雖無德與汝,式歌且舞。"言漢氏之德,人歌舞之也。《尚書》曰:"人之所欲,天必從之。"

〔12〕與猶如也。

〔13〕晢,明也。商鞅謂秦孝公曰:"愚者闇於成事,智者見於未萌。"

〔14〕司馬相如曰"禍故多藏於隱微,而發於人之所忽"也。

〔15〕語見《史記·商君傳》。贅猶惡也。《史記》"贅"作"疑"。

〔16〕庸,常也。金石以諭堅也。

〔17〕役猶賤也。

〔18〕無鹽,縣名,屬東平郡,故城在今鄆州須昌縣東。

〔19〕華嶠《書》曰:"丹死,衍西歸,吏以亡軍,下司命乘傳逐捕,故亡命。"

更始二年,遣尚書僕射鮑永行大將軍事,安集北方。[1]衍因以計說永曰:

【注】
〔1〕永字君長,司隸校尉宣之子。

衍聞明君不惡切愨之言,以測幽冥之論;忠臣不顧爭引之患,以達萬機之變。[1]是故君臣兩興,功名兼立,銘勒金石,令問不忘。今衍幸逢寬明之日,將值危言之時,[2]豈敢拱默避罪,而不竭其誠哉!

【注】
〔1〕愨,實也。幽冥諭深遠也。爭引謂引事與君爭也。事非一塗,故曰萬機之變也。《書》曰:"一日二日萬機。"《東觀記》:"衍更始時為偏將軍,與鮑永相善。更始既敗,固守不以時下。建武初,為揚化大將軍掾,辟鄧禹府,數奏記於禹,陳政言事。"自"明君"以下,皆是諫鄧禹之詞,非勸鮑永之說,不知何據,有此乖違。
〔2〕危猶高也。《論語》曰:"天下有道,危言危行。"

伏念天下離王莽之害久矣。始自東郡之師,[1]繼以西海之役,[2]巴、蜀没於南夷,[3]緣邊破於北狄,[4]遠征萬里,暴兵累年,[5]禍挐未解,兵連不息,[6]刑法彌深,[7]賦斂愈重。衆彊之黨,橫擊於外,百僚之臣,貪殘於内,元元無聊,飢寒並臻,父子流亡,夫婦離散,廬落丘墟,田疇蕪穢,疾疫大興,災異蜂起。於是江湖之上,海岱之濱,風騰波涌,更相駘藉,[8]四垂之人,肝腦塗地,死亡之數,不啻太半,殃咎之毒,痛入骨髓,匹夫僮婦,咸懷怨怒。[9]皇帝以聖德靈威,龍興鳳舉,率宛、葉之衆,將散亂之兵,嗁血昆陽,[一五]長驅武關,破百萬之陳,摧九虎之軍,[10]靁震四海,席卷天下,[11]攘除禍亂,誅滅無道,一朞之間,海内大定。繼高祖之休烈,修文武之絕業,社稷復存,炎精更輝,德冠往初,功無與二。[12]天下自以去亡新,就聖漢,當蒙其福而賴其願。樹恩布德，易以周洽，其猶順驚風而飛鴻毛也。[13]然而諸將虜掠，逆倫絕理，[14]殺人父子，妻人婦女，燔其室屋，略其財產，飢者毛食，寒者裸跣，[15][一六]冤結失望，無所歸命。今大將軍以明淑之德，秉大使之權，統三軍之政，存撫幷州之人，惠愛之誠，加乎百姓，高世之聲，聞乎群士，故其延頸企踵而望者，非特一人也。且大將軍之事，豈得珪璧其行，束修其心而已哉？[16]將定國家之大業，成天地之元功也。昔周宣中興之主，齊桓霸彊之君耳，猶有申伯、召虎、夷吾、吉甫[17][一七]攘其螽賊，[18]安其疆宇。況乎萬里之漢，明帝復興，而大將軍為之梁棟，此誠不可以忽也。[19]

【注】
〔1〕離，遭也。莽居攝元年，翟義起兵於東郡，莽發八將軍以擊之。東郡，今滑州也。
〔2〕莽居攝元年，西羌龐恬、傅幡等怨莽奪其地為西海郡，攻西海太守程永，莽遣護羌校尉竇況擊之。
〔3〕莽篡位，貶西南夷昫町王為侯，王邯怨恨，攻益州，殺大尹程隆。莽發巴、蜀吏士擊之，出入三年，死者十七八。
〔4〕莽[始]建國三年，[一八]烏珠單于遣左賢王入雲中，大殺吏人，大輩萬餘，中輩數千，殺鴈門、朔方太守，略吏人畜產不可勝數，緣邊虛耗也。
〔5〕暴，露也。
〔6〕挐謂相連引也。
〔7〕莽以地皇元年以後為不須時令，自是春夏斬人於市。
〔8〕莽時江湖海澤麋沸，青、徐、荊、楚之地搔擾。《前書音義》曰：「跆，蹋也。」今此為「駘」，古字通。
〔9〕僮猶賤也。
〔10〕莽末，下江兵鄧曄、（王）[于]匡攻武關，[一九]莽乃拜將軍九人，皆以虎為號，以捍匡等。[匡等]擊破六虎，[二○]敗走三虎，乃保京師倉，鄧曄等乃開武關迎更始。

〔11〕席卷言無餘也。

〔12〕此上二句，司馬相如《封禪書》之詞。

〔13〕言其易也。王襃《聖主得賢臣頌》曰"翼乎如鴻毛遇順風"也。

〔14〕倫亦理也。

〔15〕毛，草也。臣賢案：《衍集》"毛"字作"無"，今俗語猶然者，或古亦通乎？

〔16〕言當恢廓規摹，不可空自清絜，徒約束修身而已。

〔17〕申伯，周宣王之元舅也；召虎，召穆公也；吉甫謂尹吉甫也：皆周宣王臣，並見《毛詩》。夷吾，管仲之字也。

〔18〕蟊賊，食禾稼蟲名，諭姦盜侵漁也。蟊音牟。

〔19〕《左傳》子產謂子皮曰："子於鄭國，棟也。棟折榱崩，僑將壓焉。"

　　且衍聞之，兵久則力屈，人愁則變生。今邯鄲之賊未滅，真定之際復擾，〔1〕而大將軍所部不過百里，守城不休，戰軍不息，兵革雲翔，百姓震駭，奈何自怠，不為深憂？夫并州之地，東帶名關，北逼彊胡，〔2〕年穀獨孰，人庶多資，斯四戰之地，攻守之場也。如其不虞，何以待之？故曰"德不素積，人不為用。備不豫具，難以應卒"。〔3〕今生人之命，縣於將軍，將軍所杖，必須良才，宜改易非任，更選賢能。夫十室之邑，必有忠信。〔4〕審得其人，以承大將軍之明，雖則山澤之人，〔二一〕無不感德，思樂為用矣。然後簡精銳之卒，發屯守之士，三軍既整，甲兵已具，相其土地之饒，觀其水泉之利，制屯田之術，習戰射之教，則威風遠暢，人安其業矣。若鎮太原，撫上黨，收百姓之歡心，樹名賢之良佐，天下無變，則足以顯聲譽，一朝有事，則可以建大功。惟大將軍開日月之明，發深淵之慮，監六經之論，觀孫吳之策，〔5〕省群議之是非，詳眾士之白黑，〔6〕以超周南之迹，垂甘棠之風，令夫功烈施於千載，富貴傳于無窮。伊、望之策，何以加茲！〔7〕

【注】
〔1〕邯鄲謂王郎也。真定謂劉楊也。
〔2〕井陘關也。要害之塞，故曰名關。《東觀記》作"石陘關"。
〔3〕《史記》子貢說晉君曰："慮不先定，不可以應卒。"卒音倉忽反。
〔4〕《東觀記》曰："無謂無賢，路有聖人。"
〔5〕孫武，吳王闔廬將；吳起，魏文侯將：並著兵書也。
〔6〕白黑猶賢愚也。
〔7〕伊尹、呂望。

永既素重衍，為且受使得自置偏裨，乃以衍為立漢將軍，〔1〕領狼孟長，屯太原，〔2〕與上黨太守田邑等繕甲養士，扞衛并土。

【注】
〔1〕《東觀記》曰"時永得置偏裨將五人"也。
〔2〕狼孟，縣名，屬太原郡，故城在今并州陽曲縣東北。

及世祖即位，遣宗正劉延攻天井關，與田邑連戰十餘合，延不得進。邑迎母弟妻子，為延所獲。〔1〕後邑聞更始敗，乃遣使詣洛陽獻璧馬，即拜為上黨太守。〔2〕因遣使者招永、衍，永、衍等疑不肯降，而忿邑背前約，〔3〕衍乃遺邑書曰：

【注】
〔1〕《東觀記》曰："鄧禹使積弩將軍馮愔將兵擊邑，愔悉得邑母弟妻子。"
〔2〕《東觀記》曰，遣騎都尉弓里游、諫大夫何叔武，即拜邑為上黨太守。
〔3〕《東觀記》，衍與邑素誓刎頸，俱受重任。

蓋聞晉文出奔而子犯宣其忠，[1]趙武逢難而程嬰明其賢，[2]二子之義當矣。今三王背畔，赤眉危國，[3]天下螘動，社稷顛隕，[4]是忠臣立功之日，志士馳馬之秋也。伯玉擢選剖符，專宰大郡。[5]夫上黨之地，有四塞之固，東帶三關，西為國蔽，[6]奈何舉之以資彊敵，開天下之匈，假仇讎之刃？豈不哀哉！[7]

【注】
〔1〕晉文公重耳避驪姬之難出奔，狐偃勸令返國，遂為霸主。子犯即狐偃字也。

〔2〕趙盾，晉卿，生趙朔，朔娶晉成公姊為夫人。晉景公三年，大夫屠岸賈誅趙氏，殺趙朔，滅其族。朔妻有遺腹，走公宮。趙朔客程嬰、公孫杵臼。杵臼謂程嬰曰："胡不死？"程嬰曰："朔之婦有遺腹，若幸而生男，吾奉之；即女也，吾徐死耳。"居無何，朔妻生男，屠岸賈聞之，乃索於宮中。夫人置兒於絝中，祝曰："趙宗滅乎，若（嗁）[噭]，[二]即不滅，若無聲。"及索兒，竟無聲。程嬰曰："今一索不得，後必復索之。"杵臼乃取它嬰兒負之匿山中。諸將共攻殺杵臼并孤兒，然趙氏真孤乃在程嬰所，即趙武也。居十五年，晉景公乃立趙武為卿，而復其田邑。事見《史記》。

〔3〕三王見《更始傳》。

〔4〕螘動諭衆。

〔5〕文帝初，與郡守始為銅虎符、竹使符，分持其一，以為瑞信。剖即分也。

〔6〕三關謂上黨關、壺口關、石陘關也。陘音形。

〔7〕張儀說楚王曰："秦下甲攻衛陽晉，大開天下胸。"李斯曰："所謂借寇兵而齎盜糧也。"

衍聞之，委質為臣，無有二心；[1]挈瓶之智，守不假器。[2]是以晏嬰臨盟，擬以曲戟，不易其辭；[3]謝息守郕，脅以晉、魯，不喪其邑。[4]由是言之，內無鉤頸之禍，外無桃萊之利，[5]而被畔人之聲，蒙降城之恥，竊為左右羞之。且邾庶其竊邑畔君，以要大利，曰賤而必書；莒牟夷以土地求食，而名不滅。是以大丈夫動則思禮，行則思義，未有背此而身名能全者也。[6]為伯玉深計，莫若與鮑尚書同情勠力，顯忠貞之節，立超世之功。如以尊親係累之故，能捐位投命，歸之尚書，大義既全，敵人紓怨，[7]上不損剖符之責，下足救老幼之命，申眉高談，無愧天下。若乃貪上黨之權，惜全邦之實，衍恐伯玉必懷周趙之憂，[二三]上黨復有前年之禍。[8]昔晏平仲納延陵之誨，終免欒高之難；[9]孫林父違穆子之戒，故陷終身之惡。[10]以為伯玉聞此至言，必若刺心，自非嬰城而堅守，則策馬而不顧也。[11]聖人轉禍而為福，智士因敗以成勝，願自彊於時，無與俗同。

【注】

[1] 委質猶屈膝也。《左傳》曰："策名委質，貳乃辟也。臣無二心，古之制也。"

[2] 解見《左傳》。

[3] 《晏子春秋》曰："齊大夫崔杼弒齊莊公，乃劫諸大夫盟。有敢不盟者，戟鉤其頸，劍承其心，曰：'不與崔氏而與公室者，盟神視之，言不疾，指不至血者死。'所殺者七人，而後及晏子。晏子奉血仰天曰：'崔氏無道而殺其君，若有能復崔氏而嬰不與，盟[神]視之。'[二四]遂仰而飲血。崔氏曰：'晏子與我，則齊國吾與共之；不與我，則戟在脰，劍在心，子圖之。'晏子曰：'劫吾以刃而失其意，非勇也。留吾以利而背其君，非義也。《詩》云："愷悌君子，求福不回。"嬰可回而求福乎？劍刃鉤之，直兵推之，嬰不革矣。'崔子遂釋之。"

[4] 《左傳》，孟孫之家臣謝息。孟孫從魯昭公如楚，謝息為孟孫守郕邑。晉人來理杞田，季孫將以郕邑與之。謝息不可，曰："夫子從君而守臣喪邑，雖吾子亦有猜焉。"季孫曰："君之在楚，於晉罪也。又不聽晉，魯罪重矣。晉師必至，吾無以待之。"[二五]謝息曰："古人有言，'挈瓶之智，守不假器。'"

季孫曰:"吾與子桃。"辭以無山,與之萊、柞,乃遷於桃。杜預注曰:"挈瓶,汲器,諭小智也。魯國(下)〔卞〕縣東南有桃虛。"〔二六〕萊、柞,二山名。

〔5〕臣賢案:謝息得桃邑萊山,故言"無桃萊之利"也。但為"萊"字似"棗",文又連"桃",後學者以"桃棗"易明,"桃萊"難悟,不究始終,輒改"萊"為"棗"。《衍集》又作"菜",或改作"乘",展轉乖僻為謬矣。

〔6〕庶其,邾大夫,以邾邑漆、閭丘奔魯,故言竊邑畔君以要利也。牟夷,莒大夫,竊牟婁及防茲來奔;昭公三十一年,邾黑肱以濫來奔。《左傳》曰:以地畔,求食而已,不求其名。賤而必書,以名其人,終為不義,不可滅已。是故君子動則思禮,行則思義。或求名而不得,或欲蓋而名彰。此所謂三畔人名者也。

〔7〕紓,緩。音舒。

〔8〕《史記》曰,趙孝成王時,韓上黨(太)守馮亭〔二七〕使人至趙曰:"韓不守上黨,入之於秦,其吏人皆安為趙,不欲為秦。有城市邑十七,願再拜入之趙。"趙王大喜,召平陽君豹告曰:"馮亭入城市邑十七,受之何如?"豹曰:"聖人甚惡無故之利。夫秦蠶食韓氏,地中絕不令相通,韓氏所以不入於秦者,欲嫁其禍於趙,必勿受也。"趙王不聽,遂發兵取上黨,於是秦人圍趙,阬其卒四十萬。秦又圍邯鄲。又攻西周,拔之。故言懷周趙之憂。前年猶往時。

〔9〕延陵,邑名,吳公子季札所封,故以號焉。《左傳》魯襄二十九年,季札聘齊,見晏平仲。曰:"子速納邑與政。無邑無政,乃免於難。"晏子因陳桓子以納邑與政,是以免於欒高之難。欒謂子雅,高謂子尾,皆齊大夫。《左氏》魯昭公八年,欒高作難,晏子無罪。

〔10〕孫林父,衛大夫孫文子也。穆子,魯大夫叔孫豹也。《左傳》,衛侯使孫林父聘魯,且尋盟。公登亦登,叔孫穆子相儀,趨進曰:"諸侯之會,寡君未嘗後衛君。今吾子不後寡君,未知所過。"孫子無詞,亦無悛容。穆子曰:"孫子必亡。為臣而君,過而不悛,亡之本也。"至襄十四年,孫林父逐出衛獻公。獻公復入國,林父遂以戚邑畔。是陷於終身之惡。

〔11〕言不過為二塗而已。

邑報書曰：

　　僕雖駑怯，亦欲為人者也，豈苟貪生而畏死哉！曲戟在頸，不易其心，誠僕志也。閒者，老母諸弟見執於軍，而邑安然不顧者，豈非重其節乎？若使人居天地，壽如金石，要長生而避死地可也。今百齡之期，未有能至，老壯之閒，相去幾何。誠使故朝尚在，忠義可立，雖老親受戮，妻兒橫分，邑之願也。閒者，上黨黠賊，大衆圍城，義兵兩輩，入據井陘。邑親潰敵圍，拒擊宗正，〔1〕自試智勇，非不能當。誠知故朝為兵所害，新帝司徒已定三輔，〔2〕隴西、北地從風響應。其事昭昭，日月經天，河海帶地，不足以比。〔3〕死生有命，富貴在天。〔4〕天下存亡，誠云命也。邑雖沒身，能如命何？

【注】

〔1〕即劉延。
〔2〕謂鄧禹也。
〔3〕言明白也。
〔4〕《論語》子夏之詞。

　　夫人道之本，有恩有義，義有所宜，恩有所施。君臣大義，母子至恩。今故主已亡，義（無）〔其〕誰為；〔二八〕老母拘執，恩所當留。而厲以貪權，誘以策馬，抑其利心，必其不顧，何其愚乎！邑年三十，歷位卿士，性少嗜慾，情厭事為。況今位尊身危，財多命殆，鄙人知之，何疑君子？君長、敬通〔1〕揭節垂組，自相署立。〔2〕蓋仲由使門人為臣，孔子譏其欺天。〔3〕君長據位兩州，加以一郡，〔4〕而河東畔國，兵不入境，〔5〕上黨見圍，不窺大谷，〔6〕宗正臨境，莫之能援。兵威屈辱，國權日損，三王背畔，赤眉害主，未見兼行倍道之赴，若墨翟累繭救宋，申包胥重胝存楚，衛女馳歸唁兄之志。[7]主亡一歲，莫知定所，虛冀妄言，苟肆鄙塞。未能事生，安能事死？未知為臣，焉知為主？豈厭為臣子，思為君父乎！欲搖太山而蕩北海，[8]事敗身危，要思邑言。

【注】
[1] 君長，鮑永字也。
[2] 揭音其謁反，謂負也。
[3] 孔子有疾，仲由欲使門人為臣，以大夫之禮葬孔子。孔子謂曰："由之行詐也！吾誰欺，欺天乎？"事具《論語》。
[4] 《衍集》，鮑永行將軍事，安集并州，擁兵屯太原，與太原李仲房同心并力。
[5] 聞更始敗，故諸國畔也。不入彘，言不征之也。彘，縣名，屬河東郡，順帝改曰永安。
[6] 即上所謂黠賊所圍城者也。大谷自太原趣上黨之道。不窺言不來救也。今并州大谷縣西有大谷是也。
[7] 衛女，衛宣公庶子頑之女，為許穆公夫人，其兄即戴公。弔失國曰唁。衛懿公為狄所滅，戴公乃立廬于曹邑。許穆夫人閔衛亡，思歸唁之，不得，乃賦《載馳》之詩。事見《左傳》。
[8] 言不可也。《孟子》曰"挾太山而超北海"也。

衍不從。或訛言更始隨赤眉在北，[1]永、衍信之，故屯兵界休，[2]方移書上黨，云皇帝在雍，以惑百姓。永遣弟升[二九]及子壻張舒誘降涅城，[3]舒家在上黨，邑悉繫之。又書勸永降，永不荅，[4]自是與邑有隙。邑字伯玉，馮翊人也，後為漁陽太守。[5]永、衍審知更始已歿，乃共罷兵，幅巾降於河內。[6]

【注】

〔一〕訛,偽也。

〔二〕界休,縣,屬太原郡,今汾州縣。

〔三〕《東觀記》曰:"升及舒等謀使營尉李匡先反涅城,開門内兵,殺其縣長馮晏,立故謁者祝回為涅長。"涅,縣名,屬上黨郡,故城在今潞州鄉縣西。涅音奴結反。

〔四〕《東觀記》載邑書曰:"愚聞丈夫不釋故而改圖,哲士不徼幸而出危。今君長故主敗不能死,新帝立不肯降,擁衆而據壁,欲襲六國之從。與邑同事一朝,内為刎頸之盟,興兵背畔,攻取涅城。破君長之國,壞父母之鄉,首難結怨,輕弄凶器。人心難知,何意君長當為此計。昔者韓信將兵,無敵天下,功不世出,略不再見,威執項羽,名出高帝,不知天時,就亨於漢。知伯分國,既有三晉,欲大無已,身死地分,頭為飲器。君長銜命出征,擁帶徒士,上黨阸不能救,河東畔不能取,朝有顛沛之憂,國有分崩之禍,上無仇牧之節,下無不占之志。天之所壞,人不能支。君長將兵不與韓信同日而論,威行得衆不及智伯萬分之半,不見天時,不知厭足。欲明人臣之義,當先知故主之未然;欲貪天下之利,宜及新主之未為。今故主已敗,新主既成,四海為羅網,天下為敵人,舉足遇害,動摇觸患,履深泉之薄冰〔三〇〕不為喭,涉千鈞之發機不知懼,何如其知也?絶鮑氏之姓,廢子都之業,誦堯之言,服桀之行,悲夫命也。張舒内行邪孽,不遵孝友,疏其父族,外附妻黨,已收三族,將行其法。能逃不自詣者舒也,能夷舒宗者予也。"永邑遂結怨焉。

〔五〕《東觀記》曰:"邑,馮翊蓮芍人也。其先齊諸田,父豐,為王莽著威將軍。邑有大節,涉學蓺,能善屬文。為漁陽太守,未到官,道病,徵還為諫議大夫,病卒。"

〔六〕不加冠幘,但以一幅巾飾首而已。

帝怨衍等不時至,永以立功得贖罪,遂任用之,〔一〕而衍獨見黜。永謂衍曰:"昔高祖賞季布之罪,誅丁固之功。〔二〕今遭明主,亦何憂哉!"衍曰:"記有之,人有挑其鄉人之妻者,挑其長者,長者詈之,挑其少者,少者報之,後其夫死而取其長者。或謂之曰:'夫非罵爾者邪?'曰:'在人欲其報我,在我欲其罵人也。'〔3〕夫天命難知,人道易守,守道之臣,何患死亡?"頃之,帝以衍為曲陽令,〔4〕誅斬劇賊郭勝等,降五千餘人,論功當封,以讒毀,故賞不行。

【注】

〔1〕立功謂説下懷。

〔2〕季布,項羽將。數窘漢王。漢王即位,赦布以為郎中。丁固,季布母弟。為項羽將,亦窘高祖,高祖急,顧謂丁固曰:"兩賢豈相戹哉!"丁公引還。高祖即位,丁固謁見。高祖曰:"使項王失天下者丁公也。"遂斬之。

〔3〕此並陳軫對秦王之詞也。見《戰國策》。引之者,言己為故主守節,亦冀新帝重之也。挑音徒了反。

〔4〕曲陽,縣名,屬常山郡,故城在今定州(彭)〔鼓〕城縣西也。〔三一〕

建武六年日食,〔1〕衍上書陳八事:其一曰顯文德,二曰褒武烈,三曰修舊功,四曰招俊傑,五曰明好惡,六曰簡法令,七曰差秩祿,八曰撫邊境。書奏,帝將召見。初,衍為狼孟長,以罪摧陷大姓令狐略,是時略為司空長史,讒之於尚書令王護、尚書周生豐曰:"衍所以求見者,欲毀君也。"〔2〕護等懼之,即共排閒,衍遂不得入。

【注】

〔1〕《續漢志》曰:"建武六年九月丙寅晦,日有食之,史官不見,郡以聞。"

〔2〕《風俗通》曰:"周生,姓也。"《豫章舊志》曰:"豐字偉防,太山南武陽人也。建武七年為豫章太守,清約儉惠。"

後衛尉陰興、新陽侯陰就以外戚貴顯,深敬重衍,衍遂與之交結,由是為諸王所聘請,〔1〕尋為司隸從事。帝懲西京外戚賓客,故皆以法繩之，大者抵死徙，其餘至貶黜。衍由此得罪，嘗自詣獄，有詔赦不問。[2] 西歸故郡，閉門自保，不敢復與親故通。

【注】
〔1〕興及就並光烈皇后母弟也。《衍集》與陰就書曰："衍聞神龍驥首，幽雲景蒸，明聖修德，志士思名。是以意同情合，聲比（則）[相] 應也。[三二] 伏見君侯忠孝之性，慈仁殷勤，論議周密，思慮深遠。顧以微賤，數蒙聖恩，被侯大惠。衍年老被病，恐一旦無祿，命先犬馬，懷抱不報，齎恨入冥，思剖肝膽，有以塞責。方今天下安定，四海咸服，蒙恩更生之臣，無所效其死力。側聞東平、山陽王壯當之國，擇除官屬，衍不自量，願侯白以衍備門衛。鄙語曰：'水不激不能破舟，矢不激不能飲羽。'不念舊惡，名賢所高。負責之臣，欲言不敢，惟侯哀憐，深留聖心，則闔棺之日，魂復何恨。"

〔2〕時衍又與就書曰："奏曹掾馮衍叩頭死罪：衍材素愚駑，行義汙穢，外無鄉里之譽，內無汗馬之勞，猥蒙明府天覆之德，華寵重疊。閒者，掾史疑衍之罪，衆煦飄山，當為灰土。賴蒙明察，揆其素行，復保首領。倍知厚德篤於慈父，霑淫肌膚，滲漉骨髓，德重山岳，澤深河海。前送妻子還淄縣，遭雨逢暑，以七月還。至陽武，聞詔捕諸王賓客，惶怖詣闕，冀先事自歸。十一日到，十二日書報歸田里。即日束手詣洛陽詔獄，十五日夜詔書勿問。得出，遭雨，又疾，大困。冀高世之德，施以田子老馬之惠，贈以秦穆駿馬之恩，使長有依歸，以效忠心。"

【校勘記】
〔一〕性嗜倡樂　按："嗜"原譌"著"，逕據汲本、殿本改正。
〔二〕由是多見排抵　"抵"汲本、殿本作"抵"，注同。按：注云音紙，則字當作"抵"。
〔三〕殆將有子夫之變　按："變"原譌"父"，逕據汲本、殿本改正。
〔四〕遂逮后弟侍中喜　《刊誤》謂傅喜非后弟，"喜"當作"嘉"。按：何焯謂董賢求傅氏罪事與《前書》參差不合。高武侯傅喜，孔鄉侯晏之從兄弟，安得復有后弟名喜為侍中者也？大抵《范史》事未核。沈家本謂按《前書·傅喜傳》、《董賢傳》、《外戚傳》並無此事，又別無傅嘉其人，劉氏亦肊揣之詞，何説得之。

〔五〕請削諸侯（之）〔支〕郡　張森楷《校勘記》謂"之"當作"支"，《前書》可證。今按：張説是。《前書》顏注"支郡，在國之四邊者也"。之與支聲近而譌。今據改。

〔六〕多放錢貨　汲本"錢"作"田"。按：今聚珍本《東觀記》作"多收田貨"。

〔七〕冑兜鍪也　按："鍪"原作"鏊"，譌字，逕據汲本、殿本改正。

〔八〕吾欲〔以〕讖決之　按：《校補》引錢大昭説，謂閩本"欲"下有"以"字；又謂今案《東觀記》、袁《紀》、《通鑑》均有"以"字。又張森楷《校勘記》謂《治要》"欲"下有"以"字。今據補。

〔九〕譚叩頭流血　按："譚"字原脱，逕據汲本、殿本補。

〔一〇〕出為六安郡丞　按：袁《紀》作"六安太守丞"。

〔一一〕陽衒之洛陽記曰　按：汲本、殿本作"楊衒之"。

〔一二〕莫若屯據大郡　按：《集解》引惠棟説，謂"屯據"袁宏《紀》作"先據"。

〔一三〕見贅於人　按：《集解》引惠棟説，謂袁宏《紀》"贅"作"疑"。

〔一四〕將為戮矣　按：殿本、《集解》本"矣"作"乎"，疑後人依《左傳》改。

〔一五〕喢血昆陽　《刊誤》謂喢血是盟時喢血，此當作"喋"。按：喢喋古通用，劉説泥。

〔一六〕寒者裸跣　按："跣"原譌"洗"，逕據汲本、殿本改正。

〔一七〕猶有申伯召虎夷吾吉甫　按：惠棟補注引吳仁傑補遺，謂"吉甫"當作"成父"，謂王子成父也。若尹吉甫，不應序於夷吾之下。

〔一八〕莽〔始〕建國三年　按："建"上當脱"始"字，今補。

〔一九〕（王）〔于〕匡攻武關　按：張森楷《校勘記》謂"王匡"當依《前書·莽傳》作"于匡"，各本並誤。今據改。

〔二〇〕以捍匡等〔匡等〕擊破六虎　按：張森楷《校勘記》謂"匡等"下當更有"匡等"二字，文義乃明。今據補。

〔二一〕雖則山澤之人　按：《刊誤》謂"雖則"當作"則雖"。

〔二二〕趙宗滅乎若（唬）〔嗁〕　據汲本改。按：殿本"嗁"作"啼"，乃嗁之俗字；原本作"唬"，則譌字矣。

〔二三〕必懷周趙之憂　《集解》引何焯說，謂"周"疑"禍"字之誤，注非。《校補》引錢大昭說，謂"周"當是"害"字之誤。按：《校補》謂害周形近易誤，錢說為勝。

〔二四〕盟〔神〕視之　據汲本、殿本補。今按："盟"疑"明"之譌。

〔二五〕吾無以待之　按："待"原譌"侍"，逕改正。

〔二六〕魯國（下）〔卞〕縣東南有桃虛　按：下卞形近而譌，各本同，今據《左》昭七年杜注改正。

〔二七〕韓上黨（太）守馮亭　據《史記·趙世家》刪。按：漢以前無太守也。

〔二八〕義（無）〔其〕誰為　據汲本、殿本改。

〔二九〕永遣弟升　按："升"原譌"叔"，逕據汲本、殿本改正。注同。

〔三〇〕履深泉之薄冰　汲本、殿本"泉"作"淵"。按：章懷避唐諱，於引文亦皆改易，後人又多回改，此其一例也。

〔三一〕今定州（彭）〔鼓〕城縣西也　據《刊誤》改。

〔三二〕聲比（則）〔相〕應也　據汲本、殿本改。

# 後漢書卷二十八下

# 馮衍傳第十八下

建武末，上疏自陳曰：

臣伏念高祖之略而陳平之謀，毀之則疏，譽之則親。[1]以文帝之明而魏尚之忠，繩之以法則為罪，施之以德則為功。[2]逮至晚世，董仲舒言道德，見妒於公孫弘，[3]李廣奮節於匈奴，見排於衛青，[4]此忠臣之常所為流涕也。臣衍自惟微賤之臣，上無無知之薦，下無馮唐之說，乏董生之才，寡李廣之執，而欲免讒口，濟怨嫌，豈不難哉！

【注】

〔1〕《史記》曰，魏無知薦陳平於高祖，高祖以平為將。絳、灌等咸譖平曰："雖美丈夫，如冠玉耳，居家盜嫂。今大王令護軍，諸將金多者得善處，金少者得惡處。"高祖讓魏無知。無知曰："臣所言者能也，陛下所問者行也。楚漢相拒，臣進奇謀之士。盜嫂受金，又何足疑。"高祖乃令平盡護諸將也。

〔2〕魏尚，槐里人，文帝時為雲中守，匈奴不近雲中。後坐上首虜差六級，下之吏，罰作之。馮唐諫文帝曰："臣愚以為陛下法太明，罰太重，賞太輕。"帝悅。是日令唐持節赦尚，復以為雲中守也。

〔3〕《史記》曰，董仲舒為人廉直，公孫弘習《春秋》不如董生。弘希時用事，位至公卿，仲舒以弘為從諛，弘嫉之。時膠西王帝兄，驕縱，弘乃言於

上曰："獨仲舒可使相膠西。"膠西王素聞仲舒[有行]，〔一〕亦善待之。
〔4〕《史記》曰，李廣，隴西成紀人也。為前將軍，從衛青討匈奴。青不使當匈奴，廣乃失道後期，青令對簿，廣乃引刀自刎。知與不知，莫不流涕。

臣衍之先祖，以忠貞之故，成私門之禍。[1]而臣衍復遭擾攘之時，值兵革之際，不敢回行求時之利，[2]事君無傾邪之謀，將帥無虜掠之心。衛尉陰興，敬慎周密，內自修勑，外遠嫌疑，故敢與交通。興知臣之貧，數欲本業之。[3]臣自惟無三益之才，不敢處三損之地，固讓而不受之。[4]昔在更始，太原執貨財之柄，居蒼卒之閒，據位食祿二十餘年，而財產歲狹，居處日貧，家無布帛之積，出無輿馬之飾。〔二〕於今遭清明之時，飭躬力行之秋，[5]而怨讎叢興，譏議橫世。蓋富貴易為善，貧賤難為工也。疏遠壟畝之臣，無望高闕之下，惶恐自陳，以救罪尤。

【注】
〔1〕衍之祖馮參忠正，不屈節於王氏五侯。參姊為中山王太后，後為哀帝祖母，傅太后陷以大逆，參自殺，親族死者十七人。見《前書》。
〔2〕回，邪也。
〔3〕欲遺其財，為立基本生業也。
〔4〕《論語》載孔子言曰"益者三友，損者三友"，故衍引以為言也。
〔5〕力行謂盡力行善道也。《禮記》曰"好問近於智，力行近乎仁"也。

書奏，猶以前過不用。
衍不得志，退而作賦，又自論曰：
馮子以為夫人之德，不硞硞如玉，落落如石。[1]風興雲蒸，一龍一蛇，與道翱翔，與時變化，夫豈守一節哉？[2]用之則行，舍之則臧，進退無主，屈申無常。故曰："有法無法，因時為業，有度無度，與物趣舍。"[3]常務道德之實，而不求當世之名，闊略杪小之禮，蕩佚人間之事。〔4〕正身直行，恬然肆志。顧嘗好俶儻之策，時莫能聽用其謀，〔5〕喟然長歎，自傷不遭。〔6〕久棲遲於小官，不得舒其所懷。〔7〕抑心折節，意悽情悲。夫伐冰之家，不利雞豚之息；〔8〕委積之臣，不操市井之利。〔9〕〔三〕況歷位食祿二十餘年，而財產益狹，居處益貧。惟夫君子之仕，行其道也。慮時務者不能興其德，為身求者不能成其功。〔10〕去而歸家，復羈旅於州郡，身愈據職，家彌窮困，卒離飢寒之災，有喪元子之禍。

【注】

〔1〕老子《[道]德經》之詞也〔四〕。言可貴可賤，皆非道真。玉貌碌碌，為人所貴，石形落落，為人所賤，賤既失矣，貴亦未得。言當處才不才之閒。

〔2〕風興雲蒸，言相須也。東方朔《誡子書》曰：「聖人之道，一龍一蛇，形見神藏，與物變化，隨時之宜，無有常處。」化音協韻音花。

〔3〕《史記》司馬談之詞也。言法度是非，皆隨時俗。物所趨則向之，所舍則違之，所謂隨時之義也。

〔4〕放蕩縱逸，不拘恒俗也。

〔5〕顧猶及也。俶儻，卓異貌也。

〔6〕遭，遇也。

〔7〕棲遲猶偃息也。

〔8〕言食厚祿不當求小利也。《禮記》曰：「畜馬（千）乘，〔五〕不察於雞豚。伐冰之家不畜牛羊。」伐冰謂卿大夫以上，以其喪祭得賜冰，故言伐冰也。《韓詩外傳》曰「天子不言多少，諸侯不言利害，大夫不言委積，四馬之家不恃雞豚之息，伐冰之家不恃牛羊之入」也。

〔9〕《韓詩外傳》曰「千乘之君不通貨財，委積之臣不操市井之利，是以貧窮有所勸，而孤寡有所措」也。

〔10〕言不可兼也。

先將軍葬渭陵，哀帝之崩也，營之以為園。〔1〕於是以新豐之東，鴻門之上，壽安之中，[2]地埶高敞，四通廣大，南望酈山，北屬涇渭，東瞰河華，龍門之陽，三晉之路，[3]西顧酆鄗，周秦之丘，宮觀之墟，[4]通視千里，覽見舊都，遂定塋焉。[5]退而幽居。蓋忠臣過故墟而歔欷，孝子入舊室而哀歎。[6]每念祖考，著盛德於前，垂鴻烈於後，遭時之禍，墳墓蕪穢，春秋蒸嘗，[7]昭穆無列。年衰歲暮，悼無成功，將西田牧肥饒之野，殖生產，修孝道，營宗廟，廣祭祀。然後闔門講習道德，觀覽乎孔老之論，庶幾乎松喬之福。[8]上隴阪，陟高岡，游精宇宙，流目八紘。[9]歷觀九州山川之體，追覽上古得失之風，愍道陵遲，傷德分崩。夫覩其終必原其始，故存其人而詠其道。疆理九野，經營五山，眇然有思陵雲之意。[10]乃作賦自厲，命其篇曰《顯志》。顯志者，言光明風化之情，昭章玄妙之思也。其辭曰：

【注】
[1]奉世為右將軍，即衍之曾祖，故言"先將軍"。渭陵，元帝陵，在長安北五十里。哀帝義陵在長安北四十六里。奉世墓入義陵塋中，所以衍不得入葬而別求也。
[2]太上皇思東歸，乃遷豐邑人於此立縣，故曰新豐。鴻門，阪名。《前書音義》曰："在新豐東十七里，舊大道北下阪口。"
[3]龍門，河所經，今絳州縣也。三晉謂韓、趙、魏也。
[4]酆、鄗，二水名，周文王都酆，武王都鄗。秦本封在隴西秦縣，周平王東遷以後，秦始有岐周之地，故總言周秦之丘。丘亦墟也。
[5]衍墓在今新豐縣南四里。
[6]《史記》曰，箕子朝周過殷墟，咸生禾黍，箕子傷之，欲哭則不可，欲泣為其近婦人，乃作《麥秀》之詩。殷人聞之，皆為流涕。《禮記·檀弓》曰"反哭升堂，反諸其所作也。入室，反諸其所養也。反而亡焉，失之，哀於是為甚"[六]也。
[7]司馬相如賦曰："墳墓蕪穢而不修。"父為昭，子為穆，昭南面，穆

北面也。

〔8〕列仙傳,赤松子,神農時雨師也。服水玉,能入火不燒。常止西王母石室中,能隨風上下。王子喬,周靈王太子晉也。好吹笙,作鳳鳴,游伊洛之閒,道人浮丘公接以上嵩高山,遂仙去也。

〔9〕《尹文子》曰:"四方上下曰宇。"《蒼頡篇》曰:"舟輿所屆曰宙。"《淮南子》曰"九州之外乃有八寅,八寅之外乃有八紘"也。

〔10〕疆,界也。理,正也。《詩》曰:"我疆我理。"九野謂九州之野。經營猶往來。五山即五岳也。

開歲發春兮,百卉含英。[1]甲子之朝兮,汩吾西征。[2]發軔新豐兮,裵回鎬京。[3]陵飛廉而太息兮,登平陽而懷傷。[4]悲時俗之險阨兮,哀好惡之無常。[5]棄衡石而意量兮,隨風波而飛揚。[6]紛綸流於權利兮,親靁同而妒異;獨耿介而慕古兮,豈時人之所憙?[7]沮先聖之成論兮,懇名賢之高風;忽道德之珍麗兮,務富貴之樂耽。[8]遵大路而裵回兮,履孔德之窈冥;固眾夫之所眩兮,孰能觀於無形?[9]行勁直以離尤兮,羌前人之所有;內自省而不慙兮,遂定志而弗改。[10]欣吾黨之唐虞兮,慜吾生之愁勤;聊發憤而揚情兮,將以盪夫憂心。[11][七]往者不可攀援兮,來者不可與期;病沒世之不稱兮,願橫逝而無由。[12]

【注】

〔1〕開、發,皆始也。《爾雅》曰:"春為發生。"卉,草也。《楚詞》曰:"獻歲發春兮。"

〔2〕君子舉事尚早,故以朝言之。汩,行貌。《楚詞》曰:"汩吾南征。"汩音于筆反。

〔3〕軔,止車木也。將行,故發之。

〔4〕飛廉,觀名。武帝元封二年立於長安,上有銅飛廉,因以名焉。《前書音義》曰:"飛廉,神禽,能致風氣,有角而蛇尾,文如豹文。"平陽,縣

名，〔八〕故城在今岐州岐山縣西南。

〔5〕時既險薄，所以好惡不同。《楚詞》曰"悲時俗之迫阨"也。

〔6〕衡，秤衡也。三十斤為鈞，四鈞為石。言時人棄衡石以意測量，諭背法度也。隨風波而飛揚，言無志操也。

〔7〕言時俗溺於權利也。同己則親之，異己則妒之，今己不與之同，所以見惡也。

〔8〕沮，敗也。懇，陵也。耽亦樂也。言時人之行如此。

〔9〕遵，循也。大路，大道也。《老子》曰："大道泛兮。"又曰："孔德之容，窈兮冥兮，其中有精。"又曰："大象無形。"孔之為言空也。窈冥謂幽玄也。道以空為主，故無物而不容。時俗眩於名利，孰能觀大象無形（矣）[哉]？〔九〕

〔10〕離，遭也。尤，過也。羌，語發聲也。言古人有為勁直行而遭尤過者，有之矣，即屈原、賈誼之流也。衍內自省察，不慙於古人，遂守志不改也。

〔11〕傷己不逢堯舜也。蕩，散也。

〔12〕言唐虞往，不可攀援而及，將來賢哲，又不可豫期。所病終身之後，名譽不稱；又願縱橫遠逝，而其路無由也。《論語》孔子曰："君子疾沒世而名不稱焉。"

　　陟雍畤而消搖兮，超略陽而不反。念人生之不再兮，悲六親之日遠。〔1〕陟九嵕而臨崣崨兮，聽涇渭之波聲。〔2〕顧鴻門而歔欷兮，哀吾孤之早零。何天命之不純兮，信吾罪之所生；傷誠善之無辜兮，齎此恨而入冥。〔3〕嗟我思之不遠兮，豈敗事之可悔？雖九死而不眠兮，恐余殃之有再。〔一〇〕淚汍瀾而雨集兮，氣滂浮而雲披；心怫鬱而紆結兮，意沈抑而內悲。〔4〕

【注】
〔1〕雍，縣名，屬右扶風，故城在今岐州雍縣南。畤者止也，神靈之所止

也。《史記》曰,秦并天下,祠雍四時,漢加黑帝,謂之五時。消搖猶觀望也。超,過也。略陽,縣名,屬天水郡,今隴州隴城縣也。六親,夫婦、父子、兄弟也。

〔2〕嵾嶭,山,一名嵳峩,在今三原縣北。嵾音才結反,嶭音五結反。

〔3〕零,落也。吾孤早零,即上所謂"喪元子"者也。子既早殀,未有邪僻,故云誠善。辜,罪也。冥謂地也。齎恨入冥,言死有餘恨也。

〔4〕言已往者託於貴戚之權,幾陷誅戮之罪,此由我思慮不深遠。已敗之事,悔之無及,雖復九死而目不瞑,言怨恨之深也。《楚詞》曰:"雖九死其猶未悔。"眠即瞑也。今縱飭躬自勖,又恐殃禍至再,所以淚落意沈,氣憤心結也。

　　瞰太行之嵳峩兮,觀壺口之崢嶸;悼丘墓之蕪穢兮,恨昭穆之不榮。〔1〕歲忽忽而日邁兮,壽冉冉其不與;恥功業之無成兮,赴原野而窮處。〔2〕昔伊尹之干湯兮,七十說而乃信;皋陶釣於雷澤兮,賴虞舜而後親。無二士之遭遇兮,抱忠貞而莫達;率妻子而耕耘兮,委厥美而不伐。〔3〕韓盧抑而不縱兮,騏驥絆而不試;獨慷慨而遠覽兮,非庸庸之所識。〔4〕卑衛賜之阜貨兮,高顏回之所慕;重祖考之洪烈兮,故收功於此路。〔5〕循四時之代謝兮,分五土之刑德;相林麓之所產兮,嘗水泉之所殖。修神農之本業兮,採軒轅之奇策;追周棄之遺教兮,軼范蠡之絕迹。〔6〕陟隴山以踰望兮,眇然覽於八荒;風波飄其並興兮,情惆悵而增傷。〔7〕覽河華之泱漭兮,望秦晉之故國。憤馮亭之不遂兮,慍去疾之遭惑。〔8〕

【注】
〔1〕太行山在上黨南,壺口山在上黨東。衍之遠祖馮亭為韓上黨守,以上黨降趙,趙封亭三萬戶,號華陽君。死因葬上黨,其墓在今潞州上黨縣西。衍在關中,遙相望之,即序所謂"通視千里,覽見舊都"者也。嵳峩,高大貌。崢嶸,深邃貌。

〔2〕與猶待也。《楚詞》曰："日忽忽其將暮。"又曰："老冉冉其將至。"功業無成，情多憂憤，故赴原野而窮居。

〔3〕伊尹名摯，負鼎俎以干湯。七十說而乃信，謂年七十說湯乃得信也。皇甫謐《帝王記》曰："伊摯豐下兌上，色黑而短，僂身而下聲，年七十而不遇。湯聞其賢，設朝禮而見之，摯乃說湯致於王道。"信音申。《呂氏春秋》曰："舜陶於河濱，漁於雷澤。"今言皋陶，未詳。雷澤在今濮州雷澤縣東也。

〔4〕《戰國策》曰，齊欲伐魏，淳于髡謂齊王曰："韓盧，天下之壯犬也。"《淮南子》曰："絆騏驥而求千里。"衍喻己有高才而不申，所以獨慷慨遠覽，非庸庸之徒所能識也。識，叶韻音志。

〔5〕卑，賤也。阜，積也。衍賤子貢貨殖，慕顏回樂道，所以不從流俗，專心貞固者，以其祖考功業隆大，若苟求富貴，恐致點辱，故於此路收功也。

〔6〕《周禮》五土，一曰山林，二曰川澤，三曰丘陵，四曰墳衍，五曰原隰。《家語》曰："地東西為緯，南北為經。山為積德，川為積刑。"《穀梁傳》曰："林屬於山曰麓。"《周禮》曰："山林動物宜毛，植物宜皂。"〔一〕《淮南子》曰："汾水濁宜麻，濟水和宜麥，河水調宜菽，洛水輕利宜禾，渭水多力宜黍，江水肥宜稻。"《管子》曰："四七二十八尺而至於泉，其水白而甘，宜黍秫。三七二十一尺而至於泉，其水黃而有臭，宜大菽與麥。二七一十四尺至於泉，其味鹹，宜稻與麥。"此嘗水泉之所殖也。《周易》曰："神農氏斲木為耜，揉木為耒，耒耜之利以教天下，蓋取諸益。"《周書》曰："神農之時，天雨粟，神農耕而種之。"軒轅，黃帝也。《大戴禮》曰："黃帝時播百穀草木，節用水火財物，人得其利。"周棄，帝嚳之子。為兒之時，其遊戲好種樹麻菽，及成人，遂好耕農，相地之宜，人皆法則之。帝堯聞之，舉棄為農師，天下得其利，故言遺教。軼，過也。范蠡，南陽人，事越王句踐，苦身勠力，竟滅吳報恥。既而以為大名之下，難以久居，乃與其私屬乘舟浮海以行，變姓名，適齊為鴟夷子皮，之陶為朱公，終身不返。是絕迹也。

〔7〕踰猶遙也，古字通。八荒，八方荒遠之地。

〔8〕馮亭以上黨降趙，秦破趙於長平而亭死，故言不遂。慍，怨也。馮去疾為秦丞相，胡亥元年，用趙高計，始皇大臣咸見誅戮，無遺脫者，是遭惑也。

亭及去疾皆衍之先,故遠懷憤怨也。泱音烏朗反。漭音莽。

流山岳而周覽兮,徇碣石與洞庭;浮江河而入海兮,泝淮濟而上征。[1]瞻燕齊之舊居兮,歷宋楚之名都;哀群后之不祀兮,痛列國之為墟。[2]馳中夏而升降兮,路紆軫而多艱;講聖哲之通論兮,心愊憶而紛紜。[3]惟天路之同軌兮,或帝王之異政;堯舜煥其蕩蕩兮,禹承平而革命。[4]并日夜而幽思兮,終悙憚而洞疑;高陽懇其超遠兮,世孰可與論茲?[5]訊夏啓於甘澤兮,傷帝典之始傾;頌成康之載德兮,詠《南風》之歌聲。[6]思唐虞之晏晏兮,揖稷契與為朋;苗裔紛其條暢兮,至湯武而勃興。[7]昔三后之純粹兮,每季世而窮禍;弔夏桀於南巢兮,哭殷紂於牧野。[8]詔伊尹於亳郊兮,享呂望於酆洲;[一二]功與日月齊光兮,名與三王爭流。[9]

【注】

[1]碣石,海畔山也,在今平州東。洞庭,湖名也,中有洞庭山,在今岳州西南。衍既不同流俗,情多憤怨,故假言涉歷江山,周流河海。屈原云"吾將遠逝以自適,路脩遠以周流"之類也。

[2]燕都[薊],今薊縣也。[一三]齊都營丘,今臨淄縣也。宋都睢陽,今宋州也。楚初都丹陽,在歸州;後都郢,在今荊州;至考烈王為秦所逼,又徙都壽春,今壽州也。不祀言皆絕也,臧文仲曰"咎陶、庭堅不祀"也。

[3]紆軫猶盤曲也。愊憶猶鬱結也。紛紜猶瞀亂也。愊音普逼反。

[4]惟,思也。言思上天之路,軌躅則同,而帝王政教參差有異。班固曰:"仰天路而同軌。"《白虎通》曰:"德合天者稱帝,仁義合者稱王。"故言異政也。煥,文章貌。蕩蕩,政化平暢貌。《論語》孔子曰:"唯天為大,唯堯則之,煥乎其有文章,蕩蕩乎人無能名焉。"堯舜同道,故兼言之。舜禪位於禹,禹承堯舜之後而改制度,禪子,故曰承平革命也。

[5]孔子曰:"吾嘗終日不食,終夜不寢,以思。"《楚詞》云:"心悙憚而懷惑。"[一四]《廣蒼》云:"悙憚,禍福未定也。"悙音它乎反,憚音它紺

反。本或作"佗憏",佗音丑加反,憏音丑制反,未定也。高陽,帝顓頊之號也。洞亦不定也。《史記》曰:"(盡)〔虛〕愒洞疑。"〔一五〕又曰:"高陽氏沈深而有謀,疏通而知事。"以有其謀而疏通,故欲與之論事。

〔6〕訊,問也。啓,禹子也。《尚書》曰:"啓與有扈戰于甘之野。"孔安國注云:"有扈與夏同姓,恃親而不恭,故啓征之於甘野。"甘野在今鄠縣。啓既德薄,同姓相攻,故傷帝典之傾也。《易》曰:"德積載。"《史記》曰:"成康之際,天下安寧,刑錯三十餘年而不用。"《周南》、《召南》,謂《國風》之首篇。歌文王之德,故詠之也,非舜《南風》之歌。

〔7〕《尚書考靈耀》曰:"放勛欽明文塞晏晏。"〔一六〕鄭玄注曰:"寬容覆載謂之晏。"稷名棄,為堯后稷。契為堯司徒。契十四葉孫號湯,滅夏桀而王有天下。后稷十六葉孫周武王,滅殷紂而王天下。勃,盛貌也。《左傳》曰:"其興也勃焉。"

〔8〕三后,夏、殷、周也。惜其不能始終純茂,每至末代,必窮其災禍。湯放桀於南巢,武王滅紂於牧野,周之季葉,幽王為西戎所殺也。《離騷》曰:"昔三后之純粹,何桀紂之昌披!"南巢,地名,廬州巢縣也。孔安國曰"牧野,紂近郊三十里地名"也,在今衛州也。

〔9〕詔,召也。亳,湯都。呂望,周太師,翼周滅殷者也。酆,文王所都,在京兆杜陵亭。〔一七〕水中可居曰洲也。

　　楊朱號乎衢路兮,墨子泣乎白絲;知漸染之易性兮,怨造作之弗思。[1]美《關雎》之識微兮,愍王道之將崩;拔周唐之盛德兮,〔一八〕捃桓文之譎功。[2]忿戰國之逆禍兮,憎權臣之擅彊;黜楚子於南郢兮,執趙武於溴梁。[3]善忠信之救時兮,惡詐謀之妄作;聘申叔於陳蔡兮,禽荀息於虞虢。[4]誅犂鉏之介聖兮,討臧倉之愬知;媢子反於彭城兮,〔一九〕爵管仲於夷儀。[5]疾兵革之寖滋兮,苦攻伐之萌生;沈孫武於五湖兮,斬白起於長平。[6]惡叢巧之亂世兮,毒從橫之敗俗;流蘇秦於洹水兮,幽張儀於鬼谷。[7]澄德化之陵遲兮,烈刑罰之峭峻;燔商鞅之法術兮,燒韓非之說論。[8]誚始皇之跋扈兮，投李斯於四裔；滅先王之法則兮，禍濛淫而弘大。[9]援前聖以制中兮，矯二主之驕奢；餚女齊於絳臺兮，饗椒舉於章華。[10]摛道德之光耀兮，匡衰世之眇風；襃宋襄於泓谷兮，表季札於延陵。[11]摭仁智之英華兮，激亂國之末流；觀鄭僑於溱洧兮，訪晏嬰於營丘。[12]日暳暳其將暮兮，獨於邑而煩惑；夫何九州之博大兮，迷不知路之南北。[13]馴素虯而馳騁兮，乘翠雲而相伴；就伯夷而折中兮，得務光而愈明。[14]歔子高於中野兮，遇伯成而定慮；欽真人之德美兮，淹躊躇而弗去。[15]意斟憛而不澹兮，俟回風而容與；求善卷之所存兮，遇許由於負黍。軔吾車於箕陽兮，秣吾馬於潁滸；聞至言而曉領兮，還吾反乎故宇。[16]

## 【注】

〔1〕《淮南子》曰："楊子見逵路而哭之，為其可以南，可以北，傷其本同而末異也。"《墨子》曰"墨子見染絲，歎曰，染於蒼則蒼，染於黃則黃，五入之則為五色，故染不可不慎。非獨絲也，國亦有染，湯染伊尹，紂染惡來"也。先王正道，規摹有常，苟生穿鑿，則岐路競起，故墨子知漸染之易性，楊朱悲造作之弗思。

〔2〕薛夫子《韓詩章句》曰："詩人言雎鳩貞絜，以聲相求，必於河之洲，蔽隱無人之處。故人君動靜，退朝入于私宮，妃后御見，去留有度。今人君內傾於色，大人見其萌，故詠《關雎》，說淑女，正容儀也。"《方言》曰："捃，取也。譎，詐也。"齊桓公、晉文公俱有霸功。孔子曰："晉文公譎而不正，齊桓公正而不譎。"時周衰政亂，桓文能統率諸侯，翼戴天子，故取其一切之功也。

〔3〕周室衰微，七國交争，是為戰國。時吳楚僭號皆稱王，孔子修《春秋》，以蠻夷大者不過子，故皆黜曰子。又《春秋》稱"公會晉、宋、衛、鄭、曹、莒、邾、薛、杞于溴梁，戊寅，大夫盟"。《公羊傳》曰："諸侯皆在，言大夫盟何？信在大夫。何言乎信在大夫？徧刺天下之大夫也。曷為徧刺天下之大夫？君若綴旒然。"趙武，晉卿趙文子也。時晉為盟主，文子，晉之正卿，

而為不臣之行,故欲執之也。湨,水名,在河內軹縣東南,至溫入河。《爾雅》曰:"梁莫大於湨梁。"湨音古闃反。

〔4〕申叔,楚莊王時賢臣申叔時者也。《左傳》,陳夏徵舒弒靈公,楚莊王伐陳,殺夏徵舒,因滅陳為縣。申叔時諫莊王曰:"夏徵舒弒其君,〔二〇〕其罪大矣,討而戮之,君之義也。諸侯之從,曰討有罪也。今縣陳,貪其富也。以討召諸侯而以貪終之,無乃不可乎?"王曰:"善哉,吾未之聞也。"乃復封陳。聘謂問之也。時惟在陳,而兼言蔡者,蓋以陳蔡相近,因連言之也。荀息,晉大夫。《左傳》曰,晉荀息請以屈產之乘,垂棘之璧,假道於虞以伐虢。公曰:"是吾寶也。"對曰:"若得道於虞,猶外府也。"乃假道於虞以滅虢,師還遂襲虞,滅之。

〔5〕犂鉏,齊大夫。介猶間也。韓子曰:"仲尼為政於魯,道不拾遺,齊景公患之。犂鉏曰:'去仲尼猶吹毛耳。君何不遺魯公以女樂,以驕其意。魯君樂之,必怠於政,仲尼必諫,諫而不聽,必輕絕魯。'景公曰:'善。'乃令犂鉏以女樂遺魯,哀公樂之,果怠於政,仲尼諫不聽,遂去之。"孟子曰:"魯平公將出,嬖人臧倉請曰:'它日君出,必命有司所之。今已駕矣,敢請。'公曰:'吾將見孟子。'倉曰:'君(何)〔所〕為輕身以先於匹夫者。〔二一〕以為賢乎?禮義由賢者出,孟子後喪踰前喪,君無見焉。'公曰:'諾。'樂正子見孟子曰:'君將來見,嬖人有臧倉者沮君,是以不來。'孟子曰:'吾之不遇魯侯,天也。臧氏之子焉能使予不遇〔哉〕!'"〔二二〕愬猶譖也。知謂明於事也。子反,楚大夫也,名側。案"嫙"字呂忱音仕眷反,勉也。《東觀記》作"譏"字。此雖作"嫙",蓋亦譏刺之意也。《春秋》經書"宋人及楚人平"。《公羊傳》曰:"外平不書,此何以書?貶。曷為貶?平者在下。"何休注云:"譏子反、華元專盟不受君命,故貶之。"然則子反違命盟,蓋以平宋城下而言。彭城者,彭城宋之邑,故舉以言之。《左傳》,宋大夫魚石等出奔楚。楚伐宋,取彭城以封魚石。宋人圍彭城,楚子重救彭城伐宋。此言子反,蓋衍誤也。如曰不然,或別有所據。管仲,齊桓公之相,名夷吾。夷儀,邢邑也。翟人滅邢,管仲輔齊桓公築夷儀以封邢,邢遷如歸,於是天下諸侯知桓公之不為己動也,是故天下歸之。唯能用管夷吾而霸功立。事見《國語》。以其能輔主成業,故就夷儀而

爵賞也。

〔6〕濅,漸也。孫武,吳王闔廬將也。善用兵。《越絕書》曰:"太湖周三萬六千頃。"虞翻云:"太湖有五道,〔二三〕故謂之五湖。"(隔)〔滆〕湖、〔二四〕洮湖、射湖、貴湖及太湖為五湖,並太湖之小支,俱連太湖,故太湖兼得五湖之名,在今湖州東也。《史記》曰,白起,郿人也。事秦昭王,以上將軍擊趙於長平,前後阬斬首虜四十五萬。長平,地名,在今澤州也。

〔7〕叢,細也。毒,恨也。關東為從,關西為橫。蘇秦,洛陽人也。師事鬼谷先生。為從說,說關東六國為從親以畔秦,〔二五〕會於洹水之上,刳白馬而盟。張儀,魏人也。與蘇秦同師。為關西橫說,說關(西)〔東〕六國令事秦。皆尚詭詐,不遵道德。洹水出汲郡林慮縣。鬼谷,谷名,即鬼谷先生所居地,在今洛州洛陽城北。"叢"或作"聚",義亦通。

〔8〕陵遲言積替也。澄猶清也。烈,慘也。商鞅姓公孫氏。好刑名之學。事秦孝公,變法令,使人什伍相司,犯禁相連坐,不告姦者要斬,告姦者與斬敵同賞,匿姦者與降敵同罰,人有二男以上不分異者倍其罰。行之四年,秦人富彊。韓非,韓之諸公子也,亦好刑名法術之學。口吃不能言,著書作《孤憤》、《五蠹》、《內外儲》、《說難》,十餘萬言,皆尚法術,少仁恩。並見《史記》。

〔9〕誚,責也。跋扈猶彊梁也。李斯,上蔡人。為秦丞相,上書曰:"今諸生不師今而學古,惑亂黔首,臣請非秦記皆燒之,天下敢有藏《詩》、《書》、百家語者皆燒之。令下三十日不燒,黥為城旦。"制曰:"可。"是滅先王之法則。

〔10〕援,引也。矯,正也。饁,餉也。女齊,晉大夫司馬侯也。絳,晉國所都。《國語》曰:"晉平公為九層之臺。"又曰:"叔向見司馬侯之子,撫而泣曰:'自其父之死,吾蔑與事君矣。昔者其父始之我終之,我始之夫子終之,無不可者。'"是女齊事君必有規諫,必諫作臺,但書典散亡,無以言耳。椒舉,楚大夫伍舉也。饗,宴也。章華,臺名,在南郡華容縣。《楚語》曰:"靈王為章華之臺,與椒舉升。王曰:'臺美乎?'對曰:'臣聞國君服寵以為美,安人以為樂,不聞其以土木之崇高為美。先君莊王為匏居之臺,高不過望

國(氣)[氛],〔二六〕大不過容宴豆,用不煩官府,人不廢時務。今君為此臺,國人疲焉,財用盡焉,臣不知其美。'"二主謂晉楚之君。"二"或作"亡"。

〔11〕摛,布也。眇,微也。《公羊傳》曰:"宋公及楚戰于泓之陽,楚人濟泓而來。有司曰:'迨其未畢濟而擊之。'宋公曰:'不可。吾聞之也,君子不戹人於險。吾雖亡國之餘,寡人不忍行也。'既濟未畢陳,有司復曰:'請擊之。'宋公曰:'不可。吾聞君子不鼓不成列。'已陳,然後擊之,宋師大敗。故君子大其不鼓不成列,臨大事而不忘大禮,以為文王之戰亦不過此。"季札,吳王壽夢之少子也,封於延陵。昆弟四人,札最少而賢。壽夢卒,諸兄欲立之,札棄其室而耕,乃捨之。泓音烏萌反。

〔12〕撫,拾也。鄭僑,鄭大夫公孫僑也。溱、洧,鄭二水名。《鄭詩》曰:"溱與洧瀏其清矣。"晏嬰,齊大夫晏平仲也。《爾雅》曰:"水出其左曰營丘。"齊有營丘。周衰政亂,子產、晏嬰皆有賢行輔其君也。事見《左傳》、《國語》。

〔13〕曀曀,陰晦貌也。《詩》曰:"曀曀其陰。"《楚詞》曰:"回朕車以復路,及行迷之未遠。"〔二七〕

〔14〕四馬曰駟。虯,龍之無角者也。《楚詞》曰:"駟玉虯以乘鷖兮。"《爾雅》曰:"馬高八尺為龍。"司馬相如曰:"駟蒼螭兮六素虯。"相佯猶逍遙也。伯夷,孤竹君之子,周武王時義士,不食周粟,隱於首陽山。楊雄《反騷》曰:"將折中乎重華。"《列仙傳》曰:"務光者,夏時人也。殷湯伐桀,因光而謀,光曰:'非吾事也。'至殷武丁時,武丁欲以為相,光不從,遂投於梁山。"衍退不仕,與務光辭相佯,事相得,故曰愈明。愈猶益也。

〔15〕《莊子》曰:"伯成子高,唐虞時為諸侯,至禹為天子,乃去而耕。禹往見之,曰:'堯理天下,吾子立為諸侯。堯授舜,舜授予,子去而耕,其故何也?'子高曰:'昔堯理天下,至公無私,不賞而人勸,不罰而人畏。今子賞而不勸,罰而不威,德自此衰,刑自此作。夫子盍行,無留吾事。'耕而不顧。"欵,誠也。真人即謂子高。躊躇猶蹢躅也。《東觀記》(曰)"高"字作"喬",〔二八〕謂仙人王子喬也,義亦通。

〔16〕尌愯猶遲疑也。澹,定也。俟,待也。容與猶從容也。《莊子》曰:

"舜以天下讓善卷,善卷曰:'吾日出而作,日入而息,逍遥天地之閒,吾何以天下為哉?'遂入深山,莫知所終。"許由字武仲。堯時高士,隱居箕山。堯以天下讓由,由不受,惡聞其言,遂洗耳於潁水。負黍,亭名,在洛州陽城縣西南,許由墓在其南。秣謂食馬以粟。《字林》曰:"涆,水涯也。"惵音市林反,或作"堪"字。

覽天地之幽奧兮,統萬物之維綱;究陰陽之變化兮,昭五德之精光。〔1〕躍青龍於滄海兮,豢白虎於金山;鑿巖石而為室兮,託高陽以養仙。神雀翔於鴻崖兮,玄武潛於嬰冥;伏朱樓而四望兮,採三秀之華英。〔2〕纂前修之夸節兮,曜往昔之光勳;披綺季之麗服兮,揚屈原之靈芬。〔3〕高吾冠之岌岌兮,長吾佩之洋洋;飲六醴之清液兮,食五芝之茂英。〔4〕

【注】
〔1〕自此以下,既反故宇,乃欲尋覽天地,究極陰陽。幽奧謂深邃也。維綱猶宗指也。五德,五行之德也。施之於物,則為金、木、水、火、土;施之於人,則為仁、義、禮、智、信也。

〔2〕天有二十八宿,成龍虎龜鳳之形。在地為四靈,東方為青龍,西方為白虎,南方為朱雀,北方為龜蛇。豢,養也。金山,西方之精也。神雀謂鳳也。玄武謂龜蛇。位在北方,故曰玄;身有鱗甲,故曰武。嬰冥猶晦昧,所謂幽都也。衍既反故宇,欲鑿巖石為室,託高明之處以養神仙,又假言龍虎之疇在於四面,為其威援也。《前書》曰:"仙人好樓居。"故云伏朱樓而四望也。《楚詞》曰:"採三秀於山閒。"王逸曰:"謂芝草也。"《東觀記》及《衍集》"秀"字作"奇","英"字作"靈"。(次)〔按〕下云〔二九〕"食五芝之茂英",此若是"芝",不宜重說,但不知三奇是何草也。范改"奇"為"秀",恐失之矣。

〔3〕纂,繼也。前修猶前賢也。夸,大也。《楚詞》曰:"攀吾法夫前修。"又曰:"紛獨有此夸節。"往昔光勳謂衍之先人有功勞於前代,去疾、子

明之類也。已今繼往賢之高節，所以光曜也。綺季，四皓之一也。《前書》曰，四皓隨太子入侍，鬚眉皓白，衣冠甚偉。《楚漢春秋》曰"四人冠韋冠，佩銀環，衣服甚鮮"，故言麗服也。《楚詞》曰："畦留夷與揭車，雜杜衡與芳芷。"屈原皆喻身有令德，故衍欲揚其靈芬也。

〔4〕岌岌，高貌。洋洋，美也。《楚詞》曰："高余冠之岌岌，長吾佩之陸離。"王逸注云："傷己懷德不用，故高冠長佩，尊其威儀，整斯服飾，以異於衆也。"六醴，蓋六氣也。《楚詞》曰："餐六氣而飲沆瀣。"《茅君內傳》曰："句曲山上有神芝五種：一曰龍仙芝，似交龍之相負，服之為太極仙卿。第二名參成芝，赤色有光，其枝葉如金石之音，折而續之即復如故，服之為太極大夫。第三名燕胎芝，其色紫，形如葵，葉上有燕象，光明洞澈，服一株拜為太清龍虎仙君。第四名夜光芝，其色青，其實正白如李，夜視其實如月，光照洞一室，服一株為太清仙官。第五名曰玉芝，剖食拜三官正真御史。"〔三〇〕

捷六枳而為籬兮，築蕙若而為室；播蘭芷於中廷兮，列杜衡於外術。〔1〕攢射干雜蘼蕪兮，搆木蘭與新夷；光扈扈而煬燿兮，〔三一〕紛郁郁而暢美；華芳曄其發越兮，時恍忽而莫貴；非惜身之坯軻兮，憐衆美之憔悴。〔2〕游精神於大宅兮，抗玄妙之常操；處清静以養志兮，實吾心之所樂。〔3〕山峨峨而造天兮，林冥冥而暢茂；鸞回翔索其群兮，鹿哀鳴而求其友。〔4〕誦古今以散思兮，覽聖賢以自鎮；嘉孔丘之知命兮，大老聃之貴玄；德與道其孰寶兮？名與身其孰親？陂山谷而閒處兮，守寂寞而存神。〔5〕夫莊周之釣魚兮，辭卿相之顯位；於陵子之灌園兮，似至人之髣髴。蓋隱約而得道兮，羌窮悟而入術；離塵垢之窈冥兮，配喬、松之妙節。〔6〕惟吾志之所庶兮，固與俗其不同；既俶儻而高引兮，願觀其從容。〔7〕

【注】

〔1〕自此以下，説籬宇廷除，〔三二〕皆樹芬芳卉木，喻己立身行道，依仁履義，猶屈原"扈江蘺與薜芷，〔三三〕紉秋蘭以為佩"之類也。捷，立也。枳，芬

木也。《晏子》曰:"江南為橘,江北為枳。"枳之為木,芳而多刺,可以為籬。此云"六枳",《東觀記》作"八枳"。案:《周書·小開篇》曰"嗚呼!汝何敬非時?何擇非德?德枳維大人,大人枳維公,公枳維卿,卿枳維大夫,大夫枳維士,登登皇皇,(維在)〔君枳維國〕,國枳維都,〔三四〕都枳維邑,邑枳維家,家枳維欲無疆"。言上下相維,遞為藩蔽也。其數有八,與《東觀記》同,此為六。蕙,香草也。杜,杜若也。蘭即澤蘭也。芷,白芷也,一名苻離,〔三五〕一名葯。杜衡,其狀若葵,其臭如蘼蕪。術,苙也。

〔2〕攢,聚也。射干,烏翣也。蘼蕪似蛇牀而香,其根即芎藭也。木蘭,樹也。香味俱似桂而皮薄。新夷亦樹也,其花甚香。扈扈,光彩盛也。暢,通也。郁郁,香氣也。曄,盛也。發越,氣傍射也。司馬相如曰:"煌煌扈扈,照曜巨野。"又曰:"郁郁菲菲,眾香發越。"怳忽猶輕忽也。《楚詞》曰:"然坱軋而留滯。"王逸曰:"坱軋,不遇也。"衍被擯斥沈淪,猶草木之薀鬱芬芳,遇風霜而零落也。夷音協韻異。美音協韻媚。

〔3〕大宅謂天地。抗,舉也。《老子》曰:"玄之又玄,眾妙之門。"樂音五孝反。

〔4〕此言所居之處,山林飛走之狀也。索,求也。《詩》曰"求其友聲"也。

〔5〕鎮,重也。古之聖賢,多固窮以守道,故覽之以自鎮也。孔子曰:"五十而知天命。"又曰:"不知命無以為君子。"玄者,幽寂之謂也。《老子》曰:"萬物莫不尊道而貴德。"又曰:"道者萬物之奧也,善人之所寶。"又曰:"名與身孰親?"陂謂傍其邊側也。陂音兵義反。《史記》曰"陂山通道"是也。道以寂寞為主,神不外營,故常存也。鎮,協韻竹人反。閒音閑。

〔6〕《莊子》曰:"莊子釣於濮水,楚王使大夫二人往見焉。曰:'願以境內累也。'莊子持竿不顧。曰:'吾聞楚有神龜,死已三千歲矣,王以巾笥而臧之廟堂之上。為此龜者,寧死留骨而貴乎?寧其生而曳尾塗中乎?'使者曰:'寧生曳尾塗中。'莊子曰:'往矣,吾將曳尾於塗中。'"《列女傳》曰:"於陵子終賢,楚王欲以為相,使使者往迎之。子終出謝使者,遂與妻俱逃而為人灌園。"《孟子》曰,客居於陵,故曰於陵子也。至人守真養志,言骬骭似之

也。二子雖病一時,而聲流萬古。蓋隱居困約,而反得道之精。窮棲悟理,入賢人之術,離塵垢之窈冥也。超然高邁,配松、喬之妙節也。

〔7〕庶幾守道,與俗不同。俶儻猶卓異也。凡言觀者,非在己之言。從容猶在後也。衍雖擯斥當年,身窮志沮,而令問期於不朽,聲芳縣諸日月,故曰願觀其從容。

顯宗即位,又多短衍以文過其實,遂廢於家。

衍娶北地(女)任氏〔女〕為妻,〔三六〕悍忌,不得畜媵妾,〔1〕兒女常自操井臼,〔三七〕老竟逐之,遂埳壈於時。〔2〕然有大志,不戚戚於賤貧。居常慷慨歎曰:"衍少事名賢,經歷顯位,懷金垂紫,揭節奉使,〔3〕不求苟得,常有陵雲之志。三公之貴,千金之富,不得其願,不槩於懷。〔4〕貧而不衰,賤而不恨,年雖疲曳,猶庶幾名賢之風。〔5〕修道德於幽冥之路,以終身名,為後世法。"居貧年老,卒于家。所著賦、誄、銘、說、《問交》、《德誥》、《慎情》、〔6〕書記說、自序、官錄說、策五十篇,〔7〕肅宗甚重其文。子豹。

【注】

〔1〕悍,急也。

〔2〕《衍集》載衍與婦弟任武達書曰:"天地之性,人有喜怒,夫婦之道,義有離合。先聖之禮,士有妻妾,雖宗之眇微,尚欲踰制。年衰歲暮,恨入黃泉,遭遇嫉妒,家道崩壞,五子之母,足尚在門。五年已來,日甚歲劇,以白為黑,以非為是,造作端末,妄生首尾,無罪無辜,讒口嗷嗷。亂匪降天,生自婦人。青蠅之心,不重破國,妒嫉之情,不憚喪身。牝雞之晨,唯家之索,古之大患,今始於衍。醉飽過差,輒為桀紂,房中調戲,布散海外,張目抵掌,以有為無。痛徹倉天,毒流五臟,愁令人不賴生,忿令人不顧禍。入門著牀,繼嗣不育,紡績織絍,了無女工,〔三八〕家貧無僮,賤為匹夫,故舊見之,莫不悽愴,曾無憫惜之恩。唯一婢,武達所見,頭無釵澤,面無脂粉,形骸不蔽,手足抱土。不原其窮,不揆其情,跳梁大叫,呼若入冥,販糖之妾,不忍其態。

計婦當去久矣，念兒曹小，家無它使，哀憐姜、豹，當為奴婢。惻惻焦心，事事腐腸，詾詾籍籍，不可聽聞。暴虐此婢，不死如髮，半年之閒，膿血橫流。婢病之後，姜竟春炊，豹又觸冒泥塗，心為愴然。縑縠放散，冬衣不補，端坐化亂，一縷不貫。既無婦道，又無母儀，忿見侵犯，恨見狼藉，依倚鄭令，如居天上。持質相劫，詞語百車，劍戟在門，何暇有讓？百弩環舍，何可彊復？舉宗達人解說，詞如循環，口如布穀，縣幡竟天，擊鼓動地，心不為惡，身不為搖。宜詳居錯，且自為計，無以上書告訴相恐。狗吠不驚，自信其情。不去此婦，則家不寧；不去此婦，則家不清；不去此婦，則福不生；不去此婦，則事不成。自恨以華盛時不早自定，至於垂白家貧身賤之日，養癰長疽，自生禍殃。衍以室家紛然之故，捐棄衣冠，側身山野，絕交游之路，杜仕宦之門，闔門不出，心專耕耘，以求衣食，何敢有功名之路哉！"

〔3〕金謂印也，紫謂綬也。揭，持也，音求謁反。

〔4〕檠猶屑也。金或作乘。

〔5〕曳猶頓也。

〔6〕衍集有《問交》一篇，《慎情》一篇。

〔7〕《衍集》見有二十八篇。

豹字仲文，年十二，母為父所出。後母惡之，嘗因豹夜寐，欲行毒害，豹逃走得免。敬事愈謹，而母疾之益深，時人稱其孝。[1]長好儒學，以《詩》、《春秋》教麗山下。[2]鄉里為之語曰："道德彬彬馮仲文。"[3]舉孝廉，拜尚書郎，忠勤不懈。每奏事未報，常俯伏省閤，或從昏至明。肅宗聞而嘉之，使黃門持被覆豹，勑令勿驚，由是數加賞賜。是時方平西域，以豹有才謀，拜為河西副校尉。和帝初，數言邊事，奏置戊己校尉，城郭諸國復率舊職。遷武威太守，視事二年，河西稱之，復徵入為尚書。永元十四年，卒於官。

【注】

〔１〕衍與宣孟書曰："居室之義，人之大倫。思厚歡和之節，樂定金石之固。又自傷前遭不良，比有去兩婦之名。事誠不得不然，豈中心之所好哉！"觀其書意，似此妻又見出之。〔三九〕

〔２〕麗音力之反。

〔３〕《論語》曰："文質彬彬，然後君子。"鄭玄注："彬彬，雜半貌也。"

論曰：夫貴者負埶而驕人，才士負能而遺行，其大略然也。二子不其然乎！〔１〕馮衍之引挑妻之譬，得矣。夫納妻皆知取譽己者，而取士則不能。何也？豈非反妒情易，而恕義情難。光武雖得之於鮑永，猶失之於馮衍。〔２〕夫然，義直所以見屈於既往，守節故亦彌阻於來情。嗚呼！〔３〕

【注】

〔１〕史記曰："魏太子擊逢文侯之師田子方，引車下道。子方不為禮。太子擊曰：'富貴者驕人乎？貧賤者驕人乎？'子方曰：'貧賤者驕人耳。夫諸侯驕人則失其國，大夫驕人則失其家。貧賤者行不合，言不用，則去之楚、越，若脫躧然，柰何同之哉？'"士負能而遺行也。負，恃也。

〔２〕自此已上皆華嶠之詞。

〔３〕衍為更始舉哀，既降，執義守直。既行之於己，光武屈而不用，故言義直所以見屈於既往也。則守節之人，見衍被黜，彌阻難於將來。

贊曰：譚非讖術，衍晚委質。道不相謀，詭時同失。〔１〕體兼上才，榮微下秩。

【注】

〔１〕詭，違也，言二人之道不相同，俱以違時咸被擯斥也。

【校勘記】

〔一〕膠西王素聞仲舒〔有行〕　按:《校補》謂據《史記·儒林傳》"仲舒"下脫"有行"二字。今據補。

〔二〕出無輿馬之飾　按:"出"原譌"年",逕據汲本、殿本改正。

〔三〕不操市井之利　按:"操"原譌"探",逕據汲本、殿本改正。

〔四〕老子〔道〕德經之詞也　據汲本、殿本補。

〔五〕畜馬(千)乘　按:殿本依監本"千"作"十"。《校補》謂今案《禮記》文本作"畜馬乘",乘固四馬也。"千"乃涉下"乘"字誤衍,"十"又改訂之誤。今據刪。

〔六〕反而亡焉失之哀於是為甚　按:今《禮記注疏》本"哀"作"矣",屬上"失之"為句。

〔七〕將以蕩夫憂心　按:"蕩"原譌"薄",逕據汲本、殿本改正。注同。

〔八〕平陽縣名　按:集解引錢大昕說,謂兩漢 三輔無"平陽縣",史記秦本紀寧公徙居平陽,正義云岐山縣有平陽鄉,鄉內有平陽聚。又引洪頤煊說,謂前書 郊祀志"雍大雨,壞平陽宮垣",三輔黃圖秦有"平陽宮",故與"飛廉觀"對言之,注誤。

〔九〕孰能觀大象無形(矣)〔哉〕　據汲本、殿本改。

〔一〇〕恐余殃之有再　按:汲本、殿本"余"作"餘"。

〔一一〕植物宜皁　汲本"皁"作"早"。按:今本《周禮》亦作"早",《釋文》云"早音皁,本或作'皁'"。阮元謂皁者草之俗字。《說文》"草者草斗,櫟實也"。自人用"草"為艸木字,乃別製"皁"為草斗字。唐石經、宋本、嘉靖本均作"皁",今本作"早"者,後人依《釋文》改從正字也。

〔一二〕亭呂望於酆洲　按:《集解》本依汲本"洲"作"州",《校補》謂《說文》州下云"水中可居曰州",並引《詩》"在河之州",別無从水之"洲"。今《毛詩》作"在河之洲",《爾雅·釋水》作"水中可居曰洲",皆非正字。

〔一三〕燕都〔薊〕今薊縣也　按:張森楷《校勘記》謂以下文"齊都營丘","宋都睢陽"例之,"都"下當有"薊"字。今據補。

〔一四〕心悇憛而懷惑　按：殿本"惑"作"感"。《校補》謂案《楚辭·七諫》本作"心悇憛而煩冤"，王注"冤"一作"怨"。"懷惑""懷感"皆"煩怨"之譌。

〔一五〕(盡)〔虛〕愒洞疑　據汲本、殿本改。按：汲本、殿本"愒"譌"惕"。

〔一六〕欽明文塞晏晏　按：各本"塞"並作"思"，疑後人依《書·堯典》改之。

〔一七〕在京兆杜陵亭　按：此六字原在"湯都"下，今據殿本移正。

〔一八〕拔周唐之盛德兮　按：《集解》引何焯説，謂"周唐"疑"周康"之訛。

〔一九〕嬽子反於彭城兮　按：《集解》引錢大昕説，謂"嬽"當為"饌"，與下文"餾女齊"，"饗椒舉"同義，言欲飲食之也。

〔二〇〕夏徵舒弒其君　按："弒"原譌"殺"，逕據汲本、殿本改正。

〔二一〕君(何)〔所〕為輕身以先於匹夫者　據《刊誤》改，與孟子合。

〔二二〕焉能使予不遇〔哉〕　據汲本、殿本補。

〔二三〕太湖有五道　按：各本"道"作"湖"，非。《御覽·地部三十一》引亦作"道"。

〔二四〕(隔)〔滆〕湖　據汲本、殿本改。

〔二五〕説關(西)〔東〕六國令事秦　《刊誤》謂關西何緣有六國，明衍"關西"二字。今按：觀上下文語氣，"關西"明是"關東"之譌，劉説未諦，今改"西"作"東"。又按：汲本無"關西"二字。

〔二六〕高不過望國(氣)〔氛〕　據殿本改。

〔二七〕及行迷之未遠　按："及"原譌"反"，逕據殿本、《集解》本改正。

〔二八〕東觀記(曰)高字作喬　據殿本刪。

〔二九〕(次)〔按〕下云　據《校補》説改。

〔三〇〕拜三官正真御史　按：殿本"真"作"員"。

〔三一〕光扈扈而煬燿兮　按：汲本、殿本"煬"作"煬"。

〔三二〕籬宇廷除　按：《刊誤》謂應作"籬室庭術"。又按：殿本"宇"作"室"。

〔三三〕扈江蘺與薜芷　按："蘺"原譌"籬"，逕據汲本、殿本改正。

〔三四〕登登皇皇（維在）〔君枳維國〕國枳維都　按：《校補》謂"維在"殿本作"□維國"，今考朱右曾所校釋之足本《周書》，則作"登登皇皇，君枳維國，國枳維都"，並不闕字。今據改。

〔三五〕一名苻離　按："苻"原譌"符"，逕據汲本、殿本改正。又按：汲本、殿本"離"作"蘺"。

〔三六〕衍娶北地（女）任氏〔女〕為妻　王先謙謂《東觀記》作"北地任氏女"，是也，此誤倒。今據改。

〔三七〕兒女常自操井臼　按："操"原譌"探"，逕改正。

〔三八〕了無女工　按：汲本、殿本"了"作"子"。

〔三九〕似此妻又見出之　按："之"疑當作"也"。

# 後漢書卷二十九

## 申屠剛鮑永郅惲列傳第十九

申屠剛字巨卿，扶風茂陵人也。七世祖嘉，文帝時為丞相。剛質性方直，常慕史鰌、汲黯之為人。[1]仕郡功曹。

【注】
〔1〕《史記》曰，史鰌字子魚，衛大夫也。《論語》孔子曰："直哉史魚，邦有道如矢，邦無道如矢。"《前書》，汲黯字長孺。武帝時為主爵都尉，好直諫，時人謂之"汲直"。

平帝時，王莽專政，朝多猜忌，[一]遂隔絕帝外家馮衛二族，不得交宦，剛常疾之。[1]及舉賢良方正，因對策曰：

【注】
〔1〕馮謂馮昭儀，平帝祖母也。衛謂衛姬，平帝母也，號中山太后。王莽專政，馮衛二族皆不得至京師交通仕宦。見《前書》。

臣聞王事失則神祇怨怒，姦邪亂正，故陰陽謬錯。此天所以譴告王者，欲令失道之君，曠然覺悟，懷邪之臣，懼然自刻者也。[1]今朝廷不考功校德，而虛納毀譽，數下詔書，張設重法，抑斷誹謗，禁割論議，罪之重者，乃至霑斬。傷忠臣之情，挫直士之銳，殆乖建進善之旌，縣敢諫之鼓，〔2〕闢四門之路，明四目之義也。〔3〕

【注】

〔1〕懼，驚也，音紀住反。刻猶責也。

〔2〕旌，幡也。《淮南子》曰："禹縣鐘鼓磬鐸，置鞀，以待四方之士。為幡曰：'教道寡人以道者擊鼓，喻以義者擊鐘，告以事者振鐸，語以憂者擊磬，有獄訟者搖鞀。'"《帝王紀》曰："堯置敢諫之鼓。"

〔3〕孔安國注《尚書》曰，開闢四方之門未開者，謂廣致衆賢也。明四目，謂廣視於四方，使下無壅塞也。〔二〕

臣聞成王幼少，周公攝政，聽言下賢，均權布寵，無舊無新，唯仁是親，〔1〕動順天地，舉措不失。然近則召公不悅，遠則四國流言。〔2〕夫子母之性，天道至親。今聖主幼少，始免繈緥，〔3〕即位以來，至親分離，外戚杜隔，恩不得通。且漢家之制，雖任英賢，猶援姻戚。親疏相錯，杜塞閒隙，誠所以安宗廟，重社稷也。今馮、衛無罪，久廢不錄，或處窮僻，不若民庶，誠非慈愛忠孝承上之意。夫為人後者，自有正義，至尊至卑，其埶不嫌，是以人無賢愚，莫不為怨，姦臣賊子，以之為便，不諱之變，誠難其慮。今之保傅，非古之周公。周公至聖，猶尚有累，何況事失其衷，不合天心者哉？昔周公先遣伯禽守封於魯，以義割恩，寵不加後，〔4〕故配天郊祀，三十餘世。〔5〕霍光秉政，輔翼少主，修善進士，名為忠直，而尊［崇］其宗黨，〔三〕摧抑外戚，〔6〕結貴據權，至堅至固，終沒之後，受禍滅門。〔7〕方今師傅皆以伊、周之位，據賢保之任，以此思化，則功何不至？不思其危，則禍何不到？損益之際，孔父攸歎，〔8〕持滿之戒，老氏所慎。〔9〕蓋功冠天下者不安，威震人主者不全。今承衰亂之後，繼重敝之世，公家屈竭，賦斂重數，苛吏奪其時，貪夫侵其財，百姓困乏，疾疫夭命。盜賊群輩，且以萬數，軍行衆止,竊號自立,[10]攻犯京師,燔燒縣邑,[11]至乃詭言積弩入宮,宿衛驚懼。自漢興以來,誠未有也。國家微弱,姦謀不禁,六極之效,危於累卵。[12]王者承天順地,典爵主刑,不敢以天官私其宗,不敢以天罰輕其親。陛下宜遂聖明之德,昭然覺悟,遠述帝王之迹,近遵孝文之業,[13]差五品之屬,納至親之序,[14]亟遣使者徵中山太后,置之別宮,令時朝見。又召馮衛二族,裁與宂職,[15]使得執戟,親奉宿衛,以防未然之符,以抑患禍之端。上安社稷,下全保傅,內和親戚,外絕邪謀。

【注】

〔1〕《尚書大傳》曰:"武王入殷,周公曰:'各安其宅,各田其田,無故無新,唯仁之親。'"

〔2〕《尚書》曰:"[召公為保],周公為師,[四]相成王為左右,召公不悅。"言周公既還政成王,宜其自退,今復為相,故不悅也。四國謂管、蔡、商、奄也。成王幼小,周公攝政,四國流言曰:"公將不利於孺子。"

〔3〕免,離也。平帝即位時年九歲,故云始免繈褓。《前書音義》曰:"繈,落也。褓,被也。""褓"或作"緥"也。

〔4〕伯禽,周公旦之子也。周公相成王,先封伯禽於魯,令就國守封。後謂伯禽也。周公身既尊寵,不令伯禽復加榮貴,以自挹損也。《東觀記》曰:"昔周公豫防禍首,先遣伯禽守封於魯,離斷至親,以義割恩,使已尊寵,不加其後。"

〔5〕自伯禽至頃公,為楚考烈王所滅,凡三十四公。魯以周公大聖之後,故郊祀配天,一如天子之禮。

〔6〕昭帝時霍光輔政,其子禹及兄孫雲、山等皆中郎將、奉車都尉,昆弟諸壻皆奉朝請,給事中,唯昭帝外家趙氏無一在位者。

〔7〕霍光薨後,其子禹,宣帝時為大司馬,謀反發覺,禹要斬,母顯及諸女昆弟皆棄市。

〔8〕《說苑》曰:"孔子讀《易》至損、益,則喟然而歎。子夏問曰:'夫

子何為歎?'孔子曰:'夫自損者益,自益者缺,吾是以歎之矣。'"

〔9〕《老子》曰:"持而盈之,不如其已。"已,止也,言執滿必傾,不如止也。

〔10〕興軍而行,擁衆而止,無畏憚於危亡也。

〔11〕謂平帝元始三年,陽陵人任橫等自稱將軍,盜武庫兵,攻官寺,出囚徒也。

〔12〕《尚書大傳》曰"貌之不恭厥極惡,言之不從厥極憂,視之不明厥極疾,聽之不聰厥極貧,心之不睿厥極凶短折,皇極不建厥極弱"也。

〔13〕文帝即位,使將軍薄昭迎薄太后於代。剛欲使平帝迎中山太后至京師者也。

〔14〕五品,五常之教也。《尚書舜命契》曰:"汝作司徒,敬敷五教。"《左傳》史克曰:"舜舉八元,使布五教于四方:父義,母慈,兄友,弟恭,子孝。"

〔15〕宂,散也。

書奏,莽令元后下詔曰:"剛所言僻經妄說,[1]違背大義。其罷歸田里。"

【注】

〔1〕元后,元帝后,王莽之姑也。

後莽篡位,剛遂避地河西,轉入巴蜀,往來二十許年。及隗囂據隴右,欲背漢而附公孫述。剛說之曰:"愚聞人所歸者天所與,人所畔者天所去也。伏念本朝[1]躬聖德,舉義兵,龔行天罰,所當必摧,誠天之所福,非人力也。將軍本無尺土,孤立一隅,宜推誠奉順,與朝并力,上應天心,下醻人望,為國立功,可以永年。[2]嫌疑之事,聖人所絕。以將軍之威重,遠在千里,動作舉措,可不慎與?今璽書數到,委國歸信,欲與將軍共同吉凶。布衣相與,尚有没身不負然諾之信,況於萬乘者哉！[3]今何畏何利，久疑如是？卒有非常之變，上負忠孝，下愧當世。[4]夫未至豫言，固常為虛，及其已至，又無所及，是以忠言至諫，希得為用。誠願反覆愚老之言。"囂不納，遂畔從述。

【注】
[1]謂光武也。
[2]今文《尚書》曰"立功立事，可以永年"也。
[3]《烈士傳》曰："羊角哀、左伯桃二人為死友，欲仕於楚，道阻，遇雨雪不得行，飢寒，自度不俱生。伯桃謂角哀曰：'俱死之後，骸骨莫收，內手捫心，知不如子。生恐無益而棄子之能，我樂在樹中。'角哀聽之，伯桃入樹中而死。楚平王愛角哀之賢，以上卿禮葬伯桃。角哀夢伯桃曰：'蒙子之恩而獲厚葬，正苦荊將軍冢相近。今月十五日，當大戰以決勝負。'角哀至期日，陳兵馬詣其冢，作三桐人，自殺，下而從之。"此殞身不負然諾之信也。
[4]言從漢何畏，附蜀何利，而久疑不決。

建武七年，詔書徵剛。[五]剛將歸，與囂書曰："愚聞專己者孤，拒諫者塞，孤塞之政，亡國之風也。雖有明聖之姿，猶屈己從衆，故慮無遺策，舉無過事。夫聖人不以獨見為明，而以萬物為心。順人者昌，逆人者亡，此古今之所共也。將軍以布衣為鄉里所推，廊廟之計，既不豫定，[1]動軍發衆，又不深料。今東方政教日睦，百姓平安，而西州發兵，人人懷憂，騷動惶懼，莫敢正言，羣衆疑惑，人懷顧望。非徒無精銳之心，其患無所不至。夫物窮則變生，事急則計易，其執然也。夫離道德，逆人情，而能有國有家者，古今未有也。將軍素以忠孝顯聞，是以士大夫不遠千里，慕樂德義。今苟欲決意徼幸，此何如哉？夫天所祐者順，人所助者信。[2]如未蒙祐助，令小人受塗地之禍，毀壞終身之德，敗亂君臣之節，污傷父子之恩，[3]衆賢破膽，可不慎哉！"囂不納。剛到，拜侍御史，遷尚書令。

【注】

〔1〕廊，殿下屋也；廟，太廟也。國事必先謀於廊廟之所也。

〔2〕《易·繫詞》之言也。

〔3〕不從光武，是亂君臣之節也。遣子恂入質而背之，是傷父子之恩也。

光武嘗欲出游，剛以隴蜀未平，不宜宴安逸豫。諫不見聽，遂以頭軔乘輿輪，帝遂為止。[1][六]

【注】

〔1〕軔，謂以頭枝車輪也。[七]王逸注《楚詞》曰："軔，止輪木也。"

時內外群官，多帝自選舉，加以法理嚴察，職事過苦，尚書近臣，至乃捶撲牽曳於前，群臣莫敢正言。剛每輒極諫，又數言皇太子宜時就東宮，簡任賢保，[八]以成其德，帝並不納。以數切諫失旨，數年，出為平陰令。復徵拜太中大夫，以病去官，卒於家。

鮑永字君長，上黨屯留人也。[1]父宣，哀帝時任司隸校尉，為王莽所殺。永少有志操，習歐陽《尚書》。事後母至孝，妻嘗於母前叱狗，而永即去之。

【注】

〔1〕屯留，今潞州縣也。

〔2〕莽輔政，誅不附己者，故殺宣。

〔3〕歐陽生字和伯，千乘人。受尚書於伏生。見前書。

〔4〕去音丘呂反。

初為郡功曹。莽以宣不附己，欲滅其子孫。都尉路平承望風旨，規欲害永。太守苟諫擁護,召以為吏,常置府中。永因數為諫陳興復漢室,翦滅篡逆之策。諫每戒永曰:"君長幾事不密,禍倚人門。"永感其言。及諫卒,自送喪歸扶風。路平遂收永弟升。太守趙興到,聞乃歎曰:"我受漢茅土,[1]不能立節,而鮑宣死之,豈可害其子也!"勑縣出升,復署永功曹。時有矯稱侍中止傳舍者,興欲謁之。永疑其詐,諫不聽而出,興遂駕往,永乃拔佩刀截馬當匈,乃止。[2]後數日,莽詔書果下捕矯稱者,永由是知名。舉秀才,不應。

【注】

[1]王者封五色土為社,封諸侯則各割其方面土與之,燾以黃土,苴以白茅,使歸立社也。

[2]當匈,以韋為之也。

更始二年徵,再遷尚書僕射,行大將軍事,持節將兵,安集河東、并州、朔部,得自置偏裨,輒行軍法。永至河東,因擊青犢,大破之,更始封為中陽侯。[1]永雖為將率,而車服敝素,為道路所識。[2]

【注】

[1]中陽,縣,屬西河郡,今汾州孝義縣也。

[2]《東觀記》曰:"永好文德,雖行將軍,常衣皁襜褕,路稱鮑尚書兵馬。"[九]俗本或有"為"上加"不"者,誤也。

時赤眉害更始,三輔道絕。光武即位,遣諫議大夫儲大伯[1],持節徵永詣行在所。永疑不從,乃收繫大伯[2],遣使馳至長安。既知更始已亡,乃發喪,出大伯等,封上將軍列侯印綬,悉罷兵,但幅巾與諸將及同心客百餘人詣河內。[3]帝見永,問曰:"卿眾所在?"永離席叩頭曰:"臣事更始,不能令全,誠慙以其眾幸富貴,故悉罷之。"[4]帝曰:"卿言大!"而意不悅。時攻懷未拔,帝謂永曰:"我攻懷三日而兵不下,關東畏服卿,可且將故人自往城下譬之。"即拜永諫議大夫。至懷,乃說更始河內太守,於是開城而降。帝大喜,〔5〕賜永洛陽商里宅,〔6〕固辭不受。

【注】
〔1〕《風俗通》曰:"儲姓,齊大夫儲子之後也。"
〔2〕《東觀記》曰"封大伯所持節於晉陽傳(合)〔舍〕壁中,〔一〇〕遣信人馳至長安"也。
〔3〕幅巾謂不著冠,但幅巾束首也。
〔4〕幸,希也。
〔5〕《東觀記》曰:"永説下懷,上大喜,與永對食。"
〔6〕《東觀記》曰:"賜洛陽上商里宅。"陸機《洛陽記》曰:"上商里在洛陽東北,本殷頑人所居,故曰上商里宅也。"

時董憲裨將屯兵於魯,侵害百姓,乃拜永為魯郡太守。永到,擊討,大破之,降者數千人。唯別帥彭豐、虞休、皮常等各千餘人,稱"將軍",不肯下。頃之,孔子闕里無故荊棘自除,〔1〕從講堂至于里門。永異之,謂府丞及魯令曰:"方今危急而闕里自開,斯豈夫子欲令太守行禮,助吾誅無道邪?"乃會人衆,修鄉射之禮,請豐等共會觀視,欲因此禽之。豐等亦欲圖永,乃持牛酒勞饗,而潛挾兵器。永覺之,手格殺豐等,禽破黨與。帝嘉其略,封為關內侯,遷揚州牧。時南土尚多寇暴,永以吏人痍傷之後,乃緩其衡轡,〔2〕示誅彊橫而鎮撫其餘,百姓安之。會遭母憂,去官,悉以財産與孤弟子。

【注】
〔1〕闕里解見《明紀》。
〔2〕衡轡,喻法律以控御人也。《説苑》曰:"理國譬若張琴,大絃急則小絃絶矣,故急於其衡轡者,非千里之御也。"

建武十一年，徵為司隸校尉。帝叔父趙王良尊戚貴重，永以事劾良大不敬，[1]由是朝廷肅然，莫不戒慎。乃辟扶風鮑恢為都官從事，恢亦抗直不避彊禦。帝常曰："貴戚且宜斂手，以避二鮑。"其見憚如此。

【注】
[1]《東觀記》曰"時良從送中郎將來歙喪還，入夏城門中，[一]與五官將（軍）[車]相逢，[一二]道迫，良怒，召門候岑尊，叩頭馬前。永劾奏良曰'今月二十七日，車駕臨故中郎將來歙喪還，車駕過，須臾趙王良從後到，與右中郎將張邯相逢城門中，道迫狹，叱邯旋車，又召候岑尊詰責，使前走數十步。案良諸侯藩臣，蒙恩入侍，[宜]知尊帝城門候吏六百石，[一三]而肆意加怒，令叩頭都道，奔走馬頭前。無藩臣之禮，大不敬'"也。

永行縣到霸陵，路經更始墓，引車入陌，[1]從事諫止之。永曰："親北面事人，寧有過墓不拜！雖以獲罪，司隸所不避也。"遂下拜，哭盡哀而去。西至扶風，椎牛上苟諫冢。帝聞之，意不平，問公卿曰："奉使如此何如？"太中大夫張湛對曰："仁者行之宗，忠者義之主也。仁不遺舊，忠不忘君，行之高者也。"帝意乃釋。

【注】
[1]墓在今萬年縣東北。南北為阡，東西為陌。

後大司徒韓歆坐事，[1]永固請之不得，以此忤帝意，出為東海相。坐度田事不實，被徵，諸郡守多下獄。永至（城）[成]皋，[一四]詔書逆拜為兗州牧，便道之官。[2]視事三年，病卒。子昱。

【注】
[1]建武十五年歆坐直言免也。
[2]《東觀記》詔書迎下永曰"君晨夜冒犯霜露，精神亦已勞矣。以君帷

幄近臣,其以永為兗州牧"也。

論曰:鮑永守義於故主,斯可以事新主矣。恥以其衆受寵,斯可以受大寵矣。若乃言之者雖誠,而聞之未譬,〔1〕豈苟進之悅,易以情納,持正之忤,難以理求乎?〔2〕誠能釋利以循道,居方以從義,〔3〕君子之槩也。

【注】
〔1〕譬猶曉也。
〔2〕言諂曲則易入,剛直則難進也。
〔3〕方,直也。

昱字文泉。〔一五〕少傳父學,客授於東平。建武初,太行山中有劇賊,太守戴涉聞昱鮑永子,有智略,乃就謁,請署守高都長。〔1〕昱應之,遂討擊群賊,誅其渠帥,道路開通,由是知名。後為沘陽長,政化仁愛,境內清淨。〔2〕

【注】
〔1〕高都,縣,屬上黨郡,故城在今澤州也。
〔2〕《東觀記》曰:"沘陽人趙堅殺人繫獄,其父母詣昱,自言年七十餘唯有一子,適新娶,今繫獄當死,長無種類,涕泣求哀。昱憐其言,令將妻入獄,解械止宿,遂任身有子。"

荊州刺史表上之,再遷,中元元年,拜司隸校尉。詔昱詣尚書,使封胡降檄。〔1〕光武遣小黃門問昱有所怪不?對曰:"臣聞故事通官文書不著姓,又當司徒露布,〔2〕怪使司隸下書而著姓也。"帝報曰:"吾故欲令天下知忠臣之子復為司隸也。"〔一六〕昱在職,奉法守正,有父風。

永平五年，坐救火遲，免。

【注】
〔1〕檄，軍書也，若今之露布也。
〔2〕《漢官儀》曰"群臣上書，公卿校尉諸將不言姓。凡制書皆璽封，尚書令重封。唯赦贖令司徒印，露布州郡"也。

後拜汝南太守。郡多陂池，歲歲決壞，年費常三千餘萬。昱乃上作方梁石洫，〔1〕水常饒足，溉田倍多，人以殷富。

【注】
〔1〕洫，渠也。以石為之，猶今之水門也。

十七年，代王敏為司徒，賜錢帛什器帷帳，除子得為郎。〔一七〕建初元年，大旱，穀貴。肅宗召昱問曰："旱既太甚，將何以消復災眚？"對曰："臣聞聖人理國，三年有成。〔1〕今陛下始踐天位，刑政未著，如有失得，何能致異？但臣前在汝南，典理楚事，〔2〕繫者千餘人，恐未能盡當其罪。先帝詔言，大獄一起，冤者過半。〔一八〕又諸徙者骨肉離分，孤魂不祀。一人呼嗟，王政為虧。宜一切還諸徙家屬，〔一九〕蠲除禁錮，興滅繼絕，死生獲所。如此，和氣可致。"帝納其言。〔3〕

【注】
〔1〕《論語》孔子曰："如有用我者，朞月而已可也，三年乃有成功。"
〔2〕永平十三年，楚王英謀反，連坐者在汝南，昱時主劾之也。
〔3〕《東觀記》曰："時司徒辭訟久者至十數年，〔二〇〕比例輕重，非其事類，錯雜難知。昱奏定辭訟七卷，決事都目八卷，以齊同法令，息遏人訟也。"

四年,代牟融為太尉。六年,薨,年七十餘。

子德,修志節,有名稱,累官為南陽太守。時歲多荒災,唯南陽豐穰,吏人愛悦,號為神父。時郡學久廢,德乃修起橫舍,[1]備俎豆黻冕,〔一〕行禮奏樂。又尊饗國老,宴會諸儒。百姓觀者,莫不勸服。〔二〕在職九年,徵拜大司農,卒于官。

【注】
[1]橫,學也,字又作"黌"。

子昂,字叔雅,有孝義節行。初,德被病數年,昂俯伏左右,衣不緩帶;及處喪,毁瘠三年,抱負乃行;服闋,遂潛于墓次,不關時務。舉孝廉,辟公府,連徵不至,卒於家。


郅惲字君章,汝南西平人也。[1]年十二失母,居喪過禮。及長,理韓《詩》、嚴氏春秋,[2]明天文歷數。

【注】
[1]《潛夫論》曰:"周先姞氏封於燕,河東有郅都,汝南有郅君章。"音與古姞同,而其字異。然《前書音義》郅音之日反。
[2]韓,韓嬰也。作《詩》內外傳。嚴,嚴彭祖也。受《公羊》於眭孟,專門教授。見《儒林傳》。

王莽時,寇賊群發,惲乃仰占玄象,歎謂友人曰:"方今鎮、歲、熒惑並在漢分翼、軫之域,[1]〔二三〕去而復來,漢必再受命,福歸有德。如有順天發策者,必成大功。"時左隊大夫逯並素好士,[2]〔二四〕惲說之曰:"當今上天垂象,智者以昌,愚者以亡。昔伊尹自鬻輔商,立功全人。[3]惲竊不遜,敢希伊尹之蹤,應天人之變。明府儻不疑逆,俾成天德。"並奇之，使署為吏。惲不謁，曰："昔文王拔吕尚於渭濱，高宗禮傅説於巖築，桓公取管仲於射鉤，故能立弘烈，就元勳。未聞師相仲父，而可為吏位也。〔4〕非闚天者不可與圖遠。君不授驥以重任，驥亦俛首裹足而去耳。"〔5〕遂不受署。

【注】

〔1〕《爾雅》曰："中央鎮星，東方歲星，南方熒惑。"翼、軫者，南方鶉尾之宿，楚之分野。(孔)《演[孔]圖》曰〔二五〕："卯金刀，名為劉，中國東南出荆州。"故為漢分也。

〔2〕王莽以潁川為左隊，郡守為大夫。逯，姓；並，名也。《風俗通》曰："逯，秦邑也，其大夫氏焉。"逯音録。

〔3〕鬻，自衒賣也。《史記》曰，伊尹欲干湯而無因，乃為有莘氏媵臣，負鼎俎以滋味説湯，乃任以國政也。

〔4〕師，吕望也。相，傅説也。仲父，管仲也。

〔5〕惲以驥自喻，因自稱驥。《史記》曰，吴兵入郢，申包胥走秦求救，晝夜馳驅，足腫蹠盭，裂裳裹足，鵠立秦庭。盭音戾。

西至長安，乃上書王莽曰："臣聞天地重其人，惜其物，故運機衡，垂日月，〔1〕含元包一，甄陶品類，〔2〕顯表紀世，圖録豫設。〔3〕漢歷久長，孔為赤制，〔4〕不使愚惑，殘人亂時。智者順以成德，愚者逆以取害，神器有命，不可虛獲。上天垂戒，欲悟陛下，令就臣位，轉禍為福。〔5〕劉氏享天永命，陛下順節盛衰，〔6〕取之以天，還之以天，可謂知命矣。若不早圖，是不免於竊位也。〔7〕且堯舜不以天顯自與，故禪天下，〔8〕陛下何貪非天顯以自累也？天為陛下嚴父，臣為陛下孝子。父教不可廢，〔二六〕子諫不可拒，惟陛下留神。"莽大怒，即收繫詔獄，劾以大逆。猶以惲據經讖，難即害之，使黃門近臣脅惲，令自告狂病恍忽，不覺所言。惲乃瞋目詈曰："所陳皆天文聖意，非狂人所能造。"遂繫須冬，會赦得出，乃與同郡鄭敬南遁蒼梧。〔9〕

【注】

〔1〕機衡,北斗也。

〔2〕《前書志》曰:"太極元氣,合三為一。"〔二七〕謂三才未分,包而為一[也]。甄(也)者,〔二八〕陶人旋轉之輪也。言天地造化品物,如陶匠之成衆品者也。

〔3〕表,明也;紀,年也。言天豫設圖錄之書,顯明帝王之年代也。

〔4〕言孔丘作緯,著歷運之期,為漢家之制。漢火德尚赤,故云為赤制,即《春秋感精符》云"墨、孔生為赤制"是也。

〔5〕上天垂戒,謂鎮、歲、熒惑並在漢分也。

〔6〕享,受也。永,長也。漢家受天長命,運祚未絕,勸莽當順其時之盛衰,衰則取之,盛則還之。

〔7〕竊,盜也。孔子曰:"臧文仲其竊位者歟?"

〔8〕堯舜盛德,天之所顯,猶不自與,以位禪人。言堯之禪舜,舜禪於禹也。

〔9〕遁,隱也。蒼梧,山名也。《山海經》曰,南方蒼梧之丘,蒼梧之川,其中有九疑山焉,舜之所葬也。在今永州唐興縣東南。

建武三年,又至廬江,因遇積弩將軍傅俊東徇揚州。俊素聞惲名,乃禮請之,上為將兵長史,授以軍政。惲乃誓衆曰:"無掩人不備,窮人於戹,〔二九〕不得斷人支體,裸人形骸,放淫婦女。"俊軍士猶發冢陳尸,掠奪百姓。惲諫俊曰:"昔文王不忍露白骨,〔1〕武王不以天下易一人之命,〔2〕故能獲天地之應,剋商如林之旅。〔3〕將軍如何不師法文王,而犯逆天地之禁,多傷人害物,虐及枯尸,取罪神明?今不謝天改政,無以全命。願將軍親率士卒,收傷葬死,哭所殘暴,以明非將軍本意也。"從之,百姓悅服,所向皆下。

【注】

〔1〕解見《順紀》。

〔2〕《呂氏春秋》曰："武王伐紂，至鮪水，紂使膠鬲候周，問武王曰：'何日至？'武王曰：'將以甲子日至。'膠鬲行，天大雨，日夜不休，武王疾行不輟。軍吏諫之。武王曰：'吾疾行以救膠鬲之死也。'"

〔3〕天地之應，謂夜雨止、畢陳、白魚入舟之類。剋，勝也。商，殷號也。旅，衆也。如林，言衆多。《尚書》曰："武王伐〔紂〕，紂率其旅若林，〔三〇〕會於牧野。"

七年，俊還京師，而上論之。〔1〕惲恥以軍功取位，遂辭歸鄉里。縣令卑身崇禮，請以為門下掾。惲友人董子張者，父先為鄉人所害。〔2〕及子張病，將終，惲往候之。子張垂歿，視惲，歔欷不能言。惲曰："吾知子不悲天命，而痛讎不復也。子在，吾憂而不手；子亡，吾手而不憂也。"〔3〕子張但目擊而已。〔4〕惲即起，將客遮仇人，取其頭以示子張。子張見而氣絕。惲因而詣縣，以狀自首。令應之遲，〔5〕惲曰："為友報讎，吏之私也。奉法不阿，君之義也。虧君以生，非臣節也。"趨出就獄。令跣而追惲，不及，遂自至獄，令拔刃自向以要惲曰："子不從我出，敢以死明心。"〔6〕惲得此乃出，因病去。

【注】

〔1〕上音時掌反。

〔2〕《東觀記》曰"子張父及叔父為鄉里盛氏一時所害"也。

〔3〕言子在，吾憂子仇未能報，而不須手自揮鋒；子若亡，吾直為子手刃仇人，更不須心懷憂也。

〔4〕目擊謂孰視之也。《莊子》曰"目擊而道存"也。

〔5〕縣令不欲其自首詣獄，故應對之緩也。

〔6〕惲若不去，〔三一〕欲自刺以明心也。

久之，太守歐陽歙請為功曹。汝南舊俗，十月饗會，百里內縣皆齎牛酒到府讌飲。時臨饗禮訖，歙教曰："西部督郵繇延，〔1〕天資忠貞，稟性公方,摧破姦凶,不嚴而理。今與衆儒共論延功,顯之于朝。太守敬嘉厥休,牛酒養德。"主簿讀(書)教,〔三二〕户曹引延受賜。惲於下坐愀然前曰:"司正舉觥,〔2〕以君之罪,告謝于天。案延資性貪邪,外方内員,〔3〕朋黨搆姦,罔上害人,所在荒亂,怨慝並作。明府以惡爲善,股肱以直從曲,此既無君,又復無臣,惲敢再拜奉觥。"歆色慙動,不知所言。門下掾鄭敬進曰:"君明臣直,功曹言切,明府德也,可無受觥哉?"歆意少解,曰:"實歆罪也,敬奉觥。"〔4〕惲乃免冠謝曰:"昔虞舜輔堯,四罪咸服,〔5〕讒言弗庸,孔任不行,〔6〕故能作股肱,帝用有歌。〔7〕惲不忠,孔任是昭,〔8〕豺虎從政,〔9〕既陷誹謗,又露所言,〔10〕罪莫重焉。請收惲、延,以明好惡。"歆曰:"是重吾過也。"〔11〕遂不譙而罷。惲歸府,稱病,延亦自退。

【注】

〔1〕繇姓,咎繇之後。繇音遥。

〔2〕愀,變色貌。司正,主禮儀者。觥,罰爵也,以角爲之。詩小雅曰:"兕觥其觩,旨酒思柔。"觥音古横反。

〔3〕言延外示方直而内實柔弱也。孔子曰:"色厲而内荏。"

〔4〕遂受罰也。

〔5〕《左傳》曰:"舜臣堯,乃流四凶族。"《尚書》曰"乃流共工于幽州,放驩兜于崇山,竄三苗于三危,殛鯀于羽山,四罪而天下咸服"也。

〔6〕庸,用也。孔,甚也。任,佞也。

〔7〕《尚書》曰:"股肱喜哉!元首起哉!"

〔8〕昭,顯也。惲自責不忠,故使甚佞之人昭顯也。

〔9〕豺虎,貪獸,以比繇延也。

〔10〕露,顯也。又對衆顯言(於)繇延之罪也。〔三三〕

〔11〕重,再也。

鄭敬素與惲厚,見其言忤歆,乃相招去,曰:"子廷争繇延,君猶不納。延今雖去，其執必還。〔１〕直心無諱，誠三代之道。〔２〕然道不同者不相為謀，吾不能忍見子有不容君之危，盍去之乎！」惲曰：「孟軻以彊其君之所不能為忠，量其君之所不能為賊。〔３〕惲業已彊之矣。障君於朝，〔４〕既有其直，而不死職，罪也。延退而惲又去，不可。」敬乃獨隱於弋陽山中。〔５〕居數月，歆果復召延，惲於是乃去，從敬止，漁釣自娛，留數十日。惲志在從政，既乃喟然而歎，謂敬曰：「天生俊士，以為人也。鳥獸不可與同群，〔６〕子從我為伊呂乎？將為巢許，而父老堯舜乎？」〔７〕〔三四〕敬曰：「吾足矣。初從生步重華於南野，〔８〕謂來歸為松子，〔９〕今幸得全軀樹類，〔１０〕還奉墳墓，盡學問道，〔１１〕雖不從政，施之有政，是亦為政也。〔１２〕吾年耄矣，安得從子？子勉正性命，勿勞神以害生。」惲於是告別而去。敬字次都，清志高世，光武連徵不到。〔１３〕

【注】

〔１〕言歆後必召延也。

〔２〕三代，夏、殷、周也。《論語》曰：「三代之所以直道而行也。」

〔３〕孟子對齊宣王曰：「力足以舉百鈞，而不足以舉一羽，明足以察秋毫之末，而不見輿薪，則王許之乎？」曰：「不。」孟子曰：「今恩足以及禽獸，而功不至於百姓者，獨何歟？然則一羽之不舉，為不用力焉，輿薪之不見，為不用明焉，百姓之不見保，為不用恩焉。故王之不王，弗為也，非不能也。」曰：「不為者與不能者之形何以異？」曰：「挾太山以（趨）〔超〕北海，〔三五〕語人曰我不能，是誠不能也。為（少）〔長〕者折枝，語人曰我不能，是（誠不能也為長者折枝語人曰我）不為也，〔三六〕非不能也。」此彊其君之所不能為也。又曰：「惻隱之心，仁之端也；（善）〔羞〕惡之心，〔三七〕義之端也；辭讓之心，禮之端也；是非之心，智之端也。人之有是四端也，猶其有四體也。有是四端自謂不能者，自賊者也；謂其君不能者，賊其君者也。」

〔４〕障，蔽也。君謂歆也。言歆將以牛酒賞縣延，而惲障蔽不聽之。

〔５〕弋陽，縣，屬汝南郡，《前書》云弋陽山在縣西北也。

〔６〕《論語》孔子之言。

〔7〕若為巢父、許由，則以堯、舜為父老之人也。

〔8〕步猶尋也。重華，舜字也。南野，謂蒼梧也。

〔9〕赤松子也。敬以歸鄉隱逸，自謂同之。劉向《列仙傳》曰"赤松子，神農時雨師，至崑崙山，常止西王母石室，隨風上下。炎帝少女追之，得仙俱去"也。

〔10〕樹類謂有胤嗣。

〔11〕敬汝南人，今隱弋陽，不離墳墓。

〔12〕《論語》孔子之言也。言隱遯好道，在家孝悌，亦從政之義也。

〔13〕謝沈《書》曰："敬閑居不脩人倫，新遷都尉逼為功曹。廳事前樹時有清汁，以為甘露。敬曰：'明府政未能致甘露，此清木汁耳。'〔三八〕辭病去，隱處精學蛾陂中。陰就、虞延並辟，不行。同郡鄧敬因折芰為坐，以荷薦肉，瓠瓢盈酒，言談彌日，蓬廬蓽門，琴書自娛。光武公車徵，不行。"案：王莽改新蔡縣為新遷也。

惲遂客居江夏教授，郡舉孝廉，為上東城門候。〔1〕帝嘗出獵，車駕夜還，惲拒關不開。帝令從者見面於門閒。惲曰："火明遼遠。"〔三九〕遂不受詔。帝乃迴從東中門入。〔2〕〔四〇〕明日，惲上書諫曰："昔文王不敢槃于游田，以萬人惟憂。〔3〕〔四一〕而陛下遠獵山林，夜以繼晝，其如社稷宗廟何？暴虎馮河，未至之戒，誠小臣所竊憂也。"書奏，賜布百匹，貶東中門候為參封尉。〔4〕

【注】

〔1〕洛陽城東面北頭門也。

〔2〕東面中門也。

〔3〕槃，樂也。《尚書·無逸》曰"文王不敢槃于游田，以萬人惟政之共"也。

〔4〕參封，縣，屬琅邪郡。

後令惲授皇太子《韓詩》，侍講殿中。及郭皇后廢，[1]惲乃言於帝曰："臣聞夫婦之好，父不能得之於子，[2]況臣能得之於君乎？是臣所不敢言。雖然，願陛下念其可否之計，無令天下有議社稷而已。"帝曰："惲善恕己量主，知我必不有所左右而輕天下也。"[3]后既廢，而太子意不自安，惲乃説太子曰："久處疑位，上違孝道，下近危殆。昔高宗明君，吉甫賢臣，及有纖介，放逐孝子。[4]《春秋》之義，母以子貴。太子宜因左右及諸皇子引愆退身，奉養母氏，以明聖教，不背所生。"太子從之，帝竟聽許。

【注】
〔1〕建武十七年廢。
〔2〕得猶制御也。司馬遷曰："妃匹之愛，君不能得之臣，父不能得之子，況卑下乎？"
〔3〕左右猶向背也。言其齊等。
〔4〕《家語》曰："曾參妻為梨蒸不熟，因出之，終身不娶。其子請焉。曾參曰：'高宗以後妻殺孝子，尹吉甫以後妻放伯奇，吾上不及高宗，中不比吉甫，知其得免於非乎！'遂不娶。"

惲再遷長沙太守。先是長沙有孝子古初，遭父喪未葬，鄰人失火，初匍匐柩上，以身扞火，火為之滅。惲甄異之，以為首舉。後坐事左轉芒長，[1]又免歸，避地教授，[2]著書八篇。以病卒。子壽。

【注】
〔1〕芒，縣，屬沛國，故城在今亳州永城縣北，一名臨睢城。《東觀記》曰"坐前長沙太守張禁多受遺送千萬，以惲不推劾，故左遷"也。
〔2〕避地謂隱遁也。《東觀記》曰："芒守丞韓龔受大盜丁仲錢，阿擁之，加笞八百，不死，入見惲，稱仲健。惲怒，以所杖鐵杖捶龔。龔出怨懟，遂殺仲，惲故坐免。"

壽字伯考,〔四二〕善文章,以廉能稱,舉孝廉,稍遷冀州刺史。時冀部屬郡多封諸王,賓客放縱,類不檢節,〔1〕壽案察之,無所容貸。乃使部從事專住王國,又徙督郵舍王宮外,〔2〕動靜失得,即時騎驛言上奏王罪及劾傅相,於是藩國畏懼,並為遵節。視事三年,冀土肅清。三遷尚書令。朝廷每有疑議,常獨進見。肅宗奇其智策,擢為京兆尹。郡多彊豪,姦暴不禁。三輔素聞壽在冀州,皆懷震竦,各相檢勑,莫敢干犯。壽雖威嚴,而推誠下吏,皆願効死,莫有欺者。以公事免。

【注】
〔1〕類猶皆也。
〔2〕近王宮置督郵舍,以察王得失。

　　復徵為尚書僕射。是時大將軍竇憲以外戚之寵,威傾天下。憲嘗使門生齎書詣壽,有所請託,壽即送詔獄。前後上書陳憲驕恣,引王莽以誡國家。是時憲征匈奴,海內供其役費,而憲及其弟篤、景並起第宅,驕奢非法,百姓苦之。壽以府臧空虛,軍旅未休,遂因朝會譏刺憲等,厲音正色,辭旨甚切。憲怒,陷壽以買公田誹謗,下吏當誅。侍御史何敞上疏理之曰:"臣聞聖王闢四門,開四聰,延直言之路,下不諱之詔,立敢諫之旗,聽歌謠於路,〔1〕爭臣七人,以自鑒照,〔2〕考知政理,違失人心,輒改更之,故天人並應,傳福無窮。臣伏見尚書僕射郅壽坐於臺上,與諸尚書論擊匈奴,言議過差,及上書請買公田,遂繫獄考劾大不敬。臣愚以為壽機密近臣,匡救為職。若懷默不言,其罪當誅。今壽違衆正議,以安宗廟,豈其私邪?又臺閣平事,分爭可否,雖唐虞之隆,三代之盛,猶謂謇謇以昌,不以誹謗為罪。〔3〕請買公田,人情細過,可裁隱忍。壽若被誅,臣恐天下以為國家橫罪忠直,賊傷和氣,忤逆陰陽。臣所以敢犯嚴威,不避夷滅,觸死瞽言,非為壽也。〔4〕忠臣盡節,以死為歸。臣雖不知壽,度其甘心安之。誠不欲聖朝行誹謗之誅,以傷晏晏之化,〔5〕〔四三〕杜塞忠直,垂譏無窮。臣敞謬豫機密,言所不宜,罪名明白，當填牢獄，先壽僵仆，萬死有餘。"書奏，壽得減死，論徙合浦。[6]未行，自殺，家屬得歸鄉里。

【注】
〔1〕歌謠謂詩也。禹置敢諫之幡，解已見上。《禮記・王制》曰："命太師陳詩觀民風。"鄭玄注云："陳詩謂采其詩而示之。"
〔2〕孔子曰，天子有爭臣七人。
〔3〕《史記》趙良謂商君曰："千人之諾諾，不如一士之諤諤。武王諤諤以昌，殷紂嘿嘿以亡。"
〔4〕《論語》曰"侍於君子有三愆，[四四]未見顏色而言謂之瞽"也。
〔5〕鄭玄注《尚書考靈耀》云："道德純備謂之塞，寬容覆載謂之晏。"
〔6〕今（廣）[廉]州縣。[四五]

贊曰：鮑永沈吟，晚乃歸正。志達義全，先號後慶。[1]申屠對策，郅惲上書。有道雖直，無道不愚。

【注】
〔1〕易曰"先號咷而後笑"，謂初凶後吉也。

【校勘記】
〔一〕王莽專政朝多猜忌　按："政"字原脱，逕據汲本、殿本補。
〔二〕使下無壅塞也　按："壅"原譌"擁"，逕據汲本、殿本改正。
〔三〕而尊[崇]其宗黨　殿本"尊"下有"崇"字。《校補》引錢大昭説，謂閩本"尊"下有"崇"字。今據補。
〔四〕[召公為保]周公為師　《刊誤》謂按文少"召公為保"四字。按：下有"為左右"之文，如無召公，則"左右"字無著矣。劉説是，今據補。
〔五〕建武七年詔書徵剛　按：《集解》引《通鑑考異》，謂七年囂已臣公孫述，必不用詔書，"七年"當作"六年"。

〔六〕遂以頭軔乘輿輪帝遂為止　按：上"遂"字《御覽》四五二引作"乃"。

〔七〕軔謂以頭枝車輪也　汲本、殿本"枝"作"止"。按：《集解》引惠棟説，謂"止"本作"支"，或作"搘"。

〔八〕簡任賢保　按：何焯謂"保"下當有"傅"字。

〔九〕路稱鮑尚書兵馬　按："馬"原譌"焉"，逕據汲本、殿本改正。

〔一〇〕封大伯所持節於晉陽傳（合）〔舍〕壁中　《刊誤》謂"合"當作"舍"。今據改。

〔一一〕入夏城門中　按：《集解》本依汲本"入"作"大"。《校補》謂錢大昭云"大"當作"入"，洛陽十二城門，夏門位在亥。今案錢説雖與《東觀記》合，然《書鈔》六十一引《續漢書》則與此注同，又陶弘景《真誥》郎宗占知京師大火，燒大夏門，則似作"大"亦非誤。

〔一二〕與五官將（軍）〔車〕相逢　《刊誤》謂五官無將軍之稱，蓋"軍"字本是"車"字。今據改。

〔一三〕〔宜〕知尊帝城門候吏六百石　據《東觀記》補。

〔一四〕永至（城）〔成〕皋　據《集解》本改。

〔一五〕昱字文泉　按：《東觀記》"泉"作"淵"，王先謙謂此避唐高祖諱改。又按：王先謙謂《書鈔》六十一引《續漢書》，云"字守文"。

〔一六〕吾故欲令天下知忠臣之子復為司隸也　按：汲本、殿本"故"作"固"。

〔一七〕除子得為郎　《刊誤》謂"得"字後皆作"德"，義無兩子名得、德者，知此字誤。今按：得德古通作，非字誤，特前後不一致耳。

〔一八〕先帝詔言大獄一起冤者過半　按：查《明帝紀》無此詔，《通鑑》作"夫大獄一起，冤者過半"。

〔一九〕宜一切還諸徙家屬　按："屬"字原脱，逕據汲本、殿本補。

〔二〇〕時司徒辭訟久者至十數年　按："徒"原譌"徙"，逕改正。"辭"汲本作"例"，《東觀記》同。"十數年"汲本作"數十年"，《東觀記》同。

〔二一〕備俎豆黻冕　按："黻"汲本、殿本作"黼"。

〔二二〕莫不勸服　按："勸"疑"歡"之譌。

〔二三〕並在漢分翼軫之域　按："在"字原脫，逕據汲本、殿本補。

〔二四〕時左隊大夫逯並素好士　按：沈家本謂《前書·王莽傳》作"逯竝"，《恩澤侯表》作"逯普"，普本作晉，晉竝形近，未詳孰是。竝為莽大司馬，封同風侯，後策免就侯位。此云左隊大夫，殆策免之後復居是官歟？

〔二五〕(孔)演〔孔〕圖曰　據汲本改。

〔二六〕父教不可廢　按：殿本"可"作"敢"。

〔二七〕合三為一　按：殿本、《集解》本"合"作"含"。

〔二八〕包而為一〔也〕甄(也)者　據刊誤改。

〔二九〕窮人於戹　按：汲本、《集解》本"於"作"屈"。《校補》引錢大昭說，謂閩本作"於"。

〔三〇〕武王伐〔紂〕紂率其旅若林　《刊誤》謂案文"伐"下少一"殷"字。今按：《御覽》三二六引重"紂"字，今依《御覽》補。

〔三一〕惲若不去　汲本、殿本"去"作"出"。今按：去謂離去，作"去"亦通。

〔三二〕主簿讀(書)教　《集解》引惠棟說，謂袁《紀》及《風俗通》皆云主簿讀教，衍"書"字。今據刪。

〔三三〕又對衆顯言(於)緜延之罪也　據殿本刪。按：汲本"於"作"夫"，疑皆衍文。

〔三四〕將為巢許而父老堯舜乎　按：汲本、殿本作"將為巢許乎，而父老堯舜也"。王先謙謂《東觀記》"父老"二字作"去"。

〔三五〕挾太山以(趨)〔超〕北海　據汲本、殿本改，與今本《孟子》合。

〔三六〕為(少)〔長〕者折枝語人曰我不能是(誠不能也為長者折枝語人曰我)不為也　據汲本、殿本改刪。按：章懷引《孟子》，往往與今本《孟子》異，或其所見本不同也。然此節文字衍譌，幾不可句讀，張晧　王龔傳論注亦引《孟子》答齊宣王語，雖多刪節，大致與今本《孟子》合，足證此為傳寫之誤也。

〔三七〕(善)〔羞〕惡之心　據汲本、殿本改，與今本《孟子》合。

〔三八〕此清木汁耳　按：汲本、殿本"清"作"青"。

〔三九〕火明遼遠　按：王先謙謂《東觀記》"遼"作"燎"。

〔四〇〕帝乃迴從東中門入　按："東中門"《續志》作"中東門"。《校補》謂錢大昭云此與何湯事略同，湯事在謝承《書》，《桓榮傳》注引之。今案《桓榮傳》注引作"更從中東門入"，與《續志》合。

〔四一〕以萬人惟憂　按：注引書 無逸"以萬民惟政之共"，則"憂"似當作"政"，袁《紀》正作"萬民惟正"，正與政同也。又按：殿本"惟"作"為"。

〔四二〕壽字伯考　汲本、殿本"伯考"作"伯孝"。按：古人名字相應，作"伯孝"者，譌也。

〔四三〕以傷晏晏之化　按：《集解》本依汲本改"晏晏"為"塞晏"，取與鄭注合。殿本《考證》謂第五倫、何敞、陳寵傳皆有"晏晏"二字，依鄭注改"塞晏"，非是。

〔四四〕侍於君子有三愆　按："子"字原脫，逕據汲本、殿本補。

〔四五〕今（廣）〔廉〕州縣　據《刊誤》改。

# 後漢書卷三十上

## 蘇竟楊厚列傳第二十上

　　蘇竟字伯況，扶風平陵人也。平帝世，竟以明《易》為博士講書祭酒。[1]善圖緯，能通百家之言。王莽時，[與]劉歆等共典校書，[一]拜代郡中尉。時匈奴擾亂，北邊多罹其禍，竟終完輯一郡。光武即位，就拜代郡太守，使固塞以拒匈奴。建武五年冬，盧芳略得北邊諸郡，帝使偏將軍隨弟屯代郡。[2]竟病篤，以兵屬弟，詣京師謝罪。拜侍中，數月，以病免。

【注】
〔1〕王莽置六經祭酒，秩上卿，每經各一人，竟為講尚書祭酒。
〔2〕隨姓，弟名也。弟音悌。

　　初，延岑護軍鄧仲況擁兵據南陽陰縣為寇，[1]而劉歆兄子龔[二]為其謀主。[2]竟時在南陽，與龔書曉之曰：

【注】
〔1〕陰，縣名，屬南陽郡，故城在今襄州穀城縣界北。
〔2〕臣賢案：《前書》及《三輔決錄》並云向曾孫，今言歆兄子，則不同也。

君執事無恙。[1]走昔以摩研編削之才,[2]〔三〕與國師公從事出入,校定祕書,[3]竊自依依,末由自遠。〔四〕蓋聞君子愍同類而傷不遇。人無愚智,莫不先避害然後求利,先定志然後求名。昔智果見智伯窮兵必亡,故變名遠逝,[4]陳平知項王為天所棄,故歸心高祖,皆智之至也。[5]聞君前權時屈節,北面延牙,[6]乃後覺悟,棲遲養德。[7]先世數子,又何以加。[8]君處陰中,土多賢士,若以須臾之間,研考異同,揆之圖書,測之人事,則得失利害,可陳於目,何自負畔亂之困,不移守惡之名乎?〔五〕與君子之道,何其反也?

【注】

〔1〕執事猶言左右也。敬前人,故呼其執事者。《爾雅》曰:"恙,憂也。"

〔2〕走謂馳走之人,謙稱也,猶司馬遷與任少卿書云"牛馬走"之類也。《說文》曰:"編,次也。"削謂簡也,一曰削書刀也。研音午見反。

〔3〕劉歆為王莽國師公也。

〔4〕智果,智伯臣也。逝,去也。《戰國策》曰,智伯與韓、魏共圍趙,智伯之臣智果說智伯曰:"韓魏二主色動而喜,必背君矣。不如殺之。"智伯曰:"晉陽旦暮將拔之,而饗其利,乃有它心,不可,子勿復言。"智果見言之不聽,出,更其姓為輔氏,遂去不見。其後韓、魏乃反殺智伯,三分其地。"果"或作"過"。

〔5〕陳平初事項羽,後知羽必敗,乃仗劍度河歸漢,見《前書》也。

〔6〕延岑字牙。屈節謂臣事也。

〔7〕《爾雅》曰"棲遲,息偃也",言後息偃養德,不復事延牙也。《詩·小雅》曰:"或棲遲偃仰。"

〔8〕謂智果、陳平也。

世之俗儒末學,醒醉不分,而稽論當世,疑誤視聽。或謂天下迭興，未知誰是，稱兵據土，可圖非冀。或曰聖王未啓，宜觀時變，倚彊附大，顧望自守。二者之論，豈其然乎？夫孔丘祕經，為漢赤制，[1]玄包幽室，文隱事明。[2]且火德承堯，雖昧必亮，[3]承積世之祚，握無窮之符，王氏雖乘閒偷篡，而終嬰大戮，支分體解，宗氏屠滅，非其效歟？[4]皇天所以眷顧躑躅，憂漢子孫者也。[5]論者若不本之於天，參之於聖，猥以《師曠雜事》輕自眩惑，說士作書，亂夫大道，焉可信哉？[6]

【注】

[1]祕經，幽祕之經，即緯書也。赤制，解見《郅惲傳》。

[2]包，臧也。言緯書玄祕，臧於幽室，文雖微隱，事甚明驗。

[3]昧，暗也。亮，明也。言漢承唐堯、劉累之後，以火德王，雖遭王莽篡奪，一時闇昧，今光武中興，必盛明也。

[4]《王莽傳》曰："校尉公賓就斬莽首，軍人分裂莽身，支節肌肉臠分。"《三輔舊事》曰："臠切千段。"

[5]躑躅猶裴回也。

[6]《師曠雜事》，雜占之書也。《前書》曰陰陽書十六家，有《師曠》八篇也。

　　諸儒或曰：今五星失晷，天時謬錯，[1]辰星久而不效，[2]太白出入過度，熒惑進退見態，鎮星繞帶天街，歲星不舍氐、房。[3]以為諸如此占，歸之國家。蓋災不徒設，皆應之分野，各有所主。夫房、心即宋之分，東海是也。[4]尾為燕分，漁陽是也。[5]東海董憲迷惑未降，漁陽彭寵逆亂擁兵，王赫斯怒，命將並征，故熒惑應此，憲、寵受殃。太白、辰星自亡新之末，失行筭度，以至于今，或守東井，或沒羽林，[6]或裴回藩屏，或躑躅帝宮，[7]或經天反明，或潛臧久沈，或衰微闇昧，或煌煌北南，或盈縮成鉤，或偃蹇不禁，[8]皆大運蕩除之祥，聖帝應符之兆也。賊臣亂子，往往錯互,指麾妄説,傳相壞誤。〔六〕由此論之,天文安得遵度哉!

【注】

〔1〕五星謂東方歲星,南方熒惑星,西方太白[星],〔七〕北方辰星,中央鎮星。失晷,失於常度。

〔2〕不効謂出入失度也。

〔3〕《前書》曰:"昴、畢閒為天街。"氐、房,東方之宿。歲星,歲舍一次,當次舍於氐、房,今不舍之,是變常也。

〔4〕《前書·天文志》曰:"卯為房、心,宋之分也。"

〔5〕《前書·天文志》曰:"寅為尾、箕,燕之分也。"

〔6〕東井,南方之宿。《天官書》曰:"北宮虛、危,南方有衆星曰羽林天軍。""箄"或作"舛"。

〔7〕帝宮,北辰也。藩屏,兩傍之星也。裴回謂縈繞淹留。躑躅謂上下不去也。

〔8〕盈縮猶進退,曲如鉤形也。偃蹇,高而明大無禁制。

乃者,五月甲申,天有白虹,自子加午,廣可十丈,長可萬丈,正臨倚彌。倚彌即黎丘,秦豐之都也。〔1〕是時月入于畢。畢為天網,〔2〕主網羅無道之君,故武王將伐紂,上祭于畢,求助天也。〔3〕〔八〕夫仲夏甲申為八魁,〔4〕八魁,上帝開塞之將也,主退惡攘逆。流星狀似蚩尤旗,或曰營頭,或曰天槍,出奎而西北行,至延牙營上,散為數百而滅。奎為毒螫,主庫兵。〔5〕此二變,郡中及延牙士衆所共見也。是故延牙遂之武當,〔6〕託言發兵,實避其殃。今年比卦部歲,坤主立冬,坎主冬至,水性滅火,南方之兵受歲禍也。〔7〕德在中宮,刑在木,木勝土,刑制德,今年兵事畢已,中國安寧之効也。五七之家三十五姓,彭、秦、延氏不得豫焉。〔8〕如何怪惑,依而恃之?葛虆之詩,"求福不回",其若是乎!〔9〕

【注】

〔1〕蓋秦豐黎丘一名倚彌也。

〔2〕畢，西方宿也。

〔3〕《史記》曰，周武王即位九年，上祭于畢，東觀兵于孟津也。

〔4〕歷法，春三月己巳、丁丑，夏三月甲申、壬辰，秋三月己亥、丁未，冬三月甲寅、壬戌，為八魁。

〔5〕《春秋合誠圖》曰"奎主武庫之兵"也。

〔6〕今均州縣也。

〔7〕比卦，坤下坎上，坎為水也。

〔8〕《春秋運斗樞》曰："五七三十五，人皆共一德。"

〔9〕《詩·大雅》曰："莫莫葛藟，施于條枚，愷悌君子，求福不回。"注云："葛延曼於木之枝而茂盛，喻子孫依緣先人之功而起也。回，違也。言不違先祖之道。"

　　圖讖之占，衆變之驗，皆君所明。善惡之分，去就之決，不可不察。無忽鄙言！夫周公之善康叔，以不從管蔡之亂也；〔1〕景帝之悅濟北，以不從吳濞之畔也。〔2〕自更始以來，孤恩背逆，歸義向善，臧否粲然，可不察歟！良醫不能救無命，彊梁不能與天爭，〔3〕故天之所壞，人不得支。〔4〕宜密與太守劉君共謀降議。仲尼棲棲，墨子遑遑，憂人之甚也。〔5〕屠羊救楚，非要爵祿；〔6〕茅焦干秦，豈求報利？〔7〕盡忠博愛之誠，憤滿不能已耳。

　　又與仲況書諫之，文多不載，於是仲況與龔遂降。

【注】

〔1〕《史記》曰，周公以成王命伐殷，殺管叔，放蔡叔，以殷餘人封康叔為衛君。

〔2〕濟北王志，高帝孫，齊王肥之子也。吳楚反時，堅守不從，景帝賢之，徙封為淄川王也。

〔3〕扁鵲之見桓侯，項王之敵漢祖也。

〔4〕支，持也。《左傳》曰，晉汝叔寬曰："天之所壞，不可支也；衆之所為，不可干也。"

〔5〕班固曰"棲棲遑遑，孔席不煖，墨突不黔"也。

〔6〕《莊子》曰"楚昭王失國，屠羊説走而從於王。昭王反國，將賞從亡者，及屠羊説。屠羊説曰：'大王失國，説失屠羊；大王反國，説亦反屠羊。臣之爵禄已復矣，又何賞之有？'遂不受"也。

〔7〕秦始皇遷太后於咸陽宮，又撲殺兩弟。齊人茅焦解衣伏質入諫，始皇乃迎太后歸於咸陽，爵茅焦為上卿，焦辭不受。事見《說苑》也。

龔字孟公，長安人，善論議，扶風馬援、班彪並器重之。[1]竟終不伐其功，潛樂道術，作《記誨篇》及文章傳於世。年七十，卒于家。

【注】
〔1〕《三輔決録》注曰："唯有孟公論可觀者。"班叔皮與京兆丞郭季通書曰："劉孟公臧器於身，用心篤固，實瑚璉之器，宗廟之寶也。"

楊厚[九]字仲桓，廣漢新都人也。祖父春卿，善圖讖學，為公孫述將。漢兵平蜀，春卿自殺，臨命戒子統曰："吾綈裹中[1]有先祖所傳祕記，為漢家用，爾其修之。"統感父遺言，服闋，辭家從犍為周循學習先法，又就同郡鄭伯山受《河洛書》及天文推步之術。[2]建初中為彭城令，一州大旱，統推陰陽消伏，縣界蒙澤。太守宗湛使統為郡求雨，亦即降澍。[3]自是朝廷災異，多以訪之。統作《家法章句》及《內讖》二卷解説，位至光禄大夫，為國三老。年九十卒。

【注】
〔1〕《說文》曰："綈，厚繒也。"綈音提。

〔2〕《益部耆舊傳》曰:"統字仲通。曾祖父仲續舉河東方正,拜祁令,〔一○〕甚有德惠,人為立祠。樂益部風俗,因留家新都,代修儒學,以《夏侯尚書》相傳。"

〔3〕袁山松《書》曰"統在縣,休徵時序,風雨得節,嘉禾生於寺舍,人庶稱神"也。

統生厚。厚母初與前妻子博不相安,厚年九歲,思令和親,乃託疾不言不食。母知其旨,懼然改意,〔1〕恩養加篤。博後至光禄大夫。

【注】
〔1〕懼音九具反。

厚少學統業,精力思述。初,安帝永初(二)〔三〕年,太白入(北)斗,〔一一〕洛陽大水。〔1〕時統為侍中,厚隨在京師。朝廷以問統,統對年老耳目不明,子厚曉讀圖書,粗識其意。鄧太后使中常侍承制問之,厚對以為"諸王子多在京師,容有非常,宜亟發遣各還本國"。〔2〕太后從之,星尋滅不見。又尅水退期日,皆如所言。除為中郎。太后特引見,問以圖讖,厚對不合,免歸。〔3〕復習業犍為,不應州郡、三公之命,方正、有道、公車特徵皆不就。

【注】
〔1〕《續漢志》曰,時正月己亥,太白入北斗中,以為貴相凶也。又京師及郡國四十一雨水,鄧太后專政也。

〔2〕亟音紀力反。

〔3〕袁山松《書》曰:"鄧太后問厚曰:'大將軍鄧騭應輔臣(以)〔星〕不?'〔一二〕對曰:'不應。'以此不合其旨。"

永建二年,順帝特徵,詔告郡縣督促發遣。厚不得已,行到長安,以病自上，因陳漢三百五十年之戹，〔1〕宜蠲法改憲之道，〔2〕及消伏災異，凡五事。制書襃述，有詔太醫致藥，太官賜羊酒。及至，拜議郎，三遷為侍中，特蒙引見，訪以時政。四年，厚上言"今夏必盛寒，當有疾疫蝗蟲之害"。是歲，果六州大蝗，疫氣流行。後又連上"西北二方有兵氣，宜備邊寇"。車駕臨當西巡，感厚言而止。至陽嘉三年，西羌寇隴右，明年，烏桓圍度遼將軍耿曄。永和元年，復上"京師應有水患，又當火災，三公有免者，蠻夷當反畔"。是夏，洛陽暴水，殺千餘人；至冬，承福殿災，太尉龐參免；荊、交二州蠻夷賊殺長吏，寇城郭。又言"陰臣、近戚、妃黨當受禍"。〔3〕明年，宋阿母與宦者襃信侯李元等遘姦廢退，〔4〕後二年，中常侍張逵等復坐誣罔大將軍梁商專恣，悉伏誅。每有災異，厚輒上消救之法，而閹宦專政，〔一三〕言不得信。

【注】

〔1〕《春秋命歷》序曰："四百年之間，閉四門，聽外難，群異並賊，官有孽臣，〔一四〕州有兵亂，五七弱，暴漸之効也。"宋均注云："五七三百五十歲，當順帝漸微，四方多逆賊也。"

〔2〕蠲，明也。

〔3〕陰，私也。

〔4〕阿母，順帝乳母山陽君宋娥也。

時大將軍梁冀威權傾朝，遣弟侍中不疑以車馬、珍玩致遺於厚，欲與相見。厚不荅，固稱病求退。帝許之，賜車馬錢帛歸家。修黃老，教授門生，上名錄者三千餘人。太尉李固數薦言之。（太）〔本〕初元年，〔一五〕梁太后詔備古禮以聘厚，〔1〕遂辭疾不就。建和三年，太后復詔徵之，經四年不至。年八十二，卒於家。策書弔祭。鄉人謚曰文父。門人為立廟，郡文學掾史春秋饗射常祠之。

## 【注】

〔1〕古禮謂以束帛加璧，安車蒲輪等。

## 【校勘記】

〔一〕［與］劉歆等共典校書　《刊誤》謂案文"劉歆"上少一"與"字。今據補。

〔二〕劉歆兄子龔　《集解》引惠棟説，謂《東觀記》云劉歆子恭，"恭"與"龔"古文通。按：聚珍本《東觀記》作"劉歆兄子恭"。

〔三〕摩研編削之才　按：《東觀記》"削"作"簡"。

〔四〕末由自遠　按："末"原譌"未"，逕據殿本、《集解》本改正。

〔五〕不移守惡之名乎　按：《集解》引惠棟説，謂"守惡"當作"首惡"。《校補》謂"守惡"誠誤，但首惡之名見《史記》，惟為人君父者當之，龔但為仲況謀主，亦不應即斥為首惡，或為"同惡"之譌。

〔六〕傳相壞誤　按：《刊誤》謂"壞"當作"詿"，聲相近而誤。

〔七〕西方太白［星］　據汲本、殿本補。

〔八〕求助天也　按：《集解》引王鳴盛説，謂"助天"當作"天助"。

〔九〕楊厚　按：《集解》引惠棟説，謂《華陽國志》作"序"。

〔一〇〕拜祁令　按：張森楷《校勘記》謂舊本"祁"作"郫"。祁縣屬太原郡，而此下云"樂益部風俗，因留家新都"，則當作"郫"為是。又按：張氏所謂"舊本"，據張氏自云"似是坊刻，稱通行本，一稱舊本"，未確言何本。

〔一一〕安帝永初（二）［三］年太白入（北）斗　《集解》引錢大昕説，謂五星行道皆在黃道左右，無緣得入北斗，史言入斗者，皆南斗也。《續志》太白入斗中凡再見，俱無"北"字，知為後人妄增。且太白入斗在永初三年，此云"二年"，亦誤。今按：《續志》書永初三年正月己亥，太白入斗中。查永初三年正月壬辰朔，有己亥，二年正月戊辰朔，無己亥。錢説是，今據改。

〔一二〕大將軍鄧騭應輔臣（以）［星］不　據《集解》本改。按：《校補》謂"星"原譌"以"，據袁書改。

〔一三〕而閹宦專政　按："宦"原作"官"，逕據汲本、殿本改。

〔一四〕官有孼臣　按:"孼"原譌"蘖",逕據汲本、殿本改正。

〔一五〕(太)〔本〕初元年　《集解》引惠棟説,謂依《華陽國志》,當作"本初"。今據改。

# 後漢書卷三十下

## 郎顗襄楷列傳第二十下

郎顗字雅光，北海安丘人也。父宗，字仲綏，學《京氏易》，善風角、星筭、六日七分，[1]能望氣占候吉凶，常賣卜自奉。[2]安帝徵之，對策為諸儒表，後拜吳令。[3]時卒有暴風，宗占知京師當有大火，記識時日，遣人參候，果如其言。諸公聞而表上，以博士徵之。宗恥以占驗見知，聞徵書到，夜縣印綬於縣廷而遁去，遂終身不仕。

【注】
〔1〕京氏，京房也，作《易傳》。風角謂候四方四隅之風，以占吉凶也。星筭謂善天文筭數也。《易稽覽圖》曰："甲子卦氣起中孚，六日八十分日之七。"鄭玄注云："六以候也。八十分為一日之七者，一卦六日七分也。"
〔2〕奉音扶用反。
〔3〕吳，縣名，屬會稽郡，今蘇州縣也。

顗少傳父業，兼明經典，隱居海畔，延致學徒常數百人。晝研精義，夜占象度，勤心銳思，朝夕無倦。州郡辟召，舉有道、方正，不就。

順帝時，災異屢見，陽嘉二年正月，公車徵，顗乃詣闕拜章曰：

臣聞天垂妖象，地見災符，所以譴告人主，責躬脩德，使正機平衡,流化興政也。《易內傳》曰:"凡災異所生,各以其政。變之則除,消之亦除。"〔1〕伏惟陛下躬日昃之聽,溫三省之勤,〔2〕思過念咎,務消祇悔。〔3〕

【注】

〔1〕《易·稽覽圖》曰:"凡異所生,災所起,各以其政,變之則除,其不可變,則施之亦除。"鄭玄注云:"改其政者,謂失火令則行水令,失土令則行木令,失金令則行火令,則災除去也。不可變謂殺賢者也。施之者,死者不可復生,封祿其子孫,使得血食,則災除也。"

〔2〕《論語》曾子曰"吾日三省吾身"也。

〔3〕祇,大也。《易·復卦》初九曰:"無祇悔元吉。"

方今時俗奢佚,淺恩薄義。夫救奢必於儉約,拯薄無若敦厚,安上理人,莫善於禮。修禮遵約,蓋惟上興,革文變薄,事不在下。故《周南》之德,《關雎》政本。〔1〕本立道生,風行草從,澄其源者流清,溷其本者末濁。天地之道,其猶鼓籥,以虛為德,自近及遠者也。〔2〕伏見往年以來,園陵數災,〔3〕炎光熾猛,驚動神靈。《易天人應》曰:"君子不思遵利,茲謂無澤,厥災孽火燒其宮。"又曰:"君高臺府,犯陰侵陽,厥災火。"又曰:"上不儉,下不節,炎火並作燒君室。"〔一〕自頃繕理西苑,修復太學,〔4〕宮殿官府,多所搆飾。昔盤庚遷殷,去奢即儉,〔5〕夏后卑室,盡力致美。〔6〕又魯人為長府,閔子騫曰〔二〕:"仍舊貫,何必改作。"〔7〕臣愚以為諸所繕修,事可省減,稟卹貧人,賑贍孤寡,此天之意也,人之慶也,仁之本也,儉之要也。焉有應天養人,為仁為儉,而不降福者哉?

【注】

〔1〕《周南·詩序》曰:"《關雎》,風之始也,所以風化天下而正夫婦

也。"故夫婦為政本也。

〔2〕籥如笛，六孔。鼓籥，其形內虛而氣無窮。《老子》曰："天地之閒其猶橐籥，虛而不屈，動而愈出。"

〔3〕陽嘉元年冬，恭陵百丈廡災。永建元年秋，茂陵園寢災。

〔4〕永建六年修太學也。

〔5〕《帝王紀》曰："盤庚以耿在河北，迫近山川，自祖辛以來奢淫不絕，乃度河將徙都亳之殷地。人咨嗟相怨，不欲徙，盤庚乃作書三篇以告喻之。"今《尚書·盤庚》三篇是也。亳在偃師。

〔6〕《論語》孔子曰："禹惡衣服而致美乎黻冕，卑宮室而盡力乎溝洫。"

〔7〕長府，魯之府名也。仍，因也。貫，事也。言因舊事則可，何必更作。見《論語》。

　　土者地祇，陰性澄靜，宜以施化之時，敬而勿擾。竊見正月以來，陰闇連日。《易》內傳曰："久陰不雨，亂氣也，蒙之比也。蒙者，君臣上下相冒亂也。"〔1〕又曰："欲德不用，厥異常陰。"夫賢者化之本，雲者雨之具也。得賢而不用，猶久陰而不雨也。又頃前數日，寒過其節，冰既解釋，還復凝合。夫寒往則暑來，暑往則寒來，〔2〕此言日月相推，寒暑相避，以成物也。今立春之後，火卦用事，當溫而寒，違反時節，由功賞不至，而刑罰必加也。宜須立秋，順氣行罰。

【注】

〔1〕《易稽覽圖》曰："日食之比，陰（得）〔覆〕陽〔也〕。"〔三〕蒙之比也，陰冒陽也。"鄭玄注云："蒙，氣也。比非一也。邪臣謀覆冒其君，先霧從夜昏起，或從夜半或平旦。君不覺悟，日中不解，遂成蒙；君復不覺悟，下為霧也。"比音庇。

〔2〕《易·繫詞》之文也。

臣伏案飛候，參察衆政，[1]以為立夏之後，當有震裂涌水之害。又比熒惑失度，盈縮往來，涉歷輿鬼，環繞軒轅。[2]火精南方，夏之政也。政有失禮，不從夏令，則熒惑失行。[3]正月三日至乎九日，三公卦〔也〕。[4]〔四〕三公上應台階，下同元首。[5]政失其道，則寒陰反節。"節彼南山"，詠自周《詩》；[6]"股肱良哉"，著於《虞典》。而今之在位，競託高虛，納累鐘之奉，忘天下之憂，[7]棲遲偃仰，寢疾自逸，被策文，得賜錢，即復起矣。何疾之易而愈之速？以此消伏災眚，興致升平，其可得乎？今選舉牧守，委任三府。[8]長吏不良，既咎州郡，州郡有失，豈得不歸責舉者？而陛下崇之彌優，自下慢事愈甚，所謂大網疏，小網數。[9]三公非臣之仇，臣非狂夫之作，所以發憤忘食，懇懇不已者，誠念朝廷欲致興平，非不能面譽也。

【注】

〔1〕京房作《易飛候》。

〔2〕《天官書》曰，輿鬼，南方之宿。軒轅黃龍體，女主後宮之象也。

〔3〕熒惑，南方，主夏，為禮為視。禮虧視失，不行夏令，則熒惑逆行也。見《天文志》。

〔4〕凡卦法，一為元士，二為大夫，三為三公，四為諸侯，五為王位，六為宗廟。《前書》曰："梁人焦延壽，字贛，長於災變，分六十四卦，更直日用事，以風、雨、寒、溫為候。"《音義》云："分卦直日之法，爻主一日，即三日九日，並為三公之（日）〔卦〕也。"〔五〕

〔5〕《春秋元命包》曰："魁下六星，兩兩而比，曰三台。"《前書音義》曰："泰階，三台也。"又《黃帝泰階六符經》曰："泰階者，天之三階也。上階為天子，中階為諸侯、公卿、大夫，下階為士、庶人。三階平則陰陽和，風雨時。"《尚書》曰："君為元首，臣作股肱。"言三公上象天之台階，下與人君同體也。

〔6〕《詩‧小雅》曰："節彼南山，維石巖巖，赫赫師尹，人具爾瞻。"注

云:"節,高峻貌也。喻三公之位,人所高嚴也。赫赫,顯盛也。師尹,三公也。言三公之位,天下之人共瞻視之。"

〔7〕六斛四斗曰鐘,《左傳》曰四(斗)〔升〕為豆,〔六〕四豆為區,四區為釜,(四)〔十〕釜為鐘也。〔七〕

〔8〕三公也。

〔9〕謂緩於三公,切於州郡也。

臣生長草野,不曉禁忌,披露肝膽,書不擇言。伏鑕鼎鑊,死不敢恨。謹詣闕奉章,伏待重誅。

書奏,帝復使對尚書。〔1〕顗對曰:

【注】

〔1〕使就尚書更對也。

臣聞明王聖主好聞其過,忠臣孝子言無隱情。臣備生人倫視聽之類,而稟性愚慤,不識忌諱,故出死忘命,懇懇重言。〔1〕誠欲陛下修乾坤之德,開日月之明,披圖籍,案經典,覽帝王之務,識先後之政。如有闕遺,退而自改。本文武之業,擬堯舜之道,攘災延慶,號令天下。此誠臣顗區區之願,夙夜夢寤,〔八〕盡心所計。謹條序前章,暢其旨趣,〔2〕條便宜七事,具如狀對:

【注】

〔1〕重,再也。

〔2〕謂前詣闕所上章也。

一事:陵園至重,聖神攸馮,而災火炎赫,迫近寢殿,魂而有靈,猶將驚動。尋宮殿官府,近始永平,歲時未積,便更修造。又西苑之設,禽畜是處,離房別觀,本不常居,而皆務精土木,〔九〕營建無已,消功單賄,巨億為計。《易》內傳曰:"人君奢侈,多飾宮室,其時旱,其災火。"是故魯僖遭旱,修政自勅,下鐘鼓之縣,休繕治之官,[1]雖則不寧,而時雨自降。[2]由此言之,天之應人,敏於景響。[3]今月十七日戊午,徵日也,[4]日加申,[5]風從寅來,丑時而止。丑、寅、申皆徵也,不有火災,必當為旱。[6]願陛下校計繕修之費,永念百姓之勞,罷將作之官,減彫文之飾,損庖廚之饌,退宴私之樂。《易‧中孚》傳曰:"陽感天,不旋日。"[7]如是,則景雲降集,眚沴息矣。[8]

【注】

[1]《春秋考異郵》曰:"僖公三年春夏不雨,於是僖公憂閔,玄服避舍,釋更繇之逋,罷軍寇之誅,去苛刻峻文慘毒之教,所蠲浮令四十五事。曰:'方今天旱,野無生稼,寡人當死,百姓何(謗)[罪]?[一〇]不敢煩人請命,願撫萬人害,以身塞無狀。'禱已,舍齊南郊,雨大澍也。"

[2]《左傳》僖公"六月雨"。

[3]敏,疾也。

[4]陽嘉二年正月。

[5]日在申時也。

[6]南方為徵,故為火及旱也。

[7]《易‧中孚》傳曰:"陽感天,不旋日,諸侯不旋時,大夫不過朞。"鄭玄注云:"陽者天子,為善一日,天立應以善;為惡一日,天立應以惡。[一一]諸侯為善一時,天立應以善;為惡一時,天立應以惡。大夫為善一歲,天亦立應以善;為惡一歲,天亦立應以惡。"一說云"不旋日,立應之;不過時,三辰間;不過朞,從今旦至明日旦"也。[一二]陽即指天子也。

[8]景雲,五色雲也,一曰慶雲。《孝經援神契》曰:"德至山陵則景雲出。"顗以陵園火災,故引之也。眚沴謂災氣。

二事:去年已來,兌卦用事,類多不効。《易》傳曰:"有貌無實，佞人也；有實無貌，道人也。"寒溫為實，清濁為貌。[1]今三公皆令色足恭，外厲內荏，以虛事上，無佐國之實，故清濁效而寒溫不效也，是以陰寒侵犯消息。[2]占曰："日乘則有妖風，日蒙則有地裂。"如是三年，則致日食，陰侵其陽，漸積所致。立春前後溫氣應節者，詔令寬也。其後復寒者，無寬之實也。夫十室之邑，必有忠信，率土之人，豈無貞賢，未聞朝廷有所賞拔，非所以求善贊務，弘濟元元。宜採納良臣，以助聖化。

【注】

[1]《易稽覽圖》曰："有實無貌，屈道人也；有貌無實，佞人也。"鄭玄注曰："有寒溫，無貌濁清靜，此賢者屈道，仕于不肖君也。有貌濁清靜，無寒溫，此佞人以便巧仕於世也。"

[2]《易稽覽圖》曰："侵消息者，或陰專政，或陰侵陽。"鄭玄注："溫卦以溫侵，寒卦以寒侵。陽者君也，陰者臣也，專君政事亦陰侵陽也。"

三事：臣聞天道不遠，三五復反。[1]今年少陽之歲，法當乘起，恐後年已往，將遂驚動，涉歷天門，災成戊己。[2]今春當旱，夏必有水，臣以六日七分候之可知。夫災眚之來，緣類而應。行有玷缺，則氣逆于天，精感變出，以戒人君。王者之義，時有不登，則損滋徹膳。數年以來，穀收稍減，家貧戶饉，歲不如昔。百姓不足，君誰與足？水旱之災，雖尚未至，然君子遠覽，防微慮萌。《老子》曰："人之飢也，以其上食稅之多也。"故孝文皇帝綈袍革舄，木器無文，[3]約身薄賦，時致升平。今陛下聖德中興，宜遵前典，惟節惟約，天下幸甚。《易》曰："天道無親，常與善人。"是故高宗以享福，[4]宋景以延年。[5]

【注】

[1]《春秋合誠圖》曰："至道不遠，三五而反。"宋均注云："三，三正

也。五,五行也。三正五行,王者改代之際會也。能於此際自新如初,則通無窮也。"

〔2〕戌亥之閒為天門也。

〔3〕《前書》曰:"孝文帝身衣弋綈,足履革舃,兵木無刃,衣緼無文。"

〔4〕高宗,殷王武丁也。《尚書大傳》曰:"武丁祭成湯,有雉飛升鼎耳而呴,祖己曰:'雉者野鳥,升于鼎者,欲為用也,無則遠方將有來朝者。'故武丁内反諸己,以思先王之道。三年,編髮重譯來朝者六國。〔一三〕孔子曰:'吾於《高宗肜日》見德之有報之疾也。'"《帝王紀》曰"高宗饗國五十有九年,年百歲"也。

〔5〕《吕氏春秋》曰"宋景公時,熒惑在心,召子韋問焉。子韋曰:'禍當君。雖然,可移宰相。'公曰:'宰相,寡人所與理國家也。'曰:'可移於人。'公曰:'人死,寡人將誰為君?'曰:'可移於歲。'公曰:'歲飢人餓,誰以我為君乎?'子韋曰:'君有至德之言三,天必三賞君,熒惑必退三舍。一舍行七星,星當一年,君延二十一年矣。'熒惑果退三舍"也。

　　四事:臣竊見皇子未立,儲宮無主,仰觀天文,太子不明。〔1〕熒惑以去年春分後十六日在婁五度,〔2〕推步三統,熒惑今當在翼九度,〔3〕今反在柳三度,〔4〕則不及五十餘度。〔5〕去年八月二十四日戊辰,熒惑歷輿鬼東入軒轅,出后星北,東去四度,北旋復還。軒轅者,後宮也。熒惑者,至陽之精也,天之使也,〔6〕而出入軒轅,繞還往來。《易》曰:"天垂象,見吉凶。"其意昭然可見矣。禮,天子一娶九女,嫡媵畢具。今宮人侍御,動以千計,或生而幽隔,人道不通,鬱積之氣,上感皇天,故遣熒惑入軒轅,理人倫,垂象見異,以悟主上。昔武王下車,出傾宮之女,表商容之閭,〔7〕以理人倫,以表賢德,故天授以聖子,成王是也。今陛下多積宮人,以違天意,故皇胤多夭,嗣體莫寄。《詩》云:"敬天之怒,不敢戲豫。"〔8〕方今之福,莫若廣嗣,廣嗣之術,可不深思?宜簡出宮女,恣其姻嫁,則天自降福,子孫千億。惟陛下丁寧再三,留神於此。左右貴倖，亦宜惟臣之言，以悟陛下。蓋善言古者合於今，善言天者合於人。[9]願訪問百僚，有違臣言者，臣當受苟言之罪。[10]

【注】

[1]《洪範五行傳》曰："心之大星天王也，其前星太子也，後星庶子也。"

[2]婁，西方宿也。

[3]翼，南方宿也。

[4]柳，東方宿也。[一四]

[5]言熒惑行遲也。

[6]熒惑南方火，盛陽之精也。《天文要集》曰："天有五帝，五星為之使。"

[7]《尚書大傳》曰："武王入殷，表商容之閭，歸傾宮之女。"

[8]《詩·大雅·板》篇之文也。注云："戲豫，逸豫也。"

[9]《前書》武帝詔曰："善言天者必有徵於人，善言古者必有驗於今。"

[10]《論語》孔子曰："君子於其言無所苟而已矣。"

　　五事：臣竊見去年閏（十）月十七日己丑夜，[一五]有白氣從西方天苑趨左足，入玉井，數日乃滅。[1]《春秋》曰："有星孛于大辰。大辰者何？大火也。[2]大火為大辰，伐又為大辰，[3][一六]北極亦為大辰。"[4]所以孛一宿而連三宿者，言北辰王者之宮也。凡中宮無節，政教亂逆，威武衰微，則此三星以應之也。罰者白虎，其宿主兵，其國趙、魏，[5]變見西方，亦應三輔。凡金氣為變，發在秋節。[6]臣恐立秋以後，趙、魏、關西將有羌寇畔戾之患。宜豫宣告諸郡，使敬授人時，輕徭役，薄賦斂，勿妄繕起，堅倉獄，備守衛，回選賢能，以鎮撫之。[7]金精之變，責歸上司。[8]宜以五月丙午，遣太尉服干戚，建井旗，[9]書玉板之策，引白氣之異，[10]於西郊責躬求愆，謝咎皇天，消滅妖氣。蓋以火勝金，轉禍為福也。[11]

【注】

〔1〕《續漢志》曰："時客星氣白，廣二尺，長五丈，起天苑西南。"《天官書》曰："西有句曲九星，三處羅：一曰天旗，二曰天苑，三曰九游。"參星下四小星為玉井，其外四星左右肩股也。

〔2〕《春秋·昭十七年》："有星孛于大辰。"《爾雅》曰："大辰，房、心、尾也。"孫炎曰："龍星明者可以為時候，故曰大辰。"

〔3〕《廣雅》曰"罰謂之大辰"也。〔一七〕

〔4〕《爾雅》曰："北極謂之北辰。"李巡曰："北極，天心也，居北方，正四時，謂之北辰也。"

〔5〕《天官書》曰："參為白虎，下有三星曰罰，為斬刈之事。"故主兵。昴、畢之間，趙、魏之分也。

〔6〕西方白氣入玉井，是金氣之變也。

〔7〕回，易也。

〔8〕上司謂司馬也，建武二十七年改為太尉。《韓詩外傳》曰："司馬主天。陰陽不調，星辰失度，責之司馬。"故云責歸上司也。

〔9〕干，楯也。戚，斧也。西方主兵，故太尉執持楯斧，所以厭金氣也。井，南方火宿也。鳥隼曰旗也。以火勝金，故畫井星之文於旗而建之也。

〔10〕書祝辭於玉板也。

〔11〕以五月丙午日，火勝金也。

六事：臣竊見今月十四日乙卯巳時，白虹貫日。凡日傍氣色白而純者名為虹。貫日中者，侵太陽也；見於春者，政變常也。方今中官外司，各各考事，〔1〕其所考者，或非急務。又恭陵火災，主名未立，〔2〕多所收捕，備經考毒。尋火為天戒，以悟人君，可順而不可違，可敬而不可慢。陛下宜恭己內省，以備後災。凡諸考案，并須立秋。又《易傳》曰："公能其事，序賢進士，後必有喜。"反之，則白虹貫日。以甲乙見者，則譴在中台。〔3〕自司徒居位，陰陽多謬，〔4〕久無虛己進賢之策，天下興議，異人同咨。〔5〕且立春以來，金氣再見，〔6〕金能勝木，必有兵氣，宜黜司徒以應天意。陛下不早攘之，將負臣言，遺患百姓。

【注】
〔1〕考，劾也。
〔2〕立猶定也。時考問延火者姓名未定也。
〔3〕譴，責也。《韓詩外傳》曰："三公者何？司空、司徒、司馬也。司馬主天，司空主地，司徒主人。故陰陽不調，星辰失度，責之司馬；山陵崩絕，〔一八〕川谷不流，責之司空；五穀不殖，草木不茂，責之司徒。"甲乙東方主春，生殖五穀之時也。而白虹以甲乙日見，明責在司徒也。
〔4〕時劉崎為司徒，至陽嘉三年策免。
〔5〕咨，嗟歎也。
〔6〕謂元年閏十二月己丑夜，有白氣入玉井，二年正月乙卯，白虹貫日，此金氣再見。

七事：臣伏惟漢興以來三百三十九歲。於《詩三基》，高祖起亥仲二年，〔1〕今在戌仲十年。《詩汜歷樞》曰："卯酉為革政，午亥為革命，神在天門，出入候聽。"〔2〕言神在戌亥，司候帝王興衰得失，厥善則昌，厥惡則亡。於《易雄雌祕歷》，今值困乏。凡九二困者，眾小人欲共困害君子也。經曰："困而不失其所，其唯君子乎！"〔3〕唯獨賢聖之君，遭困遇險，能致命遂志，不去其道。〔4〕陛下乃者潛龍養德，幽隱屈厄，〔5〕即位之元，紫宮驚動，歷運之會，時氣已應。然猶恐妖祥未盡，君子思患而豫防之。臣以為戌仲已竟，來年入季，文帝改法，除肉刑之罪，〔6〕至今適三百載。〔7〕宜因斯際，大蠲法令，官名稱號，輿服器械，事有所更，變大為小，去奢就儉，機衡之政，除煩為簡。改元更始，招求幽隱，舉方正，徵有道，博採異謀，開不諱之路。

【注】

〔1〕"基"當作"朞",謂以三朞之法推之也。《詩氾歷樞》曰:"凡推其數皆從亥之仲起,此天地所定位,陰陽氣周而復始,萬物死而復蘇,大統之始,故王命一節為之十歲也。"

〔2〕宋均注云:"神,陽氣,君象也。天門,戌亥之間,乾所據者。"

〔3〕《易·困卦》之辭也。

〔4〕《易·困卦》曰:"澤無水,困,君子以致命遂志。"困卦坎下兌上。坎為水,兌為澤,水在澤下,是謂竭涸之象,故以喻困。致命遂志,謂君子委命固窮,不離於道也。

〔5〕謂順帝為太子時,廢為濟陰王。

〔6〕漢法肉刑三,謂黥也,劓也,左右趾也。〔一九〕文帝除之,當黥者髡鉗城旦舂,當劓者笞三百,當左右(指)〔趾〕者笞五百也。

〔7〕自文帝十三年除肉刑,至順帝陽嘉二年,合三百年也。

臣陳引際會,恐犯忌諱,書不盡言,未敢究暢。

臺詰顗曰:"對云'白虹貫日,政變常也'。朝廷率由舊章,何所變易而言變常?又言'當大蠲法令,革易官號'。或云變常以致災,或改舊以除異,何也?又陽嘉初建,復欲改元,據何經典?其以實對。"顗對曰:

方春東作,布德之元,陽氣開發,養導萬物。王者因天視聽,奉順時氣,宜務崇溫柔,遵其行令。[1]〔二〇〕而今立春之後,考事不息,秋冬之政,行乎春夏,故白虹春見,掩蔽日曜。凡邪氣乘陽,則虹蜺在日,斯皆臣下執事刻急所致,殆非朝廷優寬之本。此其變常之咎也。又今選舉皆歸三司,非有周召之才,而當則哲之重,[2]每有選用,輒參之掾屬,[3]公府門巷,賓客填集,送去迎來,財貨無已。其當遷者,競相薦謁,各遣子弟,充塞道路,開長姦門,興致浮偽,非所謂率由舊章也。尚書職在機衡,宮禁嚴密,[4]私曲之意,羌不得通,〔二一〕偏黨之恩,或無所用。選舉之任,不如還在機密。[5]臣誠愚戇，不知折中，斯固遠近之論，當今之宜。又孔子曰："漢三百載，（計）[斗]歷改憲。"[6][二]三百四歲為一德，五德千五百二十歲，五行更用。[7]王者隨天，譬猶自春徂夏，改青服絳者也。[8]自文帝省刑，適三百年，而輕微之禁，漸已殷積。王者之法，譬猶江河，當使易避而難犯也。故《易》曰："易則易知，簡則易從，易簡而天下之理得矣。"今去奢即儉，以先天下，改易名號，隨事稱謂。《易》曰："君子之道，或出或處，同歸殊塗，一致百慮。"是知變常而善，可以除災，變常而惡，必致於異。今年仲竟，來年入季，仲終季始，歷運變改，故可改元，所以順天道也。

【注】
〔1〕《禮記·月令》，孟春，天子命相布德和令，行慶施惠，下及兆人。仲春，安萌牙，養幼少，存諸孤，省囹圄，去桎梏，止獄訟。是遵其行令也。
〔2〕《尚書》曰："知人則哲。"
〔3〕參，豫也。
〔4〕北斗魁星第三為機，第五為衡，於天文為喉舌。李固對策曰："陛下之有尚書，猶天有北斗，主為喉舌，斟酌元氣，運平四時，出納王命也。"
〔5〕欲使尚書專掌選也。
〔6〕《春秋保乾圖》曰："陽起於一，天帝為北辰，氣成於三，以立五神，三五展轉，機以動運。"故三百歲斗歷改憲也。
〔7〕《易乾鑿度》孔子曰："立德之數，先立木、金、水、火、土德，各三百四歲。"五德備凡千五百二十歲，太終復初，故曰五行更用。更猶變改也。
〔8〕《禮記·月令》，孟春天子衣青衣，服倉玉，孟夏則衣朱衣，服赤玉也。

臣顗愚蔽，不足以荅聖問。

顗又上書薦黃瓊、李固，并陳消災之術曰：

臣前對七事，要政急務，宜於今者，所當施用。誠知愚淺，不合聖聽，人賤言廢，當受誅罰，[1]征營惶怖，靡知厝身。

【注】
[1]《論語》孔子曰："不以人廢言。"

臣聞刳舟剡楫，將欲濟江海也；[1]聘賢選佐，將以安天下也。昔唐堯在上，群龍為用，[2]文武創德，周召作輔，是以能建天地之功，增日月之耀者也。《詩》云："赫赫王命，仲山甫將之。邦國若否，仲山甫明之。"[3]宣王是賴，以致雍熙。陛下踐祚以來，勤心庶政，而三九之位，未見其人，[4]是以災害屢臻，四國未寧。[5]臣考之國典，驗之聞見，莫不以得賢為功，失士為敗。且賢者出處，翔而後集，[6]爵以德進，則其情不苟，然後使君子恥貧賤而樂富貴矣。若有德不報，有言不醻，來無所樂，進無所趨，[7]則皆懷歸藪澤，修其故志矣。夫求賢者，上以承天，下以為人。不用之，則逆天統，違人望。逆天統則災眚降，違人望則化不行。災眚降則下呼嗟，化不行則君道虧。四始之缺，五際之戹，其咎由此。[8]豈可不剛健篤實，矜矜慄慄，以守天功盛德大業乎？[9]

【注】
[1]《易》曰："黃帝刳木為舟，剡木為楫。"
[2]群龍喻賢臣也。鄭玄注《易·乾卦》云："爻皆體乾，群龍之象。"舜既受禪，禹與稷、契、咎繇之屬並在朝。
[3]《詩·大雅》也。將，行也。若，順也。順否猶臧否，謂善惡也。言國有善惡，仲山甫能明之。
[4]三公九卿也。
[5]四方之國。

〔6〕《論語》："色斯舉矣,翔而後集。"

〔7〕無爵賞也。

〔8〕四始謂《關雎》為《國風》之始,《鹿鳴》為《小雅》之始,《文王》為《大雅》之始,《清廟》為《頌》之始。缺猶廢也。《翼奉傳》曰:"易有陰陽五際。"孟康曰:"《韓詩外傳》云'五際,卯、酉、午、戌、亥也,陰陽終始際會之歲,於此則有變改之政。'"

〔9〕《易·繫詞》曰:"日新之謂盛德,富有之謂大業。"

　　臣伏見光祿大夫江夏黃瓊,耽道樂術,清亮自然,被褐懷寶,含味經籍,〔1〕又果於從政,明達變復。〔2〕朝廷前加優寵,賓于上位。瓊入朝日淺,謀謨未就,因以喪病,致命遂志。《老子》曰:"大音希聲,大器晚成。"〔3〕善人為國,三年乃立。〔4〕天下莫不嘉朝廷有此良人,而復怪其不時還任。陛下宜加隆崇之恩,極養賢之禮,徵反京師,以慰天下。又處士漢中李固,年四十,通游夏之藝,履顏閔之仁。絜白之節,情同皦日,〔二三〕忠貞之操,好是正直,卓冠古人,當世莫及。元精所生,王之佐臣,〔5〕天之生固,必為聖漢,宜蒙特徵,以示四方。夫有出倫之才,不應限以官次。昔顏子十八,天下歸仁;〔6〕子奇稚齒,化阿有聲。〔7〕若還瓊徵固,任以時政,伊尹、傅說,不足為比,則可垂景光,致休祥矣。臣顗明不知人,伏聽眾言,百姓所歸,臧否共歎。願汎問百僚,覈其名行,有一不合,則臣為欺國。惟留聖神,不以人廢言。

【注】

〔1〕《家語》子路問於孔子曰:"有人於此,被褐而懷玉,何如?"子曰:"國無道,隱可也;國有道,則袞冕而執玉也。"

〔2〕言明於變異消復之術也。

〔3〕聲震宇內謂之大音,其動有時,故希聲也。無所不容謂之大器,其功既博,故晚成也。

〔4〕《論語》孔子曰:"苟有用我者,期月而已可也,三年乃成功。"又曰:"善人為邦百年,可以勝殘去殺。"

〔5〕元為天精,謂之精氣。《春秋演孔圖》曰"正氣為帝,閒氣為臣,宮商為(佐)〔姓〕,〔二四〕秀氣為人"也。

〔6〕《論語》曰:"顏淵問仁。孔子曰:'剋己復禮為仁。一日剋己復禮,天下歸仁焉。'"

〔7〕子奇,齊人,年十八為阿邑宰,出倉廩以振貧乏,邑內大化。見《説苑》。

　　謹復條便宜四事,附奏於左:
　　一事:孔子作《春秋》,書"正月"者,敬歲之始也。〔1〕王者則天之象,因時之序,宜開發德號,爵賢命士,流寬大之澤,垂仁厚之德,〔2〕順助元氣,含養庶類。如此,則天文昭爛,星辰顯列,五緯循軌,四時和睦。〔3〕不則太陽不光,天地涊濁,時氣錯逆,霾霧蔽日。〔4〕自立春以來,累經旬朔,未見仁德有所施布,但聞罪罰考掠之聲。夫天之應人,疾於景響,而自從入歲,常有蒙氣,月不舒光,日不宣曜。日者太陽,以象人君。政變於下,日應於天。清濁之占,隨政抑揚。天之見異,事無虛作。豈獨陛下倦於萬機,帷幄之政有所闕歟?〔5〕何天戒之數見也!臣願陛下發揚乾剛,援引賢能,勤求機衡之寄,以獲斷金之利。〔6〕臣之所陳,輒以太陽為先者,明其不可久闇,急當改正。其異雖微,其事甚重。臣言雖約,其旨甚廣。惟陛下乃眷臣章,深留明思。

【注】
〔1〕《公羊傳》曰:"元年春正月。元年者何?君之始年也。春者何?歲之始也。"

〔2〕《禮記》,正月迎春於東郊,還,乃賞公卿諸侯大夫於朝,命相布德和令,行慶施惠,下及兆人,慶賞遂行,無有不當。

〔3〕五緯，五星。
〔4〕《爾雅》曰："風而雨土為霾。"
〔5〕帷幄謂謨謀之臣也。
〔6〕《易》曰："二人同心，其利斷金。"

　　二事：孔子曰："雷之始發大壯始，君弱臣彊從解起。"今月九日至十四日，大壯用事，消息之卦也。於此六日之中，雷當發聲，發聲則歲氣和，王道興也。[1]《易》曰："雷出地奮，豫，[2] 先王以作樂崇德，殷薦之上帝。"[3] 雷者，所以開發萌牙，辟陰除害。萬物須雷而解，資雨而潤，[4] 故經曰："雷以動之，雨以潤之。"[5] 王者崇寬大，順春令，則雷應節，不則發動於冬，當震反潛。故《易傳》曰："當雷不雷，太陽弱也。"今蒙氣不除，日月變色，則其效也。天網恢恢，疏而不失，[6] 隨時進退，應政得失。大人者，與天地合其德，與日月合其明，[7] 琁璣動作，與天相應。雷者號令，其德生養。號令殆廢，當生而殺，則雷反作，其時無歲。[8] 陛下若欲除災昭祉，順天致和，宜察臣下尤酷害者，亟加斥黜，以安黎元，則太皓悦和，雷聲乃發。[9]

【注】
〔1〕《周書時訓》曰"春分之日玄鳥至，又五日雷乃發聲。雷不發聲，諸侯失人"也。
〔2〕豫卦，坤下震上。坤為地，震為雷，雷在地上，故曰雷出地[奮]，豫。[二五] 奮，動也。豫，喜也。
〔3〕殷，盛也。薦，進也。上帝，天帝也。雷動於地，萬物喜豫，作樂之象。
〔4〕《易·解卦》曰"天地解而雷雨作，雷雨作而百果草木皆甲坼"也。
〔5〕《易·説卦》文。
〔6〕《老子》之文也。

〔7〕《易·乾卦·文言》之詞也。大人，天子也。
〔8〕靁以冬鳴，則歲飢也。
〔9〕太皓，天也。〔二六〕

三事：去年十月二十日癸亥，太白與歲星合於房、心。太白在北，歲星在南，相離數寸，光芒交接。房、心者，天帝明堂布政之宫。〔1〕《孝經鉤命決》曰："歲星守心年穀豐。"〔2〕《尚書·洪範》記曰："月行中道，移節應期，德厚受福，重華留之。"〔3〕重華者，謂歲星在心也。今太白從之，交合明堂，金木相賊，而反同合，〔4〕此以陰陵陽，臣下專權之異也。房、心東方，其國主宋。〔5〕石氏經曰：〔6〕"歲星出左有年，出右無年。"今金木俱東，歲星在南，是為出右，恐年穀不成，宋人飢也。陛下宜審詳明堂布政之務，然後妖異可消，五緯順序矣。〔7〕

【注】
〔1〕《春秋元命包》曰："房四星，心三星。"
〔2〕歲星守心為重華，故年豐也。
〔3〕《天官書》曰"歲星一曰攝提，一曰重華"也。
〔4〕太白，金也。歲星，木也。金（刻）〔剋〕木，〔二七〕故相賊也。
〔5〕卯為房、心，宋之分也。
〔6〕石氏，魏人石中夫也，〔二八〕見《藝文志》。
〔7〕五緯，五星也。

四事：《易傳》曰："陽無德則旱，陰僭陽亦旱。"陽無德者，人君恩澤不施於人也。陰僭陽者，祿去公室，臣下專權也。自冬涉春，訖無嘉澤，數有西風，反逆時節。〔1〕朝廷勞心，廣為禱祈，薦祭山川，暴龍移市。〔2〕臣聞皇天感物，不為偽動，災變應人，要在責己。若令雨可請降，水可攘止，則歲無隔并，太平可待。然而災害不息者,患不在此也。〔3〕立春以來,未見朝廷賞錄有功,表顯有德,存問孤寡,賑恤貧弱,而但見洛陽都官奔車東西,收繫纖介,牢獄充盈。臣聞恭陵火處,比有光曜,〔4〕明此天災,非人之咎。丁丑大風,掩蔽天地。風者號令,天之威怒,皆所以感悟人君忠厚之戒。又連月無雨,將害宿麥。〔二九〕若一穀不登,則飢者十三四矣。陛下誠宜廣被恩澤,貸贍元元。昔堯遭九年之水,人有十載之蓄者,簡稅防災,為其方也。〔5〕願陛下早宣德澤,以應天功。若臣言不用,朝政不改者,立夏之後乃有澍雨,於今之際未可望也。若政變於朝而天不雨,則臣為誣上,愚不知量,分當鼎鑊。

【注】
〔1〕春當東風也。
〔2〕董仲舒《春秋繁露》曰:"春旱,以甲乙日為倉龍一,長八尺,居中央;為小龍七,〔三〇〕各長四尺,於東方。皆東向,其間相去八尺。小童八人,皆齋三日,服青衣而舞之。夏,以丙丁日為赤龍,服赤衣。季夏,以戊己日為黃龍,〔三一〕服黃衣。秋,以庚辛日為白龍,服白衣。冬,以壬癸日為黑龍,服黑衣。牲各依其方色,皆燔雄雞,燒貑豬尾,於里北門及市中以祈焉。"《禮記》,歲旱,魯穆公問於縣子,縣子曰:"為之徙市,不亦可乎?"見《檀弓》篇。〔三二〕
〔3〕不在祈禱。
〔4〕比,頻也。時恭陵百丈廡災,仍有光耀不絕。
〔5〕簡,少也。方,法也。

書奏,特詔拜郎中,辭病不就,即去歸家。至四月京師地震,遂陷。〔1〕其夏大旱。秋,鮮卑入馬邑城,破代郡兵。明年,西羌寇隴右。〔2〕皆略如顗言。後復公車徵,不行。

【注】
〔1〕陽嘉二年四月己亥地震，六月丁丑洛陽地陷，是月旱也。
〔2〕陽嘉三年七月，種羌寇隴西。

同縣孫禮者，積惡凶暴，好游俠，與其同里人常慕顗名德，欲與親善。顗不顧，以此結怨，遂為禮所殺。

襄楷字公矩，平原隰陰人也。〔1〕〔三三〕好學博古，善天文陰陽之術。

【注】
〔1〕《風俗通》曰："襄姓，楚大夫襄老之後。"隰陰，縣，在隰水之南，故城在今齊州臨邑縣西也。

桓帝時，宦官專朝，政刑暴濫，又比失皇子，災異尤數。延熹九年，楷自家詣闕上疏曰：

臣聞皇天不言，以文象設教。堯舜雖聖，必歷象日月星辰，察五緯所在，故能享百年之壽，為萬世之法。〔1〕臣竊見去歲五月，熒惑入太微，犯帝坐，出端門，不軌常道。〔2〕其閏月庚辰，太白入房，犯心小星，震動中耀。中耀，天王也；傍小星者，天王子也。夫太微天廷，五帝之坐，而金火罰星揚光其中，〔3〕於占，天子凶；又俱入房、心，法無繼嗣。今年歲星久守太微，逆行西至掖門，還切執法。〔4〕歲為木精，好生惡殺，而淹留不去者，咎在仁德不修，誅罰太酷。前七年十二月，熒惑與歲星俱入軒轅，逆行四十餘日，而鄧皇后誅。其冬大寒，殺鳥獸，害魚鱉，城傍竹柏之葉有傷枯者。〔5〕臣聞於師曰："柏傷竹枯，不出三年，天子當之。"今洛陽城中人夜無故叫呼，云有火光，人聲正諠，〔6〕於占亦與竹柏枯同。自春夏以來，連有霜雹及大雨雹，而臣作威作福，刑罰急刻之所感也。

【注】
〔1〕堯年一百一十七歲，舜年一百一十二歲。言百年，舉全數。
〔2〕《天官書》曰："太微南四星，中為端門。"軌猶依也。
〔3〕太白金也，熒惑火也。《天文志》曰："逆夏令，傷火氣，罰見熒惑。逆秋令，傷金氣，罰見太白。"故金火並為罰星也。
〔4〕《天官書》曰："端門左右星為掖門。太微南四星為執法。"切謂迫近也。
〔5〕《續漢志》曰："延熹九年，雒陽城傍竹柏葉有傷者。"〔三四〕
〔6〕《續漢志》曰："桓帝延熹九年三月，京師有火光轉行，人相驚譟。"

太原太守劉瓆、南陽太守成瑨，志除姦邪，其所誅翦，皆合人望，[1]而陛下受閹豎之譖，乃遠加考逮。三公上書乞哀瓆等，不見採察，[2]而嚴被譴讓。憂國之臣，將遂杜口矣。

【注】
〔1〕謝承《書》曰："劉瓆字文理，平原人。遷太原太守。郡有豪彊，中官親戚，為百姓所患。瓆深疾之，到官收其魁帥殺之，所藏匿主人悉坐伏誅。桓帝徵詣廷尉，以瓆宗室，不忍致之于刑，使自殺。""成瑨字幼平，弘農人。遷南陽太守。時桓帝美人外親張子禁怙恃榮貴，不畏法網，瑨與功曹岑晊捕子禁付宛獄，笞殺之。桓帝徵瑨詣廷尉，下獄死。"瓆音質。瑨音晉。
〔2〕時太尉陳蕃、司徒劉矩、司空劉茂共上書訟瓆等，帝不納。

臣聞殺無罪，誅賢者，禍及三世。[1]自陛下即位以來，頻行誅伐，梁、寇、孫、鄧，並見族滅，[2]其從坐者，又非其數。李雲上書，明主所不當諱，杜衆乞死，諒以感悟聖朝，[3]曾無赦宥，而并被殘戮，天下之人，咸知其冤。漢興以來，未有拒諫誅賢，用刑太深如今者也。

【注】

〔1〕黃石公《三略》曰:"傷賢者殃及三世,蔽賢者身當其害,達賢者福流子孫,疾賢者名不全。"

〔2〕梁冀、寇榮、孫壽、鄧萬世等也。

〔3〕時弘農五官掾杜衆傷雲以忠諫獲罪,遂上書云,願與李雲同日死也。

永平舊典,諸當重論皆須冬獄,先請後刑,所以重人命也。頃數十歲以來,州郡翫習,又欲避請讞之煩,〔1〕輒託疾病,多死牢獄。長吏殺生自己,死者多非其罪,魂神冤結,無所歸訴,淫厲疾疫,自此而起。〔2〕昔文王一妻,誕致十子,〔3〕今宮女數千,未聞慶育。宜修德省刑,以廣《螽斯》之祚。〔4〕

【注】

〔1〕《廣雅》曰:"讞,疑也。"謂罪有疑者讞於廷尉也。

〔2〕淫,過也。《左傳》曰:"陰淫寒疾,陽淫熱疾。"

〔3〕《史記》曰,太姒,文王正妃也。其長子伯邑考,次武王發,次管叔鮮,次周公旦,次蔡叔度,次曹叔振鐸,次成叔武,次霍叔處,次康叔封、冉季載,同母兄弟十人也。

〔4〕《詩·國風》序曰:"螽斯,后妃子孫衆多也,言若螽斯不妒忌則子孫衆多也。"注云:"螽斯,蚣蝑也。凡有情慾者無不妒忌,唯蚣蝑不爾,各得受氣而生子,故以喻焉。"祚,福也。

又七年六月十三日,河內野王山上有龍死,長可數十丈。〔1〕扶風有星隕為石,聲聞三郡。夫龍形狀不一,小大無常,故《周易》況之大人,帝王以為符瑞。〔2〕或聞河內龍死,譚以為蛇。夫龍能變化,蛇亦有神,皆不當死。昔秦之將衰,華山神操璧以授鄭客,曰

"今年祖龍死",[3]始皇逃之,死於沙丘。[4]王莽天鳳二年,訛言黃山宮有死龍之異,[5]後漢誅莽,光武復興。虛言猶然,況於實邪?夫星辰麗天,猶萬國之附王者也。下將畔上,故星亦畔天。石者安類,墜者失執。春秋五石隕宋,其後襄公為楚所執。[6]秦之亡也,石隕東郡。[7]今隕扶風,與先帝園陵相近,[8]不有大喪,必有畔逆。

【注】

〔1〕延熹七年也。袁山松《書》曰"長可百餘尺"。

〔2〕大人,天子也。《乾卦》九五曰:"飛龍在天,大人造也。"九五處天子之位,故以飛龍喻焉。《尚書中候》曰:"舜沈璧於清河,黃龍負圖出水。"

〔3〕祖龍謂秦始皇也。樂資《春秋後傳》曰:"使者鄭客入函谷,至平舒,見素車白馬,曰:'吾華山君,願以一牘致滈池君。子之咸陽,過滈池見一大梓樹,有文石取以扣樹,當有應者,以書與之。'鄭客如其言,見宮闕如王者居,謁者出受書,入有頃,云'今年祖龍死'。"

〔4〕《史記》曰:"始皇崩於沙丘平臺。"沙丘在今邢州平鄉縣東北。

〔5〕《王莽傳》曰:"時訛言黃龍墮地,死黃山宮中,百姓奔走往觀者乃有萬數。莽惡之,捕繫詰語所從起,而竟不得。"

〔6〕《左傳》魯僖公十六年"隕石于宋五",隕星也。至二十年,諸侯會宋公于盂,於是楚執宋公以伐宋。

〔7〕《史記》:"始皇三十六年,有墜星下東郡,至地為石,人或刻其石曰'始皇死而地分'。始皇聞之,盡取石旁舍誅之,〔三五〕因燔其石。"

〔8〕桓帝延熹七年隕石于鄠。鄠屬扶風,與高帝諸陵相近也。

案春秋以來及古帝王,未有河清及學門自壞者也。[1]臣以為河者,諸侯位也,[2]清者屬陽,濁者屬陰。河當濁而反清者,陰欲為陽,諸侯欲為帝也。太學,天子教化之宮,其門無故自壞者,言文德將喪,教化廢也。京房《易傳》曰:"河水清,天下平。"今

天垂異，地吐妖，人厲疫，三者並時而有河清，猶春秋麟不當見而見，孔子書之以為異也。〔3〕

【注】
〔1〕延熹五年，太學西門自壞。八年，濟陰、東郡、濟北河水清也。
〔2〕《孝經援神契》曰："五岳視三公，四瀆視諸侯也。"
〔3〕《公羊傳》曰："西狩獲麟何以書？記異也。何以異？〔三六〕麟非中國獸也。"

臣前上琅邪宮崇受干吉神書，〔三七〕不合明聽。〔1〕臣聞布穀鳴於孟夏，蟋蟀吟於始秋，物有微而志信，人有賤而言忠。〔2〕臣雖至賤，誠願賜清閒，極盡所言。

【注】
〔1〕干姓，吉名也。神書，即今道家《太平經》也。其經以甲、乙、丙、丁、戊、己、庚、辛、壬、癸為部，每部一十七卷也。
〔2〕布穀，一名戴紝，一名戴勝。蟋蟀，促織也。《春秋考異郵》曰："孟夏戴勝降，立秋促織鳴。"言雖微物不失信也。紝音女林反。

書奏不省。
十餘日，復上書曰：

臣伏見太白北入數日，復出東方，其占當有大兵，中國弱，四夷彊。臣又推步，熒惑今當出而潛，必有陰謀。皆由獄多冤結，忠臣被戮。德星所以久守執法，亦為此也。〔1〕陛下宜承天意，理察冤獄，為劉瓆、成瑨虧除罪辟，追錄李雲、杜衆等子孫。

【注】
〔1〕德星，歲星也。

夫天子事天不孝，則日食星鬬。比年日食於正朔，[1]三光不明，五緯錯戾。前者宮崇所獻神書，專以奉天地順五行為本，亦有興國廣嗣之術。其文易曉，參同經典，而順帝不行，故國胤不興，[2]孝沖、孝質頻世短祚。

【注】

〔1〕延熹八年正月辛巳朔，日食。九年正月辛卯朔，日食。

〔2〕《太平經·興帝王篇》曰："真人問神人曰：'吾欲使帝王立致太平，豈可聞邪？'神人言：'但順天地之道，不失銖分，則立致太平。元氣有三名，為太陽、太陰、中和。形體有三名，為天、地、人。天有三名，[三八]為日、月、星，北極為中也。地有三名，為山、川與平土。人有三名，為父、母、子。政有三名，為君、臣、人。此三者，常相得腹心，不失銖分，使其同一憂，合成一家，立致太平，延年不疑也。'又問曰：'今何故其生子少也？'天師曰：'善哉子之言也，但施不得其意耳。如令施其人欲生也，開其玉户，施種於中，比若春種於地也，十十相應和而生。其施不以其時，比若十月種物於地也，十十盡死，固無生者。真人欲重知其審，今無子之女，雖日百施其中，猶無所生也。不得其所生之處，比若此矣。是故古者聖賢不妄施於不生之地也，名為亡種，竭氣而無所生成。今太平氣到，或有不生子者，反斷絶天地之統，使國少人。理國之道，多人則國富，少人則國貧。今天上皇之氣已到，天皇氣生物，乃當萬倍其初天地。'"

臣又聞之，得主所好，自非正道，神為生虐。故周衰，諸侯以力征相尚，於是夏育、申休、宋萬、彭生、任鄙之徒生於其時。[1]殷紂好色，妲己是出。[2]葉公好龍，真龍游廷。[3]今黃門常侍，天刑之人，陛下愛待，兼倍常寵，係嗣未兆，豈不為此？天官宦者星不在紫宮而在天市，明當給使主市里也。[4]今乃反處常伯之位，實非天意。[5]

【注】

〔一〕並多力之人也。夏育，衛人，力舉千鈞。宋萬，宋人，殺湣公，遇大夫仇牧於門，批而殺之，齒著門闔。彭生，齊人，拉魯桓公幹而殺之。范雎曰："以任鄙之力焉而死。"申休未詳何世也。

〔二〕妲己，蘇人之美女也，獻於紂，紂納以為妻，常與沈湎於酒。事見《列女傳》。

〔三〕子張見魯哀公也，七日，哀公不禮。子張曰："君之好士有似葉公子高之好龍也。葉公子高好畫龍，天龍聞之，降之，窺頭於牖。葉公子高見之，棄而反走，五色無主。是葉公子高好夫似龍而非好真龍也。"事見《新序》。

〔四〕《山陽公載記》曰："市垣二十二星而帝座居其中，宦者四星，唯供市買之事也。"

〔五〕常伯，侍中也。《尚書》曰："常伯常任。"

又聞宮中立黃老、浮屠之祠。〔一〕此道清虛，貴尚無為，好生惡殺，省慾去奢。今陛下嗜欲不去，殺罰過理，既乖其道，豈獲其祚哉！或言老子入夷狄為浮屠。〔二〕浮屠不三宿桑下，不欲久生恩愛，精之至也。〔三〕天神遺以好女，浮屠曰："此但革囊盛血。"遂不眄之。〔四〕其守一如此，乃能成道。今陛下婬女豔婦，極天下之麗，甘肥飲美，單天下之味，奈何欲如黃老乎？

【注】

〔一〕浮屠即佛陁，但聲轉耳，並謂佛也，解見《楚王英傳》也。

〔二〕或聞言當時言也。〔三九〕老子西入夷狄，始為浮屠之化。

〔三〕言浮屠之人寄桑下者，不經三宿便即移去，示無愛戀之心也。

〔四〕《四十二章經》："天神獻玉女於佛，佛曰：'此是革囊盛眾穢耳。'"

書上，即召（詔）〔詣〕尚書問狀。〔四〇〕楷曰："臣聞古者本無宦臣，武帝末，春秋高，數游後宮，始置之耳。[1]後稍見任，至於順帝，遂益繁熾。今陛下爵之，十倍於前。至今無繼嗣者，豈獨好之而使之然乎？"尚書上其對，詔下有司處正。尚書承旨奏曰："其宦者之官，非近世所置。漢初張澤為大謁者，佐絳侯誅諸呂；[2]孝文使趙談參乘，而子孫昌盛。[3]楷不正辭理，指陳要務，而析言破律，違背經藝，假借星宿，偽託神靈，[4]造合私意，誣上罔事。請下司隸，正楷罪法，收送洛陽獄。"帝以楷言雖激切，然皆天文恆象之數，故不誅，猶司寇論刑。[5]

【注】

〔1〕元帝時，任宦者石顯為中書令，前將軍蕭望之等曰："尚書百官之本，宜以公正處之。武帝游宴後廷，故用宦者，非古制也。宜罷中書宦官，應古不近刑人之法。"

〔2〕張澤，閹人也。絳侯周勃誅諸呂，乃迎立代王入宮，顧麾左右執戟皆罷兵。有數人不肯去，宦者令張澤喻告之，乃去。此其佐誅諸呂之功。見《前書》。

〔3〕文帝使宦者趙談參乘，爰盎伏車前曰："陛下獨奈何與刀鋸餘人載！"於是上笑，推下趙談，談泣而下車。文帝生景帝，其後昌盛也。

〔4〕謂上干吉神書也。

〔5〕《前書》曰司寇，二歲刑。

初，順帝時，琅邪宮崇詣闕，上其師干吉於曲陽泉水上所得神書百七十卷，皆縹白素朱介青首朱目，號《太平清領書》。[1]其言以陰陽五行為家，而多巫覡雜語。[2]有司奏崇所上妖妄不經，乃收藏之。後張角頗有其書焉。

【注】

〔1〕今潤州有曲陽山，有神溪水；定州有曲陽山，有神溪水；海州有曲陽

城,北有羽潭水;壽州有曲陽城,又有北溪水。而干吉、宮崇並琅邪人,蓋東海曲陽是也。縹,青白也。素,縑也。以朱為介道。首,幖也。目,題目也。《太平經》曰:"吾書中,善者悉使青下而丹目,合乎吾之道,洒丹青之信也。青者,生仁而有心。〔四一〕赤者太陽,天之正色也。"《江表傳》:"時有道士琅邪干吉,先寓居東方,來吳會,立精舍,燒香讀道書,制作符水以療病,吳會人多事之。孫策嘗於郡城樓上請會賓客,吉乃盛服趨度門下。諸將賓客三分之二下樓拜之,掌客者禁訶不能止。策即令收之。諸事之者,悉使婦女入見策母,請之。母謂策曰:'干先生亦助軍作福,醫護將士,不可殺之。'策曰:'昔南陽張津為交州刺史,舍前聖典訓,廢漢家法律,常著絳袙頭,鼓琴燒香,讀邪俗道書,云以助化,卒為蠻夷所殺。此甚無益,諸君但未悟耳。今此子已在鬼錄,勿復費紙筆也。'即催斬之,縣首於市。"

〔2〕《太平經》曰:"天失陰陽則亂其道,地失陰陽則亂其財,人失陰陽則絕其後,君臣失陰陽則其道不理,五行四時失陰陽則為災。〔四二〕今天垂象為人法,故當承順之也。"又曰:"天上有常神聖要語,時下授人以言,用使神吏應氣而往來也。人衆得之謂神呪也。呪百中百,十中十,其呪有可使神為除災疾,用之所向無不愈也。"

及靈帝即位,以楷書為然。太傅陳蕃舉方正,不就。鄉里宗之,每太守至,輒致禮請。中平中,與荀爽、鄭玄俱以博士徵,不至,卒于家。

論曰:古人有云:"善言天者,必有驗於人。"〔1〕而張衡亦云:"天文歷數,陰陽占候,今所宜急也。"郎顗、襄楷能仰瞻俯察,參諸人事,禍福吉凶既應,引之教義亦明。此蓋道術所以有補於時,後人所當取鑒者也。然而其敝好巫,故君子不以專心焉。〔1〕

【注】

〔1〕《前書》武帝策茂才之詞也。

〔2〕好巫謂好鬼神之事也。范甯《穀梁序》曰"《左氏》豔而富,其敝也

巫"也。

　　贊曰：仲桓術深，蒲車屢尋[1]。蘇竟飛書，清我舊陰[2]。襄、郎災戒，寔由政淫。

【注】
〔1〕頻徵不至。
〔2〕陰，縣，屬南陽。與光武同郡，故云我舊也。

【校勘記】
〔一〕炎火並作燒君室　按：汲本"炎"作"災"。殿本"君"作"居"。
〔二〕閔子騫曰　按："閔子"下原脱"騫"字，逕據汲本、殿本補。
〔三〕陰（得）[覆]陽[也]　《刊誤》謂"得"當作"覆"，"陽"下合有"也"字。今據以改補。
〔四〕三公卦[也]　據殿本補。
〔五〕並為三公之（日）[卦]也　張森楷《校勘記》謂錢大昕《攷異》引"日"作"卦"，是，此誤。今據改。
〔六〕四（斗）[升]為豆　據《刊誤》改。
〔七〕（四）[十]釜為鐘也　據《刊誤》改。
〔八〕夙夜夢寤　汲本、殿本"寤"作"寐"。按：夢寤猶言寤寐，作"寤"義長。
〔九〕而皆務精土木　按："皆"下原衍"當"字，逕據汲本、殿本删。
〔一〇〕百姓何（謗）[罪]　據殿本改。
〔一一〕天立應以惡　按："天"字原脱，逕據汲本、殿本補。
〔一二〕從今旦至明日旦也　按：汲本"明日旦"作"明日"，殿本作"明旦"。
〔一三〕編髮重譯來朝者六國　按："譯"原譌"驛"，逕據汲本、殿本改。
〔一四〕柳東方宿也　按："東"原譌"南"，逕據汲本、殿本改。

〔一五〕去年閏（十）月十七日己丑　《集解》引錢大昕説，謂"閏十月"之"十"字蓋衍文，或當云"閏十二月"。蓋郎顗上便宜七事在陽嘉二年，《順帝紀》陽嘉元年閏月戊子，客星出天苑，即其事也。《紀》書閏月於十二月之後，則是閏十二月也。是歲閏十二月癸酉朔，十七日恰得己丑。今據錢説删"十"字。

〔一六〕伐又為大辰　汲本、殿本"伐"作"罰"。按：此皆《公羊傳》文，《公羊傳》作"伐"。

〔一七〕廣雅曰罰謂之大辰也　汲本、殿本"廣雅"作"爾雅"。今按：《爾雅》無此文。《廣雅·釋天》"參伐謂之大辰"，作"廣雅"是。

〔一八〕山陵崩絶　按：《校補》引柳從辰説，謂今《韓詩外傳》"絶"作"竭"。

〔一九〕左右趾也　按："趾"原譌"指"，逕據汲本、殿本改，下同。

〔二〇〕遵其行令　按：《御覽》二〇引作"遵行《月令》"。

〔二一〕私曲之意羗不得通　汲本、殿本"羗"作"差"。按：羗，語辭也，作"差"疑非。

〔二二〕（計）〔斗〕歷改憲　據《刊誤》改。按：《刊誤》謂"計"當作"斗"，注文可見。蓋斗字似草書計字，後人因誤之。

〔二三〕情同曠日　按："曠"原作"暺"，從日，非，逕據汲本、殿本改。

〔二四〕宫商為（佐）〔姓〕　《集解》引惠棟説，謂《御覽》引《演孔圖》云"宫商為姓"，謂吹律定姓也，注緣傳"佐臣"而誤從"佐"也。今據改。按：《御覽》引見卷三百六十人事部。

〔二五〕故曰靁出地〔奮〕豫　按：明脱一"奮"字，今補。

〔二六〕太皓天也　按：原脱"也"字，逕據汲本、殿本補。

〔二七〕金（刻）〔剋〕木　據汲本改。

〔二八〕魏人石中夫也　按：刊誤謂案前書"中夫"當作"申夫"。

〔二九〕將害宿麥　按：各本"宿"作"粟"，誤。

〔三〇〕為小龍七　按：汲本、殿本"七"作"五"。

〔三一〕以戊己日為黄龍　按："戊"原譌"戌"，逕改正。

〔三二〕見檀弓篇　按：《校補》謂注上文明言《禮記》，則下文不必更言《檀弓》，疑後人妄增。

〔三三〕平原隰陰人也　按：《集解》引錢大昕說，謂"隰"當作"濕"。《郡國志》平原郡有濕陰縣，濕他合反，即漯水也。班志作"漯陰"。案《說文》濟漯字本作"濕"，隸省作"漯"，燥濕字本作"溼"，後世借濕為燥溼字，而以漯為水名，不知漯為濕之譌也。其正作"濕"者，多與"隰"相亂。《左氏》哀十年傳注"濟南有隰陰縣"，陸德明誤音習。

〔三四〕延熹九年雒陽城傍竹柏葉有傷者　汲本、殿本"九年"作"元年"，惠棟云當作"七年"。今按：《續志》云"延熹九年，雒陽城旁竹柏葉有傷者"，《桓紀》亦書於九年冬十二月，是"元年"乃"九年"之譌。然楷疏稱七年冬，故惠氏以為當作"七年"也。

〔三五〕盡取石旁舍誅之　按：《刊誤》謂《史記》作"石傍居人"，"舍"字誤。

〔三六〕何以異　按：《刊誤》謂當云"何異爾"。

〔三七〕受干吉神書　按：汲本、殿本"干吉"之"干"皆作"于"。注同。

〔三八〕天有三名　按："三"原譌"二"，逕改正。

〔三九〕或聞言當時言也　殿本無"聞"字。今按：疑當作"或言，聞當時言也"，各本言聞顛倒，殿本又依正文刪"聞"字耳。

〔四〇〕即召（詔）〔詣〕尚書問狀　《刊誤》謂案文"詔"當作"詣"，今據改。

〔四一〕青者生仁而有心　按：殿本"生"作"主"。

〔四二〕五行四時失陰陽則為災　按："五行"二字疑衍，汲本無。

# 後漢書卷三十一

## 郭杜孔張廉王蘇羊賈陸列傳第二十一

　　郭伋字細侯，扶風茂陵人也。〔一〕高祖父解，〔1〕武帝時以任俠聞。父梵，為蜀郡太守。伋少有志行，哀平間辟大司空府，三遷為漁陽都尉。王莽時為上谷大尹，〔2〕〔二〕遷并州牧。

【注】
〔1〕《前書》云，解字翁伯，河內軹人，徙茂陵也。
〔2〕王莽改太守為大尹。

　　更始新立，三輔連被兵寇，百姓震駭，強宗右姓〔1〕各擁衆保營，莫肯先附。更始素聞伋名，徵拜左馮翊，使鎮撫百姓。世祖即位，拜雍州牧，再轉為尚書令，數納忠諫爭。

【注】
〔1〕右姓猶高姓也。

　　建武四年，出為中山太守。明年，彭寵滅，轉為漁陽太守。漁陽既離王莽之亂，重以彭寵之敗，〔1〕民多猾惡，寇賊充斥。〔2〕伋到，示以信賞，糾戮渠帥，盜賊銷散。時匈奴數抄郡界，邊境苦之。伋整勒士馬，設攻守之略，匈奴畏憚遠迹，不敢復入塞，民得安業。在職五歲，户口增倍。後潁川盜賊群起，九年，徵拜潁川太守。召見辭謁，[3]帝勞之曰："賢能太守，去帝城不遠，河潤九里，冀京師并蒙福也。[4]君雖精於追捕，而山道險阸，自鬭當一士耳，深宜慎之。"伋到郡，招懷山賊陽夏趙宏、[5]襄城召吳等數百人，皆束手詣伋降，悉遣歸附農。因自劾專命，[6]帝美其策，不以咎之。後宏、吳等黨與聞伋威信，遠自江南，或從幽、冀，不期俱降，駱驛不絕。[7]

【注】
[1]離猶遭也。
[2]杜預注《左傳》曰："充，滿；斥，見也。"
[3]因辭而謁見也。
[4]《莊子》曰："河潤九里，澤及三族。"
[5]陽夏，縣名，屬陳國。夏，公雅反。
[6]謂擅放降賊也。
[7]駱驛，連續。

十一年，省朔方刺史屬并州。帝以盧芳據北土，乃調伋為并州牧。過京師謝恩，帝即引見，并召皇太子諸王宴語終日，賞賜車馬衣服什物。伋因言選補衆職，當簡天下賢俊，不宜專用南陽人。帝納之。伋前在并州，素結恩德，及後入界，所到縣邑，老幼相攜，逢迎道路。所過問民疾苦，聘求耆德雄俊，設几杖之禮，朝夕與參政事。[1]

【注】
[1]《禮記》曰："謀於長者，必操几杖以從之。"

始至行部，到西河美稷，有童兒數百，各騎竹馬，道次迎拜。伋問"兒曹何自遠來"。[1]對曰："聞使君到，喜，故來奉迎。"伋辭謝之。

及事訖，諸兒復送至郭外，問"使君何日當還"。伋謂別駕從事，計日（當）告之。〔三〕行部既還，先期一日，伋為違信於諸兒，遂止于野亭，須期乃入。

【注】
〔１〕曹，輩也。

是時朝廷多舉伋可為大司空，帝以并部尚有盧芳之儆，〔１〕且匈奴未安，欲使久於其事，故不召。伋知盧芳夙賊，〔２〕難卒以力制，常嚴烽候，明購賞，以結寇心。芳將隋昱〔四〕遂謀脅芳降伋，芳乃亡入匈奴。

【注】
〔１〕儆，急也。
〔２〕夙，舊也。

伋以老病上書乞骸骨。二十二年，徵為太中大夫，賜宅一區，及帷帳錢穀，以充其家，伋輒散與宗親九族，無所遺餘。明年卒，時年八十六。帝親臨弔，賜冢塋地。

杜詩字（公）君［公］，〔五〕河內汲人也。少有才能，仕郡功曹，有公平稱。更始時，辟大司馬府。建武元年，歲中三遷為侍御史，安集洛陽。時將軍蕭廣放縱兵士，暴橫民間，百姓惶擾，詩勑曉不改，遂格殺廣，還以狀聞。世祖召見，賜以棨戟，〔１〕復使之河東，誅降逆賊楊異等。詩到大陽，〔２〕聞賊規欲北度，乃與長史急焚其船，部勒郡兵，將突騎趁擊，斬異等，賊遂翦滅。拜成皋令，〔３〕視事三歲，舉政尤異。再遷為沛郡都尉，轉汝南都尉，所在稱治。

【注】

〔1〕《漢雜事》曰："漢制假棨戟以代斧鉞。"崔豹《古今注》曰："棨戟，前驅之器也，以木為之。後代刻偽，無復典刑，以赤油韜之，亦謂之油戟，亦曰棨戟，王公已下通用之以前驅也。"

〔2〕大陽，縣名，屬河東郡。

〔3〕成皋，縣，屬河南郡，今洛州汜水縣是。

七年，遷南陽太守。性節儉而政治清平，以誅暴立威，善於計略，省愛民役。造作水排，鑄為農器，[1]用力少，見功多，百姓便之。又修治陂池，廣拓土田，郡內比室殷足。時人方於召信臣，[2]故南陽為之語曰："前有召父，後有杜母。"

【注】

〔1〕排音蒲拜反。冶鑄者為排以吹炭，今激水以鼓之也。"排"當作"橐"，古字通用也。

〔2〕比室猶比屋也。《前書》曰："召信臣字翁卿，九江壽春人也。遷南陽太守，為人興利，務在富之，開通溝渠凡十數處。"

詩自以無勞，不安久居大郡，求欲降避功臣，乃上疏曰：

陛下亮成天工，克濟大業，偃兵脩文，群帥反旅，[1]海內合和，萬世蒙福，天下幸甚。唯匈奴未譬聖德，威侮二垂，[2]陵虐中國，邊民虛耗，不能自守，臣恐武猛之將雖勤，亦未得解甲櫜弓也。[3]夫勤而不息亦怨，勞而不休亦怨，怨恨之師，難復責功。臣伏觀將帥之情，功臣之望，冀一休足於內郡，[4]然後即戎出命，不敢有恨。臣愚以為"師克在和不在衆"，[5]陛下雖垂念北邊，亦當頗泄用之。[6]昔湯武善御衆，故無忿鷙之師。[7]陛下起兵十有三年，將帥和睦，士卒鳧藻。[8]今若使公卿郡守出於軍壘，則將帥自厲；[9]士卒之復，比於宿衞，則戎士自百。[10]何者？天下已安，各重性命，大臣以下，咸懷樂土，不雠其功而厲其用，無以勸也。陛下誠宜虛欹數郡，以俟振旅之臣，重復厚賞，加於久役之士。如此，緣邊屯戍之師，競而忘死，乘城拒塞之吏，不辭其勞，則烽火精明，守戰堅固。聖王之政，必因人心。今猥用愚薄，塞功臣之望，誠非其宜。

【注】
〔1〕反旅謂班師也。
〔2〕譬猶曉也。威，虐也。侮，慢也。二垂謂西與北也。
〔3〕櫜，韜也，音高。《詩》曰"載櫜弓矢"也。
〔4〕休足，止行役也。
〔5〕《春秋左氏傳》文也。
〔6〕泄猶雜也。
〔7〕鷙，擊也。湯武順天應人，其所征討，皆弔伐而已，故無忿怒而擊也。
〔8〕言其和睦歡悅，如鳧之戲於水藻也。
〔9〕壘，軍壁。厲，勉也。
〔10〕復謂優寬也，音福。《續漢志》曰："羽林郎，秩比三百石，掌侍從宿衞。"言士卒得比於郎，則人百其勇。

　　臣詩伏自惟忖，本以史吏一介之才，〔1〕遭陛下創制大業，賢俊在外，空乏之閒，超受大恩，（收）［牧］養不稱，〔六〕奉職無効，久竊祿位，令功臣懷忸，誠惶誠恐。八年，上書乞避功德，陛下殊恩，未許放退。臣詩蒙恩尤深，義不敢苟冒虛請，誠不勝至願，願退大郡，受小職。及臣齒壯，力能經營劇事，如使臣詩必有補益，復受大位，雖析珪授爵，所不辭也。惟陛下哀矜！

【注】
〔1〕史吏謂初為郡功曹也。《書》曰"如有一介臣"〔七〕也。

帝惜其能,遂不許之。
詩雅好推賢,數進知名士清河劉統及魯陽長董崇等。
初,禁網尚簡,但以璽書發兵,未有虎符之信,詩上疏曰:"臣聞兵者國之凶器,聖人所慎。舊制發兵,皆以虎符,其餘徵調,竹使而已。符第合會,〔八〕取為大信,所以明著國命,斂持威重也。〔1〕閒者發兵,但用璽書,或以詔令,如有姦人詐偽,無由知覺。愚以為軍旅尚興,賊虜未殄,徵兵郡國,宜有重慎,可立虎符,以絕姦端。昔魏之公子,威傾鄰國,猶假兵符,以解趙圍,若無如姬之仇,則其功不顯。〔2〕事有煩而不可省,費而不得已,蓋謂此也。"書奏,從之。

【注】
〔1〕《說文》曰:"符,信也。漢制以竹,長六寸,分而相合。"《前書》文帝二年,初與郡守為銅虎符、竹使符。《音義》曰:"銅虎第一至第五,發兵遣使,符合乃聽之。竹使符以竹五寸,鐫刻篆書,亦第一至第五也。"

〔2〕秦昭王已破趙長平,又進圍邯鄲。魏昭王之子無忌號信陵君,其姊為趙惠文王弟平原君夫人。平原君數遺公子書,請救於魏,魏王使將軍晉鄙將十萬衆救趙,實持兩端以觀望。平原君使者相屬,謂公子曰:"今邯鄲旦暮降秦,魏救不至,獨不憐公子姊耶?"公子患之,過侯嬴問之。嬴屏人語曰:"嬴聞晉鄙兵符常在王臥內,而如姬最幸,力能竊之。嬴聞如姬父為人所殺,公子使客斬其仇頭敬進如姬,姬為公子死無所辭。公子誠一開口以請如姬,姬必諾。"公子從其計,如姬果盜晉鄙兵符與公子,於是遂矯魏王令奪晉鄙兵,〔九〕進擊,秦軍解去。事見《史記》也。

詩身雖在外,盡心朝廷,讜言善策,隨事獻納。視事七年,政化大行。十四年,坐遣客為弟報仇,被徵,會病卒。司隸校尉鮑永上書言詩貧困無田宅，喪無所歸。詔使治喪郡邸，賻絹千匹。

孔奮字君魚，扶風茂陵人也。曾祖霸，元帝時為侍中。奮少從劉歆受《春秋左氏傳》，歆稱之，謂門人曰："吾已從君魚受道矣。"〔1〕

【注】
〔1〕言君魚之道已過於己也。

遭王莽亂，奮與老母幼弟避兵河西。建武五年，河西大將軍竇融請奮署議曹掾，守姑臧長。八年，賜爵關內侯。時天下擾亂，唯河西獨安，而姑臧稱為富邑，通貨羌胡，市日四合，〔1〕每居縣者，不盈數月輒致豐積。奮在職四年，財産無所增。事母孝謹，雖為儉約，奉養極求珍膳。躬率妻子，同甘菜茹。〔2〕時天下未定，士多不修節操，而奮力行清絜，為眾人所笑，或以為身處脂膏，不能以自潤，徒益苦辛耳。奮既立節，治貴仁平，太守梁統深相敬待，不以官屬禮之，常迎於大門，引入見母。

【注】
〔1〕古者為市，一日三合。《周禮》曰："大市日側而市，百族為主。[朝市]朝時而市，〔一〇〕商賈為主。[夕市]夕時而市，〔一一〕販夫販婦為主。"今既人貨殷繁，故一日四合也。
〔2〕《廣雅》曰："茹，食也。"

隴蜀既平，河西守令咸被徵召，財貨連轂，弥竟川澤。唯奮無資，單車就路。姑臧吏民及羌胡更相謂曰："孔君清廉仁賢，舉縣蒙恩，如何今去，不共報德！"遂相賦斂牛馬器物千萬以上，追送數百里。奮謝之而已，一無所受。既至京師，除武都郡丞。

時隴西餘賊隗茂等夜攻府舍，殘殺郡守，賊畏奮追急，乃執其妻子，欲以為質。奮年已五十，唯有一子，終不顧望，遂窮力討之。吏民感義，莫不倍用命焉。郡多氐人，便習山谷，其大豪齊鍾留者，為群氐所信向。奮乃率厲鍾留等令要遮鈔擊，共為表裏。賊窘懼逼急，乃推奮妻子以置軍前，冀當退却，而擊之愈厲，遂禽滅茂等，奮妻子亦為所殺。世祖下詔襃美，拜為武都太守。

奮自為府丞，已見敬重，及拜太守，舉郡莫不改操。為政明斷，甄善疾非，[1]見有美德，愛之如親，其無行者，忿之若讎，郡中稱為清平。

【注】
〔1〕甄，明也。

弟奇，游學洛陽。奮以奇經明當仕，上病去官，守約鄉閭，卒于家。奇博通經典，作《春秋左氏刪》。[1]奮晚有子嘉，官至城門校尉，作《左氏說》云。[2]

【注】
〔1〕刪定其義也。
〔2〕說，猶今之疏也。

張堪字君游，南陽宛人也，為郡族姓。堪早孤，讓先父餘財數百萬與兄子。年十六，受業長安，志美行厲，諸儒號曰"聖童"。

世祖微時，見堪志操，常嘉焉。及即位，中郎將來歙薦堪，召拜郎中，三遷為謁者。使送委輸縑帛，并領騎七千匹，詣大司馬吳漢伐公孫述，在道追拜蜀郡太守。時漢軍餘七日糧，陰具船欲遁去。堪聞之，馳往見漢，說述必敗，不宜退師之策。漢從之，乃示弱挑敵，述果自出，戰死城下。成都既拔，堪先入據其城，撿閱庫藏，收其珍寶，悉條列上言，秋毫無私。[1]慰撫吏民，蜀人大悅。

【注】
〔1〕秋毫者，喻細也。

在郡二年，徵拜騎都尉，後領票騎將軍杜茂營，擊破匈奴於高柳，拜漁陽太守。捕擊姦猾，賞罰必信，吏民皆樂為用。匈奴嘗以萬騎入漁陽，堪率數千騎奔擊，大破之，郡界以靜。乃於狐奴開稻田八千餘頃，勸民耕種，以致殷富。百姓歌曰：「桑無附枝，麥穗兩岐。[一二]張君為政，樂不可支。」視事八年，匈奴不敢犯塞。

帝嘗召見諸郡計吏，問其風土及前後守令能否。蜀郡計掾樊顯進曰：「漁陽太守張堪昔在蜀，其仁以惠下，[一三]威能討姦。前公孫述破時，珍寶山積，捲握之物，足富十世，[1]而堪去職之日，乘折轅車，布被囊而已。」帝聞，良久歎息，[2]拜顯為魚復長。[3]方徵堪，會病卒，帝深悼惜之，下詔襃揚，賜帛百匹。

【注】
〔1〕捲握猶掌握也，謂珠玉之類也。
〔2〕良猶甚也。
〔3〕魚復，縣，屬巴郡，故城在今夔州人復縣北赤甲城是。[一四]

廉范字叔度，京兆杜陵人，趙將廉頗之後也。漢興，以廉氏豪宗，自苦陘徙焉。[1]世為邊郡守，或葬隴西襄武，故因仕焉。曾祖父襃，成哀閒為右將軍，祖父丹，王莽時為大司馬庸部牧，[2]皆有名前世。范父遭喪亂，客死於蜀漢，范遂流寓西州。[3]西州平，歸鄉里。年十五，辭母西迎父喪。蜀郡太守張穆，丹之故吏，乃重資送范，范無所受，與客步負喪歸葭萌。〔4〕載船觸石破没，范抱持棺柩，遂俱沈溺。衆傷其義，鉤求得之，療救僅免於死。穆聞，復馳遣使持前資物追范，范又固辭。歸葬服竟，詣京師受業，事博士薛漢。〔5〕京兆、隴西二郡更請召，皆不應。永平初，隴西太守鄧融備禮謁范為功曹，〔6〕會融為州所舉案，〔7〕范知事譴難解，欲以權相濟，乃託病求去，融不達其意，大恨之。范於是東至洛陽，變名姓，求代廷尉獄卒。居無幾，融果徵下獄，范遂得衛侍左右，盡心勤勞。融怪其貌類范而殊不意，乃謂曰："卿何似我故功曹邪？"范訶之曰："君困戹瞀亂邪！"〔8〕語遂絕。融繫出困病，范隨而養視，及死，竟不言，身自將車送喪致南陽，葬畢乃去。

【注】

〔1〕苦陘，縣，屬中山國，章帝更名漢昌。

〔2〕王莽改益州為庸部。

〔3〕謂巴蜀也。

〔4〕葭萌，縣名，屬廣漢郡。今利州益昌縣，即漢葭萌地也。

〔5〕漢字公子，見《儒林傳》。

〔6〕謁，請也。

〔7〕舉其罪案驗之。

〔8〕鄭玄注《禮記》曰："瞀，目不明之皃。"

後辟公府，會薛漢坐楚王事誅，〔1〕故人門生莫敢視，范獨往收斂之。吏以聞，顯宗大怒，召范入，詰責曰："薛漢與楚王同謀，交亂天下，范公府掾，不與朝廷同心，而反收斂罪人，何也？"范叩頭曰："臣無狀愚戇，以為漢等皆已伏誅，不勝師資之情，罪當萬坐。"〔2〕帝怒稍解，問范曰："卿廉頗後邪？與右將軍褒、大司馬丹有親屬乎？"范對曰："褒，臣之曾祖；丹，臣之祖也。"帝曰："怪卿志膽敢爾！"因貰之。〔3〕由是顯名。

【注】
〔1〕楚王英謀反也。
〔2〕《老子》曰"善人爲不善人之師，不善人爲善人之資"也。
〔3〕貰，赦也。

舉茂才，數月，再遷爲雲中太守。會匈奴大入塞，烽火日通。故事，虜（人）[入]過五千人，〔一五〕移書傍郡。吏欲傳檄求救，范不聽，自率士卒拒之。〔1〕虜衆盛而范兵不敵。會日暮，令軍士各交縛兩炬，三頭爇火，營中星列。虜遥望火多，謂漢兵救至，大驚。待旦將退，范乃令軍中蓐食，晨往赴之，〔2〕斬首數百級，虜自相轔藉，死者千餘人，〔3〕由此不敢復向雲中。

【注】
〔1〕用兩炬交縛如十字，爇其三頭，手持一端，使敵人望之，疑兵士之多。
〔2〕蓐食，早起食於寢蓐中也。
〔3〕轔，轢也。藉，相蹈藉也。

後頻歷武威、武都二郡太守，隨俗化導，各得治宜。建初中，遷蜀郡太守，其俗尚文辯，好相持短長，范每厲以淳厚，不受偷薄之説。成都民物豐盛，邑宇逼側，舊制禁民夜作，以防火災，而更相隱蔽，燒者日屬。范乃毀削先令，但嚴使儲水而已。百姓爲便，乃歌之曰："廉叔度，來何暮？不禁火，民安作。〔一六〕平生無襦今五絝。"〔1〕在蜀數年，坐法免歸鄉里。范世在邊，廣田地，積財粟，悉以賑宗族朋友。

【注】
〔1〕作，協韻音則護反。

肅宗崩，范奔赴敬陵。時廬江郡掾嚴麟奉章弔國，俱會於路。麟乘小車，塗深馬死，不能自進，范見而愍然，命從騎下馬與之，不告而去。麟事畢，不知馬所歸，乃緣蹤訪之。或謂麟曰："故蜀郡太守廉叔度，好周人窮急，今奔國喪，獨當是耳。"麟亦素聞范名，以為然，即牽馬造門，謝而歸之。世伏其好義，然依倚大將軍竇憲，以此為譏。卒於家。
　　初，范與洛陽慶鴻為刎頸交，時人稱曰："前有管鮑，後有慶廉。"鴻慷慨有義節，位至琅邪、會稽二郡太守，所在有異迹。
　　論曰：張堪、廉范皆以氣俠立名，觀其振危急，赴險阨，有足壯者。堪之臨財，范之忘施，亦足以信意而感物矣。[1]若夫高祖之召欒布，[2]明帝之引廉范，加怒以發其志，就戮更延其寵，聞義能徙，誠君道所尚，然情理之樞，亦有開塞之感焉。[3]

【注】
〔1〕信音申。
〔2〕欒布，梁人，為人所略賣為奴，梁王彭越贖為梁大夫，使於齊。漢召彭越，以謀反夷三族，詔有收視者輒捕之。布還，奏事彭越頭下，祠而哭之。吏捕以聞，上召罵曰："若與彭越反邪？"布曰："今漢一徵兵於梁，彭王不行，而疑以為反，則人人自危也。"上乃釋布，拜為都尉也。
〔3〕戶之開闔，必由於樞；情之通塞，必在於感。言高祖、明帝初怒欒布、廉范，後感其義而赦之。


　　王堂字敬伯，廣漢郪人也。初舉光祿茂才，[1]遷穀城令，治有名迹。[2]永初中，西羌寇巴郡，為民患，詔書遣中郎將尹就攻討，連年不剋。三府舉堂治劇，拜巴郡太守。堂馳兵赴賊，斬虜千餘級，巴、庸清靜，吏民生為立祠。[3]刺史張喬表其治能，遷右扶風。

【注】
〔1〕光禄舉之為茂才也。
〔2〕穀城，縣，屬東郡，故城在今濟州東阿縣東。
〔3〕庸即上庸縣也，故城在今房州清水縣西也。

安帝西巡，阿母王聖、中常侍江京等並請屬於堂，堂不為用。掾(吏)[史]固諫之，〔一七〕堂曰："吾蒙國恩，豈可為權寵阿意，以死守之！"〔1〕即日遣家屬歸，閉閣上病。果有誣奏堂者，會帝崩，京等悉誅，堂以守正見稱。永建二年，徵入為將作大匠。四年，坐公事左轉議郎。〔2〕復拜魯相，政存簡一，至數年無辭訟。遷汝南太守，搜才禮士，不苟自專，乃教掾(吏)[史]曰："古人勞於求賢，逸於任使，故能化清於上，事緝於下。其憲章朝右，簡覈才職，〔一八〕委功曹陳蕃。匡政理務，拾遺補闕，任主簿應嗣。庶循名責實，察言觀效焉。"自是委誠求當，不復妄有辭教，郡內稱治。時大將軍梁商及尚書令袁湯，以求屬不行，並恨之。後廬江賊迸入弋陽界，堂勒兵追討，即便奔散，〔一九〕而商、湯猶因此風州奏堂在任無警，免歸家。

【注】
〔1〕阿，曲也。
〔2〕《續漢志》曰："議郎，秩六百石，無員。"

年八十六卒。遺令薄斂，瓦棺以葬。子稺，清行不仕。曾孫商，益州牧劉焉以為蜀郡太守，有治聲。

蘇章字孺文，扶風平陵人也。八世祖建，武帝時為右將軍。〔1〕祖父純，字桓公，有高名，性強切而持毀譽，〔2〕士友咸憚之，至乃相謂曰："見蘇桓公，患其教責人，不見，又思之。"三輔號為"大人"。〔3〕永平中，為奉車都尉竇固軍,〔二〇〕出擊北匈奴、車師有功，封中陵鄉侯，官至南陽太守。

【注】

〔1〕《前書》曰，建以校尉從大將軍青擊匈奴，封平陵侯。中子武最知名也。

〔2〕持，執也。執毀譽之論，謂品藻其臧否。

〔3〕大人，長老之稱，言尊事之也。

章少博學，能屬文。〔二一〕安帝時，舉賢良方正，對策高第，為議郎。數陳得失，其言甚直。出為武原令,〔1〕時歲飢，輒開倉廩，活三千餘戶。順帝時，遷冀州刺史。故人為清河太守，章行部案其姦臧。乃請太守，為設酒肴，陳平生之好甚歡。太守喜曰："人皆有一天，我獨有二天。"章曰："今夕蘇孺文與故人飲者，私恩也；明日冀州刺史案事者，公法也。"遂舉正其罪。州境知章無私，望風畏肅。換為并州刺史，以摧折權豪，忤旨，坐免。隱身鄉里，不交當世。後徵為河南尹，不就。時天下日敝，民多悲苦，論者舉章有幹國才，朝廷不能復用，卒于家。兄曾孫不韋。

【注】

〔1〕武原，縣，屬楚國，故城在今泗州下邳縣北。

不韋字公先。父謙，初為郡督郵。時魏郡李暠為美陽令，與中常侍具瑗交通，貪暴為民患，前後監司畏其執援，莫敢糾問。及謙至，部案得其臧，論輸左校。謙累遷至金城太守，去郡歸鄉里。漢法，免罷守令，自非詔徵，不得妄到京師。而謙後私至洛陽，時暠為司隸校尉，收謙詰掠，死獄中，暠又因刑其屍，以報昔怨。

不韋時年十八，徵詣公車，會謙見殺，不韋載喪歸鄉里，瘞而不葬，仰天嘆曰："伍子胥獨何人也！"〔1〕乃藏母於武都山中，〔2〕遂變名姓，盡以家財募劍客，邀暠於諸陵間，不剋。會暠遷大司農，時右校芻廥在寺北垣下，〔3〕不韋與親從兄弟潛入廥中，夜則鑿地，晝則逃伏。如此經月，遂得傍達暠之寢室，出其牀下。值暠在廁，因殺其妾并及小兒，留書而去。暠大驚懼，乃布棘於室，以板籍地，一夕九徙，雖家人莫知其處。每出，輒劍戟隨身，壯士自衛。不韋知暠有備，乃日夜飛馳，徑到魏郡，掘其父阜冢，斷取阜頭，以祭父墳，又標之於市曰"李君遷父頭"。暠匿不敢言，而自上退位，歸鄉里，私掩塞冢槨。捕求不韋，歷歲不能得，憤恚感傷，發病歐血死。

【注】

〔1〕子胥父伍奢為楚王所殺，子胥復讎，鞭平王之尸。解具《寇榮傳》。

〔2〕武都，郡名，其地在今成州上禄縣界。有仇池山，東西懸絕，壁立百仞，故藏於其中也。

〔3〕《説文》云："廥，芻藁藏。"音工外反。垣，牆也。

不韋後遇赦還家，乃始改葬，行喪。士大夫多譏其發掘冢墓，歸罪枯骨，不合古義，唯任城何休方之伍員。太原郭林宗聞而論之曰："子胥雖云逃命，而見用強吳，憑闔廬之威，因輕悍之衆，雪怨舊郢，曾不終朝，而但鞭墓戮屍，以舒其憤，竟無手刃後主之報。豈如蘇子單特孑立，靡因靡資，強讎豪援，據位九卿，城闕天阻，宮府幽絕，埃塵所不能過，霧露所不能沾。不韋毀身燋慮，出於百死，冒觸嚴禁，陷族禍門，雖不獲逞，為報已深。況復分骸斷首，以毒生者，〔1〕使暠懷忿結，不得其命，猶假手神靈以斃之也。力唯匹夫，功隆千乘，比之於員，不以優乎？"議者於是貴之。

【注】
〔1〕毒，苦也。

後太傅陳蕃辟，不應，為郡五官掾。初，弘農張奐睦於蘇氏，而武威段熲與暠素善，後奐熲有隙。及熲為司隸，以禮辟不韋，不韋懼之，稱病不詣。熲既積憤於奐，因發怒，乃追咎不韋前報暠事，以為暠表治謙事，被報見誅，君命天也，而不韋仇之。又令長安男子告不韋多將賓客奪舅財物，遂使從事張賢等就家殺之。乃先以鴆與賢父曰："若賢不得不韋，便可飲此。"〔二二〕賢到扶風，郡守使不韋奉謁迎賢，即時收執，并其一門六十餘人盡誅滅之，諸蘇以是衰破。及段熲為陽球所誅，天下以為蘇氏之報焉。

羊續字興祖，太山平陽人也。其先七世二千石卿校。祖父侵，〔二三〕安帝時司隸校尉。父儒，桓帝時為太常。
續以忠臣子孫拜郎中，去官後，辟大將軍竇武府。及武敗，坐黨事，禁錮十餘年，幽居守靜。及黨禁解，復辟太尉府，四遷為廬江太守。後揚州黃巾賊攻舒，焚燒城郭，續發縣中男子二十以上，皆持兵勒陳，其小弱者，悉使負水灌火，會集數萬人，并執力戰，大破之，郡界平。後安風賊戴風等作亂，〔1〕續復擊破之，斬首三千餘級，生獲渠帥，其餘黨輩原為平民，〔2〕賦與佃器，使就農業。

【注】
〔1〕安風，縣，屬廬江郡。
〔2〕原，免也。

中平三年，江夏兵趙慈反叛，殺南陽太守秦頡，攻沒六縣，拜續為南陽太守。當入郡界，乃羸服閒行，侍童子一人，觀歷縣邑，採問風謠，然後乃進。其令長貪絜，吏民良猾，悉逆知其狀，郡內驚竦，莫不震慴。乃發兵與荊州刺史王敏共擊慈，斬之，獲首五千餘級。屬縣餘賊並詣續降，續為上言，宥其枝附。賊既清平，乃班宣政令，候民病利，[1]百姓歡服。時權豪之家多尚奢麗，續深疾之，常敝衣薄食，車馬羸敗。府丞嘗獻其生魚，續受而懸於庭；丞後又進之，續乃出前所懸者以杜其意。續妻後與子祕俱往郡舍，[二四]續閉門不內，妻自將祕行，其資藏唯有布衾、敝衹裯，鹽、麥數斛而已，[2]顧勑祕曰："吾自奉若此，何以資爾母乎？"使與母俱歸。

【注】
〔1〕損於人曰病，益於人曰利。
〔2〕《說文》曰："衹裯，短衣也。"《廣雅》云即襜褕也。衹音丁奚反，裯音丁勞反。

六年，靈帝欲以續為太尉。時拜三公者，皆輸東園禮錢千萬，令中使督之，名為"左騶"。[1]其所之往，輒迎致禮敬，厚加贈賂。續乃坐使人於單席，舉縕袍以示之，[2]曰："臣之所資，唯斯而已。"左騶白之，帝不悅，以此故不登公位。而徵為太常，未及行，會病卒，時年四十八。遺言薄斂，不受賵遺。舊典，二千石卒官賻百萬，府丞焦儉遵續先意，一無所受。詔書褒美，勑太山太守以府賻錢賜續家云。

【注】
〔1〕騶，騎士也。
〔2〕縕，故絮也。

賈琮字孟堅，東郡聊城人也。[1]舉孝廉，再遷為京（兆）令，[二五]有政理迹。

【注】
〔1〕聊城，今博州縣。

　　舊交阯土多珍產，明璣、翠羽、犀、象、瑇瑁、異香、美木之屬，莫不自出。[1]前後刺史率多無清行，上承權貴，下積私賂，財計盈給，輒復求見遷代，故吏民怨叛。中平元年，交阯屯兵反，執刺史及合浦太守，自稱"柱天將軍"。靈帝特勑三府精選能吏，有司舉琮為交阯刺史。琮到部，訊其反狀，咸言賦斂過重，百姓莫不空單，京師遙遠，告冤無所，民不聊生（自活）〔二六〕，故聚為盜賊。琮即移書告示，各使安其資業，招撫荒散，蠲復徭役，誅斬渠帥為大害者，簡選良吏試守諸縣，歲間蕩定，百姓以安。巷路為之歌曰："賈父來晚，使我先反；今見清平，吏不敢飯。"在事三年，為十三州最，徵拜議郎。

【注】
〔1〕《說文》曰："璣，珠之不圓者。"《異物志》曰："翠鳥形似鷰，翡赤而翠青，其羽可以為飾。"《廣雅》曰"瑇瑁形似龜，出南海巨延州"也。

　　時黃巾新破，兵凶之後，郡縣重斂，因緣生姦。詔書沙汰刺史、二千石，更選清能吏，乃以琮為冀州刺史。舊典，傳車驂駕，垂赤帷裳，迎於州界。及琮之部，升車言曰："刺史當遠視廣聽，糾察美惡，何有反垂帷裳以自掩塞乎？"乃命御者褰之。百城聞風，自然竦震。其諸臧過者，望風解印綬去，唯癭陶長濟陰董昭、觀津長梁國黃就當官待琮，於是州界翕然。
　　靈帝崩，大將軍何進表琮為度遼將軍，卒於官。

　　陸康字季寧，吳郡吳人也。祖父續，在《獨行傳》。父褒，有志操，連徵不至。

康少仕郡，以義烈稱，刺史臧旻舉為茂才，除高成令。[1]縣在邊垂，舊制，令戶一人具弓弩以備不虞，不得行來。[2]長吏新到，輒發民繕修城郭。康至，皆罷遣，百姓大悅。以恩信為治，寇盜亦息，州郡表上其狀。光和元年，遷武陵太守，轉守桂陽、樂安二郡，所在稱之。

【注】
〔1〕高成，縣，屬渤海郡也。
〔2〕行來猶往來也。

時靈帝欲鑄銅人，而國用不足，乃詔調民田，畝斂十錢。而比水旱傷稼，百姓貧苦。康上疏諫曰："臣聞先王治世，貴在愛民。省徭輕賦，以寧天下，除煩就約，以崇簡易，[1]故萬姓從化，靈物應德。末世衰主，窮奢極侈，造作無端，興制非一，勞割自下，以從苟欲，[2]故黎民呼嗟，陰陽感動。陛下聖德承天，當隆盛化，而卒被詔書，畝斂田錢，鑄作銅人，伏讀惆悵，悼心失圖。夫十一而稅，周謂之徹。[3]徹者通也，言其法度可通萬世而行也。故魯宣稅畝，而蝝災自生；[4]哀公增賦，而孔子非之。[5]豈有聚奪民物，以營無用之銅人；捐捨聖戒，自蹈亡王之法哉！[6]傳曰：'君舉必書，書而不法，後世何述焉？'陛下宜留神省察，改敝從善，以塞兆民怨恨之望。"書奏，內倖因此譖康援引亡國，以譬聖明，大不敬，檻車徵詣廷尉。侍御史劉岱典考其事，岱為表陳解釋，免歸田里。復徵拜議郎。

【注】
〔1〕《易》曰："乾以易知，坤以簡能，而天下之理得矣。"
〔2〕勞苦割剝於下人也。
〔3〕《孟子》曰："夏后氏五十而貢，殷人七十而助，周人百畝而徹，其實皆十一也。"
〔4〕《公羊傳》曰："初稅畝者何？履畝而稅也。"何休注云："宣公無恩

信於人，人不肯盡力於公田，起履踐案行，擇其畝穀好者稅取之。"蝝，螽子也。《公羊傳》："冬蝝生。此言蝝生何？上變古易常也。"注云："上謂宣公，變易公田舊制而稅畝。"

〔5〕《左傳》曰："季孫欲以田賦，使冉有訪諸仲尼。仲尼私於冉有曰：'子季孫若欲行而法，則周公之典在；若欲苟而行之，又何訪焉！'"

〔6〕謂秦始皇鑄銅人十二，卒致滅亡也。

會廬江賊黃穰等與江夏蠻連結十餘萬人，攻沒四縣，拜康廬江太守。康申明賞罰，擊破穰等，餘黨悉降。帝嘉其功，拜康孫尚為郎中。獻帝即位，天下大亂，康蒙險遣孝廉計吏奉貢朝廷，詔書策勞，加忠義將軍，秩中二千石。時袁術屯兵壽春，部曲飢餓，遣使求委輸兵甲。康以其叛逆，閉門不通，內修戰備，將以禦之。術大怒，遣其將孫策攻康，圍城數重。康固守，吏士有先受休假者，皆遁伏還赴，暮夜緣城而入。受敵二年，城陷。月餘，發病卒，年七十。宗族百餘人，遭離飢厄，死者將半。朝廷愍其守節，拜子儁為郎中。

少子績，仕吳為鬱林太守，博學善政，見稱當時。幼年曾謁袁術，懷橘墮地者也，有名稱。〔1〕〔二七〕

【注】

〔1〕績字公紀，《吳志》有傳。

贊曰：伋牧朔藩，信立童昏。詩守南楚，民作謠言。奮馳單乘，堪駕毀轅。范得其朋，〔1〕堂任良肱。〔2〕二蘇勁烈，羊、賈廉能。季寧拒策，城隕衝輣。〔3〕

【注】

〔1〕《易》曰："西南得朋。"廉范遷蜀郡太守，百姓便之，蜀在西南，故云得朋也。

〔2〕謂委任功曹陳蕃、主簿應嗣，郡中大化也。
〔3〕輣，兵車也，音彭，協韻音普（勝）〔滕〕反。〔二八〕

【校勘記】
〔一〕扶風茂陵人也　按：王先謙謂《東觀記》云"河南人"，與此異。
〔二〕王莽時為上谷大尹　按：《集解》引洪頤煊說，謂莽改上谷曰朔調，《耿弇傳》父況為朔調連率，此作"上谷"，誤。
〔三〕計日（當）告之　據《刊誤》刪。按：王先謙謂《類聚》五十、《文選》沈約《齊安陸昭王碑文》注引《續漢書》，並無"當"字。
〔四〕芳將隋昱　按：《刊誤》謂"隨"字至隋時方去"辶"，單作"隋"，今此宜作"隨"。
〔五〕杜詩字（公）君〔公〕　據汲本改。按：《東觀記》亦作"君公"。
〔六〕（收）〔牧〕養不稱　《刊誤》謂"收養"無義，合作"牧養"，兩漢通謂守令為牧養也。今據改。
〔七〕如有一介臣　按："有"原譌"其"，逕據汲本、殿本改正。
〔八〕符第合會　汲本、殿本"第"作"策"。按：依注似以作"第"為是。
〔九〕於是遂矯魏王令奪晉鄙兵　按："是"原譌"道"，逕據汲本、殿本改正。
〔一〇〕〔朝市〕朝時而市　據殿本補，與今《周禮》文合。
〔一一〕〔夕市〕夕時而市　據殿本補，與今《周禮》文合。
〔一二〕麥穗兩岐　《校補》引錢大昭說，謂《通鑑》"穗"作"秀"。
〔一三〕其仁以惠下　汲本、殿本"其"作"漢"，屬上句讀。按：集解引惠棟說，謂東觀記"漢"作"其"，屬下句讀。
〔一四〕故城在今夔州人復縣北赤甲城是　殿本"人復"作"魚復"。柳從辰謂《唐書·地理志》貞觀二十三年改人復為奉節，此不得仍稱"人復"。按：《校補》謂章懷作注，於釋地多承用隋代舊名，所見已多。蓋新更之名，尚無圖經可據，其相助為理者仍為隋時學者，沿襲用之，未及改正，不足為異也。
〔一五〕虜（人）〔入〕過五千人　《刊誤》謂上"人"當作"入"。張森楷《校勘記》謂《後漢紀》正作"人"，劉説是。今據改。按：《御覽》三三五引作"虜入度五千人"，袁《紀》作"虜人入舍過五千人"，《東觀記》作"虜出度五千人"。

〔一六〕不禁火民安作　《集解》引惠棟説，謂《東觀記》"作"作"厝"。今按：聚珍本《東觀記》作"堵"。

〔一七〕掾（吏）〔史〕固諫之　據汲本、殿本改。下同。

〔一八〕簡覈才職　按：殿本《考證》謂"職"字應照宋本作"識"。

〔一九〕即便奔散　按："便"原譌"使"，逕據汲本、殿本改正。

〔二〇〕為奉車都尉竇固軍　《刊誤》謂竇固自為奉車都尉，蘇純但從之耳，"為"當作"從"。今按：沈家本謂"軍"下有奪字，當是官名。

〔二一〕章少博學能屬文　按：《集解》引汪文臺説，謂《書鈔》一三五、《御覽》七一一引謝承《書》"蘇章字士成，北海人。負笈追師，不遠萬里"。

〔二二〕便可飲此　按：汲本、殿本"可"作"同"。

〔二三〕祖父侵　《集解》引惠棟説，謂"侵"一作"祲"。又《校補》引侯康説，謂"侵"一作"浸"。《鄧騭傳》"推進天下賢士何熙、祋諷、羊浸、李郃、陶敦等"，即其人也。《御覽》二五二引《李郃別傳》，亦作"浸"。今按：殿本《鄧騭傳》仍作"祲"。

〔二四〕續妻後與子祕俱往郡舍　按：殿本"往"作"詣"。

〔二五〕再遷為京（兆）令　按：《刊誤》謂無"京兆縣"，又未可為尹，明多"兆"字，是河南京縣令也。今據刪。

〔二六〕民不聊生（自活）　《刊誤》謂案文"自活"非本傳文，是注以解聊生耳。按：《御覽》二五六引無"自活"二字，今據刪。

〔二七〕幼年曾謁袁術懷橘墮地者也有名稱　按：馬敍倫謂此十五字疑讀者所加，本注在下，誤入正文者也。不然，當明敍其事，今若事已見前，而特撮述之者。然續事具在《吳志》，使未讀《吳志》，竟不知懷橘墮地為何等事，而特煩載筆，果出范氏，其謬甚矣。且上云"見稱當時"，下云"有名稱"，著語複疊，知不當出范氏。

〔二八〕協韻音普（勝）〔膝〕反　據殿本、《集解》本改。

# 後漢書卷三十二

## 樊宏陰識列傳第二十二 宏子儵　族曾孫準　識弟興

　　樊宏字靡卿，南陽湖陽人也，世祖之舅。其先周仲山甫，封于樊，因而氏焉，[1]為鄉里著姓。父重，字君雲，世善農稼，好貨殖。重性溫厚，有法度，三世共財，子孫朝夕禮敬，常若公家。其營理產業，物無所棄，課役童隸，各得其宜，故能上下勠力，財利歲倍，至乃開廣田土三百餘頃。其所起廬舍，皆有重堂高閣，陂渠灌注。[2]又池魚牧畜，有求必給。嘗欲作器物，先種梓漆，時人嗤之，然積以歲月，皆得其用，向之笑者咸求假焉。貲至巨萬，而賑贍宗族，恩加鄉閭。外孫何氏兄弟爭財，重恥之，以田二頃解其忿訟。縣中稱美，推為三老。年八十餘終。其素所假貸人閒數百萬，遺令焚削文契。責家聞者皆慚，爭往償之，[3]諸子從勑，竟不肯受。

【注】
〔1〕樊，今襄州安養縣也。
〔2〕酈元《水經注》曰："(湖)[朝]水支分，[一]東北為樊氏陂，東西十里，南北五里，亦謂之凡亭。陂東樊氏故宅，樊氏既滅，庾氏取其陂，故諺曰：'陂汪汪，下田良，樊氏失業庾氏昌。'"其陂至今猶名為樊陂，在今鄧州新野縣之西南也。
〔3〕責音側界反。

宏少有志行。王莽末，義兵起，劉伯升與族兄賜俱將兵攻湖陽，城守不下。賜女弟為宏妻，湖陽由是收繫宏妻子，令出譬伯升，宏因留不反。湖陽軍帥欲殺其妻子，長吏以下共相謂曰："樊重子父，禮義恩德行於鄉里，雖有罪，且當在後。"會漢兵日盛，湖陽惶急，未敢殺之，遂得免脫。更始立，欲以宏為將，宏叩頭辭曰："書生不習兵事。"竟得免歸，與宗家親屬作營塹自守，老弱歸之者千餘家。時赤眉賊掠唐子鄉，多所殘殺，欲前攻宏營，宏遣人持牛酒米穀，勞遺赤眉。赤眉長老先聞宏仁厚，皆稱曰："樊君素善，且今見待如此，何心攻之。"引兵而去，遂免寇難。

世祖即位，拜光祿大夫，位特進，次三公。建武五年，封長羅侯。〔1〕十三年，封弟丹為射陽侯，〔2〕兄子尋玄鄉侯，族兄忠更父侯。十五年，定封宏壽張侯。十八年，帝南祠章陵，過湖陽，祠重墓，追爵諡為壽張敬侯，立廟於湖陽。車駕每南巡，常幸其墓，賞賜大會。

【注】
〔1〕長羅，縣名，屬陳留郡，故城在今滑州匡城縣東北。
〔2〕在射水之陽。《水經注》曰："泚水西南流，射水注之，水出射城北。建武十三年，封樊重少子丹為射陽侯，即其國也。"案臨淮郡別有射陽縣，疑遠，非此地也。

宏為人謙柔畏慎，不求苟進。常戒其子曰："富貴盈溢，未有能終者。吾非不喜榮埶也，天道惡滿而好謙，前世貴戚皆明戒也。〔1〕保身全己，豈不樂哉！"每當朝會，輒迎期先到，俯伏待事，時至乃起。帝聞之，常勑驃騎臨朝乃告，勿令豫到。宏所上便宜及言得失，輒手自書寫，毀削草本。公朝訪逮，不敢眾對。宗族染其化，未嘗犯法。帝甚重之。及病困，車駕臨視，留宿，問其所欲言。宏頓首自陳："無功享食大國，誠恐子孫不能保全厚恩，令臣魂神慙負黃泉，願還壽張，食小鄉亭。"帝悲傷其言，而竟不許。

【注】
〔1〕《易》曰"天道虧盈而益謙，人道惡盈而好謙"也。

二十七年，卒。遺勑薄葬，一無所用，以為棺柩一臧，不宜復見，如有腐敗，傷孝子之心，使與夫人同墳異臧。帝善其令，以書示百官，因曰："今不順壽張侯意，無以彰其德。且吾萬歲之後，欲以為式。"賵錢千萬，布萬匹，謚為恭侯，贈以印綬，車駕親送葬。子儵嗣。帝悼宏不已，復封少子茂為平望侯。[1]樊氏侯者凡五國。明年，賜儵弟鮪及從昆弟七人合錢五千萬。

【注】
〔1〕平望，縣，屬北海郡，故城在今青州北海縣西北，俗名平望臺也。

論曰：昔楚頃襄王問陽陵君曰："君子之富何如？"對曰："假人不德不責，食人不使不役，親戚愛之，[1]衆人善之。"若乃樊重之折契止訟，其庶幾君子之富乎！分地以用天道，實廩以崇禮節，[2]取諸理化，則亦可以施於政也。與夫愛而畏者，何殊閒哉！[3]

【注】
〔1〕假貸人者不自以為德，不責其報也。食善人者不使役之[二]，故衆人稱善也。《說苑》曰楚王問莊辛之言也。
〔2〕《管子》曰："倉廩實而知禮節。"
〔3〕《左傳》曰："是以其人畏而愛之，何殊閒哉！"言不異也。閒音古莧反。

儵字長魚，謹約有父風。事後母至孝，及母卒，哀思過禮，毀病不自支，世祖常遣中黃門朝暮送饘粥。[1]服闋，就侍中丁恭受《公羊嚴氏春秋》。[2]建武中,禁網尚闊,諸王既長,各招引賓客,以儵外戚,爭遣致之,而儵清靜自保,無所交結。及沛王輔事發,貴戚子弟多見收捕,儵以不豫得免。帝崩,儵為復土校尉。[3]

【注】
〔1〕饘,糜也。
〔2〕嚴彭祖也。
〔3〕復土校尉主葬事,復土於壙也。

永平元年,拜長水校尉,與公卿雜定郊祠禮儀,以讖記正五經異說。北海周澤、琅邪承宮並海內大儒,儵皆以為師友而致之於朝。上言郡國舉孝廉,率取年少能報恩者,耆宿大賢多見廢棄,宜敕郡國簡用良俊。又議刑辟宜須秋月,以順時氣。顯宗並從之。二年,以壽張國益東平王,徙封儵燕侯。[1]其後廣陵王荊有罪,帝以至親悼傷之,詔儵與羽林監南陽任隗雜理其獄。[三]事竟,奏請誅荊。引見宣明殿,帝怒曰:"諸卿以我弟故,欲誅之,即我子,卿等敢爾邪!"儵仰而對曰:"天下高帝天下,非陛下之天下也。《春秋》之義,'君親無將,將而誅焉'。[2]是以周公誅弟,季友鴆兄,經傳大之。[3]臣等以荊屬託母弟,陛下留聖心,加惻隱,故敢請耳。如令陛下子,臣等專誅而已。"[4]帝歎息良久。儵益以此知名。其後弟鮪為子賞求楚王英女敬鄉公主,儵聞而止之,曰:"建武時,吾家並受榮寵,一宗五侯。[5]時特進一言,女可以配王,男可以尚主,[6]但以貴寵過盛,即為禍患,故不為也。且爾一子,奈何棄之於楚乎?"鮪不從。

【注】
〔1〕燕,縣名,屬東郡。
〔2〕《公羊傳》之文也。將者,將為弒逆之事也。
〔3〕周公之弟管、蔡二叔,流言於國,云周公攝政將不利於成王,故周公

誅之。《左傳》曰："周公殺管叔而蔡蔡叔，〔四〕夫豈不愛，王室故也。"杜預注曰"蔡，放也。"又曰，魯莊公有疾，叔牙欲立慶父為後，牙弟季友欲立公子般，友遂鴆叔牙殺之。《公羊傳》曰："季子殺母兄，何善（其）〔爾〕？〔五〕誅不得避兄，君臣之義也。"上蔡音薩。

〔4〕專謂不請也。

〔5〕謂宏封長羅侯，弟丹射陽侯，兄子尋玄鄉侯，族兄忠更父侯，宏又封壽張侯也。

〔6〕宏為特進。

十年，儵卒，賵贈甚厚，謚曰哀侯。帝遣小黃門張音問所遺言。先是河南縣亡失官錢，典負者〔1〕坐死及罪徙者甚衆，遂委責於人，以償其耗。鄉部吏司因此為姦，儵常疾之。又野王歲獻甘醪、膏餳，〔2〕每輒擾人，吏以為利。儵並欲奏罷之，疾病未及得上。音歸，具以聞，帝覽之而悲歎，勑二郡並令從之。

【注】

〔1〕典謂主典，負謂欠負。

〔2〕醪，醇酒，汁滓相將也。

長子氾嗣，〔六〕以次子郴、梵為郎。其後楚事發覺，帝追念儵謹恪，又聞其止鮪婚事，故其諸子得不坐焉。

梵字文高，為郎二十餘年，三署服其重慎。〔1〕悉推財物二千餘萬與孤兄子，官至大鴻臚。

【注】

〔1〕三署解見《和帝紀》也。

氾卒，子時嗣。時卒，子建嗣。建卒，無子，國絕。永寧元年，鄧太后復封建弟盼。盼卒,子尚嗣。

初,儵刪定《公羊嚴氏春秋》章句,世號"樊侯學",教授門徒前後三千餘人。弟子潁川李脩、九江夏勤,皆為三公。勤字伯宗,為京、宛二縣令,零陵太守,所在有理能稱。安帝時,位至司徒。

準字幼陵,宏之族曾孫也。[1]父瑞,好黃老言,清静少欲。準少勵志行,修儒術,以先父產業數百萬讓孤兄子。永元十五年,和帝幸南陽,準為郡功曹,召見,帝器之,拜郎中,從車駕還宮,特補尚書郎。鄧太后臨朝,儒學陵替,準乃上疏曰:

【注】
〔1〕"準"或作"准"。

臣聞賈誼有言,"人君不可以不學"。故雖大舜聖德,孳孳為善;[1]成王賢主,崇明師傅。[2]及光武皇帝受命中興,群雄崩擾,旌旗亂野,東西誅戰,不遑啓處,然猶投戈講藝,息馬論道。至孝明皇帝,兼天地之姿,用日月之明,庶政萬機,無不簡心,而垂情古典,游意經藝,每饗射禮畢,正坐自講,諸儒並聽,四方欣欣。雖闕里之化,夔相之事,誠不足言。[3]又多徵名儒,以充禮官,如沛國趙孝、琅邪承宮等,或安車結駟,告歸鄉里;[4]或豐衣博帶,從見宗廟。其餘以經術見優者,布在廊廟。故朝多皤皤之良,華首之老。[5]每讌會,則論難衎衎,共求政化。[6]詳覽群言,響如振玉。[7]朝者進而思政,罷者退而備問。小大隨化,雍雍可嘉。期門羽林介胄之士,悉通《孝經》。博士議郎,一人開門,徒衆百數。[8]化自聖躬,流及蠻荒,匈奴遣伊秩訾王大車且渠來入就學。八方肅清,上下無事。是以議者每稱盛時,咸言永平。

【注】

〔1〕《孟子》曰："雞鳴而起，孳孳為善者，舜之徒。"

〔2〕《尚書》曰"召公為保，周公為師，相成王為左右"也。

〔3〕孔子，闕里人也。《禮記》云，孔子射於矍相之圃，蓋觀者如堵牆也。

〔4〕安車，坐乘之車也。告歸謂休假歸也。

〔5〕皤皤，白首貌也，音步河反。《書》曰："皤皤良士。"華首謂白首也。

〔6〕衎衎，和樂貌也。

〔7〕《孟子》曰"金聲而玉振"也。

〔8〕開門謂開一家之説。

今學者蓋少，〔七〕遠方尤甚。博士倚席不講，儒者競論浮麗，忘謇謇之忠，習諓諓之辭。〔1〕文吏則去法律而學詆欺，〔2〕鋭錐刀之鋒，斷刑辟之重，德陋俗薄，以致苛刻。〔3〕昔孝文竇后性好黄老，而清静之化流景武之閒。臣愚以為宜下明詔，博求幽隱，發揚巖穴，寵進儒雅，有如孝、宫者，徵詣公車，以俟聖上講習之期。公卿各舉明經及舊儒子孫，進其爵位，使纘其業。復召郡國書佐，使讀律令。如此，則延頸者日有所見，傾耳者月有所聞。伏願陛下推述先帝進業之道。〔4〕

【注】

〔1〕諓諓，諂言也，音踐。《前書》曰"昔秦穆公説諓諓之言"也。

〔2〕詆亦欺也。

〔3〕《左傳》曰，鄭人鑄刑書，叔向使貽子産書曰："今子相鄭，立謗政，鑄刑書，人知爭端矣。將棄禮而徵於書，錐刀之末，將盡爭之，鄭其敗乎！"杜預注云："錐刀喻小事也。"

〔4〕《周易》曰："君子進德修業。"

太后深納其言，是後屢舉方正、敦樸、仁賢之士。

準再遷御史中丞。永初之初，連年水旱災異，郡國多被飢困，準上疏曰：

　　臣聞傳曰："飢而不損茲曰太，厥災水。"〔1〕《春秋穀梁傳》曰："五穀不登，謂之大侵。大侵之禮，百官備而不製，〔2〕群神禱而不祠。"〔3〕由是言之，調和陰陽，寔在儉節。朝廷雖勞心元元，事從省約，而在職之吏，尚未奉承。夫建化致理，由近及遠，故《詩》曰"京師翼翼，四方是則"。〔4〕今可先令太官、尚方、考功、〔八〕上林池籞諸官，實減無事之物，〔5〕五府調省中都官吏京師作者。〔6〕如此，則化及四方，人勞省息。

【注】

〔1〕《洪範五行傳》之文也。言下人飢饉，君上不能損減，謂之為太。太猶甚也。

〔2〕官職備列，不造作也。

〔3〕禱請而已，無祭祀也。

〔4〕《韓詩》之文也。翼翼然，盛也。

〔5〕《前書·百官表》曰，少府掌山海池澤之稅，屬官有太官、考工、尚方、上林中十池監也。太官掌御膳飲食，考工主作器械，尚方主作刀劍器物。籞者，於池苑中以竹綿聯之為禁籞也。實減謂實覆其數減之也。〔九〕

〔6〕五府謂太傅、太尉、司徒、司空、大將軍也。調，徵發也。省，減也。中都官吏，在京師之官吏也。作謂營作者也。

　　伏見被災之郡，百姓凋殘，恐非賑給所能勝贍，雖有其名，終無其實。可依征和元年故事，〔1〕遣使持節慰安。尤困乏者，徙置荆、揚孰郡，既省轉運之費，且令百姓各安其所。今雖有西屯之役，宜先東州之急。〔2〕如遣使者與二千石隨事消息，悉留富人守其舊土，轉尤貧者過所衣食，誠父母之計也。〔3〕願以臣言下公卿平議。

【注】
〔1〕武帝征和元年詔曰："當今務在禁苛暴，止擅賦，力本農桑，無乏武備而已。"
〔2〕時先零羌斷隴道，大為寇害，遣車騎將軍鄧騭、征西校尉任尚討之，故曰"西屯役"也。東州謂冀、兗州，時又遣光禄大夫樊準、吕倉分冀兗二州廩貸流人也。
〔3〕衣音於既反，食音飤。

太后從之，悉以公田賦與貧人。即擢準與議郎吕倉並守光禄大夫，準使冀州，倉使兗州。準到部，開倉稟食，[1]慰安生業，流人咸得蘇息。還，拜鉅鹿太守。時飢荒之餘，人庶流迸，家户且盡，準課督農桑，廣施方略，朞年間，穀粟豐賤數十倍。而趙、魏之郊數為羌所鈔暴，準外禦寇虜，内撫百姓，郡境以安。

【注】
〔1〕稟，給。

五年，轉河内太守。時羌復屢入郡界，準輒將兵討逐，修理塢壁，[1]威名大行。視事三年，以疾徵，三轉為尚書令，明習故事，遂見任用。元初三年，代周暢為光禄勳。五年，卒於官。〔一〇〕

【注】
〔1〕《說文》曰："塢，小障也。"

陰識字次伯，南陽新野人也，光烈皇后之前母兄也。其先出自管仲，管仲七世孫修，自齊適楚，為陰大夫，因而氏焉。秦漢之際，始家新野。

及劉伯升起義兵，識時游學長安，聞之，委業而歸，率子弟、宗族、賓客千餘人往詣伯升。伯升乃以識為校尉。更始元年，遷偏將軍，從攻宛，別降新野、淯陽、杜衍、冠軍、(胡)[湖]陽。[1][一一]二年，更始封識陰德侯，行大將軍事。

【注】
[1] 五縣並屬南陽郡也。

建武元年，光武遣使迎陰貴人於新野，并徵識。識隨貴人至，以為騎都尉，更封陰鄉侯。二年，以征伐軍功增封，識叩頭讓曰：“天下初定，將帥有功者衆，臣託屬掖廷，仍加爵邑，不可以示天下。”帝甚美之，以為關都尉，鎮函谷。遷侍中，以母憂辭歸。十五年，定封原鹿侯。[1]及顯宗立為皇太子，以識守執金吾，輔導東宮。帝每巡郡國，識常留鎮守京師，委以禁兵。入雖極言正議，及與賓客語，未嘗及國事。帝敬重之，常指識以勑戒貴戚，激厲左右焉。識所用掾史皆簡賢者，如虞(延)[廷]、傅寬、薛愔[一二]等，多至公卿校尉。

【注】
[1] 原鹿，縣，屬汝南郡。俗本"鹿"作"慶"者誤。

顯宗即位，拜為執金吾，位特進。永平二年，卒，贈以本官印綬，謚曰貞侯。

子躬嗣。躬卒，子璜嗣。永初七年，為奴所殺，無子，國絕。永寧元年，鄧太后以璜弟淑紹封。淑卒，子鮪嗣。

躬弟子綱女為和帝皇后，封綱吳房侯，[一三]位特進，三子軼、輔、敞，皆黃門侍郎。后坐巫蠱事廢，綱自殺，輔下獄死，軼、敞徙日南。

識弟興。

興字君陵,光烈皇后母弟也,為人有膂力。建武二年,為黃門侍郎,守期門僕射,典將武騎,從征伐,平定郡國。興每從出入,常操持小蓋,障翳風雨,躬履塗泥,率先期門。光武所幸之處,輒先入清宮,甚見親信。雖好施接賓,然門無俠客。與同郡張宗、上谷鮮于裒不相好,知其有用,猶稱所長而達之;友人張汜、〔一四〕杜禽與興厚善,以為華而少實,但私之以財,終不為言:是以世稱其忠平。第宅苟完,裁蔽風雨。

九年,遷侍中,賜爵關內侯。帝後召興,欲封之,置印綬於前,興固讓曰:「臣未有先登陷陣之功,而一家數人並蒙爵土,令天下觖望,誠為盈溢。〔1〕臣蒙陛下、貴人恩澤至厚,富貴已極,不可復加,至誠不願。」帝嘉興之讓,不奪其志。貴人問其故,興曰:「貴人不讀書記邪?『亢龍有悔。』〔2〕夫外戚家苦不知謙退,嫁女欲配侯王,取婦眄睨公主,愚心實不安也。富貴有極,人當知足,夸奢益為觀聽所譏。」貴人感其言,深自降挹,卒不為宗親求位。十九年,拜衛尉,亦輔導皇太子。明年夏,帝風眩疾甚,後以興領侍中,〔一五〕受顧命於雲臺廣室。〔3〕會疾瘳,召見興,欲以代吳漢為大司馬。興叩頭流涕,固讓曰:「臣不敢惜身,誠虧損聖德,不可苟冒。」至誠發中,感動左右,帝遂聽之。

【注】

〔1〕觖音羌志反。《前書音義》曰:「觖猶冀也。一音決,猶望之也。」

〔2〕《易‧乾卦》上九爻曰:「亢龍有悔,窮之災也。」亢,極也,龍以喻君。言居上體之極,則有悔吝之災也。

〔3〕《尚書》曰,成王將崩,命召公作顧命。孔安國注云:「臨終之命曰顧命。」洛陽南宮有雲臺廣德殿。

二十三年，卒，時年三十九。興素與從兄嵩不相能，然敬其威重。興疾病，帝親臨，問以政事及群臣能不。興頓首曰："臣愚不足以知之。然伏見議郎席廣、謁者陰嵩，並經行明深，踰於公卿。"興沒後，帝思其言，遂擢廣為光祿勳；嵩為中郎將，監羽林十餘年，以謹勅見幸。顯宗即位，拜長樂衛尉，遷執金吾。

永平元年詔曰："故侍中衛尉關內侯興，典領禁兵，從平天下，當以軍功顯受封爵，又諸舅比例，應蒙恩澤，興皆固讓，安乎里巷。輔導朕躬，有周昌之直，[1]在家仁孝，有曾、閔之行，不幸早卒，朕甚傷之。賢者子孫，宜加優異。其以汝南之鮦陽封興子慶為鮦陽侯，[2]慶弟博為濾強侯。"[3]博弟員、丹並為郎，慶推田宅財物悉與員、丹。帝以慶義讓，擢為黃門侍郎。慶卒，子琴嗣。建初五年，興夫人卒，肅宗使五官中郎將持節即墓賜策，追諡興曰翼侯。琴卒，子萬全嗣。萬全卒，子桂嗣。

【注】
[1]《前書》曰，周昌，沛人也。為御史大夫。為人強力，敢直言極諫也。
[2]鮦陽故城在今豫州新蔡縣北，在鮦水之陽也，音紂。
[3]濾強，縣，屬汝南郡，在濾水之北。

興弟就，嗣父封宣恩侯，後改封為新陽侯。[1]就善談論，朝臣莫及，然性剛愎，不得眾譽。顯宗即位，以就為少府，位特進。就子豐尚酈邑公主。[2]公主嬌妒，豐亦猖急。[3]永平二年，遂殺主，被誅，父母當坐，皆自殺，國除。帝以舅氏故，不極其刑。

【注】
[1]新陽，縣，屬汝南郡，故城在今豫州真陽縣西南。
[2]光武女也。

〔3〕狷，疾也，音絹。

陰氏侯者凡四人。初，陰氏世奉管仲之祀，謂為"相君"。宣帝時，陰子方者，至孝有仁恩，臘日晨炊而竈神形見，〔1〕子方再拜受慶。家有黃羊，因以祀之。自是已後，暴至巨富，田有七百餘頃，輿馬僕隸，比於邦君。子方常言"我子孫必將彊大"，至識三世而遂繁昌，故後常以臘日祀竈，而薦黃羊焉。

【注】
〔1〕《雜五行書》曰："竈神名禪，字子郭，衣黃衣，夜被髮從竈中出，知其名呼之，可除凶惡。宜市豬肝泥竈，令婦孝。"

贊曰：權族好傾，后門多毀。樊氏世篤，陰亦戒侈。恂恂苗胤，傳龜襲紫。〔1〕

【注】
〔1〕恂恂，恭順貌也。公侯皆紫綬、金印、龜鈕，見應劭《漢官儀》。

【校勘記】
〔一〕（湖）〔朝〕水支分　據《水經‧淯水注》改。
〔二〕食善人者不使役之　按：《刊誤》謂食人而已，何故輒擇善人，明此是"養"字，或云當云"善食人者"。
〔三〕詔儵與羽林監南陽任隗雜理其獄　按：《校補》引錢大昭說，謂隗傳作"羽林左監"，此脫"左"字。
〔四〕周公殺管叔而椾蔡叔　按：沈家本謂"椾"今《左傳》作"蔡"，依《說文》當作"櫱"，說詳《釋文》及孔疏。此作"椾"，亦"櫱"之譌，與今本不同，豈據陸、孔改耶？
〔五〕季子殺母兄何善（其）〔爾〕　據《刊誤》改，與《公羊傳》合。

〔六〕長子汜嗣　按："汜"汲本、殿本作"氾"。

〔七〕今學者蓋少　《刊誤》謂"蓋"當作"益"。按：作"蓋"亦自可通，劉説泥。

〔八〕考功　按：《刊誤》謂"功"當作"工"，考工官名，見《前書》。

〔九〕實減謂實覆其數減之也　按：陳景雲謂"覆"當作"覈"。

〔一〇〕五年卒於官　按：《校補》引錢大昭説，謂"五年"閩本作"其年"。

〔一一〕(胡)〔湖〕陽　按：郡國志南陽郡有"湖陽"，無"胡陽"。王先謙謂"胡"當作"湖"，今據改。

〔一二〕如虞(延)〔廷〕傅寬薛愔等　據汲本改。按：《校補》謂虞延仕執金吾府在建武初，陰識守執金吾在建武十八年以後，時延外仕久矣。建武二十四年，延為洛陽令，收考陰氏客馬成誅之，終為陰氏所中傷，其非陰識掾吏甚明。虞廷自别是一人，混為虞延，誤也。

〔一三〕封綱吴房侯　按：集解引惠棟説，謂袁紀作"防侯"。

〔一四〕張汜　按：汲本、殿本"汜"作"氾"。

〔一五〕後以興領侍中　按：《集解》引陳景雲説，謂"後"當作"復"，興前官侍中，故言復領。

# 後漢書卷三十三

## 朱馮虞鄭周列傳第二十三

朱浮字叔元，沛國蕭人也。初從光武為大司馬主簿，遷偏將軍，從破邯鄲。光武遣吳漢誅更始幽州牧苗曾，乃拜浮為大將軍幽州牧，守薊城，遂討定北邊。建武二年，封舞陽侯，食三縣。

浮年少有才能，頗欲厲風迹，[1]收士心，辟召州中名宿涿郡王岑之屬，以為從事，[2]及王莽時故吏二千石，皆引置幕府，乃多發諸郡倉穀，稟贍其妻子。漁陽太守彭寵以為天下未定，師旅方起，不宜多置官屬，以損軍實，[3]不從其令。浮性矜急自多，[4]頗有不平，因以峻文詆之；寵亦很強，兼負其功，嫌怨轉積。浮密奏寵遣吏迎妻而不迎其母，又受貨賄，殺害友人，多聚兵穀，意計難量。[5]寵既積怨，聞〔之〕，遂大怒，〔一〕而舉兵攻浮。浮以書質責之[6]曰：

【注】
〔1〕風化之迹也。
〔2〕岑後為梁州牧。
〔3〕謂甲兵糧儲也。《左傳》曰"隳軍實"也。
〔4〕矜誇多自取也。
〔5〕峻，嚴切也。詆，誣也。
〔6〕質，正也。

蓋聞知者順時而謀，愚者逆理而動，常竊悲京城太叔以不知足而無賢輔，卒自棄於鄭也。[1]

【注】
〔1〕《左傳》曰，鄭武公娶于申，曰武姜，生莊公及共叔段。及莊公即位，武姜為之請京，使居，謂之京城太叔。既而太叔將襲鄭，公命子封伐京，京畔太叔段，段出奔共也。

　　伯通以名字典郡，[1]有佐命之功，[2]臨人親職，[二]愛惜倉庫，而浮秉征伐之任，欲權時救急，二者皆為國耳。即疑浮相譖，何不詣闕自陳，而為族滅之計乎？朝廷之於伯通，恩亦厚矣，委以大郡，任以威武，[3]事有柱石之寄，情同子孫之親。[4]匹夫媵母尚能致命一餐，[5]豈有身帶三綬，職典大邦，[6]而不顧恩義，生心外畔者乎！伯通與吏人語，何以為顏？行步拜起，何以為容？坐臥念之，何以為心？引鏡窺影，何施眉目？舉措建功，何以為人？惜乎棄休令之嘉名，造梟鴟之逆謀，[7]捐傳世之慶祚，[三]招破敗之重災，高論堯舜之道，不忍桀紂之性，生為世笑，死為愚鬼，不亦哀乎！

【注】
〔1〕伯通，彭寵字也，以名字顯著也。
〔2〕光武初鎮河北，寵遣吳漢等發步兵三千人先歸光武，及圍邯鄲，寵轉食前後不絶也。
〔3〕光武賜寵號大將軍，故云"任以威武"也。
〔4〕柱石，以屋為諭也。
〔5〕《左傳》曰，趙盾田於首山，舍於翳桑，見靈輒餓，問，曰"三日不食矣"，食之。後晉靈公欲殺趙盾，輒為公甲士，倒戟以禦公徒而免盾。媵母，未詳也。

〔6〕寵為漁陽太守、建忠侯、大將軍,故帶三綬。
〔7〕梟鴟即鴟梟也,其子適大,還食其母。《說文》云不孝鳥也。

　　伯通與耿俠遊俱起佐命,同被國恩。〔1〕俠遊謙讓,屢有降挹之言;〔2〕而伯通自伐,以為功高天下。往時遼東有豕,生子白頭,異而獻之,行至河東,見群豕皆白,懷慚而還。若以子之功論於朝廷,〔四〕則為遼東豕也。今乃愚妄,自比六國。六國之時,其執各盛,廓土數千里,勝兵將百萬,故能據國相持,多歷年世。〔五〕今天下幾里,列郡幾城,奈何以區區漁陽而結怨天子?此猶河濱之人捧土以塞孟津,多見其不知量也!

【注】
〔1〕俠遊,耿況字也。況為上谷太守,初與寵結謀共歸光武也。
〔2〕挹,損也。

　　方今天下適定,海內願安,士無賢不肖,皆樂立名於世。而伯通獨中風狂走,自捐盛時,內聽驕婦之失計,〔六〕外信讒邪之諛言,〔1〕長為群后惡法,永為功臣鑒戒,豈不誤哉!定海內者無私讎,勿以前事自誤,〔七〕願留意顧老母幼弟。凡舉事無為親厚者所痛,而為見讎者所快。

【注】
〔1〕浮密奏寵,上徵之,寵妻勸寵無應徵。又與所親信計議,吏皆怨浮,勸寵止不應徵也。

　　寵得書愈怒,〔1〕攻浮轉急。明年,涿郡太守張豐亦舉兵反。

【注】
〔1〕愈猶益也。

時二郡畔戾，北州憂恐，浮以為天子必自將兵討之，而但遣游擊將軍鄧隆陰助浮。浮懷懼，以為帝怠於敵，不能救之，乃上疏曰："昔楚宋列國，俱為諸侯，莊王以宋執其使，遂有投袂之師。魏公子顧朋友之要，觸冒彊秦之鋒。夫楚魏非有分職匡正之大義也，莊王但為爭強而發忿，公子以一言而立信耳。〔1〕今彭寵反畔，張豐逆節，以為陛下必棄捐它事，以時滅之。既歷時月，寂寞無音。從圍城而不救，放逆虜而不討，臣誠惑之。昔高祖聖武，天下既定，猶身自征伐，未嘗寧居。〔2〕陛下雖興大業，海內未集，而獨逸豫，不顧北垂，百姓遑遑，無所繫心，三河、冀州，曷足以傳後哉！今秋稼已孰，復為漁陽所掠。張豐狂悖，姦黨日增，連年拒守，吏士疲勞，甲冑生蟣蝨，弓弩不得弛，〔3〕上下燋心，相望救護，仰希陛下生活之恩。"詔報曰："往年赤眉跋扈長安，〔4〕吾策其無穀必東，果來歸降。今度此反虜，執無久全，其中必有內相斬者。今軍資未充，故須後麥耳。"〔5〕浮城中糧盡，人相食。會上谷太守耿況遣騎來救浮，浮乃得遁走。南至良鄉，其兵長反遮之，〔6〕浮恐不得脫，乃下馬刺殺其妻，僅以身免，城降於寵。尚書令侯霸奏浮敗亂幽州，構成寵罪，徒勞軍師，不能死節，罪當伏誅。帝不忍，以浮代賈復為執金吾，徙封父城侯。後豐、寵並自敗。

【注】
〔1〕《左傳》曰，楚莊王使申舟無畏聘于齊，曰："無假道於宋。"宋人殺無畏，莊王聞之，投袂而起，〔八〕遂發兵圍宋。《史記》，魏公子無忌，魏昭王之少子，封信陵君，仁而好士，食客三千人。公子姊為趙平原君勝妻，秦圍邯鄲，求救於魏，魏以秦強不敢救，公子乃竊兵符，奪晉鄙軍以救趙，秦兵遂解也。
〔2〕高祖定天下之後，猶自征匈奴、陳豨、黥布等也。
〔3〕鄭玄注《周禮》曰："弛，釋下也。"

〔4〕跋扈猶暴橫也。

〔5〕須,待也。

〔6〕兵長,兵之長帥也。〔九〕

　　帝以二千石長吏多不勝任,時有纖微之過者,必見斥罷,交易紛擾,百姓不寧。六年,有日食之異,浮因上疏曰:"臣聞日者眾陽之所宗,君上之位也。凡居官治民,據郡典縣,皆為陽為上,為尊為長。若陽上不明,尊長不足,則干動三光,垂示王者。〔1〕五典紀國家之政,〔2〕《鴻範》別災異之文,〔3〕皆宣明天道,以徵來事者也。〔4〕陛下哀愍海內新離禍毒,保育生人,〔5〕使得蘇息。而今牧人之吏,多未稱職,小違理實,輒見斥罷,豈不粲然黑白分明哉!〔6〕然以堯舜之盛,猶加三考,〔7〕大漢之興,亦累功効,吏皆積久,養老於官,至名子孫,因為氏姓。〔8〕當時吏職,何能悉理;論議之徒,豈不誼讙。蓋以為天地之功不可倉卒,艱難之業當累日也。而閒者守宰數見換易,迎新相代,疲勞道路。尋其視事日淺,未足昭見其職,既加嚴切,人不自保,各相顧望,無自安之心。有司或因睚眦以騁私怨,苟求長短,求媚上意。二千石及長吏迫於舉劾,懼於刺譏,故爭飾詐偽,以希虛譽。斯皆群陽騷動,日月失行之應。夫物暴長者必夭折,功卒成者必亟壞,如摧長久之業,而造速成之功,非陛下之福也。天下非一時之用也,海內非一旦之功也。願陛下遊意於經年之外,望化於一世之後。〔9〕天下幸甚。"帝下其議,群臣多同於浮,自是牧守易代頗簡。

【注】

〔1〕干,犯也。三光,日、月、星也。

〔2〕《禮記》曰:"溫柔敦厚,《詩》教也。疏通知遠,《書》教也。絜静精微,《易》教也。恭儉莊敬,《禮》教也。屬辭比事,《春秋》教也。"

〔3〕《鴻範》,《尚書》篇名,箕子為武王陳政道陰陽之法。災異即咎徵之類也。

〔4〕徵,驗也。

〔5〕宥,寬也。

〔6〕《淮南子》曰"聖人見是非,若白黑之別於目,清濁之形於耳"也。

〔7〕考謂考其功最也。《尚書‧舜典》曰"三載考績,三考黜陟幽明"也。

〔8〕《前書》:"武帝時,漢有天下已七十餘年,為吏者長子孫,居官者以為姓號,人人自愛而重犯法。"《音義》曰:"時無事,吏不數轉,至於子孫而不轉職,今倉氏、庫氏因以為姓,即倉庫吏之後也。"

〔9〕孔子曰:"如有王者,必代而後仁。"見《論語》。

舊制,州牧奏二千石長吏不任位者,事皆先下三公,三公遣掾史案驗,然後黜退。帝時用明察,不復委任三府,而權歸刺舉之吏。〔1〕浮復上疏曰:"陛下清明履約,率禮無違,自宗室諸王、外家后親,皆奉遵繩墨,無黨埶之名。至或乘牛車,齊於編人。斯固法令整齊,下無作威者也。求之於事,宜以和平,而災異猶見者,而豈徒然?天道信誠,不可不察。竊見陛下疾往者上威不行,下專國命,即位以來,不用舊典,信刺舉之官,黜鼎輔之任,至於有所劾奏,便加免退,覆案不關三府,罪譴不蒙澄察。陛下以使者為腹心,而使者以從事為耳目,是為尚書之平,決於百石之吏,〔2〕故群下苛刻,各自為能。兼以私情容長,憎愛在職,皆競張空虛,以要時利,故有罪者心不厭服,無咎者坐被空文,不可經盛衰,貽後王也。〔3〕夫事積久則吏自重,〔4〕吏安則人自靜。傳曰:'五年再閏,天道乃備。'〔5〕夫以天地之靈,猶五載以成其化,況人道哉!臣浮愚戇,不勝惓惓,願陛下留心千里之任,省察偏言之奏。"

【注】

〔1〕刺舉即州牧也。

〔2〕使者,刺史也。《續漢志》曰,每州有從事,秩百石。耳目謂令采察也。平謂平決也。

〔3〕貽，遺也。

〔4〕重猶愛惜也。

〔5〕周天三百六十五度四分度之一，日行一度，一年十二月，除小月六日，即一歲三百五十四日，是為每歲日行天。餘一十一度四分度之一，不匝一年，餘十一日四分日之一，故三年即餘三十三日四分日之三，閏月又小，是五年即得再閏。

七年，轉太僕。浮又以國學既興，宜廣博士之選，乃上書曰："夫太學者，禮義之宮，教化所由興也。陛下尊敬先聖，垂意古典，宮室未飾，干戈未休，而先建太學，進立橫舍，〔1〕比日車駕親臨觀饗，將以弘時雍之化，顯勉進之功也。〔2〕尋博士之官，為天下宗師，使孔聖之言傳而不絕。舊事，策試博士，必廣求詳選，爰自畿夏，延及四方，是以博舉明經，唯賢是登，〔3〕學者精勵，遠近同慕。伏聞詔書更試五人，唯取見在洛陽城者。臣恐自今以往，將有所失。求之密邇，容或未盡，而四方之學，無所勸樂。凡策試之本，貴得其真，非有期會，不及遠方也。又諸所徵試，皆私自發遣，非有傷費煩擾於事也。語曰：'中國失禮，求之於野。'〔4〕臣浮幸得與講圖讖，〔5〕故敢越職。"帝然之。

【注】

〔1〕橫，學也。或作"黌"，義亦同。

〔2〕雍，和也。《書》曰"黎人於變時雍"，乃勉勸也。

〔3〕畿，王畿；夏，華夏也。《漢官儀》曰："博士，秦官也。武帝初置五經博士，後增至十四人。太常差選有聰明威重一人為祭酒，總領綱紀。其舉狀曰：'生事愛敬，喪沒如禮。通《易》、《尚書》、《孝經》、《論語》，兼綜載籍，窮微闡奧。隱居樂道，不求聞達。身無金痍痼疾，（世）[卅]六屬〔一〇〕不與妖惡交通、王侯賞賜。行應四科，經任博士。'下言某官某甲保舉。"

〔4〕劉歆移書太常曰："夫禮失求之於野，古文不猶愈於野乎？"

〔5〕與音預。

二十年，代竇融為大司空。二十二年，坐賣弄國恩免。二十五年，徙封新息侯。

帝以浮陵轢同列，每銜之，〔1〕惜其功能，不忍加罪。永平中，有人單辭告浮事者，〔2〕顯宗大怒，賜浮死。長水校尉樊（儵）[鯈]〔一〕言於帝曰："唐堯大聖，兆人獲所，〔3〕尚優遊四凶之獄，厭服海內之心，〔4〕使天下咸知，然後殛罰。〔5〕浮事雖昭明，而未達人聽，宜下廷尉，章著其事。"帝亦悔之。

【注】

〔1〕陵轢猶欺蔑也。

〔2〕單辭謂無證據也。《書》曰："明清於單辭。"

〔3〕獲，得也。

〔4〕優遊謂優柔也。四凶者，鯀、共工、驩兜、三苗。《左傳》曰舜流四凶族，今云堯者，舜為堯臣而流之也。《尚書》曰："四罪而天下咸服。"

〔5〕殛，誅也，音紀力反。

論曰：吳起與田文論功，文不及者三，朱買臣難公孫弘十策，弘不得其一，終之田文相魏，公孫宰漢，誠知宰相自有體也。〔1〕故曾子曰："君子所貴乎道者三，〔2〕籩豆之事則有司存。"〔3〕而光武、明帝躬好吏事，亦以課覈三公，〔4〕其人或失而其禮稍薄，至有誅斥詰辱之累。任職責過，一至於此，追感賈生之論，不亦篤乎！〔5〕朱浮譏諷苛察欲速之弊，然矣，〔6〕焉得長者之言哉！〔7〕

【注】

〔1〕《史記》："魏置相田文，吳起不悅，謂田文曰：'請與子論功，可乎？'田文曰：'可。'起曰：'將三軍，使士卒樂死，敵國不敢謀，子孰與起？'田文曰：'不如子。'吳起曰：'理百官，親萬人，實府庫，子孰與起？'田文曰：'不如子。'吳起曰：'守西河，秦人不敢東向，韓、趙賓從，

子孰與起？'田文曰：'不如子。'吳起曰：'此三者，子皆出吾下，而位加吾上，何也？'田文曰：'主少國疑，大臣未附，百姓不信，方是時，屬之於子乎，屬之於我乎？'吳起默然良久，曰：'屬之於子矣。'田文曰：'此乃吾所以居子上也。'吳起方乃自知不如。"武帝時，方築朔方，公孫弘諫，以為罷弊中國。上使朱買臣難弘，發十策，弘不得一。

〔2〕三謂動容貌，正顏色，出辭氣。事見《論語》。

〔3〕籩豆，禮器也。小細之務，有司所主，非人君之事也。

〔4〕課其殿最，覈其得失。

〔5〕《賈誼》曰："廉恥禮節以繩君子，故有賜死而無戮辱，是以黥劓之罪不及大夫，以其離主上不遠也。"是時人告周勃謀反，繫長安，卒無事，故誼以此譏上也。

〔6〕《論語》孔子曰："無欲速，無見小利。欲速則不達，見小利則大事不成。"以光武帝明察煩刻，故引之。

〔7〕《前書》龔遂為勃海郡太守，王生謂遂曰："君即見上，問君何以化勃海？宜曰聖主之（力）[德]，〔一二〕非小臣之力也。"既至前，上果問，遂對如王生言。天子悅，曰："君安得長者之言而稱也！"


馮魴字孝孫，南陽湖陽人也。其先魏之支別，食菜馮城，〔一三〕因以氏焉。〔1〕秦滅魏，遷于湖陽，為郡族姓。

【注】
〔1〕《東觀記》曰"其先魏之別封曰華侯，華侯孫長卿食菜馮城，因以氏焉。魴父名楊"也。

王莽末，四方潰畔，魴乃聚賓客，招豪桀，作營壍，以待所歸。〔1〕是時湖陽大姓虞都尉反城稱兵，先與同縣申屠季有仇，而殺其兄，謀滅季族。季亡歸魴，魴將季欲還其營，道逢都尉從弟長卿來，欲執季。魴叱長卿曰：“我與季雖無素故，士窮相歸，要當以死任之，卿為何言？”遂與俱歸。季謝曰：“蒙恩得全，死無以為報(恩)，〔一四〕有牛馬財物，願悉獻之。”魴作色曰：“吾老親弱弟皆[在]賊城中，〔一五〕今日相與，尚無所顧，何云財物乎？”季慙不敢復言。魴自是為縣邑所敬信，故能據營自固。

【注】
〔1〕待真主也。

時天下未定，而四方之士擁兵矯稱者甚衆，唯魴自守，兼有方略。光武聞而嘉之，建武三年，徵詣行在所，見於雲臺，〔1〕拜虞令〔2〕。為政敢殺伐，以威信稱。遷郟令。後車駕西征隗囂，潁川盜賊群起，郟賊延襃等衆三千餘人，攻圍縣舍，魴率吏士七十許人，力戰連日，弩矢盡，城陷，魴乃遁去。帝聞郡國反，即馳赴潁川，魴詣行在所。帝案行鬭處，知魴力戰，乃嘉之曰：“此健令也。所當討擊，勿拘州郡。”襃等聞帝至，皆自髡剔，〔3〕〔一六〕負鈇鑕〔4〕，將其衆請罪。帝且赦之，使魴轉降諸聚落，縣中平定，詔乃悉以襃等還魴誅之。魴責讓以行軍法，皆叩頭曰：“今日受誅，死無所恨。”魴曰：“汝知悔過伏罪，今一切相赦，聽各反農桑，為令作耳目。”皆稱萬歲。是時每有盜賊，並為襃等所發，無敢動者，縣界清静。

【注】
〔1〕即南宮雲臺也。
〔2〕虞，縣，屬梁國，本虞國，舜後所封之邑，今宋州虞城縣也。
〔3〕剔音他狄反。《聲類》曰亦“鬀”字，音他計反，謂剃去髮也。
〔4〕《説文》曰：“鈇，剉刃也。”鑕，椹也，音質。

十三年，遷魏郡太守。二十七年，以高第入代趙憙為太僕。中元元年,從東封岱宗,行衛尉事。還,代張純為司空,賜爵關內侯。二年,帝崩,使魴持節起原陵,更封楊邑鄉侯,食三百五十戶。永平四年,坐考隴西太守鄧融,聽任姦吏,策免,削爵土。六年,顯宗幸魯,復行衛尉事。七年,代陰嵩為執金吾。

魴性矜嚴公正,在位數進忠言,多見納用。十四年,詔復爵土。明年,東巡郡國,留魴宿衛南宮。[1]建初三年,以老病乞身,肅宗許之。其冬為五更,詔魴朝賀,就列侯位。元和二年,卒,時年八十六。

【注】

〔1〕《東觀記》曰:"勑魴車駕發後將緹騎宿玄武門複道上,領南宮吏士,保給牀席,[一七]子孫得到魴所。"

子柱嗣。尚顯宗女獲嘉長公主,少為侍中,以恭肅謙約稱,位至將作大匠。柱卒,子定嗣,官至羽林中郎將。定卒,無子,國除。

定弟石,襲母公主封獲嘉侯,亦為侍中,稍遷衛尉。能取悅當世,為安帝所寵。帝嘗幸其府,留飲十許日,賜駁犀具劍、佩刀、[1]紫艾綬、[2]玉玦各一,[3]拜子世為黃門侍郎,[一八]世弟二人皆郎中。自永初兵荒,王侯租秩多不充,於是特詔以它縣租稅足石,令如舊限,[4]歲入穀三萬斛,錢四萬。遷光祿勳,遂代楊震為太尉。及北鄉侯立,[5]遷太傅,與太尉東萊劉喜參錄尚書事。[一九]順帝既立,石與喜皆以阿黨閻顯、江京等策免,復為衛尉。卒,子代嗣。[二〇]代卒,弟承嗣,為步兵校尉。

【注】

〔1〕以班犀飾劍也。

〔2〕艾即鷖,綠色也,其色似艾。

〔3〕半環曰玦,以飾帶也。

〔4〕足音即諭反。

〔5〕章帝孫濟北惠王壽之子懿也。

石弟珖,〔1〕和帝時詔封楊邑侯,〔二一〕亦以石寵,官至城門校尉。卒,子肅嗣,為黃門侍郎。

【注】
〔1〕珖音光。


虞延字子大,陳留東昏人也。〔1〕延初生,其上有物若一匹練,遂上升天,占者以為吉。及長,長八尺六寸,要帶十圍,力能扛鼎。〔2〕少為戶牖亭長。時王莽貴人魏氏〔3〕賓客放從,延率吏卒突入其家捕之,以此見怨,故位不升。性敦朴,不拘小節,又無鄉曲之譽。王莽末,天下大亂,延常嬰甲冑,擁衛親族,扞禦鈔盜,賴其全者甚眾。延從女弟年在孩乳,其母不能活之,棄於溝中,延聞其號聲,哀而收之,養至成人。〔4〕建武初,仕執金吾府,除細陽令。〔5〕每至歲時伏臘,輒休遣徒繫,各使歸家,並感其恩德,應期而還。有囚於家被病,自載詣獄,既至而死,延率掾(吏)〔史〕,〔二二〕殯于門外,百姓感悅之。

【注】
〔1〕東昏,縣,故城在今汴州陳留縣東北。東緡屬山陽郡,俗本為"緡"者,誤也。
〔2〕《說文》曰:"扛鼎,橫關對舉也。"[扛]音江。〔二三〕
〔3〕謝承《書》曰:"莽貴人魏氏以椒房之寵,威傾郡縣。"
〔4〕謝承《書》曰:"養育成人,以妻同縣人王氏。"
〔5〕細陽,縣,屬汝南郡,故城在今潁州汝陰縣西北。

後去官還鄉里,太守富宗聞延名,〔二四〕召署功曹。〔1〕宗性奢靡,車服器物，多不中節。延諫曰："昔晏嬰輔齊，鹿裘不完，[2]季文子相魯，妾不衣帛，[3]以約失之者鮮矣。"宗不悅，延即辭退。居有頃，宗果以侈從被誅，臨當伏刑，攣涕而歎曰："恨不用功曹虞延之諫！"光武聞而奇之。二十年東巡，路過小黃，高帝母昭靈后園陵在焉，[4]時延為部督郵，詔呼引見，問園陵之事。延進止從容，占拜可觀，其陵樹株蘗，皆諳其數，[5]俎豆犧牲，頗曉其禮。帝善之，勑延從駕到魯。還經封丘城門，門下小，不容羽蓋，[6]帝怒，使撻侍御史，延因下見引咎，以為罪在督郵。言辭激揚，有感帝意，乃制詔曰："以陳留督郵虞延故，貰御史罪。"[7]延從送車駕西盡郡界，賜錢及劍帶佩刀還郡，於是聲名遂振。

【注】

[1]富姓，宗名。

[2]《晏子》曰："晏子布衣鹿裘以朝，公曰：'夫子之家若此其貧也，奚衣之惡也？'"

[3]《左傳》曰，季文子相魯，妾不衣帛，馬不食粟。

[4]小黃，縣，屬陳留郡，故城在今汴州陳留縣東北。《漢官儀》注曰："高帝母起兵時死小黃北，後為作陵廟於小黃。"《陳留風俗傳》云："沛公起兵野戰，喪皇妣于黃鄉。天下平，乃使使者梓宮招魂幽野，有丹蛇在水，自洗濯，入于梓宮，其浴處仍有遺髮，故謚曰昭靈夫人。因作園陵、寢殿、司馬門、鐘簴、衛守。"小黃有祭器籩豆鼎俎之屬十四種，廟基尚存焉。

[5]株，根也。蘗，伐木更生也。

[6]封丘，今汴州縣也。

[7]貰，放也。

二十三年，司徒玉況[二五]辟焉。[1]時元正朝賀，帝望而識延，遣小黃門馳問之，即日召拜公車令。明年，遷洛陽令。是時陰氏有客馬成者，常為姦盜，延收考之。陰氏屢請，獲一書輒加笞二百。[2]信陽侯陰就[3]乃訴帝,譖延多所冤枉。帝乃臨御道之館,親錄囚徒。延陳其獄狀可論者在東,無理者居西。成乃回欲趨東,延前執之,謂曰:"爾人之巨蠹,久依城社,不畏熏燒。[4]今考實未竟,宜當盡法!"成大呼稱枉,陛戟郎以戟刺延,叱使置之。[5]帝知延不私,謂成曰:"汝犯王法,身自取之!"呵使速去。後數日伏誅。於是外戚斂手,莫敢干法。在縣三年,遷南陽太守。

【注】

〔1〕謝承《書》曰:"況字文伯,京兆杜陵人也。代為三輔名族,該總五經,志節高亮,為陳留太守。性聰敏,善行德教。永平十五年,蝗蟲起泰山,[二六]彌衍兖、豫,過陳留界,飛逝不集,五穀獨豐。章和元年,詔以況為司徒。"玉,姓,音宿。

〔2〕篣,棰也,音彭。

〔3〕就,光烈皇后弟也。就本傳"信"作"新"。

〔4〕齊景公問晏子曰:"理國何患?"對曰:"患社鼠。"公曰:"何謂社鼠?"對曰:"社鼠不可熏。人君之左右,亦國之社鼠也。"

〔5〕《續漢志》曰:"凡郎官皆主執戟宿衛也。"

永平初,有新野功曹鄧衍,[二七]以外戚小侯每豫朝會,而容姿趨步,有出於眾,顯宗目之,顧左右曰:"朕之儀貌,豈若此人!"特賜輿馬衣服。延以衍雖有容儀而無實行,未嘗加禮。帝既異之,乃詔衍令自稱南陽功曹詣闕。[1]既到,拜郎中,遷玄武司馬。[2]衍在職不服父喪,帝聞之,乃歎曰:"'知人則哲,惟帝難之。'信哉斯言!"衍慙而退,由是以延為明。

【注】

〔1〕謝承《書》曰:"帝賜輿馬衣服劍珮刀,錢二萬,南陽計吏歸,具以啟延。延知衍華不副實,行不配容,積三年不用,於是上乃自勑衍稱南陽功曹

詣闕。"

〔2〕玄武，宮之北門也。每宮城門皆有司馬一人，秩千石，見《續漢志》。

三年，徵代趙憙為太尉；八年，代范遷為司徒。歷位二府，十餘年無異政績。會楚王英謀反，陰氏欲中傷之，使人私以楚謀告延，延以英藩戚至親，不然其言，又欲辟幽州從事公孫弘，〔1〕以弘交通楚王而止，並不奏聞。及英事發覺，詔書切讓，延遂自殺。家至清貧，子孫不免寒餒。〔2〕

【注】
〔1〕郡國有從事，主督促文書，察舉非法，皆州自辟除，故通為百石，即功曹從事、理中從事之類是也。見《續漢志》也。
〔2〕餒，餓也。謝承《書》曰："身沒之後，家貧空，子孫同衣而出，并日而食。"

延從曾孫放，字子仲。少為太尉楊震門徒，及震被讒自殺，順帝初，放詣闕追訟震罪，由是知名。桓帝時為尚書，以議誅大將軍梁冀功封都亭侯，後為司空，坐水災免。性疾惡宦官，遂為所陷，靈帝初，與長樂少府李膺等俱以黨事誅。

鄭弘字巨君，會稽山陰人也。〔1〕從祖吉，宣帝時為西域都護。〔2〕弘少為鄉嗇夫，〔3〕太守第五倫行春，〔4〕見而深奇之，召署督郵，舉孝廉。

【注】
〔1〕孔靈符《會稽記》曰："射的山南有白鶴山，此鶴為仙人取箭。漢太尉鄭弘嘗采薪，得一遺箭，頃有人覓，弘還之，問何所欲，弘識其神人也，曰：

'常患若邪溪載薪為難,願旦南風,暮北風。'後果然。故若邪溪風至今猶然,呼為'鄭公風'也。"

〔2〕謝承《書》曰:"其曾祖父本齊國臨淄人,官至蜀郡屬國都尉。武帝時徙強宗大姓,不得族居,將三子移居山陰,〔二八〕因遂家焉。長子吉,雲中都尉、西域都護;中子兗州刺史;少子舉孝廉,理劇東部候也。"

〔3〕謝承《書》曰:"為靈文鄉嗇夫,愛人如子。"《續漢志》曰:"其鄉小者縣署嗇夫一人,主知人善惡,為役先後;知人貧富,為賦多少,平其差品也。"

〔4〕太守常以春行所主縣,勸人農桑,振救乏絕,見《續漢志》也。

弘師同郡河東太守焦貺。〔二九〕楚王英謀反發覺,以疏引貺,〔1〕貺被收捕,疾病於道亡沒,妻子閉繫詔獄,掠考連年。諸生故人懼相連及,皆改變名姓,以逃其禍,弘獨髠頭負鈇鑕,詣闕上章,為貺訟罪。顯宗覺悟,即赦其家屬,弘躬送貺喪及妻子還鄉里,由是顯名。

【注】
〔1〕疏,書也。

拜為騶令,〔1〕政有仁惠,民稱蘇息。遷淮(陰)〔陽〕太守。〔2〕〔三〇〕四遷,建初〔初〕,為尚書令。〔三一〕舊制,尚書郎限滿補縣長令史丞尉。弘奏以為臺職雖尊,而酬賞甚薄,至於開選,多無樂者,〔3〕請使郎補千石〔令〕,〔三二〕令史為長。帝從其議。弘前後所陳有補益王政者,皆著之南宮,以為故事。

【注】
〔1〕騶,今兗州縣也。謝承《書》曰"弘勤行德化,部人王逢等得路遺寶物,縣於道衢,求主還之。魯國當春大旱,五穀不豐,騶獨致雨偏孰。永平十五年,蝗起泰山,流被郡國,過騶界不集。郡因以狀聞,詔書以為不然,遣

〔2〕謝承《書》曰："弘消息繇賦，政不煩苛。行春天旱，隨車致雨。白鹿方道，俠轂而行。弘怪問主簿黃國曰：'鹿為吉為凶？'國拜賀曰：'聞三公車轓畫作鹿，明府必為宰相。'"

〔3〕樂音五孝反。

出為平原相，[三三]徵拜侍中。建初八年，代鄭眾為大司農。舊交阯七郡貢獻轉運，皆從東冶[1]汎海而至，風波艱阻，沈溺相係。弘奏開零陵、桂陽嶠道，於是夷通，[2]至今遂為常路。[3]在職二年，所息省三億萬計。時歲天下遭旱，邊方有警，人食不足，而帑藏殷積。[4]弘又奏宜省貢獻，減繇費，以利飢人。帝順其議。

【注】

〔1〕東冶，縣，屬會稽郡。太康地理志云漢武帝名為東冶，後改為東候官，今泉州閩縣是。

〔2〕嶠，嶺也。夷，平也。

〔3〕今謂范曄時也。

〔4〕說文曰："帑，金布所藏之府。"

元和元年，代鄧彪為太尉。時舉將第五倫為司空，[三四]班次在下，每正朔朝見，弘曲躬而自卑。帝問知其故，遂聽置雲母屏風，分隔其間，[1]由此以為故事。在位四年，[三五]奏尚書張林阿附侍中竇憲，而素行臧穢，又上洛陽令楊光，憲之賓客，在官貪殘，並不宜處位。書奏，吏與光故舊，因以告之。光報憲，憲奏弘大臣漏泄密事。帝詰讓弘，收上印綬。弘自詣廷尉，詔敕出之，因乞骸骨歸，未許。病篤，上書陳謝，并言竇憲之短。帝省章，遣醫占弘病，比至已卒。臨歿悉還賜物，敕妻子褐巾布衣素棺殯殮，以還鄉里。

【注】
〔1〕以雲母飾屏風也。


　　周章字次叔,南陽隨人也。〔1〕初仕郡為功曹。時大將軍竇憲免,封冠軍侯就國。章從太守行春到冠軍,太守猶欲謁之。章進諫曰:"今日公行春,豈可越儀私交。且憲椒房之親,執傾王室,而退就藩國,禍福難量。明府剖符大臣,千里重任,〔2〕舉止進退,其可輕乎?"太守不聽,遂便升車。章前拔佩刀絕馬鞅,於是乃止。及憲被誅,公卿以下多以交關得罪,太守幸免,以此重章。舉孝廉,六遷為五官中郎將。延平元年,為光祿勳。

【注】
〔1〕"叔"或作"升"。
〔2〕剖符解見《杜詩傳》。


　　永初元年,代魏霸為太常。其冬,代尹勤為司空。〔三六〕是時中常侍鄭眾、蔡倫等皆秉執豫政,章數進直言。初,和帝崩,鄧太后以皇子勝有痼疾,〔1〕不可奉承宗廟,貪殤帝孩抱,養為己子,故立之,以勝為平原王。及殤帝崩,群臣以勝疾非痼,〔三七〕意咸歸之,太后以前既不立,恐後為怨,乃立和帝兄清河孝王子祐,〔三八〕是為安帝。章以眾心不附,遂密謀閉宮門,誅車騎將軍鄧騭兄弟及鄭眾、蔡倫,劫尚書,廢太后於南宮,封帝為遠國王,〔2〕而立平原王[勝]。事覺,(勝)策免,〔三九〕章自殺。家無餘財,諸子易衣而出,并日而食。

【注】
〔1〕痼猶廢也。
〔2〕遙遠之國也。

論曰：孔子稱"可與立，未可與權"。[1]權也者，反常者也。[2]將從反常之事，必資非常之會，[3]使夫舉無違妄，志行名全。周章身非負圖之託，[4]德乏萬夫之望，[5]主無絶天之釁，地有既安之執，[6]而創慮於難圖，希功於理絶，不已悖乎！[7]如令君器易以下議，即斗筲必能叨天業，狂夫豎臣亦自奮矣。孟軻有言曰："有伊尹之心則可，無伊尹之心則篡矣。"[8]於戲，方來之人戒之哉！

【注】
[1]《論語》載孔子之詞也。立謂立功立事也。
[2]《公羊傳》曰："權者何？權者反乎經，然後有善也。"
[3]會，際也。
[4]武帝欲立昭帝為太子，乃畫周公負成王圖賜霍光。
[5]《詩》云："顒顒昂昂，萬夫之望。"
[6]《書》曰"紂自絶於天，結怨于人"也。
[7]悖，逆也。
[8]《孟子》曰："公孫丑問曰：'伊尹放太甲於桐宮，人大悦。太甲賢，又反之，人大悦。賢者之為人臣也，其君不賢，故可放歟？'"孟子荅以此言。

贊曰：朱定北州，激成寵尤。魴用降敵，[1]延感歸囚。鄭、竇怨偶，代相為仇。[2]周章反道，小智大謀。[3]

【注】
[1]敵，虜也。
[2]《左傳》曰："怨偶曰仇。"
[3]《易》曰"智小而謀大，力少而任重，鮮不及矣"也。

【校勘記】
[一]聞[之]遂大怒　據汲本、殿本補。

〔二〕臨人親職  《校補》謂此與下"此猶河濱之人",《文選》"人"本作"民",宋本失未改回也。按:下"伯通與吏人語",《文選》"人"亦作"民"。

〔三〕捐傳世之慶祚  《文選》"世"作"葉"。按:《校補》謂此宋本改回之誤。

〔四〕若以子之功論於朝廷  《文選》"功"下有"高"字。按:《校補》謂有"高"字則與上文"以為功高天下"應。

〔五〕多歷年世  《文選》"世"作"所"。按:《校補》謂此亦宋本改回之誤。

〔六〕内聽驕婦之失計  按:《文選》"驕"作"嬌"。

〔七〕勿以前事自誤  《集解》引惠棟說,謂"誤"一作"疑"。按:《文選》作"疑"。

〔八〕投袂而起  按:"起"原譌"赴",逕據汲本、殿本改正。

〔九〕兵之長帥也  按:"帥"原譌"師",逕據汲本、殿本改正。

〔一〇〕(世)〔卅〕六屬  《集解》引惠棟說,謂注"世"別本作"卅",音先合反。今按:《通典》卷二十七引後漢督郵板狀作"三十六屬",則此"世"字當作"卅",因版刻"卅"字往往作"丗",與"丗"形近而誤。今據改。

〔一一〕長水校尉樊(儵)〔鯈〕  據《樊宏傳》改。

〔一二〕聖主之(力)〔德〕  殿本"力"作"德",與《前書·龔遂傳》合,今據改。

〔一三〕食菜馮城  《刊誤》謂"菜"當作"采",音乃為菜耳。今按:菜采通,劉說泥。

〔一四〕死無以為報(恩)  按:王先謙謂"恩"字當衍,今據刪。

〔一五〕皆〔在〕賊城中  按:《集解》引何焯說,謂"皆"下當有"在"字,今據補。

〔一六〕皆自髠剔  按:汲本、殿本"髠"作"鬄"。

〔一七〕保給牀席  按:殿本作"保官給牀蓆"。《考證》王會汾謂案文義當云"官給牀蓆","保"字疑衍。又按:王先謙謂今本《東觀記》"領南宫吏士"下有"南宫複道多惡風寒老人居之且病痱若向南者多取帷帳東西完塞諸牎望令緻密"三十三字,無"保給牀蓆"四字。

〔一八〕拜子世為黃門侍郎　按:下云"卒,子代嗣"。《刊誤》謂世本名代,前拜為郎時作"世",後嗣立時作"代",蓋後人見其名,疑"代"以為避太宗諱所改,遂還作"世",而忘其後尚皆作"代"也。今前後不同,遂似兩人,當定從一。今按:劉氏以為世即代,甚是,然謂世本名代,則無實證,安知非代本名世邪?

〔一九〕與太尉東萊劉喜參録尚書事　按:安帝紀"喜"作"熹"。

〔二〇〕子代嗣　按:李慈銘謂此名代者,即上拜黃門郎之世也。章懷避太宗諱,改"世"作"代",後之校者又改"代"作"世",而一傳之中有改有不改如此。

〔二一〕詔封楊邑侯　按:《刊誤》謂"詔"當作"紹"。

〔二二〕延率掾(吏)〔史〕　據《刊誤》及殿本考證改。按:殿本作"延率吏掾史",衍一"吏"字。

〔二三〕〔扛〕音江　據汲本、殿本補。

〔二四〕太守富宗聞延名　按:《集解》引惠棟説,謂袁宏《紀》作"傅宗"。

〔二五〕司徒玉況　殿本改"玉"為"王",有王會汾之考證,謂按《玉篇》,金玉之"玉"魚録反,點在中畫下,其音宿者點在中畫上,監本作"玉",今改從"王"。今按:《校補》謂玉自有宿音,《史記·封禪書》公玉帶,玉即音肅,不必改字。且《説文》玉本無點,尤不容分玉王為二字。又按:《校補》謂《光武紀》建武二十七年,大司徒玉況薨,詔始令二府去"大",則在二十三年自應仍稱大司徒,傳脱"大"字。

〔二六〕永平十五年蝗蟲起泰山　汲本"泰"作"太"。按:范曄避其父范泰諱,"泰"皆作"太",此後人回改也。又按:玉況卒於建武年間,謝承《書》所云永平十五年云云及下章和元年云云,皆誤。

〔二七〕有新野功曹鄧衍　《集解》引惠棟説,謂《東觀記》作"鄧寅"。按:《校補》謂"寅"當即"演"之誤,衍演通作。

〔二八〕將三子移居山陰　按："三"原譌"二"，逕改正。

〔二九〕弘師同郡河東太守焦貺　按：袁《紀》云"事博士焦貺"。

〔三〇〕遷淮（陰）[陽]太守　按：《刊誤》謂案漢郡無"淮陰"，當是淮陽，此時未為陳國也。今據改。

〔三一〕建初[初]為尚書令　據王先謙說補。

〔三二〕請使郎補千石[令]　據《刊誤》補。

〔三三〕出為平原相　按：《集解》引錢大昭說，謂平原為國，在殤帝建平元年。考建初四年，封皇子全為平春王，未幾，王薨國除，此"平原"或"平春"之誤。

〔三四〕時舉將第五倫為司空　"第"原作"弟"，"五"原作"伍"，逕改正。按：第與弟五與伍固可通，然一書中姓名宜前後一致也。

〔三五〕在位四年　按：張燧謂本紀元和元年八月，弘為太尉，三年四月免，不得云"四年"。

〔三六〕其冬代尹勤為司空　按：《校補》引錢大昭說，謂章為司空，安《紀》在永初元年九月，"冬"當作"秋"。

〔三七〕群臣以勝疾非痼　"痼"原作"錮"，痼錮通，然上文作"痼"，今改歸一律。

〔三八〕清河孝王子祐　《刊誤》謂案安帝名祜，此作"祐"，字之誤也。今按：范《書》"祜"皆作"祐"，或范氏別有所諱歟？

〔三九〕而立平原王[勝]事覺（勝）策免　按：黃山謂"勝"字當在"事覺"上。《安紀》永初元年"司空周章密謀廢立，策免自殺"，《平原懷王勝傳》，延平元年封，八年薨，與紀合，則勝無策免事，諸王之廢亦不得為策免，此策免自屬章也。今據改。